这个汉史超有料

杨涵斌 著

重庆出版集团 重庆出版社

图书在版编目（CIP）数据

这个汉史超有料 / 杨涵斌著 . — 重庆：重庆出版社，2023.3
ISBN 978-7-229-17322-7

Ⅰ . ①这… Ⅱ . ①杨… Ⅲ . ①中国历史—汉代—通俗读物 Ⅳ . ① K234.09

中国版本图书馆 CIP 数据核字（2022）第 238409 号

这个汉史超有料
ZHEGE HANSHI CHAO YOULIAO

杨涵斌　著

责任编辑：饶　亚　何　晶
策划编辑：俞凌娣
责任校对：刘　艳
封面设计：吕　刚

重庆出版集团　出版
　　　　　重庆出版社

重庆市南岸区南滨路 162 号 1 幢　邮编：400061　http://www.cqph.com
重庆市国丰印务有限责任公司制版、印刷
重庆出版集团图书发行有限公司发行
E-mail：fxchu@cqhp.com　邮购电话：023-61520646
全国新华书店经销

开本：720mm×1000mm　1/16　印张：26.5　字数：380 千
2023 年 3 月第 1 版　印次：2023 年 3 月第 1 次印刷
ISBN 978-7-229-17322-7
定价：78.00 元

如有印装质量问题，请向本集团图书发行有限公司调换：023-61520678

版权所有　侵权必究

序

公元前221年，秦始皇以气吞山河之势一举攻灭关东六国，为"秦"这个国号添上了一笔最浓重的豪迈雄壮之色。四百年后，随着黄巾兵起，一个英雄辈出的时代拉开了帷幕，三国自此成为文人骚客最为热衷的话题。正因如此，在秦朝和三国光芒的照耀下，夹在二者之间的汉王朝，话题度似乎并不是那么高，乍一看也好像平平无奇，热度也未及秦与三国。

但是，事实上，相比于国祚短暂的秦朝，继秦制而有所损益的汉朝才是第一个把统一情怀植根于中华血脉中的王朝。同时，得益于绵延四百年的国祚，汉朝在真正意义上奠定并巩固了帝制和郡县制两大中国传统政治制度。在此庇护下的血亲相隐、杀身成仁、守本重农等思想生根发芽，并坚守了两千年不倒而潜移默化地成为中国人无声的认同；而在彼时的长安城，长年累月受到这些思想熏陶的中国人，正骑着马奔向世界各地，一步一步地凿开了在数个地质年代中静默的丝绸之路和海上丝绸之路，在把中国文化带给世界的同时，也为这片古老的大陆带来了别样的异域风采；波斯人受到大汉雄风的感染，也向死敌罗马发出了挑战。汉，作为一个文化符号，两千多年来一直在广阔的亚欧大陆上传播，直至今日，都被视为中国历史上最具有中华民族代表性的王朝。

笔者写这本书的宗旨，就是试图用一种通俗易懂的方式，为读者展示同样波澜壮阔、在中国文化和中国历史乃至整个中华民族身上留下了夺目印记却最容易被忽略的汉王朝，让读者对低调却奢华的汉朝有更加全面、深入的认识。

例如，和女子从夫的刻板印象不同，汉朝女子在婚姻中具有相当的自主权，甚至可以主动和丈夫离婚，而正在形成中的贞节观，并不影响汉朝人接受二婚乃至五婚；在以陆地为主流战场的中国，汉朝也曾有一支强大的海军，并且成为最早在东南亚和东北亚作战的中国舰队；而匈奴单于向汉朝太后求婚、汉武帝重拳打击太子集团、汉灵帝成为汉朝唯一一个恶谥皇帝等历史事件的背后，无不隐藏着极易被读者忽略的线索和令人惊讶的真相；而以改造先秦儒学、提出罢黜百家独尊儒术闻名的董仲舒，从心理学的角度看，也颇有一副不同于以往的历史面貌，等等。

笔者希望，这本书可以作为一本关于汉朝历史的入门读物，从社会生活、军事、政治、经济、文化、法制、其他武装七个方面各摘取一部分内容，深入浅出地为读者展示一幅宏大而精彩的两汉画卷。

目录 CONTENTS

第一章 汉朝版『权力的游戏』——那些权谋与野心 /1

第二章 大汉军情观察室 /99

第三章 汉朝的趣味经济学 /139

第四章 风俗民情——换一个角度看汉朝 /191

第五章 奇妙的汉朝——冷门文化小知识 /231

第六章 法律就像牙齿——汉朝的『换牙史』/283

第七章 叛逆的力量——那些奇奇怪怪的武装 /335

附录 大事年表 /368

汉朝版"权力的游戏"
——那些权谋与野心

公元前202年2月28日，汉王刘邦在韩信、彭越、臧荼、张敖、吴芮等一众殊勋功臣的拥戴下，于山东定陶汜水之阳登基称帝，国号汉，是为西汉王朝。然而，有人的地方就有江湖，西汉的建立，也标志着一波在新王朝框架下的政治斗争就此拉开了序幕。

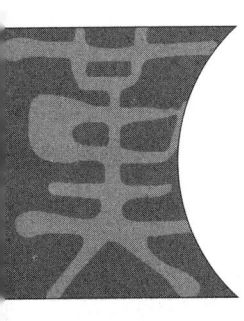

谎言和谶纬在宫廷中流传，政变与清洗在角落中筹谋，皇帝、外戚、宦官、官僚士大夫等政治势力围绕最高权力的角逐，一点一点地为后人撕开了史官的粉饰，揭开了伪装之下，最直白、最肮脏的舍命博弈。

第一节

狐假虎威——白马之盟是假传圣旨吗？

按照传统观点，白马之盟一般被认为是西汉初年汉高祖刘邦和众功臣之间立下的一个盟约，它的核心内容有三点，包括两个要求：（一）非刘氏不得为王；（二）非有功不得封侯，以及一个对违背上述要求的惩罚："天下共击之。"

《史记·汉兴以来诸侯王年表》中为白马之盟加上了一句"上所不置"的内容，也就是说封侯者必须有功且为皇帝亲自认可、封拜。但令人奇怪的是，这一点仅仅在这里有所提及，往后无论是王陵、陈平、周勃等当代功臣，还是汉元帝和王莽时期的人，都没有提到这一点。尤其是在吕后意图封吕氏族人为王时，持反对意见的王陵并未提起"上所不置"这一强有力的武器。考虑到孤例不证，即便诸吕为吕后所封，群臣未提及"上所不置"这一可能根本不存在的原则情有可原；但若吕后是通过而非越过两位后来被废黜的少帝而下诏分封诸吕为王，那即便存在"上所不置"，在当时其程序也并未违背该原则，甚至可以认为非有功不得封侯这一限定已暗含必须"上置"的规定，故无需多言。无论是哪种情况，笔者想说的是，它对本节的影响并不大，因此下文不再针对"上所不置"展开讨论。

白马之盟的记载少而零散，最初见于《史记》和《汉书》的只言片语中，加上其内容和其他一些历史记载存在明显冲突，导致所谓的白马之盟现在不得不面对两大质疑：

第一，白马之盟是否真实存在？

第二，如果存在，那么白马之盟为什么没有得到好好遵守？

第一个问题是第二个问题的前提，如果白马之盟并不存在，那么第二个问题自然也就无从谈起。因此本文先讨论白马之盟的真实性。

对白马之盟真实性的质疑，首先集中于它与异姓诸侯王的历史记载相互矛盾的地方。刘邦在讨伐燕王卢绾等人时为什么不用"非刘氏而王"的理由先按下不表，这里我们直接把历史时间线调到吕后当政时期，因为这一时期有一个常常被人忽视的诸侯国——吴氏长沙国。

据《汉书·王陵传》，吕后在汉惠帝去世后想要分封吕氏族人为王，但在询问王陵意见时遭到他的反对，反对理由正是"非刘氏而王者，天下共击之"。汉惠帝去世于公元前 188 年，吕后不顾王陵反对而封吕氏族人为王发生在公元前 187 年。然而，这一时期偏远的吴氏长沙国仍然存在，公元前 187 年正值哀王吴回去世、共王吴右即位时，谥号的赐予、新王的登基等朝廷不可能不知道，更不用说相关典礼官员的存在了，所以不可能有什么存在感太低被忽略一类的毫不可信的理由。

那么长沙国为什么没有被"共击之"呢？

或许有读者会说，因为长沙国是刘邦亲自承认的异姓诸侯国，是例外。

没错，即便是例外，这个问题也需要好好考虑一番。

这里有三种可能：第一，传统观点中的白马之盟并不存在；第二，白马之盟是真实存在的，但是它并不适用于刘邦亲自分封、认可的几个异姓诸侯国，所谓"非刘氏"是指除这几个诸侯国之外的"非刘氏"；第三，白马之盟并不存在，但是在这一杜撰的盟约中，也有排除吴氏长沙国等异姓诸侯王的条款，只不过和第二种可能性不同，它是虚构的。

　　白马之盟的性质属于维护刘氏皇族统治的政治盟约，虽然誓约者有限，但其必然被寄予或真实拥有广泛的约束力（不然王陵也就不会试图用它约束吕后了）。为了确保它的可靠性，同时也为了使它能够以"共击之"的暴力手段强制落实，知情者也必然不局限于誓约者之内，很有可能是面向新王朝全体臣民的。这是基于白马之盟真实存在作出的推论。但翻开史书，我们会发现很多和这一推论不相符的地方。

　　首先，吕后似乎并不知道白马之盟的存在。据《汉书·王陵传》和《史记·陈丞相世家》，吕后在王陵处吃了闭门羹后，转而询问陈平的意见，陈平对吕后封王一事给予了肯定的答复。

　　陈平和王陵的回答不同，有多种可能性：第一，陈平和吕后不知道白马之盟的存在；第二，白马之盟存在，但知情的陈平没有用它阻止吕后；第三，白马之盟根本不存在，而王陵和陈平没有事先串通，以至于两人的答复不同。

　　据《史记·吕太后本纪》，王陵曾反问陈平和周勃："当初盟约时，你们难道不在吗？现在顺从吕后封王，你们有什么脸面见高祖呢？"可见，如果白马之盟存在，陈平正是参与者之一，不可能不知道这份盟约。

　　吕后也是不可能知道的。如果她知道，那么拿封吕氏为王这种众人皆知违背刘邦意志的行为去询问刘邦时代的功臣，只有一种可能：她需要大臣们的支持，而陈平的肯定是非常重要的，这表明她在朝廷中也有吕氏族人之外的支持者，或至少说明朝廷百官并不都是她的反对者。

　　但是，吕后封王后，陈平又被剥夺了实权，加上陈平后来联合周勃等人平定诸吕之乱，显然不反对吕后封王的他不属于吕后阵营，在封王前也不属于，毕竟吕后没有必要削弱一个至少不反对自己的开国元老。因此，吕后询问王陵和陈平的意见，并非是在知情前提下寻找潜在盟友。

也就是说，吕后极有可能对白马之盟一无所知。

如果陈平知情，但没有用白马之盟阻止吕后，的确可以理解为他慑于吕后淫威而不敢反对。但是，据《史记·吕太后本纪》，陈平的知情不是来源于道听途说，而是本身就参与了这一盟约事件，不存在知情较晚的问题。

而且，据《史记·东越列传》，汉惠帝曾封驺摇为东海王（驺摇此前已经因功封侯，符合功臣口中因功封侯的要求），彼时包括王陵和陈平在内的诸功臣也并未反对。退一万步讲，即便陈平甚至不敢在性格软弱的汉惠帝面前提反对意见，王陵为何不反对？此时闽越国的国力尚在发展之中，对汉王朝和驺摇的威胁有限，汉廷没有足够迫切的理由将驺摇封王。

有三种可能：第一，他们没有反对的依据。即前文所说的第三种可能性——根本没有白马之盟，王陵和陈平对吕后答复不一，很可能就是功臣集团内部没有提前串通一气；第二，他们认为不需要反对驺摇封王，也就无需搬出虚假的白马之盟；第三，他们集体违背了高祖誓言。

第三种，显然不可能。王陵连吕后都敢反对，何况惠帝？而如果白马之盟为真，封驺摇为王，无论此特例的限制条件有多少，都开了一个违背白马之盟的口子，为后人留下可乘之机，偌大的功臣集团不可能无一人反对。

加之吕后对白马之盟的不知情不符合订盟初衷，基本可以否定白马之盟的真实性。

从《史记·吕太后本纪》中王陵对陈平和周勃的指责看，这个虚构的白马之盟并不是王陵一人的谎言，而是多个功臣一起编织的

假盟约，这种"指责"更像是一种混杂了提醒、警告、通气、拉拢等多种意图的行为。但是这里仍然有一个疑点。

这个疑点就是吴氏长沙国，刘邦分封的异姓诸侯国之一。如前文所说，吴氏长沙国不可能被忽略。如果白马之盟只是简单地规定"非刘氏不得为王"，岂不是和吴氏长沙国存在的现实相互矛盾？这不是让谎言更容易被戳穿，使功臣们处于一个不利地位吗？

更何况，即便鲜有人知道白马之盟，刘邦消灭卢绾等异姓诸侯王的事件不会不为人知。但是，刘邦在剿灭这些诸侯王时，从来没有用过"非刘氏不得为王"的借口。如果白马之盟对于诸侯王的规定只是如传统观点中"非刘氏不得为王"这么简单，那么谁敢保证不会有人通过刘邦故事从功臣的谎言中找到漏洞呢？

显然，编织这个谎言的功臣们，必须要保护自己的利益，这个保护方式就是在伪造的誓词中加上有利于他们的内容。

根据功臣的参与范围和西汉初年政治的现实情况来看，虚构的白马之盟很有可能存在一些被人遗忘而鲜为人知，但同样是由功臣们虚构的内容。

这个内容，就是刘邦在订立盟约时，把卢绾、吴芮等"非刘氏"排除出了"非刘氏不得为王"的范围。

首先，西汉建国之初，社会并不稳定，如果将功臣诸侯王列入"不得为王"的范围，很有可能在朝廷与利益受损的全体异姓诸侯王（甚至不排除宗室趁机浑水摸鱼）间掀起一场战争。因此，排除卢绾等人，是符合现实环境的，也契合刘邦未使用"非刘氏不得为王"的史实，更符合功臣的利益。

其次，王陵敢于以白马之盟反对吕后并联合陈平、周勃等人平定诸吕之乱，又敢忽视长沙国存在的现实，显然需要更成熟的谎言。而且，吕氏诸王不可能不在刘邦考虑范围之内，王陵未将"长沙国例外"的誓词说出，也并非不合理。

最后，如前文所说，由于没有反对依据，也没有"驺摇将危及功臣利益、动摇汉廷统治"的必要性、可能性，功臣们并未反对汉惠帝封驺摇为东海王。所谓白马之盟最早见于王陵和吕后的对话中。驺摇封王是在公元前192年，王陵和吕后的对话发生在公元前188年至187年之间，这个谎言从无到有，促使其产生的最有可能的动机就是吕后封王这一危及刘氏江山，同时危及西汉开国功臣的利益的行为。无论是出于私心还是忠心，抑或二者兼而有之，功臣们必然会维护刘氏江山。而白马之盟，正是在这种背景下出现的稳定人心的谎言。

于是，为了保卫刘氏江山，否定吕氏诸王的合法性，同时出于对谎言真实性的顾虑，功臣们在炮制白马之盟时，极有可能加上了有利于吴氏长沙国的誓词。

可能有读者会问，从否定吕氏诸王合法性的角度讲，文章开头的"上所不置"和这里"白马之盟的谎言排除刘邦所封异姓诸侯王"的作用基本一致，那么为什么要撤下"上所不置"，选择重新推理一次呢？

事实上，站在功臣角度，二者作用的确差不多，但站在吕后角度，它们就有区别了。

惠帝去世至文帝即位这段时间，汉帝国的实际统治者虽然是吕后，但至少在形式上存在两个不为后世承认的傀儡皇帝：西汉前少帝刘某（实名不明，一说名恭）和后少帝刘弘。

需要注意的是，前文已经说过白马之盟是功臣为了自身地位和刘氏江山而撒的谎，因此不太可能说出"上所不置"这句话。因为这句话的潜台词是"上置"异姓即可为王，这让吕后可以通过控制两位少帝从而在封王问题上获得很大的操作空间。如果吕后借少帝

旨意封吕氏为王，几乎就使白马之盟失去了有效性，吕氏为王也就具备合法性，这是功臣不愿意看到的。加之文章开头已经提到，无论是当时还是后世，极少言及"上所不置"，其真实性存疑。

据《汉书·元后传》，杨兴、驷胜等大臣在反对汉元帝封王氏外戚为侯时也曾提到"非功臣不侯"，如果有"上所不置"的约束，那么他们显然是没有理由反对外戚为侯的。

综上，"上所不置"的合理性较低，史书记载也非常少，只有暂时撇开它的存在。

至于前文所推测的"白马之盟排除了刘邦所立的异姓诸侯王"，虽然只是基于有限史实做出的推测，但它比"上所不置"具有更强的约束力，也有更大的应用范围，无论封吕氏族人为王的是少帝还是吕后，吕氏王的合法性都被否定，舆论上也处于劣势，因此更像是为吴氏长沙国的辩解和对吕后的制约。

因此，笔者认为，这或许是基于仅有的一点史料，作出的较为合理的一个推测。

第二节

史记的内页——史官为皇帝定制的"造神"运动

沛县起义前,汉高祖刘邦仅仅是秦王朝基层治理体系里的一名低级干部,任职"亭长"。但是,这个"亭长"究竟是个什么"亭长",却因为两部正史不同的记载而产生了争议。简而言之,这个问题就是:刘邦担任的究竟是"泗水亭长",还是"泗上亭长"?

"泗水亭长"之说,始见于《史记》,后来《水经注》《宋书》《西京杂记》《篡异记》等书都秉持此种说法,例如:

> (刘邦)及壮,试为吏,为泗水亭长。——《史记·高祖本纪》

> 汉祖为泗水亭长,即此亭也。——《水经注·卷二十五》

> 汉高祖为泗水亭长,拔剑斩白蛇。——《宋书·礼五》

> 高祖为泗水亭长,送徒骊山。——《西京杂记·卷二》

> 汉祖益怒曰:"朕中外泗水亭长碑,昭然具载矣。"——《太平广记·神》引《篡异记》

而"泗上亭长"的称呼则来源于《汉书》,《资治通鉴》《论衡》《汉旧仪》《大唐创业起居注》等书采纳了此种说法,例如:

> (刘邦)及壮,试吏,为泗上亭长。——《汉书·高帝纪》

> 初为泗上亭长——《资治通鉴·秦纪·秦纪二》

> 高祖为泗上亭长,当去归之田,与吕后及两子居田。——

《论衡·骨相篇》

高皇帝家在丰中阳里,为沛泗上亭长,及为天子,立沛庙,祠丰故宅。——《艺文类聚·居处部》引《汉旧仪》

至若河滨仄陋,泗上亭长,令其位次受终,未易享国。——《大唐创业起居注·卷三》

另外,有一些典籍同时采纳了这两种说法。例如《太平御览》一书除了在《皇王部》引《史记》采纳"泗水亭长"的说法,还在《人事部》中引《汉书》采纳"泗上亭长"的观点。这两种观点,源头分别在《史记》和《汉书》。那么,在二者对刘邦职务的不同记载当中,"泗水亭长"和"泗上亭长"哪一个才是历史真相呢?

由于《史记》成书时间早于《汉书》,且两书在汉高祖至汉文帝的本纪部分重合度较高,因此对于两书在此处的矛盾,首先应该想到是否是由于不严谨,造成班固抄录错误。但是,无论是小篆还是隶书,"水"和"上"的写法虽然简单,但二者差别较大,作为博学的史学家,班固写错字的可能性似乎不大。

更何况,《汉书》中不止一个地方提到了"泗上亭长"或"泗上亭":除《高祖纪》中的"为泗上亭长"外,《夏侯婴传》还提到"还过泗上亭",一个简单的"水"字写错了两次,恐怕很难用"笔误"解释。同时这也表明,"泗上亭长"不是指"泗水边上一个亭的亭长",而是指"泗上亭(亭名)长"。

不过,班固到底有没有写错字,只有他自己知道,写错两次也不是不可能。但如果这个难以考证的问题答案是"是",那么本节也就没有多少继续讨论的价值了,且未免太过巧合。所以笔者先排除这种可能性,下文的考证基于"非笔误"这一个前提。

如果《汉书》"泗上亭长"非《史记》"泗水亭长"之笔误,那么二者当中,"泗水亭长"显然具有更高的可靠性。

首先不可否认的是，无论是"泗水"还是"泗上"，作为地理名词都并非不正确。泗水是河流名字，泗上则可译为"泗水河边"，这是因为"上"字本身就有作为方位词代指"边""畔"的含义，《诗经·鄘风·桑中》里的"送我乎淇之上"和《论语·子罕》里的"子在川上曰"，还有《左传》中"遂次于泗上"的"上"都是这种用法，且《诗经》和《论语》成书时间早于《史记》，更早于《汉书》，因此可见"泗水"作为地理名词出现在《史记》里是说得通的，由根据"淇上"和"川上"的用法也不难推出"泗上"这一用法。

值得注意的是，《史记·高祖本纪》中提到过"泗上"，即篇末的"言从泗上，即号沛公"一句。但是，此处的"泗上"仍然是指泗水河边，而不是泗上亭或泗水亭这一个行政部门。类似的还有《史记》中其他篇章记载的"（楚国）广地至泗上""泗上十二诸侯皆来朝"等语。

既然排除了笔误和语法错误，那么，为什么说"泗上"当为谬误，即班固故意篡改司马迁的记载呢？

在今天的江苏省徐州市沛县，有一个泗水亭公园，园内有一座泗水亭和一个泗水亭碑，碑上有今人重刻的、选自《古文苑·艺文类聚十二》、由《汉书》作者班固撰写的一段碑铭。东晋史学家王隐在其所著的《(旧)晋书·地道记》中对班固所作铭文曾说："沛有泗水亭，亭有高祖碑，班固为文。"

班固身为《高祖泗水亭碑》的作者，已经在标题上承认了"泗水亭长"的说法，《四库考证》也说"班固为文（指碑铭），见固集，是亭名泗水，不名泗上也"。可见，班固是承认"泗水亭""泗水亭长"的说法的。

基于此，我们基本上可以证实前文对"泗水亭长"和"泗上亭长"二者真伪的判断，即"泗水亭长"为真，"泗上亭长"为班固

故意留下的谬误。

可是，班固为什么要写一个错误的职务名称？这么写有什么好处？

中国自古以来就有修史的传统，帝国时代的各个王朝统治者也高度重视史书对本朝合法性的肯定及对国家官员、一般知识分子和普通民众的教育意义，因此修前朝史和国史本身就被蒙上了一层政治色彩。

而据《后汉书·班固列传》，《汉书》实际上是班固和父亲班彪合撰的。班固的妹妹班昭和东汉开国大将马援的侄孙马续在班固死后受汉和帝之命分别补上了《汉书》八表和《天文志》。

《后汉书·班彪列传》记载，《汉书》最初由班彪创作，班彪死后班固子承父志，继续撰写未完的《汉书》，但因有人报告班固私修国史导致班固被捕入狱。不过后来班超向汉明帝说明原委，且"郡亦上其书"，明帝便释放了班固，并让他任职兰台令史，继续撰写《汉书》。

这段历史在《汉书》成书过程中非常值得玩味。首先，据《后汉书·班固列传》，班超在班固被捕入狱后面见汉明帝为其兄求情时"具言固所著述意"，汉明帝又看了郡呈上的《汉书》书稿，这说明汉明帝对班固修史的动机、行为和成果都很清楚，而且"聪允之德著矣"（三国时人薛莹对明帝的评价）的汉明帝可能也发现了班固对自己祖宗的职位记载有误，但没有提出异议。

当然，汉明帝可能是一时糊涂，真没发现，但为什么整个东汉都鲜有人指出这一谬误呢？这或许可以说明，汉明帝和一些知识分子皆容许了这一谬误。至于为什么容许，在后文分析。

从此时开始，《汉书》就从私修史书变成了一部受皇帝监督和资助的官修史书，只不过在名义上保留了私修之名。从汉明帝的态度和《汉书》的官修性质，可以得出一个结论——"泗上亭长"说得到了默许，即其对于东汉或者说汉王朝有着特别的积极意义。

因此，要试着找出班固故意写错"泗水亭长"的原因，就要从"泗上亭长"对汉王朝的积极意义这一角度去探寻。

前文在说明"上"字的含义时，曾引用《论语·子罕》中"子在川上曰"这一句，这句话完整的内容是："子在川上曰：'逝者如斯夫，不舍昼夜。'"

这句话是《论语》中最有名的句子之一，曾作为《〈论语〉十二章》的一部分入选初中语文课本。而在古代文人墨客作品中，这句话也有着不低的出场频率。

由于汉魏时期的一些学者将这句话解释为孔子忧叹时光流逝，因此"川上"的伤悲形象深入文人笔下，陆士衡的《吊魏武帝文》、郭景纯的《游仙诗》等文学作品均秉承了这一解释：

悟临川之有悲，固梁木其必颠。——（晋）陆士衡《吊魏武帝文》

临川哀年迈，抚心独悲咤。——（晋）郭景纯（即郭璞）《游仙诗》

当然，并非所有相关著作都是一副伤感模样，北宋文豪苏轼《赤壁赋》中以"逝者如斯，而未尝往也"化用了这句话，但其句却出自苏轼对客人的反驳，内容积极向上，与陆士衡、郭景纯等人基调完全不同。

对于"逝者如斯夫，不舍昼夜"的解释有很多种，本节列举一部分，并非想在诸多解读中阐述观点，而是想借此说明：从古至今，这句话在孔子的诸多言论中具有相当的知名度。

那么回过头来看东汉。西汉武帝时期，汉武帝"罢黜百家，独

尊儒术"，开启了儒学作为帝国时代的中国官方意识形态的历史。自汉元帝起，儒士在宫廷中的作用不断上升，儒学也在真正意义上成为帝国显学。至东汉时，儒学和孔子的地位无论是在官方层面还是民间都已经非常牢固了。而班固自任兰台令史、受明帝之命撰写《汉书》起，其身份就变成了御用文人，在《汉书》中夹带官方意识形态也就是自然而然的事情。而且班固本人的一些诗文，如《咏史》《两都赋》等，不乏"圣汉孝文帝""及至大汉受命而都之也""盖六籍所不能言"和"龚行天罚，应天顺人"等宣扬汉朝君权神授、统治地位正统合法等观点。所以不论是东汉的大环境还是班固个人思想，都预示着《汉书》很难成为一部单纯的史学学术著作。相较之下，《史记》成书时儒家思想还未能巩固壮大，司马迁和这本书的批判精神也长期为人乐道，其政治色彩或许不如《汉书》那么浓厚。

因此，有理由怀疑，班固将"泗水亭长"故意改为"泗上亭长"，实际上是使刘邦的"泗上亭长"经历与孔子的"在川上曰"产生语法上的联系，从而为刘邦乃至整个汉王朝染上一丝神圣的、博学的色彩，同时与《史记》中"泗上十二诸侯皆来朝"等记载契合，使《汉书》在政治层面塑造了刘邦的光辉形象，以此为汉王朝的神圣性、合法性背书。

当然，仅凭"泗上"和"川上"的联系来宣扬刘氏统治，无论是站在班固和汉朝统治者的立场还是当代人的立场上，论据都不够充分，暗示也不够明显。因此，班固要强化这种意识，今人要证实这一动机，就需要更多的论据。

前文说过，《史记》和《汉书》在汉高祖至汉文帝的本纪的记载上重合度较高，但并不代表二者完全雷同。事实上，班固对很多细节的修改，就反映了他借文字宣扬刘氏统治的小心思。

例如，雍齿背叛了刘邦而归顺魏人周市，刘邦攻打雍齿驻守的丰邑失败后，《史记》称"沛公病，还之沛"，《汉书》却记载为"沛公还之沛"，略去了不利于刘邦正面形象塑造的"病"字。这就可以与前文的"泗上亭长""还过泗上亭"相互印证。

至于"泗水亭长"，包括沛县当地史籍《沛县志》在内的大多史书均采取这一说法，加上《史记》本身的批判精神与成书背景、本节对"泗上亭长"之误政治性的探究以及《班固集》的记载，笔者认为这或许已经能够证明"泗水亭长"的可靠性高于"泗上亭长"的观点。

第三节

从兵戎相见到万里示爱
——冒顿单于对吕后的闪电式求婚

《史记·匈奴列传》记载,汉高祖刘邦去世后,匈奴冒顿单于就向吕后递交了一份书信,内容"妄言",但奇怪的是司马迁没有记述这封信的具体言辞。直到东汉班固修《汉书》时,才把信的内容记录在了《匈奴传》中:

孤偾之君,生于沮泽之中,长于平野牛马之域,数至边境,愿游中国。陛下孤立,孤偾独居,两主不乐,无以自虞。愿以所有,易其所无!

这封信的大概意思就是说,陛下(指吕后)是单身,我冒顿单于也是单身,两个人的单身日子过得都不快乐,更何况我没怎么见过世面,很多次来你边境都是游玩一番。现在不如你我成亲,弥补一下独居之苦,顺便促进汉匈和平交往。

是的,两个敌对政权的国家元首,匈奴的冒顿单于,向汉王朝的吕后求婚了!

吕后收到信后勃然大怒,立马召来陈平、樊哙、季布等文武重臣,准备杀掉送信使者,发兵攻打匈奴。妹夫樊哙随即表示自己可以率十万大军讨伐匈奴,但季布却阻止了吕后和樊哙的鲁莽,并从实力和道德上分析了不可开战的原因:一来他揶揄樊哙不过吹牛而已,想当年陈豨反叛、匈奴围刘邦于平城时(也就是白登之围),上将军樊哙却无法救主,二来匈奴本身就是"禽兽",不必因他们的恭维话而开心,也不必为他们的恶语而生气。

这一幕其实很有趣，尤其是季布打脸樊哙时，虽然是在严肃的场合，但却不禁令人发笑：

> 高后大怒，召丞相平及樊哙、季布等，议斩其使者，发兵而击之。樊哙曰："臣愿得十万众，横行匈奴中。"问季布，布曰："哙可斩也！前陈豨反于代，汉兵三十二万，哙为上将军，时匈奴围高帝于平城，哙不能解围。天下歌之曰：'平城之下亦诚苦，七日不食，不能彀弩。'今歌吟之声未绝，伤痍者甫起，而哙欲摇动天下，妄言以十万众横行，是面谩也。且夷狄譬如禽兽，得其善言不足喜，恶言不足怒也。"高后曰："善。"

樊哙可是汉初名将。这只能证明，在绝对力量面前，一切技巧都是徒劳。在汉匈军力的客观差距面前，纵然是名将，也不见得能逆风翻盘。

吕后听完他们的辩论，想了想，觉得季布的话有道理，毕竟汉王朝刚刚建立，又历经平定诸侯王的战争。当年白登之围的狼狈情形仍然历历在目，吕后只要稍微冷静分析，就应该很清楚两国当下的军力差距。就这样，季布的一番话打消了吕后开战的念头。她于是命令大谒者张泽给单于回了封信，信中说：

> 单于不忘弊邑，赐之以书，弊邑恐惧。退而自图，年老气衰，发齿堕落，行步失度，单于过听，不足以自污。弊邑无罪，宜在见赦。窃有御车二乘，马二驷，以奉常驾。

吕后不愧是高祖的结发妻子，两人性情还是颇为合适的，她还是挺能听进建议并付诸实施，不在乎个人荣辱。吕后在回信中委婉地拒绝了冒顿单于的求婚，给出的理由是自己年老色衰，牙齿头发都脱落了，连路都走不好，希望单于赦免汉拒婚的无礼，她自己将奉上车马赔罪。

没过多久，冒顿单于也回信了，信的内容很简单：

17

未尝闻中国礼义，陛下幸而赦之。

回信全文肯定不止这么几句，这只是个提炼的核心文意，估计省去了很多无聊的外交辞令。要真就这两句敷衍的道歉，吕后指不定真的想开战了。这句话的大意就是说，单于坦承自己没懂汉人的规矩，还好陛下你赦免了我无礼的罪。

就匈奴的这封回信来看，冒顿单于致歉的原因是自己没有理解汉朝的"礼义"，也就是说，他这套做法，在匈奴的"礼义"当中是没有问题的。那一场求婚，为什么会不违背匈奴习俗而触犯了汉朝礼仪呢？

重点来了。

求婚，没问题，但是，向自己的寡嫂求婚，就很有问题了，这在中国传统文化中，在汉族传统文化中，八成只存在网络段子当中，但在匈奴那边可不一样。

首先我们要弄清楚，吕后怎么会是冒顿单于的嫂子呢？难不成高祖刘邦，还有匈奴血统？

其实，这一段关系起源于白登之围，这可能是刘邦军旅生涯中最屈辱的一仗，因为这是他第一次靠敌人的妃子求情逃生。

时间线拨回到公元前201年。

公元前201年，汉高祖刘邦亲率大军征讨勾结匈奴叛乱的韩王信。汉军初战告捷后，刘邦听从谋臣建议，决定继续追击溃逃的敌军，而且还是自己亲率前锋部队赶在最前面去追击。没想到，刘邦的这支汉军在白登山遭冒顿单于指挥的数十万大军团团包围，被围困了七天七夜。最后，刘邦采取谋士陈平的计谋，收买了冒顿单于宠爱的阏氏（"阏氏"是对匈奴单于妻妾的称呼，类似于汉朝的"皇后""贵人""婕妤"等妃嫔头衔），阏氏给冒顿单于吹枕边风，匈奴才放过了被围汉军。

逃出生天后，刘邦采取了三项措施：第一，斩杀主张追击匈奴的大臣，并且封反对追击的刘敬为关内侯；第二，遣宗室女与匈奴和亲，体面地承认自己打不过匈奴；第三，同冒顿单于"约为昆弟"，也就是结拜兄弟，其中，刘邦是哥哥，冒顿单于是弟弟，多少找回来了一点点战场上丢失的面子。

据《汉书·匈奴传》，匈奴那边有一条习俗，也就是父亲死后，儿子娶后母为妻；兄弟死了，活着的便娶已死兄弟的妻子为妻。如据《后汉书·南匈奴列传》，"昭君出塞"的主角王昭君在丈夫呼韩邪单于死后，上书请求回国，结果就被汉成帝要求"从胡俗"，又嫁给了继位的呼韩邪单于之子复株累单于（但他不是王昭君的儿子），便是这一习俗的体现。

换言之，从匈奴的习俗来看，哥哥刘邦死了，冒顿单于迎娶吕后，是很正常的事，冒顿单于甚至有义务这么做。但这显然违背了汉人的习俗，也难怪吕后"大怒"，而冒顿单于自省"未尝闻中国礼义"了。

问题在于，这起求婚事件，真的只是文化差异造成的误会吗？或者说，冒顿单于向吕后求婚，难道就只是为了践行"兄弟死，皆取其妻妻之"的习俗吗？

先来看白登之围中，阏氏对冒顿单于说的一句话：

今得汉地，而单于终非能居之也。

这只是阏氏说的那番话的其中一句，不过非常重要。

这句话实际上说明了这样一个问题：哪怕是不谙政事、远离汉地的匈奴女子，对汉匈巨大的社会文化差异和匈奴统治汉地的难度也略有感受，明白汉人不会那么容易被匈奴这种他们眼中的"夷狄"

征服，那么堂堂单于会不知道吗？

从冒顿单于"取阏氏之言"的反应来看，虽然这一决定或许也和其他因素有关，但这句话对战争收益的分析肯定也造成了一定的影响，可以推测冒顿单于对文化差异是有所感知的。

除此之外，匈奴与战国以来的汉地有不少交集，冒顿单于时期双方的军事冲突和和平交往也并非没有，甚至还有卢绾这种汉地精英在匈奴身居高位（只不过是叛逃过去的）。对于如此重要的婚礼习俗，冒顿或者说整个匈奴统治阶层，要说完全一无所知，也未免太不可能了。没有一点获取敌国情报的觉悟，冒顿单于就不可能是冒顿，也不可能是单于。

当然，上述观点全部建立在逻辑推理的基础上，因为虽然匈奴与中原的长期交往是不争的事实，但缺乏扎实的证据证明匈奴知晓汉地婚俗，只能作为疑点对冒顿单于（实际上包括了以他为首的整个匈奴统治阶层）"未尝闻中国礼仪"的说辞稍加质疑，暂不足以成为确凿的论点，更遑论将"未尝闻中国礼义"推翻。

但是，无论匈奴是否知晓汉地婚俗，仅仅是上述史实的简单陈列就足以证明冒顿单于最初向吕后求婚，结为姻亲的目的是否只是遵守匈奴习俗这样单纯，和单于是否有其他目的并不矛盾。那么，讨论完"未尝闻中国礼义"的可能性，再来讨论一个问题：单于的求婚，除践行迎娶寡嫂的匈奴习俗外，是否还有别的目的？

按照传统解读，这则"辞极亵嫚"的"耻辱"求婚信是匈奴对汉地野心的彰显，根本目的在于羞辱、挑衅汉朝。但是，这种说法显然是以大汉族主义的视角去看待匈奴，多少有失偏颇。

首先，白登之围的解除，不光是受到阏氏和未及时抵达的叛军盟友的影响，冒顿单于本人对局势的判断也不可忽略。在现实条件没有太多变化的情况下，贸然挑起战端极为不明智，并不符合匈奴的利益——换言之，如果冒顿单于有理由在白登放过刘邦，那么他向吕后求婚时的局势并没有足够的理由让自己驳倒当初解围的理由。其次，在收到吕后回信后，单于立即为自己的不当行为道歉，说明这次书信外交匈奴并未占据上风。如果匈奴真想重新开战，吕后的拒绝就是匈奴极好的开战借口，吕后的愤怒大可以作为误解单于好意的南侵理由，但事实是匈奴不但没有这么做，还主动放低姿态道歉，显然——这丝毫没有达到所谓羞辱的目的。

是的，冒顿单于或许的确对中原有野心，但其实没有想要通过此次求婚事件实现它。

不过这不是说匈奴不可能有其他目的，这里我们重新来看单于的那封求婚信，这封信值得我们细细品读：

孤偾之君，生于沮泽之中，长于平野牛马之域，数至边境，愿游中国。陛下孤立，孤偾独居，两主不乐，无以自虞。愿以所有，易其所无！

看到重点了吗？

注意，重点在末尾那八个字：

愿以所有，易其所无！

而这，正暴露了匈奴的另一个目的——也就是通过两国君主的联姻，加强汉匈友好关系，促进两国贸易，互通有无。打个比方，这封求婚信，就好比一千多年后更著名的那次外交活动，马戛尔尼远渡重洋觐见乾隆皇帝，要是马戛尔尼再给乾隆献上一名英格兰妃嫔，那这就是清朝和英国翻拍的"求婚"了。

这一时期，匈奴已经进入奴隶社会，财产私有制大大发展，对财富的渴望也迅速增加。不过，尽管匈奴畜牧业发达，但草原和大漠无论是经济发展潜力还是人口承载力都比不上以土地广袤肥沃

的以农业为主要经济形式的汉地，匈奴的农业和手工业发展水平也要比汉地落后得多。据《史记·匈奴列传》，匈奴"战而扶舆死者，尽得死者家财"，《汉书·主父偃传》里也说匈奴"行盗侵驱，所以为业"（后面还有一句"天性固然"就有失偏颇了），较为具体、形象地表明了匈奴对个人财富的极度渴望和财富获取、分配方式的原始与野蛮，恩格斯在《家庭、私有制和国家的起源》中更为宏观地论述了这一类现象：

> 邻人的财富刺激了各部族的贪欲，获得财富已成为他们最重要的生活目的之一了。他们是野蛮人：掠夺在他们看来是比创造的劳动更容易甚至更荣誉的事情。

《资治通鉴·汉纪三十七》就记载，过去曾长期与东汉王朝为敌的北匈奴（匈奴于西汉中期分裂为南匈奴和北匈奴，南匈奴归附西汉王朝），于公元64年春遣使请求与汉王朝进行贸易，在位的汉明帝稍加思考后，为了减少他们对北方边境的袭扰，就同意了北匈奴的请求：

> 北匈奴犹盛，数寇边，遣使求合市。上冀其交通，不复为寇，许之。

再来回顾白登之围，阏氏明面上说的是"今得汉地，而单于终非能居之也"，但上述分析为我们提供了一个新的视角，即：或许是阏氏暗示，又或许是冒顿单于本人具有如此远见卓识，单于放走刘邦的原因，很可能不是或不只是对征服汉人可行性的不认可，还可能是通过释放刘邦主动示好，以促进汉匈和平与贸易。

当然了，不可否认的是，冒顿单于放走被包围的刘邦也有其他考量，比如汉军主力尚在，前来接应的叛军又迟迟未至，冒顿的确有理由怀疑叛军被外围汉军阻击、歼灭，甚至有可能已经投降，重新归附了汉廷。

攻杀刘邦，南下入侵，可以，但这不是最好的选择，起码不是最保险的选择。匈奴没有能力吞并、消化汉朝庞大的体量，无法控制如此广阔的疆土。

同样是《史记·匈奴列传》，这篇传记中记载的汉文帝时投降匈奴的大臣中行说印证了我们单于积极促进汉匈贸易的想法。

彼时，冒顿单于去世，儿子老上单于即位，汉文帝于是派出公主与老上单于联姻。汉使团中的中行说，本来不愿意出使匈奴，但朝廷却强行令他出使。于是中行说到达匈奴处后，立即投降了老上单于，颇得单于恩宠。

在匈奴时，中行说鼓动匈奴不要依赖汉朝的物资供给，他提供这一建议的背景则是——"初，匈奴好汉缯絮食物"，中行说的言辞其实正好从侧面印证匈奴不但喜欢汉朝的缯絮食物，还经常从汉朝那里得到，而且不是抢来的。正是由于匈奴喜爱甚至依赖汉朝的物产，中行说才会劝谏单于不要太依赖汉朝物资供给。

第二点则是中行说对想要同他辩论的汉朝使者说的话：

汉使无多言，顾汉所输匈奴缯絮米蘖，令其量中，必善美而已矣，何以为言乎？且所给备善则已；不备，苦恶，则候秋熟，以骑驰踩而稼穑耳。

大概意思就是说，你汉朝使者不要多说话，把质量上好的缯絮食物送来就行了，东西质量好就不说，不好的话匈奴就要发兵攻打你们！

由是观之，生产力先进的汉帝国生产的物资，在匈奴不但有市场，而且还很受欢迎——或许当年单于向吕后求婚，就是拿"未尝闻中国礼义"为幌子，试着以君主联姻这种对双方关系保障程度最高的方法来增进汉匈贸易。

第四节

宦海风波——昭帝登基之谜

据《汉书·霍光传》，汉武帝在临终前才立昭帝刘弗陵为太子，并任命大司马大将军霍光、御史大夫桑弘羊、车骑将军金日䃅和左将军上官桀四人为辅政大臣。由于《汉书》的质量长期以来受到较高肯定，因此这一段历史一直鲜有人质疑。然而，近代的一些史学家在分析史料后，对武帝立昭帝为太子一事提出了不同的观点，也由此向世人提出了一个问题：汉昭帝刘弗陵，真的是汉武帝自己亲自选择的继承人吗？

对武帝临终立昭帝一事持怀疑态度的人以近现代著名历史学家吕思勉为代表。我们先来看看他的观点。

吕思勉对这件事的看法，在《中国通史》第二十九章《前汉的衰亡》中有比较明确的阐述。据《汉书·霍光传》，武帝曾赏赐给霍光一幅周公辅成王的图，暗示霍光是武帝驾崩后的辅政大臣。但吕思勉认为，汉武帝是一个多血质的人，一生行事全凭一时感情冲动，加之霍光仅仅是武帝身旁"近习之流"，因此他这个辅政大臣的真实性很难保证。同为辅政大臣的另外几人，上官桀是养马的，匈奴族的金日䃅是敌国人士，均非最优的辅政人选。

对于自己的怀疑，吕思勉还列出了一个证据。据《汉书·霍光传》，当时，卫尉王莽的儿子王忽，任侍中一职，曾说武帝驾崩时他就在左右，未曾听闻过什么辅政诏书。面对质疑，霍光委婉又坚决地逼王莽杀了王忽。这一段记载为昭帝的即位增添了一层阴谋论的色彩。

这是吕思勉在《前汉的衰亡》中提出的观点，结合其他类似的观点，笔者稍加整理，总结出质疑昭帝皇位合法性的人对武帝立昭帝一事的说法是：汉昭帝并非武帝所立，武帝死于昭宣帝年间的权臣霍光等人发动的秘密政变，政变成功后政变者制造假象，拥护昭帝即位。而这一观点的证据如下：

武帝的性格冲动，而辅政大臣身份的低微，不合常理，也就是前文阐述的内容；

王忽的爆料，尤其是王忽作为近侍皇帝的侍中，所说的话更增添了一份可信度；

昭帝未参加武帝的葬礼；

昭帝被立为太子时，原太子刘据已死四年，武帝为何临终前才立昭帝？

武帝的儿子、昭帝的哥哥，也就是燕王刘旦，在昭帝即位后三番五次谋反，甚至喊出了"少帝（指年少登基的汉昭帝）非武帝子"（《资治通鉴·汉纪十五》）的口号。

乍一看，这种说法似乎很有道理。但是细细推敲就会发现，这些证据虽说并非完全不可信，但显然不足以支撑霍光政变的阴谋论。

汉武帝喜欢任用寒士是不争的事实，卫青、朱买臣、公孙弘、主父偃等人皆出身贫寒。因此宠信甚至重用霍光等人并无异常，而且辅政大臣们的能力也是有目共睹的，他们的出身很难说明问题。

其中重点要说说霍光这个人。霍光飞黄腾达后，霍氏一族废皇帝、杀皇后，确实嚣张跋扈，但他作为先皇重臣，对皇权的侵蚀程度比起后世董卓、曹操、司马昭、高澄、仇士良之流要轻得多。霍光废除海昏侯帝位的行动，在程序上征得了太后同意和亲自参与；霍光的妻子毒杀许皇后，虽然很难洗清他的嫌疑，但从霍妻惊慌失措的表现和霍光上书求情来看，霍光的确权势熏天，但这种权势相

对皇权而言始终没有形成压倒性优势。如果就此对霍光存有偏见，那么试想，一个敢于违背武帝遗诏、骗过或者压过其他三位辅政大臣和其他大臣的人，为什么要在废黜海昏侯和毒杀许皇后两件事上表现得那么谨慎呢？要知道，这两件事情发生时，金日䃅已经去世，桑弘羊和上官桀则因为谋反被诛杀，霍光的权势远比当年更大。

所以，霍光只是个教父式的权臣，甚至可以说他不忠，或许他自己在主观上没有僭越的念头，但至少就客观情况而言，霍光也没有那么大的可能性违背武帝遗诏。

另外，这里还需要重点说一下对匈奴人金日䃅的质疑。首先，我们要知道，汉武帝一朝不乏受到重用的少数民族人士。如据《史记·南越列传》，越人何遗，归附汉朝后受封驰义侯，越人严（全名不明）也受封为归义侯，此二人参加了汉朝攻灭南越的战争，而且都是独自带领一路大军的主将。越人攻越地，足见武帝并不是一个盲目排外的人，不可能单纯依据金日䃅的匈奴王子身份而对其特别警惕。

就算是在汉武帝身边的随侍者当中，也不乏金日䃅以外的少数民族人士。据《汉书·百官公卿表》，驻守长安的禁卫军中，就有少数民族武装：胡骑校尉和长水校尉所部士兵都是西域人和匈奴人；越骑校尉的士兵则全部由越人组成（但这三名校尉由汉族人担任）。汉武帝既然敢把自己的人身安全和皇宫安全托付给少数民族禁军，那么他为什么不能让金日䃅辅政呢？更何况，金日䃅历任侍中、驸马都尉等职，属于武帝近臣，忠诚度或许比武帝未曾谋面的匈奴族禁军士兵还要高，受信任的程度也并不低于某些外朝的汉族大臣。

王忽的爆料是这五个证据中最有疑点的一个。由于王忽说未曾听闻辅政诏书，因此霍光责备其父王莽，变相逼王莽杀了王忽。如果霍光政变说成立，那么为了掩人耳目杀掉这个意料之外的知情者（如果王忽是意料之中的知情者，那么他要么就是同伙，要么早已被杀）的确说得通。

但是，这并不是唯一的解释。昭帝即位时年幼，汉朝上下正处于一个主少国疑的阶段，如果将霍光杀王忽理解为稳定人心，也说得过去，而这正是王忽的言论存疑的原因。如果王忽说的是假话，那么他为什么这么说，就可以解释为嫉妒或受人指使——毕竟对昭帝和霍光不满的可大有人在。

但是，这些说法都没有非常强有力的证据支撑，列举这些猜测只是想表明王忽爆料并非只有霍光政变一种解释。严格地说，王忽这个爆料就好像是薛定谔的猫，既无法证实，也无法证伪。

同样有多种解释的还有昭帝未参加武帝葬礼一事。事实上，如果昭帝的皇位有问题，霍光这些老狐狸反而更应该让昭帝参加葬礼，以此掩人耳目。但实际上，无论参加与否，都不能作为验证皇位是否合法的证据。

当然，笔者本人也非常想弄清楚武帝立储的真相。但是很遗憾，由于史料缺失，以及当事人一些行为可能的动机本身就有多种解释，因此不给出准确答案，反而是最严谨的做法。

质疑昭帝皇位合法性的人还有一个证据，那就是，武帝如果钟意昭帝，那为什么在立昭帝前还有四年的太子空窗期？这是不是说他其实对昭帝的喜欢没有那么强烈？要知道汉朝可不是清朝，不流行秘密立储那套，立太子才是必不可少的正常流程。

据《汉书·外戚传》和《史记·外戚世家》，武帝曾说昭帝"类我"：

> 钩弋子年五六岁，壮大多智，上常言"类我"，又感其生与众异，甚奇爱之，心欲立焉。——《汉书·外戚传》

我们会说到，这是古代宫廷的一种政治隐喻，暗示被形容为"类

我"的皇子很可能成为太子。武帝对昭帝抱有很大期望，也的确想立他为太子，为此还赐死自己宠爱的钩弋夫人以防她日后干政。从这里来看，武帝其实早早就为昭帝即位铺平了道路。至于不立他为太子，有可能是吸取前太子刘据的教训，也有可能是心中对刘据仍然不舍，还有可能是对潜在继承人的考察。但是无论如何，考虑到孤例不证的原则，单单以此证明武帝不打算立昭帝为太子，很难说得通。

另外，司马迁与霍光没有特别交情，而且对霍光的哥哥霍去病评价并不太高，私以为敢为李陵顶撞汉武帝的司马迁没有理由在《史记·外戚世家》中为霍光虚构武帝赠其周公辅成王图一事。

这样一来，在史料的支持下，我们可以得到一个关于武帝四年不立太子较合理的解释，至少足以驳斥武帝不打算立昭帝的观点。

或许有读者会说：可是，吕思勉说过汉武帝是多血质的人，行事冲动，怎么会提前布局好昭帝的即位之路？

对于这个问题，我们首先来看看，吕思勉在《前汉的衰亡》中对武帝"大约是个多血质的人，一生行事，全凭一时感情冲动"的评价是否正确。

说武帝一生行事全凭冲动实在有失偏颇。他敢于实施并坚持耗时耗力的联大月氏夹击匈奴的战略构想，敢尽一生去削弱丞相权力，而且愿意在政治、军事、经济等领域长期使用大量出身低贱的人才，充分表现出作为一个雄主应有的毅力和全局观。虽然他也有冲动行事的污点，但如果没有足够的证据就把其遗诏作为"冲动"的产物，未免太过牵强。

至于"多血质"的评价也有些不恰当。根据盖伦对希波克拉底的体液说的扩展，多血质的人性格温而润，如春天一般，较为活泼。

但是，盖伦的学说不足之处暂且不言，即便立足于气质学说的观点，武帝的性格也偏向于"热而燥"的胆汁质，这种人的性格易怒暴躁，似乎更符合"法令无常，大臣亡罪夷灭者数十家"（《汉书·苏武传》）的汉武帝的性格。

由是观之，如果单凭性格质疑武帝遗诏，吕思勉的观点似乎也行不通。如果一开始就认可汉武帝"多血质"的说法，很容易陷入思维误区。

最后，第五点，燕王刘旦屡次谋反，甚至喊出"少帝非武帝子"的口号，这让一些基于前四个理由而质疑昭帝皇位合法性的人在找不到合法太子时，转而倾向于刘旦才是皇位继承人。但是，"少帝非武帝子"本身就是一个政治口号，其直接目的不是揭示真相，而是为燕王夺取皇位提供法律和道德支持，作为一个证据并不可靠。

当然，也有观点认为，刘旦是武帝去世前夕仍然在世的最大的儿子，即便曾经犯下错误，按礼制也应由他即位。但是，这种说法真的说得通吗？

从史料记载来看，刘旦因觊觎皇位太过明显而遭到武帝厌恶，此后一直未有武帝原谅他或他乞求武帝原谅的记载。按照武帝晚年一咬牙诛杀太子的行为来看，刘旦得到原谅甚至得以继承皇位的可能性非常小。而且刘旦生母李姬不受武帝宠爱，即便在出身上也不占优势。

武帝的长子刘据、次子刘闳和五子刘髆都先于武帝去世，刘髆由于巫蛊之乱，实际上即便在世，即便一度受到武帝喜爱，也很难再参与皇位争夺。所以在他的六个儿子里，有可能继承皇位的只剩下三子刘旦、四子广陵王刘胥和六子汉昭帝刘弗陵。据《汉书·武五子传》，刘据死后，刘旦请求派兵宿卫武帝，这一明显意在皇位的行为被武帝看破，武帝怒而斩其使、削其封国，并厌恶起刘

旦为人，并感叹刘旦的封地文化导致他缺少礼仪熏陶。从武帝的惩罚措施和事后感叹来看，刚刚经历太子叛乱，性格又多疑的武帝对这个撞到枪口上的儿子无疑是厌恶到了极点，相比起一直宠爱的昭帝，立刘旦的可能性并不大。

四子刘胥是刘旦的同母弟弟，出身不及昭帝。而且据《汉书·武五子传》，刘胥沉迷淫乐，性行轻浮，和武帝以及大哥刘据丝毫不"类"，反倒是和亲哥哥刘旦有几分相似。加之史书并未记载刘胥得到汉武帝偏爱的直接证据，因此他更不可能因受宠程度差异而比昭帝更有可能继承皇位。

据《汉书·夏侯始昌传》，汉武帝为小儿子（当时昭帝还没有出生）刘髆选择了鸿儒夏侯始昌为老师，而且自己对这个小儿子也是十分疼爱，《汉书》原文载"昌邑王以少子爱"，可见刘髆受宠的原因很大程度上就是因为年龄最小，而且生母李夫人也受宠爱（这是刘旦和刘胥所缺少的优势）。由此推断，对于生母受宠，年龄最小的汉昭帝，武帝很有可能也更加宠爱，更不提昭帝"类我"这样的优势了。

由此来看，即便正向推理，在武帝去世前，他的几个儿子中最有可能成为继承人的，仍然是汉昭帝刘弗陵。

当然，前文也说过，质疑汉昭帝皇位合法性的证据中有部分证据是无法证明也无法证伪的。王忽的爆料、武帝葬礼上昭帝的缺席，都不得不令人怀疑昭帝是否真的是武帝所立。所以，昭帝，或者说辅政大臣们的嫌疑并不能完全排除，政变的可能性理论上是存在的。但是，支持昭帝合法的证据明显更多，也就是说昭帝是武帝亲立的太子可能性更大一些。相较而言，政变说的说辞就要无力许多了。

第五节

夺权指南——权臣们是如何挑选傀儡皇帝的

对中国历史上那些把持朝政的权臣、宦官和太后们来说，选傀儡皇帝其实是个需要慎之又慎的技术活儿。选得好的话，就可以保证荣华富贵在身、大权在握，乃至羽翼丰满后顺利改朝换代、荣登九五，例如王莽、萧道成、高洋、杨坚、慈禧；选得不好，局势可能就会脱离权臣的掌控，例如汉文帝和唐宣宗，最终都让扶持他们登基的人大吃一惊。

当然，对皇帝控制力的强弱，除皇帝个人素养外，时局和权臣的实力大小也是个很重要的影响因素。假如把汉文帝或唐宣宗送到东汉末年，他们也不见得会比汉献帝表现得更好。但是，就皇帝而言，那些拥立皇帝的王公大臣们，总是希望选择一个更符合自己利益、更温顺的人当皇帝，毕竟没人会希望皇帝过于桀骜不驯，损害自己的利益。那么，假如我们穿越回汉朝，成为一人之下、万人之上的重臣，应该选择怎样的一位皇帝呢？

事实上，并不是所有皇帝都是由先帝指定继承皇位的，遇上先帝遭难等特殊情况，朝廷往往需要由宗室、外戚、百官、宦官等各大集团中势力较盛、话语权较大的一派推选、拥立一位皇帝。而西汉第一次遇到这种情况，是在汉惠帝去世之后。

据《史记·吕太后本纪》，公元前 188 年，汉惠帝刘盈去世，前少帝（姓名不详）虽为惠帝庶长子，但在吕后的一手操作下以嫡长子身份登基，由吕后临朝称制，也就是摄政。几年后，少帝得知自己的母亲不是惠帝皇后张嫣,自己身份卑微的母亲早就被吕后杀死,于是放言要向吕后复仇。吕后于是将少帝幽闭,不久后废杀,改立常山王刘义为帝,并给他改名叫刘弘,是为后少帝。

那么,吕后选择的这两位皇帝有什么共同特点?

易于控制!

没错,易于控制。前少帝是汉惠帝和一位宫女生的孩子,母亲出身卑微,而且早早就被吕后杀害,这意味着,即便前少帝登基,也不会冒出一家外戚与吕氏争权。何况,吕后把少帝托给惠帝皇后、自己的亲外孙女张嫣,让少帝假冒是张嫣的儿子,从而在保证了惠帝血脉的同时,也在最大程度上维护了张嫣的地位和吕氏的权势。当少帝对吕后流露出一丝丝仇恨时,吕后又迅速出手,将他废杀,以图抹杀皇位对自己的任何不利因素。

后少帝刘弘的生母没有记载。不过他是诸侯王出身,母系在朝中的势力应该相当有限。而且刘弘即位后就娶了吕后的侄孙女为皇后,从而确保皇位被牢牢地把控在吕后手中——这就是挑选傀儡皇帝的第一原则,也就是易于控制,否则不但会在舆论上对当权者不利,对当权者的权势、地位也是个很大的威胁。

因此,符合条件的候选人在登上皇位后,往往成为幕后掌控者的象征,受后者控制也更加严密。当后者倒台后,皇帝曾经之所以成为皇帝的因素,反而成了一种祸患——毕竟,如果有更好的选择,新上位的势力宁可把政敌及其残余势力扫除干净。

所以,刘弘死于那场针对吕氏家族的政变。

公元前180年,吕后在未央宫去世。客观地说,吕后虽然性情残暴,也确有夺取刘氏江山的迹象,但总的来说,在她执政时期,汉王朝大体上延续了高祖后期休养生息的政策,极力避免卷入外部战争,并非一无是处。但是,正是因为她屠杀刘氏宗室、扶持吕氏族人、把控朝政，使她和忠于刘氏，同时也极力保全自己既有权势地位的利益集团（主要是刘氏宗室和曾追随高祖的功臣集团）的矛盾日趋尖锐。这一点吕后自己非常清楚，所以她在病重临终前做了一番部署：

> 乃令赵王吕禄为上将军，军北军；吕王产居南军。吕太后诫产、禄曰："高帝已定天下，与大臣约，曰'非刘氏王者，天下共击之'。今吕氏王，大臣弗平。我即崩，帝年少，大臣恐为变。必据兵卫宫，慎毋送丧，毋为人所制。"——《史记·吕太后本纪》

她命令赵王吕禄、吕王吕产分别控制保卫长安的两支卫戍部队北军和南军，并告诉他们，自己推测当年追随高祖的大臣们很可能会趁机发动政变，因此不要为自己送丧，把守好宫廷要道即可。

但在接下来的政变中，灌婴、周勃、夏侯婴等元老重臣和朱虚侯刘章、东牟侯刘兴居、齐王刘襄等宗室内外联手，一举铲除吕氏家族。同时，政变集团借口吕后扶持的后少帝刘弘"非刘氏"，将他废黜，刘弘的三个兄弟，梁王刘太、淮阳王刘武、常山王刘朝也都被杀死。

那么，政变者选择的新皇帝是谁呢？

大臣们先后排除了齐王刘襄和淮南王刘长，理由相同，都是因为他们的母家太"恶"，而诸吕之乱正是因为吕氏太"恶"才发生的，所以不能立此二人为皇帝。

最后，他们选择了代王刘恒，原因是刘恒是汉高祖刘邦还在世的儿子中最年长的一个，又仁孝宽厚，最重要的是他是薄氏的儿子，薄氏性情温良，不"恶"。于是大家就此敲定主意，推代王登基，也就是日后的汉文帝。

文帝个人性情如何，暂且不论，因为大臣们在否决刘襄、刘长

时，最主要的原因，就是他们背后的势力不是省油的灯，很可能变成第二个吕氏。变成第二个吕氏又会怎么样呢？

吕氏封王、屠戮刘氏的历史历历在目。更重要的是，以灌婴、周勃、夏侯婴等人为代表的功臣集团的权势地位，全都系于刘氏在位。对刘氏来说，他们是可靠的功臣元老，是汉王朝的原始股东，但对吕氏而言，他们几乎等同于自己掌控权势最大的竞争对手——刘氏皇帝，只不过地位略低而已。他们和刘氏皇帝乃至刘氏宗室，面对改朝换代时，是拴在一根绳子上的蚂蚱——除非他们的权势并非来自皇权，而是其他人。

忠心之外，是利益纠葛。

所以，当朝廷已经存在一个强大的政治集团时，是不希望有外部势力来分红的。也就是说，新皇帝最好不要和功臣集团爆发矛盾，不要有太过强势的政治背景。

兜兜转转，其实还是那句话，暗含了对身世要求的"易于控制"，只不过是一种消极的控制——吕后积极的控制，是把皇帝拿捏在自己手中；功臣集团消极的控制，是不希望皇帝带来一个和自己争权夺利的新的政治集团。

不过汉文帝可不是软弱可欺的主。他的母家虽然弱势，但他的随从、代国中尉宋昌在太尉周勃想和登基前的文帝私聊时，立即出面阻止：

所言公，公言之；所言私，王者无私。——《汉书·文帝纪》

宋昌背后，自然是表面温文尔雅，实际上颇有主见的汉文帝。文帝登基后，连夜任命宋昌为卫将军、代国郎中令张武为郎中令，迅速在群狼环伺的未央宫建立起自己的核心集团，从而在尊重并利用功臣集团等地头蛇的同时对其严加提防。那个提议立代王刘恒为帝的人，真的是看走了眼！

时间来到西汉末年。公元前 1 年,西汉第十三位皇帝汉哀帝刘欣去世,年仅二十五岁。由于哀帝没有留下子嗣,丁、傅两太后又先后去世,只好由汉元帝的皇后,太皇太后王政君来主持烂摊子。王政君迅速将哀帝时期受丁、傅两家外戚打压的侄子王莽召到宫中,授权他主持政务。东山再起的王莽先是逼死了哀帝的男宠董贤,随后开始选择新的皇帝。

此时,汉元帝的直系子孙只剩下了中山王刘衎,他是汉元帝三子、中山孝王刘兴的儿子,是为汉平帝。汉平帝登基后,和西汉后少帝刘弘、汉献帝刘协等众多傀儡皇帝一样,娶了当权者的女儿为皇后——也就是王莽的女儿王氏。五年后,也就是公元 6 年,年仅十五岁的汉平帝去世,没有留下子嗣。据《汉书·元后传》,为了进一步篡夺皇权,王莽选择拥立汉宣帝年龄最小的玄孙、年仅 2 岁的广戚侯子刘婴为帝,也就是后世所说的"孺子婴"。

据《汉书·王莽传》,一个叫孟通的人为讨好王莽,献上了一块刻有"告安汉公(王莽此时已被封为安汉公)莽为皇帝"的白石,暗示王莽应该当皇帝。后在王舜等人的劝说下,王政君被迫下诏令王莽"居摄践祚,如周公故事",换句话说,是让王莽代行皇帝之权,像周公一样辅佐天子。

当然,这只是场面话。王莽很快就从代理皇帝变成真皇帝了,哪怕是王政君也无法阻拦。

那么,选择汉平帝和孺子婴的理由是什么?血统自不必说,一个重要原因读者们想必也看出来了——年龄小!孺子婴甚至是宣帝玄孙中年龄最小的一个。

年龄小,就意味着方便控制。而且王莽还在极力抵御外戚势力的渗透。据《汉书·外戚传》和《汉书·平帝纪》,平帝即位后,他的母亲卫姬请求来长安见他一面,却被王莽拒绝,哪怕她多次上书痛骂曾经打压王莽的丁氏、傅氏外戚，也未能博得王莽的同情。王莽尽管拜卫姬为中山孝王后，她的两个兄弟、卫宝、卫玄为关内侯，平帝四个妹妹授予"君"的称号，但决不允许来长安，都留在中山国。

卫姬很可能根本没有什么权势，否则她也不会用骂丁傅外戚的方法讨好王莽，她的两个兄弟也不至于连关内侯都不是，还得靠王莽封爵，所以也都谈不上什么争权夺利。甚至于，卫氏在中山国，都不是首屈一指的豪门大族，只是还不错的小豪门而已，嫁得了诸侯王，但在王宫内地位并不是很高。因此卫姬上书，其中蕴含的情感，大概就是单纯的对儿子的思念。但即便如此，王莽也对其严加提防，居心可见一斑。

至于可怜的孺子婴，他身上值得注意的一点是，当时宣帝的不少曾孙尚在世，玄孙中也有年龄比较大的，却都没有得到王莽的认可——要知道，西汉不是没有兄弟继承皇位的先例，汉惠帝和汉文帝，吕后控制下的前少帝和后少帝，都是兄终弟及。即便不以宣帝曾孙为帝，那为什么不选一位年龄稍大、可以主事的玄孙为帝呢？

原因一目了然。

西汉灭亡后，王莽的新朝历时十余年就被玄汉攻灭，玄汉政权旋即亡于赤眉军，直到公元25年刘秀登基称帝，建立东汉，中国才逐渐回归统一。东汉初年先后经历了光武帝刘秀、明帝刘庄、章帝刘炟、和帝刘肇四位皇帝。值得注意的是，《资治通鉴·汉纪·汉纪三十七》记载了这么一个小故事：

> 明帝初崩，马氏兄弟争欲入宫。北宫卫士令杨仁被甲持戟，严勒门卫，人莫敢轻进者，诸马乃共谮仁于（明帝之子）章帝，言其峻刻。帝知其忠，愈善之，拜为什邡令。

明帝去世，外戚马氏族人想趁机捞点好处，可能是想以先帝去世、新帝即位时的拥戴之功捞个官职，但被卫士令杨仁率兵拦截在宫门外。章帝即位后，这些人居然向章帝告状，章帝不但没有惩罚杨仁，还封他为什邡县县令。

这其实就是皇权在握和皇权旁落的区别：皇帝掌握皇权，官员就唯皇权是瞻，严格执行宫廷和国家制度，甚至敢于挑战皇帝威严，阻止皇权对国家大事的过分干涉与破坏。但如果皇权旁落，维护为维护皇权而生的制度、规定，就很有可能招致报复，东汉中期的梁冀，东汉末年的董卓，连皇帝都废杀，何况杨仁这类小小的军官、县令呢？

言归正传。公元106年，东汉第四位皇帝、汉和帝刘肇驾崩，东汉王朝迎来了一位刚刚出生一百多天的小皇帝——和帝少子、汉殇帝刘隆。据《后汉书·皇后纪》，由于自己的十多个儿子先后夭折，担心有人谋害皇子的和帝刘肇，就把后来出生的儿子全部秘密养育在民间。和帝去世后，本来应该是长子刘胜即位。但是据《后汉书·章帝八王列传》，刘胜从小患有痼疾，因此未能继承皇位，仅仅被封为平原王，继承皇位的人于是变成了他的弟弟刘隆。

那这一切的主导人是谁呢？

汉和帝的皇后，殇帝、安帝年间的太后，邓绥。

据《后汉书·皇后纪》，邓后的家世极为显赫。她的祖父邓禹是东汉开国元勋，云台二十八将（指汉明帝年间在云台阁被皇帝下令作画像的二十八位开国名将）之首；父亲邓训历任护乌桓校尉、护羌校尉，常年镇守北方边境。和帝去世后，邓后立身体健康的刘隆为帝。然而仅仅几个月后，未满一岁的刘隆竟然驾崩了，邓后于是和哥哥、车骑将军邓骘决议立清河王刘庆十三岁的儿子刘祜即位，是为汉安帝。

插一句，东汉历史上第一个大海盗张伯路，就是安帝在位时期的"产物"。

邓后其实和吕后非常相似，只是知名度没有吕后那么高而已，这很可能是因为吕后性情残忍，尤其是虐杀戚夫人让她"名声大噪"。除此之外，邓后和吕后有很多相似的地方：二人都是以太后身份摄政，都拥立了多位皇帝，只不过吕后扶持的两位少帝不被后世承认，邓后拥立的殇帝、安帝被后世承认为东汉正统皇帝而已。另外，邓后摄政期间，在民生、军事等方面颇有作为，但在西域问题和宦官坐大等问题上饱受诟病，和吕后一样是个争议人物，有功亦有过。

不过最重要的是，邓后也不是良善之辈。据《后汉书·杜根列传》，公元120年，因为朝廷"权在外戚"，皇权旁落，安帝已经二十六岁了，到了亲政的年龄，于是郎中杜根上书请求邓后归政。没想到邓后勃然大怒，令人将他乱棍打死后抛尸。只不过负责监督执法的人因为杜根贤名在外，于是悄悄让行刑者不要太过用力击打，于是杜根身负重伤，被扔出城外，侥幸捡回一条性命，直到邓氏家族被诛灭后才重返政坛。《后汉书·皇后纪》也记载，邓后的弟弟邓康对邓后"久临朝政"有所不满，邓后一怒之下将邓康免官，遣返回籍，并开除出邓氏族谱。

所以，邓后虽然知名度不如吕后，但实际上，她的所作所为和吕后十分接近，都是意图把控朝政、控制皇帝，只是没有封邓氏族人为王而已。

那么，邓后如何选择自己的傀儡皇帝呢？少不经事自是首选，文帝已经表明，年龄较大的皇子大多已经封王，不但有了自主意识，而且容易在诸侯王国里提前建立自己的利益团体，所以未满周岁的殇帝刘隆、年仅十三岁的刘祜从诸多皇子中"脱颖而出"了。而且，刘隆的生母没有记载，刘祜的生母，据《后汉书·章帝八王列传》，是清河王刘庆的小妾左小娥。据记载，左小娥的伯父左圣因妖言惑众被诛杀，家属被官府没收，左小娥和姐姐左大娥进入宫廷，当了宫女，这样的家庭，自然谈不上形成什么外戚势力。

但是，到这里，傀儡皇帝的选择标准多了一个：身体健康。

刘隆之所以顶替刘胜成为皇帝，主要原因就是身体健康。刘胜患有痼疾，所谓"痼疾"，就是久治难愈的疾病。刘胜的这个痼疾到底是什么病不好说，但有可能严重到影响他履行皇帝职责，或者病症对他的容貌产生了影响，使他容貌恐怖、丑陋，不具有天子威仪。无论如何，身体健康，是选择傀儡皇帝的另一要点。

但是，读者可能注意到了，为什么当权者需要一位健康的皇帝？王莽摄政后，不是不允许人们和孺子婴交流，致使他身体和智力发育出现困难吗，难道孺子婴是个健康皇帝？

其实这和当权者的动机有关。王莽等人，最终目的是改朝换代，只要立一个傀儡皇帝过渡即可，健不健康是次要的，甚至对王莽来说，一个残疾皇帝反而可以防止忠于汉室的人打着皇帝的旗号谋反。但是，邓后，其实还包括西汉的霍光，以及东汉中后期和唐朝中后期那一众肆意废立皇帝的宦官，根本目的并非篡夺皇位。宦官没有生育能力，自然当不了皇帝，霍光和邓后，虽然具备篡权的实力，但表现得不如吕后、王莽、曹操那么明显，笔者认为，至少从史料记载来看，霍光和邓后应该没有篡权的计划，他们只是纯粹的权臣而已。

所以，对邓后来说，维持皇帝的脸面，乃至于维持大汉朝廷的脸面，还是有必要的。如果不是那么着急上位，那么皇帝即便是傀儡皇帝，也还是应当有一副皇家的模样。

接下来的一位傀儡皇帝，是汉安帝去世后，阎太后、车骑将军阎显、宦官江京、樊丰等人一同拥立的安帝堂弟、北乡侯刘懿，也就是东汉前少帝。这位皇帝的个人信息实在太少，只知道他是汉章

帝的孙子、济北王刘寿的儿子，无法得知他被拥立为皇帝的原因。不过鉴于阎太后专权，笔者估计他应该是一位年龄不大，而且母系势力不强的皇帝，因为《后汉书·皇后纪》对拥立刘懿一事有部分文字记载：

> 太后（指阎后，邓后已经去世）欲久专国政，贪立幼年，与显等定策禁中，迎济北惠王子北乡侯懿，立为皇帝。

阎后想要长期把持朝政，也就是所谓的"欲久专国政"，是北乡侯刘懿能够当上皇帝的重要原因。

当这个皇帝可不是什么好差事。

刘懿也没当几个月皇帝就去世了。据《后汉书·孝顺孝冲孝质帝纪》，中黄门孙程等十九人斩杀江京等人，拥立安帝长子、废太子、济阴王刘保为帝，是为汉顺帝。顺帝登基时仅仅十岁，朝政长期把持在宦官和梁氏外戚手中。公元144年，顺帝去世，皇太子刘炳登基，是为汉冲帝，由顺帝皇后梁后临朝摄政。

值得注意的是，《后汉书·皇后纪》对汉冲帝登基一事有如下记载：

> 建康元年，帝（指汉顺帝）崩。后（指梁后）无子，美人虞氏子炳立，是为冲帝。尊后为皇太后，太后临朝。

两个重要信息：第一，梁后没有儿子，所立皇帝是其他妃子的儿子；第二，梁后临朝摄政。

这一幕是不是很眼熟？

没错，当年吕后和惠帝皇后张嫣也是这么操作的。真可谓在后人看来政治寓意明显的操作。

然而汉冲帝登基第二年就死了（整个东汉王朝一百九十余年国

祚中，有不少皇帝都非常短命，包括那些比较独立自主、没有夭折的皇帝，比如享年仅二十七岁的汉和帝刘肇），享年两岁。于是梁后立汉章帝曾孙渤海孝王刘鸿的儿子，也就是章帝玄孙刘缵为帝，是为汉质帝，质帝时年八岁。

别的不多说了，笔者带读者们看个故事吧，这个故事记载在《后汉书·梁统列传》里：

话说这么一天，大将军梁冀上朝时非常骄横，目中无人，年幼的质帝于是看着梁冀，对群臣说："此跋扈将军也。"当众出了丑的梁冀恼羞成怒，于是后来令左右呈给质帝下了毒的饼，质帝吃了饼后毒发身亡。

没有人能救他，因为质帝死时，梁冀就站在他身边。

权在何处，一目了然。

质帝死后，梁后立蠡吾侯刘志为帝，是为汉桓帝。据《后汉书·孝桓帝纪》，桓帝是章帝的曾孙，比质帝还高一辈，即位时也只有十多岁。如果不算刘懿，桓帝已经是自八岁即位的汉和帝以来，继殇帝、安帝、顺帝、冲帝、质帝之后，东汉王朝连续第七位娃娃皇帝了，而且在他之前的六位娃娃皇帝中，只有和帝（享年二十七岁）、安帝（享年三十一岁）和顺帝（享年二十九岁）三人活到了成年，且都是英年早逝。

刘志的家世如何呢？他的祖父是河间孝王刘开，袭河间王爵位的是日后的惠王刘政，父亲刘翼仅获封侯爵，刘志袭父亲爵位，为蠡吾侯，父系一脉不值一提。而他的母亲匽氏是刘翼的小妾，刘志登基后，匽氏也住进宫中。但她对刘志的皇帝生涯并无帮助，梁后在刘志即位后继续把持朝政，宦官势力也日益坐大，匽氏外戚毫无踪迹。想必匽氏人丁不旺，也可能根本无意仕途，总之，从梁后听任匽氏住进皇宫来看，刘志登基不大可能引入过于强势的外戚。

换言之，对梁后来说，刘志就是第二个冲帝、质帝，只不过年龄稍微大了一点点而已。

梁后死后，桓帝依靠宦官势力，设计诛杀了梁冀。但他在死后未能留下皇子，于是，东汉皇位继承在梁氏外戚覆灭后，又进入了外戚当权阶段。桓帝的窦皇后，在此时已经是窦太后，她选择的继承人是年仅十二岁的解渎亭侯刘宏，也就是汉灵帝。不出意外，灵帝仍然是以年幼＋母系弱势继承皇位，符合权臣选择傀儡皇帝的一贯作风。

汉灵帝在位二十多年，始终没有立太子。据《后汉书·何进列传》，灵帝对他的两个儿子，何皇后所生的刘辩和王贵人所生的刘协有明显的态度差别：他认为刘辩过于轻佻，不适合做皇帝，更想立刘协。但是，何皇后和哥哥何进势大，何况刘辩有嫡长子名分，所以灵帝一直犹豫不决。灵帝去世后，何后和何进共同拥戴刘辩为帝，是为后少帝，封刘协为渤海王，后改封陈留王。但刘协一直没有就国，而是待在洛阳皇宫，这为他第一时间卷入权力斗争，从而被董卓注意到埋下了伏笔。

后少帝即位不久，宦官与外戚、官僚士大夫爆发混战，董卓以勤王为名，在何氏外戚被诛杀后入主洛阳，自此终结了东汉中期以来外戚和宦官当政的历史。据《后汉书·董卓列传》，董卓认为刘协"贤"，而且他是灵帝的母亲董太后抚养长大，董卓觉得自己毕竟姓董，也勉勉强强算得上和董太后"同族"，所以"有废立意"，并在不久后废黜少帝，立刘协为帝，是为汉献帝——由于《三国演义》的传播，三国时期堪称整个中国古代史"流量"最大的一段时期，汉献帝得益于此，可能是整个东汉最有名的皇帝了。

东汉王朝的统治正式进入了倒计时。

需要注意，这个时候，董卓立献帝刘协为帝时出现了一个新的原因：血缘，更准确地说，借用现代法学上的一个术语，叫做"拟制血亲"。

所谓拟制血亲，就是指没有血缘关系，但法律确定其地位与有血缘关系的自然血亲相同，比如养父母和养子养女之间就是拟制血亲，亲生父母和亲生子女之间就是自然血亲，而拜把子兄弟，地位缺乏法律认证，什么血亲都不算。董卓和董太后当然攀不上什么亲戚，但是，他自认为和董太后同族，因而比起刘辩，对贤而同族的刘协稍有好感，这是刘协得以登上皇位的重要原因。

汉献帝登基，东汉王朝迎来了历史上最后一个皇帝。至于曹操挟天子以令诸侯，据《三国志·毛玠传》，是采纳了毛玠的建议，而且既然是打着尊王的旗号，那么自然不能随便废立天子——不然自己失去了正统性，被"令"的诸侯们以为先帝复仇的名义造反，那挟天子以令诸侯还有什么意义？

所以，曹操没有另立天子，而是继续尊奉献帝刘协。

整理一下，我们就可以得出汉代选择傀儡皇帝的大致标准了：

1. 年龄要小，最多不过十几岁，最小未满周岁也可以，反正用不着皇帝亲政，他的个人素养和施政能力不重要。

2. 母系势力要弱，身边没有聚集起强大的利益集团，不要学汉文帝，身边最好是缺乏强有力的支持者，不然新的外戚和自王国入仕中央的官僚士大夫对朝廷里的既得利益集团是个不可知的风险，但倒也不必像汉武帝一样，选择皇位继承人之前还要把皇子母亲杀掉——他那个属于巫蛊之祸导致的创伤后应激障碍，也可以理解。

3. 必须有皇室血脉这一点自然不必多说，但最好和当权者沾着点亲戚。有的当权者和傀儡皇帝本身就有比较密切的血缘关系，比如王莽就是汉平帝的老丈人，但也有很多例外，这个时候就最好让当权者和傀儡皇帝之间的关系稍微近一点，不要太疏远，如吕后把

西汉前少帝托到张嫣名下，董卓自认和董太后同族。

其他的，都是些细枝末节。只要把握好这三个要素，尤其是前两个，再加上一点运气和眼光，就可以选择一位"忠心"的傀儡皇帝啦！

第六节 皇帝与外戚：四百年的拉锯战

众所周知，外戚问题一直是困扰我国古代封建王朝的老大难问题。我们数一数吧，西晋惠帝的皇后贾南风，凭借"一己之力"点燃了八王之乱的导火索；北周宣帝的岳父杨坚，亲手把宣帝的儿子、周静帝宇文阐拉下了皇位；南宋外戚韩侂胄虽然颇有一番作为，但就逼迫光宗退位等事而言，至少也在客观上侵犯了皇权。

至于汉朝，这种事还要更多一些。由于西汉后期和东汉中期的皇帝大多年轻甚至年幼时就登基、夭折，所以一方面皇权的确需要朝中强势政治集团的支持以维护统治秩序，另一方面外戚获得了极好的把控朝政的机会，因此汉朝外戚专权极为盛行。

西汉末年，外戚王莽一手主导了新王朝的建立，及至东汉末年，曹操也通过扶持女儿为皇后的方法以求巩固对献帝的控制。然而，在西汉中期以前，皇权还没有在日复一日、年复一年的外戚游戏中萎靡崩塌。历代皇帝极为高效地使用并控制着外戚的能量，以至于西汉早期唯一一次外戚干政事件，也就是吕后专政，不像是一系列外戚干政史的一个节点，更像是一次偶然事件。这一时期，对外戚使用最频繁、提防也最严密的当数大名鼎鼎的汉武帝，正是他告诉我们什么叫"眼看他起高楼，眼看他宴宾客，眼看他楼塌了"，为我们演绎了一出外戚游戏之于皇权运转，从助力到防沉迷的剧作。

这一切，还要从刘据说起。

刘据是谁？他可是汉武帝的嫡长子，汉昭帝的异母哥哥，当年眼看着就要接班汉武帝的大汉未来皇帝。刘据出生时，母亲卫子夫

正是"尊宠日隆"的时候，因此汉武帝对这个儿子也十分喜欢。据《汉书·枚皋传》和《后汉书·礼仪志》，刘据出生后，喜得皇子的汉武帝不但令文采斐然的枚皋和东方朔分别作赋纪念，还为掌管生育的高禖神修祠祭祀，欣喜之情溢于言表。公元前122年，武帝将其立为太子，正式确认了刘据的接班人地位。

然而，雄才大略的汉武帝在晚年愈发昏聩，身边围了不少奸佞之徒。如据《汉书·苏武传》，投降匈奴的汉将李陵在劝降苏武时，就曾感慨晚年的汉武帝极为暴戾：

> 陛下春秋高（意思是年龄大了），法令亡常，大臣亡罪而夷灭者数十家，安危不可知。

虽然李陵的这番话作为劝降话语不排除有夸大的嫌疑，但苏武对这一点不置可否，古代学者对晚年的武帝也不乏"听邪臣之谮"（桓谭）、"去秦始皇无几"（朱熹）的评论。然而不幸的是，曾经颇受宠爱、被寄予厚望的太子刘据，正是武帝"听邪臣之谮"的牺牲品。

据《汉书·江充传》，公元前91年，武帝晚年的宠臣江充诬陷太子刘据用巫术诅咒武帝，并在汉武帝授权他调查此事时实打实地找到了"证据"——太子宫里刘据床下用桐木做的木偶。这一"证据"迅速把刘据推到了一场政治危机的最前端。

西汉虽然建有官方巫师机构，但巫术咒人仍然是非常严重的犯罪行为。汉武帝的陈皇后、汉成帝的许皇后在失宠后都曾试图通过巫术重获皇帝欢心。但是案发后，涉案人员的下场不可谓不惨：陈皇后案中，实施巫术的楚服和另外三百余人被诛杀，陈皇后被废黜，终老长门宫；许皇后案中，许皇后被废，给她出巫蛊主意的姐姐许谒被杀，许后亲属均被逐回故里（见《汉书·外戚传》）。

在朝廷对巫蛊害人之术严厉打击的风气下，刘据诅咒武帝的行为在武帝授权江充处理并坐实的情况下，其结局可想而知——汉代宫廷，起码在明面上是容不下一位巫师皇帝的，否则很有可能会引起朝堂混乱。结合武帝晚年的行事作风，甚至不能排除刘据性命不保。

据《汉书·武五子传》，在此危机下，刘据一时间有口说不清，最终听从了老师石德的建议，假借武帝的名义，"矫以节收捕充等系狱"。随着刘据采纳石德的建议，这场危机出现了朝起兵造反的方向发展的趋势。

对比西汉九位皇太子可以发现，除汉景帝长子刘荣，没有一位太子被废。难废皇太子，实际上是西汉政治的一个普遍现象。那么，如果刘据没有起兵，没有给人留下不孝、谋反的口实，巫蛊与否全凭武帝决断，是否就可以保住太子之位呢？

很可惜，历史没有如果。

历史事件根据其可能性是否能被确定，往往分为两种：除了"西汉都城在长安""汉武帝名叫刘彻"这类事实性史事只有一个正确答案外，其他类型的史事——包括假设、行为动机、事件影响、政治立场选择等——都没有唯一答案。任何可能性，不论照常理来看多么不可能，它在理论上都存在可能性。

这里可以拿刘据来举一个例子。如果有人认为，刘据在一刹那间有过弑杀武帝的念头，那么对于这种无法考证的观点，虽然不能肯定，但也很难彻底排除。这就属于只能根据史料和常理对可能性大小和合理性大小进行推测，而无法绝对否定或肯定，这个问题的答案甚至只有刘据本人知晓。毕竟历史已经无数次告诉我们，古人的行为只有想不到，没有做不到。

因此，刘据如果不起兵，是否能保住太子的位置，这个问题也只有抛开武帝既往不咎、群臣充耳不闻这种可能性极低的演变方向，给出可能性最大的推理和确认。对于这个问题，笔者的答案是：

不能。因为巫蛊之祸并不简单。

西汉立太子，大致受到以下几个因素影响：

首先是在立储过程中话语权极大的皇帝的个人意志。相较于东汉宦官和外戚的飞扬跋扈，西汉皇帝能够较好地按自己的意志立储，立储过程中的皇帝权威在西汉时期体现得是比较明显的。其中，汉高祖刘邦没有废惠帝，立自己喜爱的戚夫人之子赵王如意，并不是做不了废太子这件事，而是这件事做着不划算，群臣几乎集体反对。惠帝或许不是能力最强、声望最高的太子，但至少是最不容易引起众怒、各方势力最不会反对的太子。刘邦就其个人专制权力而言，显然并没有被剥夺强行改立太子的权力。

其次是候选人的个人素质，这一点体现在霍光废海昏侯和元成二帝先后欲立定陶王两件事上。前者的理由是海昏侯行事荒唐（不过此事存疑，一直有观点认为海昏侯并不荒唐，废帝的罪魁祸首直指权臣霍光），后者则是因为定陶王多才多艺，故而深得汉元帝喜爱。

在汉景帝废太子事件中，对素养的考察甚至扩展至太子的母亲。据《史记·外戚世家》，汉景帝曾多次对太子刘荣的生母栗姬所作所为心生厌恶，《史记·太史公自序》更是用"栗姬负罪，王氏乃遂"八个字，直接指出刘荣丢掉太子之位与栗姬有关，太子刘荣本人如何反倒是相对次要的。

再其次是外戚势力。西汉外戚势力对立储的影响，典型例子就是汉哀帝的祖母傅太后贿赂赵昭仪和外戚王氏，成功为彼时身为藩王的哀帝争取到储君之位。

然后是嫡长子继承制的约束，最典型的例子就是汉元帝欲废太子刘骜一事。据《汉书·史丹传》，公元前33年，汉元帝欲废太子刘骜，史丹在元帝面前力保太子，开口便是嫡长子继承制的那一套：

> 皇太子以嫡长立，积十余年，名号系于百姓，天下莫不归心臣子。——《汉书·史丹传》

最后是太子集团的势力。太子集团包括但不限于外戚，皇族和外戚之外的人也可以位列太子集团。如据《史记·留侯世家》，吕后在得知刘邦欲废太子刘盈之后，她听取张良的建议，请当世名士——商山四皓出山辅佐太子，从而给刘邦留下了刘盈"羽翼已成，难动也"的印象，加之群臣也大多反对易储，因此刘邦才没有更立赵王刘如意为太子。

那么，笔者现在一一解析刘据在这五个维度上的情况，说明为什么即便他不起兵，也难逃被废的命运。

毫无疑问，汉武帝最初是十分喜爱刘据的。但是，据《资治通鉴·汉纪·汉纪十四》，刘据长大后，汉武帝对他的态度发生了变化：

> 及长，性仁恕温谨，上嫌其材能少，不类己。

这句话是什么意思？刘据性格温和，武帝觉得他没什么才能，不像自己一样雄才大略。

人是没杀，但心是诛了，至少武帝先把自己的心给诛了。

虽然孤例不证，但这句话却是一个非常关键的切入口，它为我们提供了两个信息：

第一，武帝认为刘据才能平庸，不像自己那样雄才大略；

第二，武帝之所以认为刘据才能平庸，从上下文语境来看，直接原因是刘据"性仁恕温谨"。

这就很奇怪了，为什么宽政之风就是"材能少"呢？性格或者

说执政风格，与个人能力之间的关联度似乎也不是很高，那武帝为什么会因为刘据"性仁恕温谨"而厌恶他呢？

这里就从另一个词切入："类己"。

"类己"，意即性格等方面和我自己类似，同义词还有"类我"。实际上，在中国封建王朝立储的历史上，这个词不是一个单纯的描述性词语，而是一个表明皇帝立储态度的政治隐喻。当皇帝用"类己"描述一位皇子时，就代表这位皇子是皇帝心仪的太子，反之则表示一种冷漠和失宠，如：

> 孝惠为人仁弱，高祖以为不类我，常欲废太子，立戚姬子如意，如意类我。——《史记·吕太后本纪》

> 钩弋子年五六岁，壮大多智，上常言"类我"，又感其生与众异，甚奇爱之，心欲立焉。——《汉书·外戚传》

> 恪有文武才，太宗常以为类己，欲立为太子。——《资治通鉴·唐纪·唐纪十五》

> 蜀潘炕屡请立太子，蜀主以雅王宗辂类己，信王宗杰才敏，欲择一人立之。——《资治通鉴·后梁纪·后梁纪三》

> 成祖以为类己，高煦亦以此自负，恃功骄恣，多不法。——《明史·诸王传》

> 襄霄以貌类己，特爱之，以为太子。——《续资治通鉴·宋纪·宋纪四十九》

"类己""类我"与否，是皇子能否成为太子候选人乃至太子的重要信号，是皇帝意志的风向标。汉王朝是如此，历朝历代亦是如此。而据史书记载，刘据代理国政"宽厚"，"得百姓心"，且"群臣宽厚长者皆附太子"，如此怎是"材能少"之辈能做的呢？何况仅仅根据"性仁恕温谨"判定"材能少"，就更没有说服力了。

最恰当的解释应该是，刘据失宠了，他在武帝心目中的太子地位虽不至于崩塌，但至少有所动摇，因而武帝释放了"不类己"的信号。

回到上引关于"类我""类己"的史料，其中第二段引自《汉书·外戚传》，汉武帝正好也是当事人之一。这里他用"类我"称赞的是钩弋夫人的儿子刘弗陵，也就是未来的汉昭帝。那么，刘弗陵出生于什么时候呢？

公元前94年。

这么来算，刘弗陵"五六岁"时的时间，是公元前89年到公元前88年左右，而刘据已于公元前91年兵败身亡，大汉太子之位正好空缺。武帝的赞赏表明，刘弗陵正是他心仪的太子，至少也是值得关注的候选人。

那么，从刘弗陵的时间线往前推，是否可以找到他受青睐的蛛丝马迹呢？这些迹象是否和刘据产生交集呢？

公元前94年，钩弋夫人生下刘弗陵。考虑到太子先于皇帝去世和易储两种可能性，可以说，任何一位皇子，理论上都可能在先皇去世、新皇登基之前通过叛乱之外的合法手段成为太子。所以我们可以认为，从刘弗陵出生的这一刻起，因为其皇子身份，他和刘据就开始了对皇位天然的竞争，这个客观的竞争时间段是公元前94年至公元前91年。如果说汉武帝是因为刘弗陵才对刘据心生不满，那么相关证据就最好要在这个时间段内去寻找。

据《汉书·外戚传》，钩弋夫人怀胎十四个月而生下刘弗陵，武帝闻讯后，说只有上古时期的尧才是怀胎十四个月而生，因此"命其所生门曰尧母门"。而"尧"，无疑蕴含着对刘弗陵的喜爱和期待两种情感。或许这不是对太子的期待，但至少是对刘弗陵的肯定，暗示武帝在各方面对刘弗陵的欣赏——而这是成为太子的必备条件。

与此同时，刘据及其背后的卫氏集团，正在走向衰颓。

卫氏集团，就是以刘据及其生母卫子夫为核心，由卫氏外戚及其宾客党羽组成的一个政治集团，其发家于公元前138年武帝册封卫子夫为夫人，巩固于公元前128年武帝册封卫子夫为皇后，刘据成为太子标志着该集团的势力走向巅峰。阵营内除刘据和卫皇后外，主要成员还有卫后的哥哥卫长君（曾任侍中）、弟弟卫青、外甥霍去病、姐夫公孙贺、侄子公孙敬声等人。由于刘据身居太子之位，因此卫氏集团也可以称作武帝朝的太子党。

如前所说，卫氏集团发家于公元前138年，卫子夫由一介歌女被选为武帝妃子，其家族势力也迅速膨胀。但是，我们需要知道的是，卫氏集团，是在特定的历史背景下兴起的。这个历史背景，就是汉武帝一朝的政治格局。

西汉建立后，在相当长的一段时间内，丞相按传统仍然具有相当大的权力，是当之无愧的百官之首，甚至可以阻止皇帝做决定，这种地位在中国两千多年封建史上都是非常罕见的。而在汉武帝之前，汉王朝出于种种原因，推行以黄老思想为核心理念的治国方针，对于改革体制、加强皇权一类的事务并不看重。但是汉武帝即位后，现实原因和个人性情促使他开始侵夺相权，其中有两项主要措施：一是频繁换相，且相当一部分丞相最终被逼自杀或被处死，二就是在丞相领导的官僚体系之外，重新引入直接受自己控制的掣肘相权的力量。

于是，汉武帝着手建立由尚书令、侍中、给事中、常侍等原位卑权低的近侍官员组成的"内朝"（也叫"中朝"），与丞相领导的"外朝"相对立，即内外朝制度。在武帝的运作下，内朝被打造成以皇帝为核心的顾问团、决策圈，外朝则逐渐沦为执行机构。

内外朝成员，按三国孟康注《汉书》曰：

> 大司马、左右前后将军、侍中、常侍、散骑、诸吏为中朝。丞相以下至六百石为外朝。

内朝官员的地位于是显著上升，外朝官员的地位亦相对下降。而作为内朝最重要的官职之一，大司马大将军的首位授予对象，正是卫子夫的弟弟、一代名将卫青。

将军乃周代旧官，史书如是说：

> 将军，周官也。汉兴，置大将军，位丞相上。——《汉官仪》

> 天子使使者持大将军印，因军中拜青为大将军，位在（三）公上。——《通典·职官》

需要注意，大将军并非西汉首置，战国楚国屈匄、秦末赵国陈余皆曾任大将军，但皆非常置，西汉王朝（含项羽分封的汉王国）也有韩信、陈武、灌婴等大将军。但大将军加大司马衔，且享受"位在公上"待遇者，卫青为第一人。

前文说过，汉武帝有意建立内朝系统以抗衡、削弱外朝，而无论卫氏集团还是下文要讲到的李氏集团，各个外戚集团都是武帝有意引入从而用来平衡政局的砝码。卫青拜大司马大将军，霍去病封冠军侯、拜骠骑将军，无一不是武帝的刻意栽培，而卫子夫的侄子、同属卫氏集团的公孙敬声出任侍中，进入内朝近侍武帝，同样很难说是个巧合。

公元前117年，天才将领霍去病英年早逝；公元前106年，卫青亦病逝，两人在武帝的宠幸尚未消退时就逝去，未尝不是一种留得生前身后名的幸运。但这并不能掩盖卫氏集团身上逐渐淡去的荣耀。

公元前103年，公孙贺由太仆升任丞相。但此时的丞相早已不

像汉初那样风光。整个武帝一朝，十二位丞相有多达五人获罪自杀或被处死。老死任上的公孙弘去世后，连续三任丞相获罪自杀，他之后的第四任丞相石庆虽"醇谨""无能有所匡言"，却也"见责"，受到武帝的批评嫌弃。公孙贺自知危险，于是"不受印绶，顿首涕泣"，死活不肯当这个丞相，最后还是在武帝的坚持下才被迫接任丞相一职。而且，在此之前，拜相者唯封侯者是汉王朝立国以来的传统，到了公孙贺这里，却"唯弘无爵"，也就是说就他一个人在当丞相时还不是列侯。公孙贺离任后，太仆空缺，武帝于是任命公孙贺之子、侍中公孙敬声为太仆。

表面上看，公孙贺由九卿任三公、公孙敬声由侍从官任九卿，均乃升迁。但实际上在当时的政治环境下，公孙贺被推到武帝有意针对的第一线，公孙敬声则离开了更接近决策圈的内朝，沦为外朝执行官，武帝的任命实为明升暗降。这是卫氏集团走下坡路的一个重要表现。

另外，武帝对太子刘据本人的态度也悄然发生了变化。如据《汉书·江充传》，江充随武帝前往甘泉宫时，遇见太子家臣驾驶东宫车马违规在驰道上行驶，于是不顾太子求情，将此事禀告给武帝，武帝赞赏江充说"人臣当如是矣"，江充"大见信用，威震京师"，并迁水衡都尉。作为对比，据《资治通鉴·汉纪·汉纪十四》记载，黄门苏文告发刘据"与宫人戏"，武帝的反应却是"益太子宫人满二百人"。表面上看，这两则材料反映的是苏文和江充与刘据的嫌隙，但实际上，武帝截然相反的处理态度，暴露出一个事实——武帝本人，对刘据的容忍度正在下降。正如康熙皇帝所言：

充虽大奸，岂能谋间骨肉？特觊易储之萌，足以乘机窃发耳，物先腐而后虫生。

一切显而易见，刘据正在失宠，以刘据和卫子夫为核心的整个卫氏外戚集团已经显露出一丝败象。

如果读者足够细心的话，其实也可以在《汉书》中找到班固为后人留下的一条线索，这条线索亦可印证刘据失宠之实：

> 赵有蛇从郭外入邑，与邑中蛇群斗孝文庙下，邑中蛇死。后二年秋，有卫太子事，事自赵人江充起。——《汉书·五行志》

蛇在西汉政治语境中如"类我"一般，自有其寓意，如：

> 高祖被酒，夜径泽中，令一人行前。行前者还报曰："前有大蛇当径，愿还。"高祖醉，曰："壮士行，何畏！"乃前，拔剑击斩蛇。蛇遂分为两，径开。行数里，醉，因卧。后人来至蛇所，有一老妪夜哭。人问何哭，妪曰："人杀吾子，故哭之。"人曰："妪子何为见杀？"妪曰："吾，白帝子也，化为蛇，当道，今为赤帝子斩之，故哭。"人乃以妪为不诚，欲告苦之，妪因忽不见。后人至，高祖觉。后人告高祖，高祖乃心独喜，自负。诸从者日益畏之。——《史记·高祖本纪》

> 孝元庙殿门铜龟蛇铺首鸣。——《汉书·哀帝纪》

西汉盛行谶纬文化，蛇自汉高祖刘邦斩白蛇起，在西汉人眼中尤有深刻含义。外蛇杀邑中蛇，也就是强龙力压先得利的地头蛇，并且将之与刘据之事相联系，班固的意思很明显——外蛇杀邑中蛇，正暗示刘据太子之位不保。此事真假难辨，但它被时人和后世的班固记载下来，本身就表明了他们的看法——他们均认为，刘据的太子之位至少在巫蛊之乱前夕并不稳定。

那么，武帝为什么要打压他宠爱的太子，为什么要打击他默许膨胀甚至亲手扶持的卫氏集团呢？

笔者认为，武帝对刘据和卫氏集团出手的原因主要有两点：其他皇子及其背后政治势力的崛起，以及刘据和武帝在执政理念上的差异——武帝对自身执政路线的自信以及消除这一差异的执念，正是他无法与刘据共存的原因。

在《宦海风波——昭帝登基之迹》一节中，笔者已经分析了武帝各个皇子继承皇位的可能性。依照其中的分析，如果我们把时间线拨到刘据身死之前就会发现，刘据的主要竞争者，其实只有两个人，也就是刘髆和刘弗陵。

据《资治通鉴·汉纪·汉纪十四》，王夫人生下刘闳、李姬生下刘旦和刘胥、李夫人生下刘髆后，"皇后、太子宠浸衰，常有不安之意"。汉武帝察觉到皇后母子的这种情绪后，对卫青解释说：

> 汉家庶事草创，加四夷侵陵中国，朕不变更制度，后世无法；不出师征伐，天下不安；为此者不得不劳民。若后世又如朕所为，是袭亡秦之迹也。太子敦重好静，必能安天下，不使朕忧。欲求守文之主，安有贤于太子者乎！闻皇后与太子有不安之意，岂有之邪？可以意晓之。

而刘据每每就征伐事宜上谏时，武帝笑着回答：

> 吾当其劳，以逸遗汝，不亦可乎！

如果我们认为，武帝上述表态是作秀之举，那么不难理解他对刘据的敷衍和不信任，但即便理解为肺腑之言，也至少可以从"敦重好静""守文之主""吾当其劳，以逸遗汝"等话语中嗅到敏感信息——武帝很清楚刘据和自己在性格和执政理念上的差异，并且并不认为刘据应该做或者有能力做"征伐四夷"之"劳"。

另外，据《史记·留侯世家》和《史记·大宛列传》，武帝曾以带兵征战作为建功立业的契机而指派李广利出征，汉高祖患疾时，也曾想让没怎么上过战场的刘盈亲自统兵平定英布叛乱——笔者认为，高祖此举最合理的解释就是，这是对刘盈的考察。无论如何，武帝不允刘据带兵，"吾当其劳"似乎不是个很能说服人的理由。

如前，即便武帝的这两次表态是真心实意，但由于苏文、江充一类反对刘据的"邪臣多党与"，"太子誉少而毁多"，由于刘据与自己执政理念不合，由于支持与自己执政理念不合者（因而暗含对其权力与地位的挑战）的卫氏集团不断壮大，由于其他皇子因身份而天然争宠，由于武帝晚年的性格变化，由于种种因素不断叠加堆积，最终，最开始起码在口头上赞许刘据并很有可能是其真心流露的汉武帝，在晚年，才因为同样的原因——"性仁恕温谨"——而心生厌恶。

而太子的替代者——如前所述，主要是刘髆和刘弗陵——及背后的势力，表现得还差强人意。

昌邑王刘髆，乃李夫人之子。李夫人有两个哥哥，分别是贰师将军李广利和协律都尉李延年。据《史记·大宛列传》，公元前104年，汉武帝出兵讨伐大宛，由于他"欲侯宠姬李氏"，于是把这个立功封侯的机会给了李广利，拜他为贰师将军。李延年拜协律都尉，据《汉书·佞幸传》，他之所以拜协律都尉，远非"善歌"那么简单，而是因为"李夫人产昌邑王"，"由是贵为协律都尉"。据《汉书·武帝纪》，武帝"定官名，协音律"发生于公元前104年，这正好是李姬得宠、李广利拜将出征之时，也可推知刘髆出生时间和李延年拜协律都尉的时间最早不过公元前104年。如此巧合，就不由得使人推测，协律都尉是否有可能是根据李延年的特长而为他专设的呢？即便并非如此，从时间线来看，结合李延年为首任协律都尉，也不难看出，李延年此时正得武帝宠幸。

以李夫人和昌邑王刘髆为核心，加上李广利、李延年等主要角色，一个新的政治集团正在崛起——李氏集团。刘髆正是该集团推出的皇位继承人，而且从李姬兄妹和刘髆本人的待遇（武帝为刘髆选择的老师是享有盛名的鸿儒夏侯始昌）也可以看出，刘髆的竞争力不可谓不大。

在此背景下，刘据逐渐失宠，这也为江充成功诬陷他，将他逼到造反的绝境奠定了基础。在一场贪污案案发后，在这一基础上，巫蛊之乱最终爆发。

贪污案始于公孙敬声。

公元前91年，太仆公孙敬声因挪用北军军费一千九百万钱案发下狱。此时武帝正搜捕游侠朱安世不得，救子心切的丞相公孙贺于是上书汉武帝，表示自己愿意协助逮捕朱安世为公孙敬声赎罪，得到武帝应允。随后，公孙贺"果得安世"，结果朱安世诬陷公孙敬声与武帝女儿阳石公主私通，并以巫术诅咒武帝。武帝大怒，将公孙贺一并下狱，公孙贺父子不久就冤死狱中。

对巫蛊之术极度敏感的汉武帝迅速深挖此案，女儿诸邑公主、阳石公主，外孙曹宗，卫青的儿子卫伉，先后因此案被处死。江充趁机煽风点火，说武帝的疾病正是巫术所致。于是武帝令江充着手调查巫蛊案，并最终在太子东宫找到了"桐木人"。刘据惊慌失措，瞬间陷入绝境。最终在老师石德和母亲卫子夫的支持下，选择捕杀江充及其党羽，发动武装政变。考虑到苏文和丞相刘屈氂先后在甘泉宫觐见患疾的武帝，而以刘据的性格，他在自己或哪怕只是自己的使者面见武帝、阐明局势前就暴动，加之石德明确指出"上疾在甘泉，皇后及家吏请问皆不报，上存亡未可知"，笔者推测这可能暗示武帝获取外界信息的渠道已经被人（应该是江充一党）控制，刘据不可能向武帝传达任何信息。

刘屈氂逃离丞相府来到甘泉宫后，在武帝的诏令下回身指挥军队平叛，经过数日血战，太子军队在源源不断投入战场的官军面前兵败如山倒，刘据本人仓皇逃至湖县，被重兵包围后含恨自尽，卫子夫在被收回皇后玺绶后也自杀身亡。

但是，刘据的死不代表巫蛊之乱结束。平定叛乱后，武帝继续对朝野太子党和巫术使用者展开清洗。一大批平叛有功者封侯，又一大批作乱者下狱乃至身死。此时，卫氏集团因主要成员纷纷身死而分崩离析，但对皇权的安全极度敏感的武帝一直没有放弃对余下有威胁者的清算。据《汉书·外戚传》，刘据败亡后，"家人子皆坐诛，莫有收葬者"。据《汉书·田千秋传》，汉武帝在言及巫蛊之乱时，曾说"有司无所发"，即他很清楚公孙贺父子并未有行巫术之事，他稍后引用的"毋偏毋党，王道荡荡"一句，其实意思很明显——这次清洗，原因在于卫氏集团与自己政见不合且势力日益膨胀，而非表面上整顿巫术那么简单，至少这并非主要原因。

不过，尽管清洗力度很大，但还是有一个人侥幸存活了下来：

唯宣帝得全。

据《汉书·武五子传》，巫蛊之乱后不久，武帝即查明了真相，"怜太子无辜，乃作思子宫"。江充家族、苏文、刘屈氂等相关人员则接二连三地被武帝冠以各种理由诛杀，贰师将军李广利因害怕而逃往匈奴。刘髆早逝，加之李氏集团诸位主要成员纷纷陨落，整个李氏集团亦步卫氏集团后尘而瓦解，刘髆即便仍然在世，恐怕也和刘旦、刘胥兄弟一样，失去了角逐皇位的资格。

在武帝的雷霆手段下，武帝一朝的两大外戚集团，卫氏和李氏均灰飞烟灭，下一个吕后——也就是出自崛起于汉元帝年间的王氏家族的王莽——出现的时间也因此延缓了数十年，汉王朝尚没有在外戚游戏的簇拥下掉进深渊。

最后，我们不得不说一下巫蛊之祸中的一个重要角色——江充。从前面的分析来看，江充似乎挺无辜的，因为外戚集团的衰落已成事实，武帝说不定早已酝酿对卫氏动手。但实际上，江充作为一个挑拨离间的奸佞之人，作为巫蛊之乱爆发的直接原因，在这里面还是发挥了相当的作用。换言之，巫蛊之祸的冤狱，武帝并非毫无责任，昏聩与理智并存，既使他摧毁了潜在的吕氏集团，又不可避免地造就了血腥和恐怖。

59

第七节

汉朝最强岳父的"报复性消费"

俗话说"吃什么补什么",心理学上又把带有一定目的的付出后希望得到回报或此途径未能满足需求从而在彼途径获得满足的现象称为"补偿心理"。而在中国古代,这种补偿心理在皇权角逐中表现得尤为明显。对那些没有生育能力的太监而言,扶持傀儡皇帝(如拥立唐文宗的王守澄)和认干儿子(如魏忠贤)是他们染指皇权的重要途径,因为几乎没有哪一个太监能名正言顺地坐稳皇位。但对那些生育能力正常的权臣来说,荣登九五才是最终的夙愿,即便客观条件不允许,也要在傀儡皇帝的身后找到权力的满足。他们掌权往往伴随着轻蔑皇帝、把控人事和掌控军权,甚至连皇室宗亲和王公大臣都难逃一死,就好像是天降横财的暴发户,要么唯唯诺诺,要么飞黄腾达嚣张到底,用这种"报复性消费"的行为利用权势。而这一行为的终点就是——改朝换代。

在汉朝,这个人叫王莽。

和董卓、曹操不同。董卓借内乱入京,曹操则在乱世中捡了个大便宜,准确地说二者都是摘了他人的胜利果实。但王莽不同,他的王朝虽然短暂,他的"事业"虽然也受人唾弃,但他是真的一步一个脚印,从边缘外戚一步步爬到大汉最强岳父、头号汉贼的位置的。

那么,接下来,我们就看看几经挫折的王莽,是怎么获得那么多支持者,以使他在党徒的摭操踊跃中走上人生巅峰,和平地从庞大的刘氏宗族手中夺取刘氏江山的。

首先需要强调西汉历史上的一个常识性问题。王莽篡汉时，各地刘姓诸侯王已经不可能再像一百多年前平定诸吕之乱时那样起兵勤王了。据《汉书·百官公卿表》，西汉初年，汉高祖分封诸侯王时，诸侯国内设有掌管军务的中尉一职，也就是说有王国人事任免权的诸侯王还合法地掌握一定数量的军队。公元前145年，也就是七国之乱结束九年后，汉景帝下令"诸侯王不得复治国"，国内官员由中央委任，且不再设立中尉。以此为标志，诸侯王被迫和军队剥离，不可能再像诸吕之乱中齐王刘襄那样派军队干预中央事务，其他地位更低的宗室自不待言。

虽然汉末和新莽时期有诸如安众侯刘崇、严乡侯刘信这样一些汉室宗亲发动起义反抗王莽，但是这些起义实质上和农民起义军一样，是私募的反政府武装，而不是既有制度框架下的合法军队，和齐王刘襄之举并不相同。

因此，诸侯王武力阻止王莽篡权的可能性被排除后，宗室列侯的起义影响并不很大，相对和平的政治斗争才是阻止王莽夺权的主要方式。而王莽篡汉的历史，就是通过政争击败对手，攫取大权的过程。

王莽权倾朝野，并非完全是他一个人向上攀爬的结果。王氏家族在当时的政治地位，才是王莽得以施展"抱负"的前提条件。可以说，如果没有家族势力作为垫脚石，虽然西汉不一定没有其他篡权者，但新王朝开国皇帝的宝座一定不属于出身相对贫寒的王莽。因此，要谈王莽，就必须先谈王氏的发家史，而王氏家族的发家史，就要从汉元帝时期说起了。

公元前54年，年仅18岁的王政君被选入宫中。不久后，皇太子刘奭宠爱的司马良娣（良娣是太子等级较高的妾）去世，王政君幸运地成为太子妃，并于公元前51年诞下一子，汉宣帝高兴得亲自为这个孙子起名为刘骜，字太孙，对他十分喜爱。

公元前 48 年，汉宣帝去世，太子刘奭登基，是为汉元帝。元帝起初封王政君为婕妤，旋即又改封为皇后，同时封皇后父王禁为阳平侯、位特进，封王禁的弟弟王弘为长乐卫尉。

这里的"位特进"，据《汉官仪》记载，是西汉时期朝廷授予有功德官员的荣誉性加官，地位仅次于三公。

王政君母仪天下，王禁沾光跻身贵族之列，寂寂无名的王弘也一跃成为中央官员，以此为标志，权倾汉末，最终颠覆刘姓天下的王氏家族正式作为一个政治集团步入朝廷。

这里需要提一句，之所以要强调这是王氏家族形成以本家族为核心的政治势力的开端而不是简单的"步入仕途"的开端，是因为王禁、王弘的父亲王贺曾任绣衣直指御史，早两个儿子和孙女一步进入中央，只不过其在官场的成就远不及后人罢了。

王禁除小女儿王政君外，还有王君侠、王君力、王君弟三个女儿以及长子王凤、次子王曼、三子王谭、四子王崇、五子王商、六子王立、七子王根、八子王逢时，一共是八个儿子、四个女儿，堪称人丁兴旺。其中，二儿子王曼就是王莽的父亲，但他英年早逝，史料甚少，连生卒年都无从考证。

汉元帝时期虽然是王氏兴起之始，但总的来说外戚势力还不是很强大。汉成帝刘骜即位后，大量王氏族人封侯拜官，王氏才真正地兴旺发达起来。公元前 42 年王禁去世，长子王凤袭阳平侯爵、拜卫尉侍中，公元前 33 年，汉元帝去世，太子刘骜即位，是为汉成帝。汉成帝首先以长舅王凤为大司马大将军，领尚书事，加封 5000 户，王凤的其他兄弟也纷纷封侯：王谭封平阿侯、王崇封安成侯、王商封成都侯、王立封红阳侯、王根封曲阳侯、王逢时封高平侯，王莽的父亲王曼没有封侯，推测他应该是在汉成帝登基之前就已经去世了。

王氏在汉元帝时期就已经是皇亲国戚，那为什么一直到成帝即位后才真正兴旺起来呢？其实这和元帝与王政君的夫妻感情不和有很大关系。据《汉书·元后传》，王政君生子后备受冷落，加之刘骜性喜饮酒作乐，因此汉元帝"不以为能"，转而宠幸傅昭仪，连带想立傅昭仪之子、颇具艺术细胞的定陶王刘康（原为山阳王）为太子，傅昭仪母子也极力讨元帝欢心，意欲取刘骜而代之。幸亏驸马都尉侍中史丹、乐昌侯王商（宣帝生母王翁须的侄子，和王禁的五子王商不是同一个人）等人力保刘骜，多次劝阻汉元帝，元帝这才打消了易储之意。

元帝冷落王政君的原因不得而知，但有可能和王政君的上位经历有关。据《汉书·元后传》，当初元帝还是太子时，宠爱的司马良娣突然去世，加之她死前留下了"诸娣妾良人更祝诅杀我"的遗言，汉元帝"以为然"，也觉得她是被诅咒而死的，于是从此变得郁郁寡欢，且不再亲近其他妃子。汉宣帝于是让王皇后（她不是元帝生母，元帝生母是宣帝发妻许皇后，许皇后早在之前的政治斗争中就被霍光妻子指使女医淳于衍毒杀）为元帝挑选新妃。王皇后为元帝选了五个宫女，元帝却毫不感兴趣，只是随便指了一个人就作罢。因为王政君离元帝最近，因此王皇后以为元帝选的就是王政君，遂把她送入了太子宫中。这一草率的选妃过程或许是元帝在得到继承人后冷落王政君的原因。

无论如何，元帝冷落王政君，间接阻碍从而延缓了王氏家族的兴起。虽然王禁跻身贵族、王弘入仕朝廷，但终究是一支微弱而不成气候的外戚势力。不喜朝政的成帝即位后尊王政君为皇太后，王氏家族的阻碍消除，地位进一步巩固，一时间运旺时盛，开始了长达数十年的专政擅权之路。

这里重点说一说阳平侯王凤和他大司马大将军的职务。王凤是王政君的哥哥，阳平顷侯王禁长子，公元前 42 年袭爵，拜卫尉侍中，

公元前 33 年汉成帝即位后拜大司马大将军，领尚书事，是王氏家族中除王政君外地位最高者。

王凤所任的大司马一职原为先秦官职，掌军事，秦时置太尉为最高军事长官，不设大司马，西汉承接秦制，也设太尉，不设大司马。公元前 139 年，汉武帝废太尉，后于公元前 119 年设大司马一职，但仅仅是加官，其地位高低由后缀的将军衔高低决定。西汉一朝，大司马后缀的将军衔地位较高的有大将军（如卫青）和骠骑将军（如霍去病），地位较低的则是车骑将军（如许延寿）和卫将军（如王商）。

从任职者身份来看，可以说大司马是专门为外戚设的官职。自第一任大司马卫青起，西汉一共有二十二位大司马，其中外戚多达十六人，只有韩增、张安世、师丹、韦赏、董贤和马宫六人例外。

尚书同样起源于先秦，但地位要比大司马低得多。汉武帝时为了改变丞相领导的外朝掣肘皇权的局面，于是选拔地位较低的尚书、侍中等人组成内朝（也叫中朝），成为以皇帝为核心的贴身决策圈，尚书的地位才渐渐高了起来。汉昭帝初立，汉武帝托孤重臣、外戚，大司马大将军霍光因皇帝年幼而领尚书事，成为权臣领尚书事之始。故而能够领尚书事的人，都是当朝重臣、皇帝亲信。

王凤以成帝长舅的身份拜大司马大将军、领尚书事后，就此开始了与朝中其他势力的角逐。汉成帝即位后，迅速清洗了起于宣帝朝、盛于元帝朝，以石显为首的宦官势力，因此王凤的主要对手是朝中大臣，尤其是具有外戚背景的大臣，也就是成帝许皇后、大司马车骑将军许嘉集团和乐昌侯王商集团。

击败许嘉的过程相对平和。许嘉于公元前 41 年出任大司马车骑将军。据《汉书·外戚传》，成帝即位后，任命王凤为大司马大将军，"与嘉并"，之后又亲自出面强迫许嘉退休，从而帮助王氏家族轻松获胜。如果说许氏外戚集团的失败是因为成帝亲自参与政争的话，那么对王商的排挤就是另一种形式的，也就是皇帝相对置身事外的大臣之间的斗争了。

乐昌侯王商在汉宣帝时期入仕，成帝即位后任左将军，后任丞相。据《汉书·王商传》和《汉书·元后传》，王商为人刚毅有气节，对专横擅权的王凤极为不满，多次让王凤下不来台，因此王凤对王商很是不满。公元前25年，王凤、张匡、史丹等人借王商假称女儿生病，拒绝把她嫁给汉成帝一事发难，结合日食抨击王商心怀不轨，不遵法度，接连出击，逼迫成帝将王商罢免。一步踏错的王商被罢三天后就在家中活活气死，他在朝廷任职的亲属也全部被王凤驱逐。

扳倒许嘉和王商后，王凤的势力急剧膨胀，达到了"公卿见凤，侧目而视，郡国守相、刺史皆出其门"的地步。公元前22年，王凤去世，王音、成都侯王商、王根三人先后担任大司马，进一步巩固了王氏权位。

至此，经历了元帝易储危机和朝堂内斗后的王氏，已经牢牢控制住了国家大权。一方面，诸如许嘉、乐昌侯王商、王章等非王氏集团的核心重臣及其党羽或被逼出政坛，或被处死，王氏权势熏天，提拔门徒尚且不难，何况是提拔王音、成都侯王商、王根、王莽一类的同姓亲族。另一方面，从扳倒乐昌侯王商一事可以看出，西汉皇权已经受到王氏权贵的威胁，皇帝居然被逼无奈罢免本不愿罢免的丞相。

王莽就是在这样的背景下崛起的：王氏专政为其晋升提供了便捷的入仕途径，他日后裹挟皇权已经有了基本盘。这一节虽然是在介绍王氏的兴起过程，但实际上，王氏的兴起，就是王莽专政的历史大背景。没有王政君、王凤等人的政治影响力，就不可能有篡汉的王莽。

公元前8年，大司马大将军王根病重隐退，并举荐王莽为继承人。至此，西汉终结者、新王朝开国皇帝王莽正式跻身西汉中央决策圈，王氏家族掀起的政治风暴由此更加猛烈了。

王莽粉墨登场。

王莽的父亲王曼去世得早，没有赶上"一日五侯"的荣耀。因此相比起叔侄兄弟，王莽的家境和出身要贫寒不少，不过这也在一定程度上塑造了他的性格。据《汉书·王莽传》，当时王莽的堂兄弟们沉迷于声色犬马，生活骄奢淫逸，只有王莽"折节而恭俭"，一边侍奉母亲和寡嫂，抚养早逝哥哥的儿子，一边拜陈参为师，苦读《礼经》，俨然一副三好学生、孝子贤孙的模样。

王莽的出身虽然不如其他堂兄弟，但毕竟也是王氏族人，而且和王政君的血缘关系并不远，因此有和权势熏天的叔父们接触的机会。同时，由于他学识渊博，所以和儒生们的关系也很不错。家族和儒生，是王莽飞黄腾达以至谋权篡位道路上所依靠的两股主要力量，这两股主要力量自他二十来岁起就开始积攒经营了。王莽自年轻时打造的这一人设，无论是真情实意还是政治作秀，都已经和堂兄弟们形成了鲜明对比。

无论是出于扩充实力的目的还是单纯地对舆论的重视，自古以来的篡位者都相当注重收买人心。甚至可以说，由于众人的支持是篡权成功的必备要素，因此成功的篡权者无一不是社交达人和老戏骨。

王莽就是这样一个擅于收买人心的演员，这一举动自他入仕之后就没有停止过。据《汉书·王莽传》，王莽受封新都侯、拜骑都尉光禄大夫侍中（这是三个职务）后，不但没有变得骄横奢靡起来，反而愈加谦卑，散尽家财救助宾客、结交名士。王氏党徒和受到"振施""结交"的人纷纷为王莽"推荐""谈说"，将他吹捧为"才可大用"的"世之楷模"，为这位年轻的宦海新秀赢得了极高的声望。

这里有两个王莽收买人心的具体事例。其一为为侄娶亲：王莽不但对哥哥王永的遗子王光视若己出，还安排他和自己年纪更大的长子王宇同一天结婚。婚宴上，王莽"数起"去侍奉患病的母亲。其二为私买婢女：王莽有一次买了一个婢女，他的兄弟们知道后纷纷讥笑他，于是他坦言这个婢女是为后将军朱博买的，原因是她宜生儿子，朱博刚好没有儿子，随后就把婢女送给了朱博。

与其说王莽是讨好朱博，倒不如说这是他私德可能受损的情况下想出来的止损办法。据《汉书·朱博传》，朱博的发迹源于王凤向汉成帝推荐的长史陈咸。陈咸受王凤举荐为长史后，又推朱博为其下属，王凤可能也是在这个时候发现了朱博的才干，于是"甚奇之"，让他去地方上任县令锻炼。

朱博与王凤的这段联系可以为王莽赠婢提供很好的解释，一来交好了一个低风险人物，二来又有助于保全甚至增益了自己的声誉。只不过这件事在《汉书·朱博传》中没有任何记载，从后来朱博的立场选择来看，他也没有坚定地站在王莽一边，可见王凤和王莽对朱博的投资应该是失败了。

不过，对腰缠万贯又党羽如云的王莽来说，损失一个婢女，做一次失败的投资，并不值得心疼。相反，由于挽救了他本人的声誉，这次赠送婢女反而可以说是尽最大可能止损了，毕竟名誉就是招贤纳士的头号招牌。

需要注意的是，王莽保全自己的名誉，不但有利于拉拢士人官僚，还有打击竞争者的作用。前文已经说过，王莽的言行和骄奢淫逸的堂兄弟们形成鲜明对比，为他赢得了一片赞美，而在重儒重名的西汉朝廷，符合儒家伦理的美名对政客的政治生涯有相当的积极意义。对王莽而言，保证道德完美，同时是扩充势力和打击竞争对手的需要。推而广之，用一个哲学术语来说，扩充自身势力和打击竞争对手二者是辩证统一的。

此时的王氏宗族内，王莽就有两个竞争对手——王立和淳于长。

王立的威胁相对小得多。王立是王凤的六弟，比王莽年长一辈，彼时"位特进，领城门兵"，但是这个人行为不端，名声很差，王氏兄弟中排行第五的大司马成都侯王商死后，汉成帝直接以老七王根为大司马，跳过了这个徒有"位特进"虚名的舅舅。王根卸任，王立成为大司马的可能性并不大。

淳于长呢？这个人就是颇有实力的挑战者了。首先，淳于长和王政君的血缘不远，他是王政君姐姐广恩君王君侠的儿子；其次，淳于长资历和王莽差不多，而且也是王凤临终前托付给汉成帝的王氏晚辈（虽然不姓王）；最后，淳于长在汉成帝立宠妃赵飞燕为皇后一事上颇有功劳，与成帝关系较为亲近。从各方面来说，淳于长的竞争力要比王立强得多，也是王莽竞争大司马的主要对手。

然而，淳于长硬件虽不错，软件却比王莽差远了。无论是真是假，王莽给人的印象是谦卑收敛，礼贤下士，道德模范，淳于长却是个十足的纨绔子弟。更糟糕的是，淳于长还和被废的许后保持金钱来往，在收了许后的贿赂后还不罢休，还出言调戏许后，而且，和王莽结交名士官僚不同，他还和地方恶霸关系密切，这最终都成为攥在王莽手上的把柄。

王根病重时，王莽如当年侍奉王凤一样侍奉王根，博得了王政君和王根的好感，同时淳于长没有来服侍王根，他的斑斑劣迹又被王莽告诉给了王政君，这直接导致他被成帝罢官。

按理说，这个时候王莽一口气打完了亲情牌和罪行牌都没有置淳于长于死地，淳于长的运气还是不错的，王莽即便当上大司马，坐得也不舒服。然而，这个时候，王立及时出手，帮了王莽一个"大忙"。

王立和儿子王融收了淳于长的贿赂后向成帝求情，没想到一下子引起了成帝的警惕。淳于长随后就被逮捕，他的所有罪行也——暴露，不久后就死在了监狱里，王立也被逐回封地反省。经此一役，王莽清除了所有竞争对手，成功将大司马之位揽入怀中。

前面已经说了，王莽不是淳于长那种受点皇帝恩泽就无法无天的人物，可以说把他比作曹魏的司马懿都不为过。当上大司马后，王莽继续拉拢儒生，树立礼贤、恭俭、孝顺的形象，而他的"努力"也给自己带来了回报。据《汉书·王莽传》，王莽的母亲生病，百官公卿皆"遣夫人问疾"，这就类似于小孩子生病时想看看多少小朋友来看望自己一样，多少人来看望王莽的母亲，实际上反应的是百官公卿的政治立场和王莽的地位、威望。同时，这又反过来促进了王莽声誉的传播：他让自己妻子穿着简陋的荆钗布裙迎接这些公卿夫人，从而达到"皆惊"的目的。

心理攻势和政治攻势并用，借家族势力登上擂台的王莽一方面打倒了淳于长、王立等竞争对手，另一方面争取了大量儒生官僚有意无意地加入了自己的阵营。截至哀帝即位，王莽的仕途都是一帆风顺，即便曾有淳于长等人的挑战，但总体上并没有过狼狈败北的经历。

到了哀帝时期，一切就变了。公元前7年，也就是王莽当上大司马的第二年，无子嗣的汉成帝驾崩，前一年被立为太子的成帝侄子刘欣登基，是为汉哀帝。相比起元帝、成帝，哀帝和王莽乃至整个王氏的血缘关系要淡泊得多，而且哀帝身后还有两家外戚：傅氏和丁氏。在傅氏和丁氏的打压下，王莽被迫乞骸骨，哀帝顺坡下驴，将其免官。

这是王莽入仕以来遭遇的最大的挫折。王莽被罢官后，哀帝给

了他一串荣誉，然后令他回到封地南阳，与王莽或王氏关系密切的王邑、王邯等人皆被排挤出朝廷。

那么，王莽是不是完全没有机会翻盘？从当时的局势来看，王莽能够翻盘，是不是太过突然、毫无征兆？

首先，王莽和王氏虽然遭受重创，但作为软实力的政治影响力和潜力并未消失，王莽蛰居南阳后极力讨好他的南阳太守就是当时另一类官僚的代表。而且，王莽被罢官后，史书里记载了一个非常关键的信息："公卿大夫多称之者，上乃加恩宠"。也就是说，王莽被罢官后很多公卿大夫都称赞他，汉哀帝于是进一步赐予他一些荣誉。从中央到地方官的表现，都透露出一个信息——王莽的政治影响力还在，第二次登上中央政治舞台的资本也还在。尤其是"公卿大夫多称之者，上乃加恩"这句话，通过一句短短的"上乃加恩"，就可以看出王莽盟友或潜在盟友势力之大，大到皇帝都需要顾及舆论"加恩"的地步。

其次，如果说公卿百官的支持是王莽崛起的基础，那历经元帝、成帝、哀帝三朝的太皇太后王政君就是王氏"青山"的保证。王政君始终压着傅氏、丁氏一头，只要她和王莽不犯容易落人口实的错误，无论是傅氏、丁氏，还是汉哀帝，都无法置王莽这一王氏核心人物于死地。

最后，王莽自己在南阳不但没犯什么错，没有落下把柄，还再收割了一拨好感。王莽的二儿子叫王获，当时王获擅自杀了一个奴婢，这一行为本来在当时很正常，虽然违法，但也不至死，王莽却逼迫王获自杀谢罪。王莽的"大公无私"迅速引起舆论关注，为他获得了极大的声望，"在国三岁，吏上书冤讼莽者以数百"。

就这样，傅、丁两家外戚只能眼睁睁看着王莽的声望越来越高，支持者越来越多，却拿不出任何有效的反制手段。由此来看，公元

前2年哀帝迫于舆论压力重新征召王莽入京，实际上是水到渠成的结果，傅氏、丁氏和哀帝都无力撼动树大根深的王莽及其党羽。

就在王莽重新入京的第二年，汉哀帝驾崩，王莽在太皇太后王政君的支持下迅速铲除傅、丁外戚势力和哀帝的同性恋人董贤，拥立年仅9岁的中山王刘衎为帝，是为汉平帝。

西汉是一个盛行神学巫术的王朝，由董仲舒系统化的"天人感应"理论深入人心，且不论皇帝昏庸与否、王朝气数是否已尽这些事关国运的问题，哪怕是任免官员，汉人都习惯于将其与上天联系起来，王莽于公元前2年被汉哀帝征召入京，就是因为贤良周护、宋崇等人借日食为王莽发声。而假借上天旨意削弱汉室统治根基，增强百官和民众对自己的拥戴，也是王莽的必修课。

符瑞，就是假借正常的事物和现象，赋予某种政治含义的东西，《史记·太史公自序》说"汉兴以来，至明天子，获符瑞，封禅，改正朔，易服色，受命于穆清"中的"符瑞"就是这个道理。而王莽，恰恰就是极善用符瑞为自己秉政、篡权提供合法性的人，甚至对符瑞有着病态的依赖，最终导致汉末新莽时期符瑞泛滥，可信度大大降低。

用上天的旨意削弱汉室合法性的行为首先不是始于王莽，而是汉哀帝本人。据《汉书·哀帝纪》和《汉书·李寻传》，公元前5年，汉哀帝为维持西汉王朝摇摇欲坠的统治，安抚民间改朝换代思潮，解决"灾变数降，日月失度，星辰错谬，高下贸易，大异连仍，盗贼并起"的问题，改建平二年（公元前5年）为太初元年，自称"陈圣刘太平皇帝"，结果不但没有解决好问题，还导致皇帝和以王嘉为代表的一批所剩不多的汉室忠臣矛盾激化，西汉王朝的腐朽进一步暴露在世人眼前。

王莽粉墨登场后不久，哀帝驾崩，中山王刘衎即位，是为汉平

帝。年仅九岁的平帝没有能力也没有意识到挽救汉室危机，王莽的地位已经非常巩固，再也没有人能像淳于长、王立、傅氏和丁氏那样威胁他了。因此，接下来最重要的是以最小的代价——也就是和平手段夺取政权，并尽可能增强其合法性，这就需要百官和所谓昭示天意、吉利的符瑞"帮助"了：

公元 1 年，益州向朝廷献白雉 1 只、黑雉 2 只，百官上书王政君称"莽功德致周成白雉之瑞（周成王时南方少数民族越裳氏曾向周天子献白雉），千载同符"，王莽几番"推辞"后受命安汉公，成为西汉历史上第一个公爵。之后王莽又赐予一批汉室宗亲王位和侯位，拉拢了宗室的支持（甚至还有为官的皇室成员追随过王莽，比如楚元王刘交的后代刘歆）。

公元 2 年，王莽暗示百官支持他的女儿做平帝皇后并成功达到目的；之后刘佟、陈崇等人上书为王莽求得更多封地。

公元 4 年，王莽派出风俗使者赴全国各地"览观风俗"，实际上是为其制造符瑞和歌谣，并成功当上"宰衡"，意为公正的主宰。

公元 5 年，在群臣的支持下，王莽加九锡。

公元 6 年，汉平帝去世，疑似被王莽毒杀。

就在平帝去世的同一年，谢嚣上奏说发现一块刻着"告安汉公莽为皇帝"八个字的白石，王莽的党羽趁机逼迫年迈的王政君下诏封王莽为摄皇帝。

安众侯刘崇的起义被镇压后，其党羽假称刘崇起义原因是王莽地位太低，权力太小，又把他推上了假皇帝的位置。

公元 8 年，广饶侯刘京、车骑将军扈云、大保属臧鸿又称发现齐郡新井、巴郡石牛、扶风雍石的符瑞，鼓动王莽称帝。

同年，太学生哀章做了两个铜盒子，分别写着"天帝行玺金匮图"和"赤帝行玺传予皇帝金策书"，所谓金策书里还写着王莽应当继承皇位，哀章等人应该封何爵何官之类的荒唐言语。

　　以哀章的符瑞为终点，王莽不久后即宣布即天子位，西汉王朝在漫天符瑞中正式灭亡。

第八节

获颁唯一恶谥的汉灵帝多恶

本节之所以把汉灵帝单独拿出来写，是因为他创造了一个"唯一"：两汉几十位皇帝中，唯一一个死后被冠以恶谥——"灵"——的皇帝。

不信？不然我们来看看汉朝历任皇帝的谥号：

姓名	完整谥号	庙号	注
刘邦	高皇帝	高祖	西汉开国皇帝
刘盈	孝惠皇帝		
刘某			被吕后废杀，皇位不被后世承认
刘弘			被功臣废黜，被文帝杀死，皇位不被后世承认
刘恒	孝文皇帝	太宗	
刘启	孝景皇帝		
刘彻	孝武皇帝	世宗	
刘贺			即昌邑王、海昏侯，在位二十八天被霍光废黜
刘弗陵	孝昭皇帝		
刘询	孝宣皇帝	中宗	庙号"中宗"后被取消
刘奭	孝元皇帝	高宗	庙号"高宗"后被取消
刘骜	孝成皇帝		

(续表)

姓名	完整谥号	庙号	注
刘欣	孝哀皇帝		
刘衎	孝平皇帝	元宗	庙号"元宗"后被取消
刘秀	光武皇帝	世祖	东汉开国皇帝
刘庄	孝明皇帝	显宗	
刘炟	孝章皇帝	肃宗	
刘肇	孝和皇帝	穆宗	庙号"穆宗"后被取消
刘隆	孝殇皇帝		
刘祜	孝安皇帝	恭宗	庙号"恭宗"后被取消
刘懿			驾崩后被汉顺帝以诸侯王礼下葬，皇位不被后世承认
刘保	孝顺皇帝	敬宗	庙号"敬宗"后被取消
刘炳	孝冲皇帝		
刘缵	孝质皇帝		
刘志	孝桓皇帝	威宗	庙号"威宗"后被取消
刘宏	孝灵皇帝		
刘辩			被董卓废为弘农王，后被杀
刘协	孝献皇帝		东汉末代皇帝

看见了吧，刘邦和刘秀两位开国皇帝不算，汉灵帝的待遇仅仅是略强于那几位连正统性都被后人质疑的废帝，换句话说，任何人穿越去汉朝当皇帝，只要你不被废黜，那死后的评价肯定比汉灵帝强，起码不会更差。说得远一点吧，诸葛亮的《出师表》，入选了中学语文教科书，里面有这么一句话：

> 亲贤臣，远小人，此先汉所以兴隆也；亲小人，远贤臣，此后汉所以倾颓也。先帝在时，每与臣论此事，未尝不叹息痛恨于桓、灵也。

得益于出师表，即便到了现代社会，全国人民都知道汉灵帝是个昏君了。虽然有汉桓帝"陪葬"，但也不见得是件好事。

可这是为什么呢？灵帝怎么就被后人一遍一遍地拉出来鞭笞呢？

在探讨原因之前，我们还是先来看看汉灵帝的谥号。他的谥号其实由两个字组成，一个是"孝"，一个是"灵"。汉朝重视孝道，自意识形态至日常言行无不强调贯彻"孝"这一原则。对于谥号中的"孝"，据《汉书·霍光传》，霍光的解释是这样的：

> 汉之传谥常为"孝"者，以长有天下，令宗庙血食也。

在霍光看来，孝道不但有延续国祚的作用，还能团结皇室宗亲，所以连谥号这种细节问题，都必须时刻考虑到对孝道的弘扬。

另外，东汉自认火德，《太平御览·礼仪部》引《荀氏家传》中记载的东汉末年学者荀爽之言，将火德和谥号结合起来解释说：

> 臣（指荀爽）闻火生于木，故其德孝。汉之谥帝称孝，其义取此也。

最后，《吕氏春秋·孝行览》还指出了国家重孝有驾驭天下的实际好处：

> 务本莫贵于孝。人主孝，则名章荣，下服听，天下誉；人臣孝，则事君忠，处官廉，临难死；士民孝，则耕芸疾，守战固，不罢北。夫孝，三皇五帝之本务，而万事之纪也。夫执一术而百善至，百邪去，天下从者，其惟孝也！

这段话大概意思就是说，孝，有助于建立并维持君主的良好声誉，人臣、士民行孝，也有益于培养他们忠心、廉洁、勇武等品质。

无论出于哪一种原因，但主要是在所有原因的共同作用下，"孝"几乎是每一位汉朝皇帝的标配谥号。就像上表呈现的那样，在两汉有谥号的二十三位皇帝中，除汉高祖刘邦（正式称呼应该是"高皇帝、太祖"）和光武帝刘秀，其余二十一人全部谥为"孝×皇帝"，连质帝、冲帝这种娃娃皇帝都不例外。只是后人在言及汉朝皇帝的谥号时，往往省略"孝"字。所以，看汉灵帝的谥号，可以直接忽略程序性的"孝"（何况灵帝在孝道方面本身也没有值得大书特书的地方），直接看重点部分——"灵"。

据《逸周书·谥法解》，谥号的作用是"行之迹""功之表"，也就是生者依照死者一生言行功绩对他进行一个盖棺定论，其中应该谥为"灵"的行迹有死而志成、乱而不损、极知鬼神、不勤成名、死见神能、好祭鬼神六种含义。

就汉灵帝的行为来看，他"颇好学艺"，兴趣爱好在文学艺术领域，关乎鬼神的不多，更遑论什么"极知鬼神""好祭鬼神"。如果非要举生前愿望，从灵帝的表现看，或许唯一的愿望就是让他所喜爱的皇子刘协继承大统（不过因群臣极力反对，所以灵帝一朝并无太子）。但是，据《后汉书》《资治通鉴》等史书记载，汉灵帝下葬于文陵，时间早于少帝刘辩被废，想来其谥号应当在少帝在位时即已定下，因此少帝即位很难说是"死而志成"。而且，单以皇位继承人作为"志"是否成的标志，恐怕很难决定谥号的恶善。同理，以皇室旁支继承皇位的汉灵帝，虽然也能牵强地解释为"不勤成名"，但依据无疑太过单薄，对比以往皇帝事例，实在缺乏说服力。

唯一的可能，最契合其生平的，就是"乱而不损"，乱到冠绝其他皇帝，至少也比最乱的皇帝不会逊色到哪里去，才有可能作为

礼法上的依据。

那么，汉灵帝到底适用"灵"这个谥号吗？

谥号想以一两个字概括逝者生平，天然带有一定偏见和片面性，灵帝也是如此（后文会讲这一点）。但实事求是地说，若说灵帝"乱而不损"，并非没有理由。

汉灵帝，名宏，是东汉第三位皇帝刘炟的玄孙，解渎亭侯刘苌的儿子。公元167年，汉桓帝刘志驾崩，无子，故由桓帝皇后窦妙临朝问政。窦皇后和父亲窦武商议后，决定迎刘宏为帝。

汉灵帝在位期间，东汉国力更趋衰微，政治黑暗、征伐屡败、经济崩坏、社会动荡，灵帝本人不但无力挽回王朝颓势，而且痴迷于敛财享乐。站在"乱而不损"的角度说，他"乱而不损"的主要行为有以下几类：

第一是偏信宦官，导致权宦横行。灵帝登基几个月后，外戚、士大夫官僚同盟就试图发动政变，诛杀自东汉中期以来势力不断膨胀的宦官群体，但最后却因事泄遭宦官反杀，之后灵帝与宦官的关系也愈加亲密，灵帝本人更不可能有什么诛杀宦官的大志。如据《后汉书·盖勋列传》，宦官蹇硕在灵帝和弹劾宦官的盖勋面前承认宦官弄权导致天下动乱时，灵帝也只是一笑了之；再如另据《后汉书·宦者列传》和《资治通鉴·汉纪·汉纪五十》记载，灵帝甚至曾将宦官张让、赵忠称为自己的父母：

> 张常侍是我公，赵常侍是我母。

古今奇谈，太监不但有孩子了，而且这个孩子还当上了皇帝；这个孩子不但当上了皇帝，而且他还是主动认这两个当事太监为父母；他不仅主动认这两个太监当父母，还一点都不低调，搞得全天下乃至我们所有的后人，都知道他认了太监当父母。

皇帝当到这份上，按理讲该是个傀儡皇帝，可灵帝并不是。可怜上至刘太公、汉高祖，下至解渎亭侯刘苌和妻子董氏，莫名其妙多了个太监后人 / 同辈，不知道会不会气得把棺材板都掀了。

无语归无语，言归正传。

在事关国家大事的问题上灵帝都如此宽恕宦官，无视侯览等权宦当政，日常享乐和人事调动上对宦官的态度更无须多言，就连何皇后在毒杀为灵帝生下皇子刘协的宠妃王美人之后，都有赖宦官力保，才没有被灵帝废黜。

第二是贪图享受，卖官鬻爵，敛财巨万，好于淫乐。汉灵帝之前，东汉国库就日渐空虚，朝廷财政日渐困难，但开销不但没有减少，反而因为皇帝日用、军事行动等原因不断增多。为了弥补亏空，东汉中期以来朝廷就已经通过卖官鬻爵的方式增加收入，但灵帝时这一应急策略出现了价格上的制度化、时间上的延续性和所卖官职范围上的扩大化，甚至连敕封的爵位亦出售，而官员升迁和茂才孝廉的任用调动，亦需要出"助军修宫钱"，相当于把自己这个皇帝整个儿变成了一个以敛财为唯一指标的 CEO，变着法儿敛财。如据《后汉书·崔烈传》载，公元 185 年，颇负盛名的冀州名士崔烈就以五百万钱买到了司徒一职，受到时人唾弃，然而灵帝对此还不满足，在拜官仪式上对身边人说：

悔不小靳，可至千万。

那么，卖官鬻爵所得之钱，是否都用于国库呢？这一点史书已经给出了答案：

百官迁徙，皆私上礼西园（灵帝御苑之一）以为府。——《后汉书·五行三》

（卖官所得）与西园立库以贮之。《资治通鉴·汉纪·汉纪四十九》

（曹操之父曹嵩为了当上太尉）输西园钱一亿万，故位至太尉。——《后汉书·曹腾列传》

瞧瞧，汉王朝还是个国家吗？这不快成了个大市场了吗？现在有人致力于推动体育商业化，还有人鼓吹教育商业化、医疗行业商业化，结果汉灵帝早早具备了这种意识，搞了个官爵商业化，不得不说他是真的"行"。

另外稍提一句，《太平广记·奢侈一》引《王子年拾遗记》记载了汉灵帝的一个轶事：据记载，汉灵帝曾于初平三年修建裸泳馆，与众宫女裸体沐浴游乐。不过初平实际上是汉献帝的年号，这里"初平"可能是灵帝最后一个年号"中平"的误记，也有可能这回事根本不存在，笔者在这个地方列出来，权当一乐。

第三是内乱不已的同时外战不休，这其中最具代表性的就是黄巾起义。黄巾起义酝酿十余年，最终爆发于公元184年，此后"时人谓之'黄巾'，亦名为蛾贼。谕贼众多，故以为名"，呈现出一种"遐迩摇荡，八州并发，烟炎绛天"的席卷天下之势。

除波及全国的黄巾起义外，灵帝时汉王朝还面临着与周遭少数民族的频繁战争，如羌、鲜卑、乌桓、西南夷甚至一度归附汉廷的南匈奴等，而汉军不但屡战不胜，还滋生出董卓这种拥兵自重的军阀，为本来就在苟延残喘的汉王朝加速灭亡埋下了种子。

以上三点，尤其是第一点和第二点，不但促使东汉朝政日益败坏，加深了对下层民众的剥削，而且面对吕强、盖勋等忠臣良将的再三劝谏时，灵帝却知错不改，肆意放纵其行为。所以站在定谥者的立场上，这无疑是对"乱而不损"的践行。由此来看，灵帝的"灵"的确名副其实。

但是，谥号存在两个方面的缺陷：第一，谥号既然是由后人所定，那么必然存在一定的主观性，对死者的评价恐怕不会那么精准；

第二，以一两个字为一个人的一生盖棺定论，本身也存在过于片面的可能性，这种评价方法自始就不够完美。因此，灵帝的谥号虽然符合他的一些行为以及他对东汉王朝统治的危害，但并不能完全概括他这个人。

从谥号去倒推一个人的行为，虽然也能得出一些结论，但这个结论必然因预设立场而带有一定的片面性。因此上文从"灵"的谥义出发去探寻灵帝的言行，只是我们认识汉灵帝及其谥号的途径之一，但是绝不应该成为唯一的途径。

一个人的行为不但和其自身品性有关，和其身份、所处环境、自主性等因素也息息相关。尤其是身处权力金字塔顶端的皇帝，在方方面面也不可能随心所欲。纵观汉灵帝在位的这一时期，他的一些行为，甚至包括一部分被视为"灵"的行为，并非全是凭他本意所为，也并非总是那么"灵"。

灵帝一朝，最为人所诟病的，一是权宦，二是敛财，然而即便是在信任宦官和搜刮财富这两个方面，灵帝的言行也不是完全能够随其本性的。

东汉是光武帝刘秀在豪强地主、士族大家的支持下建立起来的政权，这其中已经暗含了士族大家把持朝政的隐患，其端倪在东汉初年即可窥见。例如，据《后汉书·肃宗孝章帝纪》，公元76年，刚刚即位的汉章帝就下了一道诏书，他在诏书中感慨以前选拔贤才都是不问门第，结果现在负责选才的刺史、太守、国相们"不明真伪，茂才、孝廉岁以百数，既非能显"，选了些没什么真本事的人上来，所以要求中央和地方的官员"举贤良方正、能直言极谏之士各一人"。章帝在诏书中隐晦地表达了对士族大家垄断人才输送权的不满，也从侧面印证了后者在朝堂和后备官僚集团中的强大势力。

除入仕外，地方强势豪族还有一个途径可以染指中央权力，那

就是和皇帝联姻。东汉吸取西汉选后的经验，逐渐形成了"采女"制，也就是由朝廷派官员到洛阳及其周遭地区选取"良家童女"，以充后宫。在选择范围、标准和倾向的三重作用下，能够入选的女子大多出自高门豪族，皇帝选后时这些人当选的概率也要大得多。就以皇后为例，汉灵帝之前，光武帝至桓帝的11名皇后中，有9个出自阴、马、梁、邓、窦五大家族，唯有汉安帝的阎皇后出身卑微，没有显赫身世。但饶是如此，阎姬也只是相对于其他皇后而言比较低微。阎皇后的爷爷阎章曾在汉明帝年间任尚书、步兵校尉，父亲则是北宜春侯阎畅，阎家实际上也算得上是中上等勋贵，远非平民家庭可比。

如此选后，朝堂上就出现了另一股强大的政治势力——外戚，而且这些人由于在成为外戚之前就已有显赫身家，因此在政治上相对强势，极易干政擅权。为了对抗、平衡官僚集团和强势外戚，减少权力流失，东汉皇帝需要扶持一股自己可以依靠的政治势力参政，常年在皇帝们身边侍奉的宦官就成了不二选择。

灵帝之前，得到皇帝扶持的宦官势力已经成熟，桓帝延熹年间的（第一次）党锢之祸就是代表性事件。因此从某种程度上说，灵帝宠信宦官，是对前任皇帝治国方针的继承，所以这种选择实际上并非难以理解。

至于卖官鬻爵，前文已经提及，这也是前任皇帝的创新，从行为本身看，也只是国库空虚下灵帝不得不继续执行而已。

如上，汉灵帝的一些行为，不能完全怪罪于他个人，个人也不应该为历史的或者前人的错误买单。但是反过来说，有些行为的责任确在灵帝，诸如扩建御苑、敛财肥私、对权宦约束甚少等等。

"灵"无法反映的除了这些"迫不得已"的荒唐行为外，也不能评价灵帝在其他方面的一些贡献。

没错，哪怕汉灵帝是诸葛亮说的"亲小人，远贤臣"的昏君，他也不是毫无贡献。前面说过，灵帝"颇好学艺"，而他真的就在"艺"上做出了一些成绩。

汉轻文赋，重经学，但东汉末年，儒士"章句渐疏"，儒学受其影响也"衰矣"，与此同时社会对文学艺术重新重视起来。到了"颇好学艺"的灵帝即位时，一个文艺发展的新机遇到来了。

灵帝喜欢辞赋，自己创作有《追德赋》《令仪颂》《招商歌》、五十章《皇羲篇》等作品。不过他不但自己独乐，还要让更多的文士和他一起玩乐：公元178年，灵帝设立鸿都门学，这是中国教育史上第一所艺术学校，据《太平御览·皇王部》引《续汉书》，灵帝最初招鸿都门生"以经学相引"，后来又"试能为尺牍辞赋及以工书鸟篆相课试"。而且灵帝还不顾蔡邕、阳球和老师杨赐等大臣反对，任命鸿都门学的学生到中央和地方出任尚书、侍中、刺史、太守等职。

鸿都门学的历史意义不在于让皇帝多开心、让腐儒多难堪，而是在于影响了此后的世风和文风。鸿都门学的不少学生，如后来担任了侍中、奉车都尉的灵帝宠臣乐松，都是"出于微蔑"之人，鸿都门学一定程度上打破了经学和豪族士人对上升通道的垄断地位，使"出于微蔑"的平民有了更多的上升空间。其次，鸿都门学推动文学逐渐摆脱儒家致世经学的禁锢，而且由于学生出身贫寒，因此文学创作更趋随心所欲，作品更通俗易懂。

可以说，正是灵帝设立鸿都门学、提倡文学创作、人为提高文学的地位，为建安文学等汉末三国文学流派和书法的兴盛奠定了基础。

最后，话题再回归到灵帝的谥号上来。事实上，谥号，尤其是谥号泛滥的唐朝之前各皇帝的谥号，一方面的确能反映这位皇帝的

一些主要事迹。比如，汉武帝的"武"，他确有四方出击、开疆拓土、屡战屡胜的功绩；汉灵帝的"灵"，也确实反映出他的荒诞不经。其他朝代、其他皇帝，例如魏文帝的"文"，所折射的正是他的文学天赋；赵明帝的"明"，正所谓"任贤致远曰明"，明帝石勒虽然残暴，但重视儒家文化、重用儒者，也是无法抹杀的事实；至于北周武帝的"武"，恐怕就是对他在位期间灭掉相持几十年的宿敌高氏北齐最亮丽的注脚，等等。

但另一方面，谥号字数的限制和定谥者的立场、态度、情感，都决定了谥号不可能全面、客观、正确地评价一个人的一生。因此对汉灵帝的谥号，我们需要明白的是，它的确有一些名副其实，但又必定不够客观、准确。研究谥号没有问题，以谥号为一个切入点研究被谥者也没有问题，但绝不能陷入唯谥号论甚至唯古人评价论的陷阱当中。

第九节

同样姓刘，东汉怎么就被西汉抢走了流量

熟悉汉朝历史的读者可能会感觉到，相比起西汉，同样属于"汉朝"的东汉王朝，存在感似乎要低得多。提到西汉，我想不少读者对高祖斩蛇、吕后争宠、文景之治、武帝拓边、王莽改制、丝绸之路等史实都能脱口而出，时间线再往前延伸一点的话，还有流传自楚汉战争的韩信点兵多多益善、萧何月下追韩信、鸿门宴、约法三章、楚河汉界、四面楚歌等和汉王集团相关的历史典故。相比之下，东汉王朝脍炙人口的典故少之又少，这其中还有相当一部分是讲述东汉末年的故事，更多的是沾了三国尤其是《三国演义》的光，如真实的黄巾起义、挟天子以令诸侯、三顾茅庐、草船借箭、赤壁之战、官渡之战，虚构的过五关斩六将、煮酒论英雄、关羽华容道义释曹操等等。而且，如果读者随意打开一个 APP 就会发现，如果不算东汉末年，西汉的讨论度要远远高于东汉，也的确有不少人发问：东汉的存在感，为什么不如西汉呢？

对于这一点，笔者先说几个比较简单的原因。

首先自然是东汉之前的西汉和东汉之后三国的光芒掩盖了东汉的存在感。三国时期自不必多说，一部《三国演义》将三国从高高的历史学圣坛拉了下来，使三国时期成为与群众距离最近、人们耳熟能详的一段历史。

更重要的是，和两汉之交、南北朝和五代十国不同。《三国演义》的流行，使人们在探究三国历史时，对人物关系、事件发展

有一个比较清晰的中心脉络，这个脉络就是曹操、刘备和孙权（也可以上溯至其兄孙策、父孙坚）。在三人之外，历史大背景是东汉衰微，细节是董卓、吕布、马腾、韩遂、袁绍、袁术、公孙瓒、刘表、张鲁等其他盘踞中央或地方，但最终走向覆灭的枭雄，伴奏曲则是揭开《三国演义》序幕，但屡屡沦为刘备、孙坚等枭雄背景板的黄巾起义军。

尽管后人如蔡东藩也有《后汉通俗演义》《南北史通俗演义》《五代通俗演义》等演义文学作品流传于世，但仍然改变不了《三国演义》在群众中的绝对地位。所以，相比三国时期，我们去看政权变更频繁、势力错综复杂的其他分裂时期，如五代十国，总是感觉缺乏一条中心脉络，没有一个像扶汉那样的核心主题，看上去自然是眼花缭乱，就好像是在看一部没有男女主角的电影，某个角色刚刚讲了几句台词，就直接"领了盒饭"，下一个角色再重复一遍他的戏份。这样的历史，在通俗化上，在对群众的吸引力上，自然不如三国时期。而后世官方对关羽的极度推崇（如 1725 年，关羽庙被尊为武庙，与孔子的文庙并驾齐驱），民间对关羽的崇拜（如不少电影中都有祭拜关羽的情节），以及三国题材游戏如《三国杀》《真·三国无双》等的推出实际上也推动了三国风靡社会的进程。

同时，三国时期人才辈出，这段历史也的确令人热血沸腾。曹操、刘备、袁绍、关羽、诸葛亮、司马懿、吕布、姜维等人都是中国历史的"顶流"，即便是讨论度稍次一些的孙坚、孙策、孙权、张飞、魏延、曹植、陆逊、张郃、许褚等人，知名度和在历史上真实的个人实力、表现也不遑多让。

在三国文化对其他历史朝代的强势"打压"下，即便是西汉王朝，也不见得比三国更有"流量"，只能说东汉实在是"生不逢时"。

不过，事实上，这种情况在历史上并不少见，一个辉煌的、文化强势的、存在感高的历史时期，总是会对邻近时期在社会大众中的传播度产生影响。比如开创了贞观之治的唐太宗之于继任者唐高宗，开创开元盛世的唐玄宗之于之后的唐肃宗、代宗、德宗等；而在世界历史上，王政时代的罗马，知名度显然也不如话题度极高的罗马共和国和罗马帝国，更不要说纳粹德国与魏玛共和国、苏联与二月革命后由资产阶级政府建立的"俄罗斯共和国"之间知名度的对比了。

那么西汉呢？前面已经说过，西汉流传下来的历史典故也非常多。广为流传的典故、成语、诗词等文化产品越多，越能使这个朝代有更多的关注度和讨论度，这就是西汉对东汉的优势。而且，西汉皇帝的话题性，也比东汉皇帝更强。

重点来了。

如果一个人英年早逝，甚至早早夭折，那他有比其他人更多的机会成就一番伟业，被世人记住吗？

如果一个人的言行被他人控制，那么相对于一个独立自主的个体，前者除了"傀儡"这一印象外，还有什么可值得说道的呢？

问题就出在这里。这是东汉知名度不高，以至于光武帝刘秀开创的东汉王朝明明是一个事实上的新王朝，却总是被视为西汉王朝的延续，是西汉王朝守成的"小老弟"的重要原因。

如果不算孺子婴，西汉王朝真正的傀儡皇帝，只有吕后控制的前少帝、后少帝和王莽控制的汉平帝三人。其他的皇帝，几乎都有机会，而且也的确在历史上留下了相当多的话题。

汉高祖击败项羽，建立西汉王朝，使"汉"第一次作为一个帝制政权的国号出现在历史舞台，为后世的玄汉、东汉、蜀汉、赵汉、成汉、后汉、南汉、北汉等一众"汉"政权开了先河，和中国封建社会前期其他来自春秋战国诸侯国国名的政权国号，如"秦""楚""晋""魏""吴""赵""齐""梁""唐""周""宋"

等形成了鲜明对比。高祖斩蛇起义，为他赋予了相当的神话光环，桀骜放荡的性格，也使他的存在感比东汉开国皇帝、光武帝刘秀更加耀眼夺目。

高祖之后的惠帝默默无为，只留下一个萧规曹随的著名典故。然而，自高祖至后少帝在位时期，有一个女人使这一时期极具话题性——汉高祖刘邦的结发妻子，汉惠帝刘盈和鲁元公主的生母，吕雉吕后。

吕后虐杀高祖宠妃戚夫人，把儿子惠帝吓得魂不守舍，实在太引人注意了。后人的唾骂、猎奇、叹息、感慨，全都汇聚在"人彘"这个词语上了：

> 孝惠帝慈仁，知太后怒，自迎赵王霸上，与入宫，自挟与赵王起居饮食。太后欲杀之，不得间。孝惠元年十二月，帝黎出射。赵王少，不能蚤起。太后闻其独居，使人持酖饮之。犁明，孝惠还，赵王已死。於是乃徙淮阳王友为赵王。夏，诏赐郦侯父追谥为令武侯。太后遂断戚夫人手足，去眼，煇耳，饮瘖药，使居厕中，命曰"人彘"。居数日，乃召孝惠帝观人彘。孝惠见，问，乃知其戚夫人，乃大哭，因病，岁馀不能起。使人请太后曰："此非人所为。臣为太后子，终不能治天下。"孝惠以此日饮为淫乐，不听政，故有病也。——《史记·吕太后本纪》

就凭这个，日后的元帝皇后王氏、和帝皇后邓氏、桓帝皇后窦氏、灵帝皇后何氏，怎么和吕后争眼球？长寿、废立多位皇帝、毒杀皇帝宠妃，恐怕没哪个元素比"人彘"更引人注目。

所以，同样是临朝听政，同样是大权在握、架空皇帝，哪怕西汉王朝经历了两任半（两位少帝算两个傀儡皇帝，惠帝差不多算半个）傀儡皇帝，皇帝的存在感还是不低。说得残忍一些，被吕后这样的人杀死、拥立，本身就增加了两位少帝的一点点话题度，否则他们受后人提及的概率，甚至还远不如现在。

　　按理讲，守成之君的知名度，往往比开创天下、开疆拓土的有为之君和末代皇帝知名度低一些。但汉文帝、汉景帝却和汉光武帝之后的汉明帝、汉章帝不同。景帝年间的七王之乱不提，就说周亚夫和贾谊，就不会让文景之治无人问津。为什么？因为初中语文课本有一篇课文叫《陈涉世家》，节选自《史记·陈涉世家》。后来这篇文章被删除了，取而代之的是节选自《史记·绛侯周勃世家》的《周亚夫军细柳》，表现出周亚夫治军严谨、不畏强权、刚正不阿的形象。至于贾谊，他的《过秦论》入选了高中语文教材，李商隐还写过一首名叫《贾生》的咏史七言绝句，其中"不问苍生问鬼神"流传颇广。相比之下，明帝、章帝年间是否有能让人脱口而出的文学作品？即便有，它们有没有入选最能让作品广为传诵的语文课本？

　　于是文帝、景帝再胜一筹。毕竟讲《周亚夫军细柳》，讲《过秦论》和《贾生》，就不得不提历史背景，不得不谈汉文帝。其实笔者也是在中学学习过程中，受到历史和语文两门课的熏陶，渐渐对汉朝历史感兴趣的，其中最喜欢、最熟悉的，自然是西汉历史。

　　汉章帝去世后，汉和帝刘肇即位。自和帝起，历经殇帝、安帝、顺帝、冲帝、质帝、桓帝、灵帝，直至末代皇帝献帝，就算加上不被后世承认皇位的前少帝刘懿、后少帝刘辩，共计十一位皇帝，全都是少年或幼年时即位，其中殇帝、冲帝、质帝和两位少帝，尚未成年就去世了。剩下几位皇帝中，和帝和顺帝未满三十岁就英年早逝。其余皇帝，要么如年轻的殇帝、冲帝等，一直都被外戚或宦官控制，要么如桓帝、灵帝，虽然相对独立自主，但行使皇权时也在很大程度上受制于外戚、宦官等其他力量的牵制。加上当权者大多不像吕后那样做过过于"吸引眼球"的事，也只有董卓和曹操两个

人沾了三国的光，使后少帝和汉献帝更为人所知一些。所以自皇帝至外戚、宦官、士大夫，热度比起西汉相对长寿的皇帝们要低得多。

那么西汉呢？景帝之后的汉武帝，经济、政治、军事，甚至他的后宫和子嗣，相关话题可太多了。如果说汉朝哪位皇帝可以单独作为男主角立传，或者作为电影、电视剧的男主角出现在大荧幕，那汉武帝简直可以和汉高祖、汉光武帝和汉献帝争个大汉金鸡奖最佳男主角。《大汉春秋》《汉武帝》《大汉天子》《汉武大帝》《东方朔》《美人心计》《卫子夫》等影视作品表明，汉武帝或许在某种程度上，可以直接压倒高祖、光武帝和献帝，成为大汉最具话题性的皇帝，直接同时包揽最佳男主角和最佳男配角。

相比之下，光武帝和献帝之外的那些东汉皇帝，比如明帝、章帝、桓帝、灵帝等等，在武帝的热度和话题度面前，就黯然失色了。

武帝去世后，即位的是汉昭帝，一个蹲过监狱的皇帝，令人好奇，但在位时间短，而且汉武帝光辉在前，他本人做的更多是休养生息的活儿，知名度不太高。接下来即位的昌邑王刘贺（被废黜后改封海昏侯），干了27天皇帝，被霍光拉着一群大臣痛骂了一顿给废黜了：

> 天子所以永保宗庙总一海内者，以慈孝、礼谊、赏罚为本。孝昭皇帝早弃天下，亡嗣，臣敞等议，礼曰："为人后者为之子也"，昌邑王宜嗣后，遣宗正、大鸿胪、光禄大夫奉节使征昌邑王典丧。服斩缞，亡悲哀之心，废礼谊，居道上不素食，使从官略女子载衣车，内所居传舍。始至谒见，立为皇太子，常私买鸡豚以食。受皇帝信玺、行玺大行前，就次发玺不封。从官更持节，引内昌邑从官驺宰官奴二百余人，常与居禁闼内敖戏。自之符玺取节十六，朝暮临，令从官更持节从。为书曰："皇帝问侍中君卿：使中御府令高昌奉黄金千斤，赐君卿取十妻。"大行在前殿，发乐府乐器，引内

昌邑乐人，击鼓歌吹作俳倡。会下还，上前殿，击钟磬，召内泰壹宗庙乐人辇道牟首，鼓吹歌舞，悉奏众乐。发长安厨三太牢具祠阁室中，祀已，与从官饮啖。驾法驾，皮轩鸾旗，驱驰北宫、桂宫，弄彘斗虎。召皇太后御小马车，使官奴骑乘，游戏掖庭中。与孝昭皇帝宫人蒙等淫乱，诏掖庭令敢泄言要斩。

——《汉书·霍光传》

这段话骂了刘贺什么呢？据霍光他们说，刘贺服丧没有悲恸之情，成天吃喝玩乐，骄奢淫逸，不守礼法，还威胁掖庭令说，他要是敢把自己在掖庭玩乐的事泄露出去，就斩了他。

不仅如此，上书请求废黜刘贺的大臣相当多，《汉书·霍光传》记载如下：

丞相臣敞、大司马大将军臣光、车骑将军臣安世、度辽将军臣明友、前将军臣增、后将军臣充国、御史大夫臣谊、宜春侯臣谭、当涂侯臣圣、随桃侯臣昌乐、杜侯臣屠耆堂、太仆臣延年、太常臣昌、大司农臣延年、宗正臣德、少府臣乐成、廷尉臣光、执金吾臣延寿、大鸿胪臣贤、左冯翊臣广明、右扶风臣德、长信少府臣嘉、典属国臣武、京辅都尉臣广汉、司隶校尉臣辟兵、诸吏文学光禄大夫臣迁、臣畸、臣吉、臣赐、臣管、臣胜、臣梁、臣长幸、臣夏侯胜、太中大夫臣德、臣卬。

刘贺究竟有没有这么昏庸，干没干这些事，其实在现在是个比较有争议的话题，毕竟他的墓是国宝级墓葬，墓里出土了《论语》《易经》《礼记》《悼王赋》和失传的《齐论语》等大量典籍，简牍共计5000多片，再加上霍光这个人长期专权，历代对他好感度很低，所以对以他为首的众臣对刘贺的指控有所怀疑也很正常。但无论怎么说，刘贺的权谋能力应该说还是比较差的。毕竟同样是以诸侯王身份、在大臣的拥戴下入宫称帝，汉文帝登基后连夜任命心腹宋昌为卫将军、张武为中郎将，控制长安卫戍部队保卫自己，刘贺却没这么做，至少看不到他有一点点这么做的打算，完全操自己的皇位和生命于他人之手。

所以，刘贺的知名度，以及对他的研究的重要性，都使他不至于沦为西汉刘某（前少帝真名未知）、刘弘和东汉刘懿、刘辩共计四位少帝那样默默无闻的皇帝。

宣帝有故剑情深的趣闻，本人也颇有作为，研究价值比较大，元帝有昭君出塞的典故，蹭了著名美女王昭君的热度，成帝有和赵飞燕的风流往事，哀帝则谈了场同性恋爱，有一位名叫董贤的男宠，几乎个个都有能人聊上几句、听上一听的八卦。东汉和帝以来那些娃娃皇帝，尤其是夭折的殇帝、冲帝、质帝和两位少帝刘懿、刘辩，除了被董卓杀害、由汉献帝继承其皇位的刘辩，和留下一个"跋扈将军"成语的质帝刘缵有一点点话题外，别的皇帝有什么好关注的？

正是因为相比起皇帝独立、自主、长寿、有为的西汉，和英雄辈出、文化强势的三国，东汉可以通俗化的素材太过稀缺，所以东汉的历史形象在最广大的人民群众当中模糊得多，从而导致它的知名度太低，甚至被人误解为西汉王朝一个不值一提的"小老弟"。

第十节

国号的传承——四个"汉"政权的联系

公元 8 年，大汉"假皇帝"王莽正式登基称帝，建立新朝，延续二百一十年的西汉王朝就此落下了帷幕。然而王莽的统治并不长久：公元 23 年，汉景帝之子长沙定王刘发的后代、汉光武帝刘秀的族兄刘玄登基称帝，国号汉，改元更始，后世如称呼"新朝"为"新莽"一般，往往把这个"汉"政权称为"玄汉"，如称呼"清高宗"为"乾隆"、清德宗为"光绪"一般，把刘玄称为"更始"：

> 会莽败，义兵起，宗乃率阳泉民三四百人起兵略地，西至长安，更始以宗为偏将军。——《后汉书·张宗列传》

> 寿光侯刘鲤，更始子也，得幸于辅。鲤怨刘盆子害其父，因辅结客，报杀盆子兄故式侯恭，辅坐系诏狱，三日乃得出。——《后汉书·光武十王列传》

> 可惜刘玄所建的玄汉政府，由一群无知无识的人物组成。——柏杨《中国人史纲》

那么，玄汉是否和西汉王朝有什么关系呢？实际上，除皇帝刘玄有西汉皇室血统，为皇室偏远旁支之外，这两个政权几乎没有任何联系，玄汉只不过沿用（甚至不能叫"继承"）了西汉的国号，并定都西汉旧都而已。

客观地说，刘玄并不是无能之辈，但他能力实在有限，加之正如柏杨所说，刘玄手下没有足够忠心的能人，要么是无能鼠辈，要么是刘秀这种独立性极强的名义上的下属。因此，玄汉王朝的统治根基极其不牢固，在短短的两年多国祚里，玄汉从来没有实行过稳

固的统治。

这是什么意思呢？这即是说，玄汉根本没有能力、没有意识，也没有足够稳定的环境和足够的时间去打造自己的法理，这样一来就很容易受到野心家的挑战，笼络民心自然也变得更加困难。因此即便从玄汉王朝自身的意识形态建设来看，它和西汉王朝也几乎没有什么联系。尽管军事实力是任何一个政权的立国之本，但玄汉在法理正统构建上的疲软无力，也是它未能为自己争取到更多的时间和主动权，最终走向覆灭，在历史上也未能留下更多痕迹的重要原因。

相比之下，东汉王朝在这方面就做得好得多。先来看《后汉书·光武帝纪》的一个记载：

> 壬子，起高庙，建社稷于洛阳，立郊兆于城南，始正火德，色尚赤。

另外，董仲舒的《春秋繁露·五行之义》对兴起于西汉的五行相生说解释为：

> 木，五行之始也；水，五行之终也；土，五行之中也。此其天次之序也。木生火，火生土，土生金，金生水，水生木，此其父子也。

那么，西汉属于哪一种情况呢？西汉前期，先后存在水德、土德两种说法，最终实行的土德，乃汉武帝所定，如《汉书·谷永传》记载，汉成帝建始年间，谷永曾上奏说：

> 白气起东方，贱人将兴之表也；黄浊冒京师，王道微绝之应也。

然而，西汉末年，汉属火德的说法渐渐流行，王莽于是定汉属火德，后人也最终认同了这种说法：

> 武功丹石出于汉氏平帝末年，火德销尽，土德当代，皇天眷然，去汉与新，以丹石始命于皇帝（指王莽）。皇帝谦让，以摄居之，未当天意，故其秋七月，天重以三能文马。——《汉书·王莽传》

> 夫孔丘秘经，为汉赤制，玄包幽室，文隐事明。且火德承尧，虽昧必亮，承积世之祚，握无穷之符，王氏虽乘间偷篡，而终婴大戮，支分体解，宗氏屠灭，非其效欤？——《后汉书·苏竟列传》

换言之，无论西汉曾经是尚水德还是土德，到光武帝那个年代，西汉属火德已经是一种共识。所以光武帝作为"汉"的皇帝，继承传承自尧（汉朝伪称汉高祖刘邦是尧的后代）的火德，也是顺理成章的。而且这个举动也表明，他承认了西汉高祖刘邦的祖先尧，也是自己的祖先。

仅这一条，光武帝就比玄汉做得强得多。

另外，据《后汉书·祭祀志》，公元54年，光武帝下诏：

> 即位三十年，百姓怨气满腹，吾谁欺，欺天乎？曾谓泰山不如林放，何事污七十二代之编录！桓公欲封，管仲非之。

这段话什么意思呢？其实光武帝就是说，自己即位三十年，百姓满腹怨气，东汉王朝的民生问题处理得很差，何况曾经管仲都劝阻了齐桓公，让他别封禅泰山。所以你们这些大臣，也别劝我封禅泰山了。

然后呢？

"从此群臣不敢复言。"

然而，仅仅两年后，也就是公元56年，光武帝正式封禅泰山，成为继汉武帝之后，汉朝第二个封禅泰山的皇帝。

为什么？因为东汉王朝在光武帝的统治下，社会经济的确逐渐从西汉末年以来的混乱、衰颓走向复苏，元代的陈栎在《历代通略》中赞扬光武帝说：

> 广求民谟，除王莽之繁文，还汉家之轻法，三十年间，四夷宾服，家给人足，政教清明，功业可谓盛矣。

加之《后汉书·光武帝纪》记载光武帝出生时有红光照耀房舍，这一年光武帝出生的济阳县（光武帝的父亲刘钦时任济阳县令）出现了"一茎九穗"的奇观。凡此种种，身处盛行谶纬的汉朝，光武帝在文治武功已颇有成就的情况下，自然需要鬼神、天地为自己的皇位正名，为东汉王朝建构秉承西汉的合法性、正统性。

自此，至少在当时的意识形态中，东汉成为西汉的延续，光武帝是继高祖之后，继续代表天意，维持刘氏统治的天选之人。

时间来到公元220年。公元220年10月，东汉末代皇帝、汉献帝刘协禅位于魏王，也就是日后的魏文帝曹丕，东汉王朝就此灭亡。

东汉灭亡后的第二年，也就公元221年，汉中王刘备在成都登基称帝，是为蜀汉昭烈帝，《三国志·先主传》对此记载道：

> 惟建安二十六年四月丙午，皇帝备敢用玄牡，昭告皇天上帝后土神祇：汉有天下，历数无疆。曩者王莽篡盗，光武皇帝震怒致诛，社稷复存。今曹操阻兵安忍，戮杀主后，滔天泯夏，罔顾天显。操子丕，载其凶逆，窃居神器。群臣将士以为社稷堕废，备宜脩之，嗣武二祖，龚行天罚。备惟否德，惧忝帝位。询于庶民，外及蛮夷君长，佥曰："天命不可以不答，祖业不可以久替，四海不可以无主"。率土式望，在备一人。备畏天明命，又惧汉阼将湮于地，谨择元日，与百寮登坛，受皇帝玺绶。脩燔瘗，告类于天神，惟神飨祚于汉家，永绥四海！

其实中心思想就一句话：——曹丕篡位，自己要匡扶汉室，而为了防止汉祚消亡，使拥汉反曹事业有一个主心骨，有一面旗帜，刘备自己要登基称帝，"嗣武二祖"，继承二祖（指汉高祖刘邦和汉光武帝刘秀）的事业，光复大汉。

那么，东汉的正统，究竟在不在蜀汉？

可惜的是，刘备实力太过欠缺。即便是诸葛亮主政，蜀汉也只能迫使曹魏处于战略守势，但无法灭掉曹魏。

蜀汉王朝就是第二个玄汉，曹魏就是第二个东汉。偏居西南的蜀汉，没有能力、没有条件构建正统性。毕竟东汉朝廷把持在曹氏手中，献帝即便是被迫退位，曹魏代汉也具有程序上的合法性。何况曹丕不但留下了献帝的性命，还对他十分优待：

> 奉汉帝为山阳公，行汉正朔，用天子礼乐；封公四子为列侯。追尊太王曰太皇帝；武王曰武皇帝，庙号太祖；尊王太后曰皇太后。以汉诸侯王为崇德侯，列侯为关中侯。群臣封爵、增位各有差。改相国为司徒，御史大夫为司空。山阳公奉二女以嫔于魏。——《资治通鉴·魏纪·魏纪一》

封献帝为山阳公，用天子礼仪；献帝四个儿子封列侯，东汉诸侯王为崇德侯，列侯为关中侯，魏文帝还娶了献帝的两个女儿为嫔。不仅如此，文帝还说：

> 天下之珍，当与山阳共之。

什么都能和山阳公分享，但江山社稷除外。

戏做得很足，但正因如此，正统性也很强。

在五行方面，曹魏自认为土德，这当然是因为"火生土"，表明曹魏是汉王朝正儿八经的继承人，是前者"生"出来的亲儿子。

相比之下，蜀汉正统性就极为匮乏了。

更重要的是，王莽登基，建立新朝取代西汉，自认土德，且土生金，东汉王朝却并不自认金德，而是火德。换句话说，作为曾经继承西汉版图的大一统王朝，新朝整个合法性，都被光武帝的一个"始正火德，色尚赤"否定了，于是东汉取代新朝，成为西汉之后的另一个正统王朝。

然而，与同样匡扶汉室的东汉不同，蜀汉最终为曹魏所灭，其一切树立正统的努力，都在成都洞开的城门下灰飞烟灭。换言之，实力，历史结局，本身也是正统性的一部分。

曹魏灭亡后，取而代之的西晋灭掉东吴，结束了三国时代。以魏为正统的西晋，作为东汉后又一个大一统王朝，在国家层面维持了曹魏的正统性。

第二章 大汉军情观察室

汉朝军队是一支有着悠久历史和辉煌战绩的威武雄师。灭秦朝、破项王，汉军自诞生起就以关东劲旅的姿态出现在秦末枭雄的眼中。但鲜为人知的是，作为传统的陆权国家，奉行大陆军主义的汉王朝，其实也曾拥有一支区域内最强大的海军舰队；而在汉军起家的陆地，新生的汉朝不得不面临一个巨大的威胁，以至于一度使其出现了严重的生存危机，最后演变为西汉初年最大的耻辱。这一切波澜壮阔的历史，都汇聚在一个关键词——军事上。

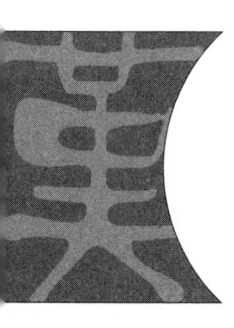

第一节

东方的"日不落舰队"

据《史记·东越列传》，公元前154年，在叛乱中被官军击败的吴王刘濞逃往百越，百越的东瓯国被汉廷收买，在丹徒杀了刘濞，将其头颅献给汉军，从而换得国境安宁。但是，东瓯此举引起了逃到闽越的吴王太子刘驹的怨恨。于是，在刘驹的怂恿下，公元前138年，位于东瓯南方的闽越国出兵北征，侵犯东瓯国境。闽越军势如破竹，节节败退的东瓯很快就被逼到了亡国边缘。

面对危局，东瓯派人向汉武帝求援，武帝在询问了太尉田蚡的意见后，派严助就近发会稽郡水军渡海（会稽郡位于今江苏省境内，邻近东瓯）驰援东瓯。闽越得知汉军来援，不战而退。战争结束不久，东瓯王上书并经汉武帝允许后，率部族迁往庐江郡，东瓯国就此灭亡。

《史记·南越列传》则记载了位于今天两广地区的南越国的兴衰史。由秦将任嚣、赵佗建立的南越国，自秦亡后一直割据岭南，而刚刚立国的汉王朝无力平定这一地区。于是，汉于公元前196年册封南越，使之成为自己的藩属国。武帝时，南越欲并入汉朝，武帝遂派曾成功出使匈奴的青年外交官终军出使南越。然而，南越丞相、三朝元老吕嘉不愿意归顺汉朝，于是杀死南越王、王太后和终军，拥立王室赵建德为王，公开与汉朝决裂。

武帝闻讯，迅速派楼船军（汉代水军时称楼船军，楼船是古代的主力战舰，本节统称"水军"）十万人兵分五路南征，最终于公元前112年冬将其攻灭。

值得注意的是，汉武帝的这五路大军，几乎全部走的是水路。据《汉书·武帝纪》，五路大军的行军路线是：

（一）伏波将军路博德所部下湟水，即今广东省清远市连州市连江。

（二）楼船将军杨仆所部下浈水，即今广东省韶关市翁源县瀚江。

（三）戈船将军归义越侯严所部下离水，即今广西壮族自治区东北部漓江。

（四）下濑将军甲所部下苍梧。甲统率的这路军队，从"下濑将军"一职和此次作战行动看，很可能也是水军。"濑"有急流之意。苍梧即今广西壮族自治区梧州市。

（五）越驰义侯何遗所部下牂柯江，即今贵州省六盘水市六枝特区牂牁江。

五军会于番禺，共击南越。

攻灭闽越的战争同样是以水军为主力。据《汉书·朱买臣传》，彼时，汉军战前屯兵会稽，置备楼船，整理水战武器，于公元前110年一举消灭闽越。

汉水军在朝鲜的作战，则因前期兵力劣势和统兵将领间的不和而吃了点亏，进展不如之前顺利。据《汉书·西南夷两粤朝鲜传》，前锋楼船将军杨仆率先登陆后，不等后续部队集结就向朝鲜军发起进攻，结果因兵力不足大败而归。后来左将军荀彘和杨仆又产生了矛盾，甚至发生了荀彘将杨仆囚禁这一内讧事件。最终，朝鲜之役以朝鲜群臣在汉军军事压力下杀死国王卫右渠，向汉军投降告终。

由此可见，除汉光武帝于公元42年派兵平定交趾征侧、征贰姐妹的战役外，汉水军作为主力参加的大型战役几乎都发生在汉武

帝时期。

那么，作为一个传统的陆权国家，水军为什么会在汉武帝时期的中国大出风头呢？

这里就又要提到西汉开国以来的内外政策和外部环境。自公元前200年的白登之围后，汉朝对外政策总体上较为保守谨慎。在汉灭南越之前，南越曾多次犯境，汉对此也无能为力。另据《史记·匈奴列传》，公元前166年冬，匈奴寇边，汉文帝遣十万大军迎击，但仅仅是将匈奴逐出塞外即班师。匈奴于是日益骄横，屡屡犯边，汉朝不得不派使者与匈奴和亲了事。类似记载实际上都反映出，汉初国力有限，只能屈辱地采取和主战辅的方式换取与周边国家的战略和平。

不过，到了汉武帝时期，汉朝国力大大提升，这种忍辱求和、韬光养晦的政策逐渐不适用于时局。据《史记·平准书》，汉武帝即位时汉朝社会稳定，经济繁荣，国库充实，而且马匹阡陌成群，再也没有汉初那种皇帝找不到四匹一样毛色的马拉车的窘境。这些为武帝时汉朝自信心的提升、对外政策扩张性增强奠定了物质基础。

高效的外交离不开强大的军事实力的支撑。物质基础的奠定对对外政策最明显的影响就是增强了军队战斗力。例如前文说到的阡陌成群的马匹，实际上就为汉朝建立一支强大的骑兵部队提供了必不可少的战略物资。据《史记·南越列传》，汉军征讨南越时一口气出动十万楼船军。维持这样大规模的对技术和财力要求较高的水军部队，没有雄厚的财政支撑也是不可能做到的。

另外，汉武帝本人胸怀大志。他在即位后不久就派张骞出使西域，联系大月氏夹击匈奴，表现出迫切的主动开战、一雪前耻的倾向。而在"天下之事无大小皆决于上"的帝制中国，当权者本人的意志很大程度上决定了军队在他当权时期的主要活动。

最后，从地理上看，在草原、大漠同匈奴作战自然是以陆军为主。但在东北、东南方向用兵，可少不了在江河湖海上作战。

百越位于水道纵横的东南地区，和北方地区地貌类型截然相反，单纯的陆军大兵团作战难以达到战略目标，所以能在河面、海面疾驰的水军得到了青睐。如果能够水陆配合，那么行军和作战效率都会高很多。至于朝鲜半岛亦是如此，陆军如果从今天的东三省进入朝鲜不但耗时更久，而且后勤压力较大，要是首战不利还难以继续从后方投入援军。水军如果渡过渤海实施登陆作战，同辽东方向的陆军两面夹击，或者辽东汉军只需固守城池、牵制朝鲜军队，把主攻方向定在朝鲜半岛西北沿海，显然是更加合理的选择。汉武帝派兵进攻朝鲜时，正是采取水陆并进的战术，即由楼船将军杨仆率水军渡渤海，左将军荀彘率陆军从辽东方向出击。

物质基础强化带来的国力提升、武帝的勇武性情促使汉朝逐渐以强硬姿态面对外敌，这两个因素和水面作战的需要共同成为西汉水军登上历史舞台并大放异彩的重要前提。

那么，对于一个传统的陆权国家，在如此需要水军的时刻，真的能保证其战斗力吗？

答案是：能。

这一自信首先来自汉代发达的造船业和技术娴熟的工匠群体，这是水军独当一面的技术基础。据《史记·平准书》，为了应对滇国的舰船，汉武帝修建了昆明池来训练水军，并建造了高达十余丈的楼船。另据《太平御览·舟部》引《汉宫殿疏》，武帝所建豫章大船可以搭载万人，船上甚至还能修建宫室，其又引《西京杂记》载，昆明池中各式战船各有数百艘；而据《汉书·武帝纪》，武帝出海时随从船只"舳舻千里"。这些都表明西汉水军不但训练有素，

而且具备了组建大型舰队并进行远程运输以及大规模投送作战部队的能力。

这些大船的性能也可以得到保障。这一时期，造船工人已经掌握了榫连接法，而且据1951年至1952年在长沙出土的203号汉墓船模上的钉眼可以证明，当时的工匠甚至掌握了先进的钉接法，这些技术的应用加上锚、舵等设备的出现，大大提高了汉代船舶的可靠性和适航性。

武帝时航海业发达，海外贸易繁荣，著名的海上丝绸之路正是在西汉中后期开始走向成熟的。这一时期，汉朝既开辟了从辽宁到两广的国内航线，又开辟了朝鲜—日本和两广—南亚一北一南两条国际航线。譬如，据《史记·货殖列传》，岭南地区是当时重要的外贸口岸，其中，番禺"其一都会也。珠玑、犀、玳瑁、果、布之凑"，是当地主要海外贸易商品集散地。在广州及韩国、日本、越南、印度尼西亚、马来西亚、印度、斯里兰卡等国出土的汉代钱币、陶瓷、金印、丝绸和采用起源于西亚的珠化工艺生产的串珠等文物进一步表明当时中外交流之频繁，也间接展现了汉代强大的船舶工艺。

另外一点，则是统治者较为重视水军建设，水军规模较大，指挥体系完备。据《史记》和《汉书》，西汉军队有横海将军（如韩说）、楼船将军（如杨仆）、下濑将军（如甲，全名不明）、戈船将军（如归义越侯严，全名不明）等水军职务，东汉亦有楼船将军（如段志）。据《文献通考·卷一百五十八》，汉武帝有楼船、戈船、下濑、横海等军舰种类。而且据北宋史学家徐梦莘所著《三朝北盟会编·卷一百七十三》，伏波将军也是汉代水军将领名号，这正好和《史记》《汉书》中伏波将军领导水军作战的史料记载相吻合，这也说明西汉伏波将军路博德参加的征讨南越的战斗，水军的确是以主力的身份参战的。

由此可知，西汉战舰种类较多，能够适应不同的战场任务，而且有相应的统兵将领，折射出水军建制的完备和统治者对它的重视。

这样一来，有政策刚需，又有雄厚的财力、发达的造船业、成熟的航海技术和训练的支持，加上军队人数优势加持，这支水军能不能取得好的战果，还需要质疑吗？

但是，古代中国的主要经济形式、赋税来源、边防重心和陆权传统等因素制约了水军的发展，水军在古代军队的战略定位始终是辅助性兵种，造成中国水军在数千年的历史长河中也未能自行蜕变为近代海军，这是非常令人遗憾的。

经武帝时期四面出击之后，水军的表现机会越来越少。虽然东汉初年汉征交趾、征公孙述时水军也曾短暂亮相（据《后汉书·马援列传》，伏波将军马援于公元 42 年南征时，麾下有大小战舰两千多艘，士兵两万余人，取得了斩首五千余级的辉煌战绩），但这些表现更多的像是演出谢幕。东汉末年天下大乱，朝纲崩坏，皇权旁落，军队几乎都被地方割据势力瓜分而不由皇帝掌控。这一时期虽然也有赤壁之战等水军高光时刻，但事实上，参战双方的水军已经和行将就木的汉王朝没什么关系了。汉代水军，至此随着逝去的汉王朝退出了历史舞台。

第二节

保镖们的真人 PK——这里是最强侍卫争夺案！

"御林军"一词在很多小说和电视剧中很常见，其设定职责通常是戍卫皇宫，保护皇帝安全。但事实上，古代虽有"御林"一词，但根本就没有一支叫"御林军"的部队。"御林军"可以作为对禁卫部队的泛指，但绝不是一个专业、准确的术语。

所谓御林军的称呼，实际上是民间对自汉代流传下来的"羽林"一词的讹传。据《汉书·百官公卿表》，羽林的职责是"掌送从"，相当于皇帝的贴身护卫。所以，在汉代，保护皇帝安全的不是后世口口相传的所谓御林军，而是羽林。

不过，保护皇帝这份重任并不完全由羽林承担。另据《汉书·灌婴传》和《汉书·百官公卿表》，汉朝还曾组建过两支精锐部队，也就是郎中骑兵和期门（后更名为虎贲），此二者也是汉代禁卫军的组成部分。

羽林由汉武帝设立于公元前104年，最初因负责守卫建章宫，遂叫建章营骑。据《太平御览·职官部》引应劭《汉官仪》，建章营骑后取"为国羽翼如林盛也"的含义，改名为羽林骑，属光禄勋。不过也有一种说法认为，"羽林"取自星象中的"羽林天军"，颜师古注"羽林天军""主车骑"，"羽林天军"在《史记》《汉书》《新唐书》《宋史》等典籍中均有记载。

据《汉书·百官公卿表》，羽林的兵源以战死军人的遗孤为主，这些遗孤被统称为"羽林孤儿"。由于这些遗孤的家族中有为汉王朝战死的长辈，加上国家对他们有养育之恩，所以这些人的战斗力和忠诚度都是比较信得过的。

而且，这支部队的性质比较复杂，除是一支具有强大战斗力的战斗部队外，还是为国家培养了无数军事人才的类似近现代军队中教导队和军官训练团一样的组织。如据《汉书·甘延寿传》和《汉书·赵充国传》，甘延寿、赵充国两员大将皆出身羽林，《汉书·地理志》更是明确提到羽林和期门"名将多出"。

不过战死军人遗孤并非羽林唯一兵源。据《后汉书·耿恭列传》，以孤军死守疏勒城数年的耿恭一行人回国后，有三人在别处为官，耿恭本人则出任骑都尉，成为羽林指挥官之一，剩下九人也全部入役羽林；又据《汉书·赵充国传》，朝廷曾招募六郡善于骑射的良家子弟进入羽林。可见，政治可靠、有军功或良好骑射本领的军事人才也有可能进入羽林。这也和之前的论断相互印证，即羽林具有较强的战斗力和较高的忠诚度。另据《汉旧仪》，汉代羽林兵力在七百人左右。

作为保卫皇帝的部队，羽林的兴盛衰亡和皇帝本人甚至汉代皇权的兴衰有着密切联系。东汉末年，皇权衰微，天下大乱之时，羽林也就雄风不再。据《资治通鉴·汉纪·汉纪五十三》，董卓之乱时，汉献帝车驾遭董卓旧将李傕、郭汜追击包围，身边的羽林、虎贲加起来不足百人，护卫作用已经微乎其微。

汉代另一支禁卫军，叫作"期门"。据《汉书·百官公卿表》和《通典·职官·武官》两部典籍记载，期门由汉武帝于公元前138年建立，和郎中类似，职责是侍奉皇帝。期门兵源有两个，一个是"材力之士"，也就是力大勇敢的人，另一个和羽林一样，也要求是良家子弟，如《汉书·东方朔传》就说要选"陇西、北地良家子能骑射者期诸殿门"，这也是"期门"之号的由来。《通典》还称虎贲（期门在汉平帝时更名虎贲）士兵也存在"父死子继""若死王事，亦如之"

的现象。因此总的来说，期门（包括虎贲）的兵源和羽林差不多，但期门的人数多一点，最多可达千人。

东汉末年的学者应劭在《风俗通义》中提及这样一件事：

> （汉文帝）从侍中、近臣、常侍、期门、武骑猎渐台下。

汉文帝？期门？这难道是说汉文帝时期就有期门了吗？

从史料来看，笔者认为，应劭有可能是对打猎之事和随从人员记载有误，否则就是对"汉文帝"记载有误，抑或是刘向记忆错误（《风俗通义》中这句话是刘向对汉成帝说的）。

因为，首先，《史记》《汉书》《通典》等史料均记载期门是由汉武帝创立；其次，关于这句话中"猎渐台下"的"渐台"，据《汉书·郊祀志》《史记·孝武本纪》和《史记·八书·封禅》整理可知，渐台为汉武帝所建，文帝不可能"猎渐台下"；最后，即便从逻辑上推理，相比起文帝，热衷于军制改革、扩大禁军规模、志在加强皇权的武帝或许更有建立期门的动机。

公元1年，汉平帝改期门为虎贲，由虎贲中郎将率领。东汉时期期门的名称曾短暂存在过，只不过后来又改回了虎贲。自此一直到东汉灭亡，皇宫禁卫军都是虎贲、羽林并存，这才有了《资治通鉴》中对汉献帝"虎贲、羽林不满百人"的记载。

最后一支禁军，名叫"郎官"。郎官虽然在本节最后出场，但它却是汉代成立时间最早的禁军。郎官的前身是汉高祖刘邦在楚汉战争期间建立的一支精锐骑兵——郎中骑兵。汉朝建立后，郎中骑兵改组为汉帝禁军，也是皇帝近侍，由郎中令统率，称为"郎官"或"诸郎"，总兵力一千余人。选拔严格的郎官为西汉王朝培养了一批批名留青史的人才，诸如司马相如、东方朔、李广等人皆是郎官出身。郎中骑兵以及后来的郎官，其兵源和期门、羽林差不多。

这里需要补充一句，郎官、期门和羽林，都有招募贵胄子弟的现象，但前文并未将这些有贵族背景的禁军列为禁军兵源。这主要是因为，自西汉后期到东汉时期，禁军逐渐成为重臣门客和贵胄子弟入仕的一个途径，导致禁军素质参差不齐，其宿卫作用下降，仪仗队的性质增强，更多的是作为贵胄公子的政治跳板，因此这部分兵源不予讨论，只是放在这里注明即可。

看起来，一千余人层层保卫皇帝一人，已经是绰绰有余，那么汉武帝为什么还要建立期门和羽林呢？仅仅想进一步保证自己的人身安全吗？

事实上，武帝建立期门和虎贲的原因，很有可能是基于现实而加强中央对全国局势的管控能力。这里就要先说一下西汉时都城防卫力量的分布。

西汉时都城驻军可以分为三道防线。

第一道防线由中尉统率。据《汉书·百官公卿表》，中尉是九卿之一，职在"徼循京师"，即保卫京城。公元前104年，汉武帝将之更名为执金吾。第二道防线由同属九卿的卫尉执掌，"掌宫门卫屯兵"。

第三道防线的郎中令"掌宫殿掖门户"。郎中令后于公元前104年更名为光禄勋。不过，前文已经说过保卫皇帝的期门和羽林官兵"皆属焉"，即郎中令同时掌控了保护宫殿和保护皇帝的军队。

那么，扩充郎中令的实力，为什么会和汉武帝基于现实加强中央控局能力有关呢？

这一点还是要先从《汉书·百官公卿表》的记载说起。它的确记载了"期门、羽林皆属（郎中令）焉"的职权变动，但这之后又说"羽林有令丞"。这里有两种可能性，一是汉武帝时对官制"多所改作"，经常变来变去，羽林的"令丞"接过了郎中令的指挥权，还有一种可能就是，郎中令是羽林名义上的最高指挥官，其实际事务由"令丞"甚至是汉武帝本人亲自负责。

当时都城长安的驻军主要是郎官，以及中尉掌管的北军和卫尉掌管的南军。其中作为卫戍部队的南北两军合计数万人，是首都防卫主力。相比之下，郎中令手里的一千多人显得薄弱许多。但据《汉书·百官公卿表》和《汉旧仪》，羽林人数约为七百，期门人数最多可达千人，这两支部队加起来兵力接近两千，由于选拔严格，其战斗力相当可观。可见，无论是从数量上还是质量上，羽林、期门的设立都壮大了郎中令的实力，进一步增强了中央军的优势地位。考虑到武帝时防范诸侯等内患，并远征四方强敌的需要，这一措施对于加强中央对地方的控制力，甚至可以说对加强皇权，都有着相当的积极意义。

而且，羽林尽管是屯兵深宫的禁卫军，但实际上并不是像电视剧里演的那样成天围着皇帝转。

为什么汉武帝要加强中央对全国局势的控制能力呢？这是因为，汉武帝时汉朝采取了更加具有扩张性的对外政策，对内要敛财募兵，并遏制诸侯国势力，对外要频繁军事解决匈奴、朝鲜、西南夷、百越等周边民族和政权对汉王朝造成的安全问题。由于高频率、高强度用兵，国内甚至是都城长安都防卫空虚，汉武帝既需要加强对外攻势，还需要压制国内可能存在的厌战情绪，所以必须扩充军队，确保兵员充足，尤其是他能直接调动的军队。

换句话说，羽林和期门不但是皇帝眼中的贴身保镖、外敌眼中的具有极高象征意义的威慑力量，而且还要像郎官一样奔赴一线作战。如据《汉书·宣帝纪》，公元前61年，羌人叛乱，汉宣帝就派遣羽林奔赴一线平定叛乱。

基于上述考虑，武帝设立了羽林、期门这两支精锐部队。必要时，他们也会奔赴一线作战。武素琴曾在《西汉羽林述论》中提出羽林出征时并非作为单独的作战力量，而是分散到各支部队中作为中下级骨干军官使用，笔者个人对此是持赞成态度的。羽林、期门的人数比起汉武帝时期动辄数万数十万的大军团要少得多，但是整个西汉时期的战争规模较大（西汉常备军人数远超东汉），征战也比较频繁。因此一般情况下，军事素养极高的羽林、期门只有在作为军队基层战术指挥官甚至中高层指挥官使用才能最大限度地发挥作用。

由于期门、羽林等军战绩辉煌，因此汉武帝后来扩充了禁军部队，据《汉书·百官公卿表》，武帝后又设中垒、屯骑、步兵、越骑、长水、胡骑、射声、虎贲共八校尉。某种程度上说，他们是郎官、期门、羽林等老禁军的延续，唯一不同的是开始出现了成建制的少数民族禁卫军（如越骑校尉由汉族军官担任，但麾下骑兵均为南方越人）。

正是由于禁军由皇帝掌管，是最能体现帝国时代的古代中国军队专制主义中央集权色彩的一支武装。因此，正如前文所说，郎官、羽林、期门等禁军的发展变化实际上反映出专制程度和国家局势的变化。自秦以来，我国君主专制制度总体上呈不断加强的趋势，因此南北朝时北魏济阴王之子元晖业可以一口气调动两万羽林赴一线作战，北宋禁军更是臃肿到因素质严重下滑而大多不堪一击的地步，这些都折射出中央集权和君主专制不断强化的趋势，但对于国家并非毫无弊端。

如果仅仅着眼于汉朝，这一趋势仍然可以体现出来。例如，羽林、期门组建于汉武帝时期，是当时最为精锐的部队之一，也是极盛的国力和不断靠打击丞相与诸侯王而日趋强化的皇权共同作用的产物。然而自西汉后期至东汉，外戚专权逐渐成为常态，羽林人数虽然增加了，但成员却良莠不齐。东汉末年汉献帝逃亡时，

身边的羽林和虎贲历经磨难，加起来还不到百人，此时甚至已经没有讨论这些昔日骁骑质量和作用的必要了。

所以说，禁军与皇权的关系不是单向的，而是双向、不断相互作用着的。禁军保卫皇权，保卫专制制度，后者则保障着禁军制度乃至名目繁多的禁军士兵本人。皇权强大时，郎官、羽林、期门就可以是威慑四方、名将辈出的精锐部队；皇权衰微时，他们作为贴身护卫的象征意义远远大于能够发挥的实际作用，自然不可能奢望他们在战争中发挥多大的作用。

郎官诞生时间较早，经历了楚汉战争和西汉建国两个发展阶段，期门（以及后来的虎贲）和羽林则几乎诞生于同一时期，不过三者职责上比较接近。相比起远在天边的地方驻军，以及不能第一时间赶到皇帝身边的京城卫戍部队南北两军，三大"御前侍卫"无疑可以当选汉代皇帝最佳保镖。

但正是由于他们各方面的相似度较高，而且历代史家对比起一线部队而言规模更小、表现机会更少的禁军的关注度相对较低，因此我们现在能够找到的关于禁军的史料相对而言不是很多，因此也很难从各个方面进行对比，在三者当中分个高下。但是从另一个角度想，在汉代中尉和卫尉的层层保护下，除非出征，不然他们或许根本就遇不到几次留给他们的考验。

第三节

汉代兵器谱——皇威四布的暴力载体

两汉军队的武器装备体系,从军种上可以分为水军和陆军,两军又分别由数个不同的兵/舰种组成。这一节先从汉军水军说起。

在本章第一节《东方的"日不落舰队"》当中笔者解释过,汉代水军时称楼船军,只是文中皆简称为水军。从史书记载来看,汉代水军规模庞大,在西汉中期和东汉初年执行过多次重要的作战任务,具有很强的战斗力,具备在中国大陆邻近海域投送万人规模兵力的能力,只不过,可能由于它是由朝廷战时征召的陆军将领临时受领水军官职进行统率,水军的独立性不强,在统治者眼中的重要性及其相比于陆军的实际作用也的确较小,所以《汉书·百官公卿表》中竟未列楼船将军等水军官职。

水军虽然在古代中国一直处于辅助地位,但和陆军一样,它也有一套自己的兵(舰)种体系。不同的舰种在战斗中承担不同的任务并互相配合,协同作战。汉代水军的舰种划分,是中国古代成熟的多兵种协同作战思想的体现,它使汉王朝作为一个陆权帝国同样能够维持不俗的水上战斗力。

汉代水军的主力舰种也是名气最大的舰种,名为"楼船",也就是"楼船军"这一名称的来源。楼船起源于春秋时期,这一时期生产力大发展,造船技术有相当大的进步,目前我国历史上有据可查的第一次水战正是发生在春秋时期,楼船最早也出现于此时,《吴越春秋·勾践伐吴外传》里曾提到,"越王葬(文)种于国之西山,楼船之卒三千余人",《越绝书》亦有"念楼船之苦""使楼船卒

二千八百人伐松柏以为桴"等记载。

《史记·南越列传》裴骃集解引应劭释楼船为"船上施楼"的一种军舰，具有高、大、重等特点，是当时进行海战的绝对主力，兼有运输船和战列舰的特点，但同时过于笨重，所以有的时候参战的象征意义大于实际意义，壮声势、振士气的作用更大。另一方面，由于运载量巨大，除运人外，楼船越往后还越发展为一种搭载大量武器、攻击手段丰富的武库舰。例如中唐的李筌在《太白阴经·战具·水战具》中说楼船上竖着旗帜，携带有抛车、垒石、铁汁等武器，而且开有弩窗矛穴，看起来像城垒一样高大：

楼船船上建楼三重，列女墙战格，树旗帜，开弩窗矛穴，置抛车垒石铁汁，状如城垒。晋龙骧将军王濬伐吴，造大船，长二百步，上置飞檐阁道，可奔车驰马，忽遇暴风，人力不能制，不便于事，然为水军不可不设，以张形势。

东汉一种叫"冒突"的楼船还在舰首装有撞角，必要时可以撞击敌舰，古代军舰上的这种撞角可以视为近代撞击巡洋舰的雏形。楼船气势恢宏、作战能力强大，近、中、远程攻击能力兼备，堪称冷兵器时代的火力支援舰。据《史记·南越列传》《后汉书·岑彭列传》等记载，楼船曾参加过汉军对越军、蜀地公孙述等势力的作战。

但是，正是因为楼船体形太过庞大，因而灵活性差，显得十分笨重，人力不便驾驭，遇到暴风巨浪还有倾覆的危险，使用不便，但有时水军为了壮大己方声势，又必须装备这种视觉压迫感强的巨舰。

第二种军舰是蒙冲（也写作"艨艟""艨冲""蒙艟"）。"蒙冲"一词在汉以前的典籍中已经见载，是一种受陆战武器启发而研制的军舰。根据《太白阴经》记载，这是一种以桨为主要驱动力的小型军舰,船体狭长,机动性好,船背蒙有牛皮,前后左右开有弩窗矛穴,"敌不得近",攻守兼备,但主要是乘敌不备时出击。但据《三国志·周瑜传》,刘表大治水军,麾下有数千艘蒙冲和斗舰,读来蔚为壮观震撼：

> 刘表治水军,蒙冲斗舰,乃以千数。

不过,刘琮投降曹操后,庞大的水军也都不战而降,成了曹操的战利品,颇有些遗憾,只是这都是后话了。

另外,《三国志·董袭传》也曾记载说,黄祖曾在与孙权的交战中用两艘蒙冲守卫沔口,但这似乎和《太白阴经》所说的"以乘人之不备,非战船也"矛盾。

笔者私以为有两种可能性可以解释这一现象：一是《三国志》和《太白阴经》所记载的蒙冲应该大体相同,只是有细节改进,使刘表、黄祖的蒙冲在某种程度上可以作为主力舰使用,就像苏联和朝鲜海军曾经把坦克炮安装在巡逻艇上,从而使巡逻艇具有与其吨位不匹配的强大火力,这是一种虽然简单粗暴,但历史悠久、经济实惠也有颇有成效的做法；二则可能是由于经济实力、军事实力、战场水文状况、军舰适航性、战局紧迫性等原因,蒙冲在某些地区、某些时刻作为"非战船"仍被用作主力舰,笨重的楼船如《太白阴经》所说,主要用于"张形势",这其实就好比历史上英国、德国、荷兰等国家曾把武装商船用作袭击敌国普通商船的秘密杀手锏。《释名·释船》中记载的另两种名为先登和赤马的军舰和蒙冲有一些相似,也是机动性较强,用于冲击敌阵的军舰,除此之外还有负责侦察任务的小舰斥候。

需要注意的是,先登本是一种最先登入敌军城楼上的功劳,先登者多为悍不畏死的精锐劲卒,斥候则是古代陆军对侦察兵的称呼,蒙冲、先登、斥候等舰种名称表明了在古代中国这样一个陆权

强国的历史上，陆军对水军产生的深远影响。当然，同时，借鉴自陆军的舰种名称，其实也可以从字面意思反映出这些舰种的一些功能。

另一种比较注重防护性的大型军舰，名叫"槛""监声"，后写作"舰"的繁体字"艦"，换句话说，"舰"既可以泛指军用船舶，也可以特指这种被称为"槛"的军舰。槛分上下两层，有大型木板保护。

东汉末年还出现过一种名为"斗舰"的主力舰，孙权、刘表等割据势力都曾大量装备，斗舰还在周瑜手下参与了决定三国政治格局的赤壁之战。但是就像本章第一节说的那样，此时东汉王朝名存实亡，这种出现于东汉末年的军舰，只是名义上归属朝廷之下的地方军，事实上已经不属于汉军武装了。

最后，据《文献通考·兵考》，西汉时汉军除楼船外，还有戈船、横海、下濑三个舰种。武帝时的确设有楼船将军、戈船将军、横海将军等职务，而汉军又装备有楼船这一舰种，因此笔者推测这些职务有可能类似于现代的驱逐舰支队支队长、护卫舰支队支队长，负责某一舰种编队的指挥，只不过由于作战任务的复杂性和古代水军的业余性，这些将军的实际指挥权远不限于楼船"支队"、戈船"支队"，甚至可以作为一路水陆军的主将出战，但是，汉代有戈船等三个舰种应该是可信的。

以上是对汉代水军装备的介绍，接下来就来谈谈汉军的第一大军种陆军。对陆军兵器的介绍，下面先从汉代长兵器说起。

汉军的长兵器以戟和矛为主。《汉书·晁错传》载晁错曾说汉匈两军交战是"剑戟相接"，《汉书·叔孙通传》中提到在叔孙通设计的君臣礼制中，皇帝辇出时百官要"执戟传警"，另据《汉书·梁丘贺传》，逃亡的公车丞任章也是拿着戟准备在皇帝到来时作乱，在文人笔下则有"建干将之雄戟"和"长戟百万"的赞词。除此之外，秦末和两汉有项羽"披甲执戟挑战"、韩信自称在项羽处服役时"位不过执戟"、灌夫"披甲持戟"、边境女民兵"戴戟操矛"、淮南王令卫士"持戟居庭中"护卫自己，东汉末年和三国时期亦有李肃、典韦、甘宁、张辽等武将用戟。这些史料从实际应用角度和时人通俗观念角度证明了戟在两汉时期是军队乃至文官的主要战斗兵器和仪仗兵器。

除戟外，矛在汉军中也很常见。从材质上讲，矛分铜矛和铁矛，西汉初年多用铜矛，但后来逐渐被铁矛取代。以长度为区分标志的话，则可分为长矛和短矛，但这种划分法比较粗糙、主观，即便在同一类型的矛之间，长短相差也很大，这主要是受到武器的进一步划分和一些军人自带武器的影响（比如汉代良家子就可以自备武器和马匹参军）。例如 1958 年在福建省崇安城村汉墓中出土了残长 58 厘米的东汉铁矛，而湖南省资兴市东汉墓中有通长 48.5 厘米的铁矛，也有 42.5 厘米的铁矛，不但和城村汉墓相异，和自己墓群中铁矛制式也不尽相同。除矛外，汉代还有一些脱胎于矛的衍生兵器，有长有短，如铩、铤、铍、铩等。

《三国志·关羽传》记载关羽于公元 200 年在白马之战中击杀袁军主将颜良时，"刺良于万众之中"，考虑到"万众之中"的战斗环境、"刺"这一动作以及矛在两汉的流行，笔者认为关羽的兵器，至少是此时使用的兵器很可能就是矛；另据《后汉书·公孙瓒列传》和《后汉书·董卓列传》，公孙瓒任辽东属国长史时曾与数百名鲜卑骑兵爆发一场遭遇战，当时他所持武器即矛，而吕布杀董卓时则是"持矛刺卓"；《史记·南越列传》载南越王太后怒上心头，"欲铩嘉（指南越相吕嘉）以矛"；《三国志·管辂传》中，管辂在给信都县令算卦时提到"君北堂西头，有两死男子，一男持矛，一男持弓箭"。此类史料不可胜数，足见矛在汉代有相当长的使用

历史和极广的使用范围，事实上矛及其衍生武器，如铍等，的确也是汉代使用量最大的长兵器。更准确地说，矛在数百年的历史中一直保持着长久的生命力，两汉只是它所影响的其中一段历史而已。

戟和矛历史悠久，直到汉代也是较为流行的长兵器，但另一种长兵器——戈，就没有这么幸运了。戈是先秦时期各国军队主要作战武器，也是最常见的先秦兵器文物之一。殷商时，戈逐渐由石戈向青铜戈转变，另有玉戈作为礼仪性兵器。秦汉以降，戈走向衰落，矛、戟等武器逐渐取代戈成为主要长兵器。但是衰落不等于彻底消亡，戈在汉朝军队中，甚至在后世的南北朝、隋唐、五代等时期仍在一定范围内使用，只是不复先秦荣光。

汉戈的案例，如据《后汉书·何进列传》，董卓进京前夕，段珪等宦官作乱，挟持皇太后、汉少帝和陈留王试图逃出京城，结果时任尚书的名将卢植亲自"执戈于阁道窗下，仰数段珪"，逼迫段珪等人释放了太后。另有如1977年山东省菏泽市巨野县红土山西汉墓出土了通长20厘米的铜戈；2015年在湖南省长沙市开福区一建筑工地内发现的战国晚期至西汉初期贵族墓中也发现了戈，且该墓葬形制和部分陪葬品的纹饰同西汉初年的马王堆汉墓相似，有可能就是汉初贵族墓。而在与汉朝廷并立的地方政权的原国土之内也有戈出土，如20世纪五六十年代陆续发掘的云南省昆明市晋宁区石寨山古墓群中，就发现了后来被命名为"豹衔鼠穿銎铜戈"的一件属于西汉时期滇国军队的文物。

第四种长兵器是斧，还有一种和它在形制与战场使用方法上比较接近的"钺"以及将戟和斧结合在一起的"钺戟"，钺戟在我国河南和位于今朝鲜中北部的古乐浪郡（汉武帝攻灭卫氏朝鲜后设立）墓葬中有出土，只是史书中暂时没有找到关于它的记载，其使用范围和频率可能较小。

斧钺在汉代既是礼仪性兵器，同时又是刑具和表演道具，还是军用兵器，只是使用得不多。斧的使用，如据《汉书·王欣传》，武帝末年，绣衣御史暴胜之曾持斧缉捕盗贼；西汉末年文学家刘向编撰的《五经通义》中则提到"西夷之乐持钺舞"，这是钺作为表演道具的体现。

汉军的主要短兵器——刀和剑，都是先秦时流传下来的了，不过和"剑为礼器"的刻板印象不同，汉代刀即便是作为一种礼仪性兵器，受欢迎的程度似乎至少不低于剑。

两汉的剑，既是礼仪性用具，也是战斗用兵器。据《汉书·叔孙通传》，汉高祖刘邦在定陶称帝后，群臣饮酒争功，酒酣之际，就有人"拔剑击柱"；另据《资治通鉴·汉纪·汉纪五》，朱虚侯刘章在吕后举办的一次宴会上，拔剑杀了一个喝醉后想离席逃酒的吕氏族人。从这两个场合看，作为臣子的"群臣"和刘章携带的剑无疑是礼仪性用具，只是因为兼具杀人能力，刘章才借机杀了一个吕氏族人。

再据《史记·大宛列传》，李广利出征西域时俘虏了郁成王，负责押送郁成王的四名汉军骑兵因担心他"今生将去，卒失大事"，于是由年龄最小的赵弟"拔剑击之，斩杀郁成王，赍头"；又据《资治通鉴·汉纪·汉纪三十》，王莽派虎贲捣毁汉高庙，虎贲士卒进入高庙后，"拔剑四面提击"。而这两个环境和上面的例子相反，说明剑也是汉军的一种军用兵器。虽然王莽已经在虎贲毁坏高庙时称帝，但从新朝短暂的国祚和史书的记载来看，王莽应该不会有机会或心思也的确没有去改变西汉军队的武器体系，其麾下军队的军备可以纳入汉军军备体系中一起讨论。

刀，在两汉也成了一件礼仪性武器。而在作为军用武器的汉刀当中，最有名的汉刀无疑是环首刀。《资治通鉴·汉纪·汉纪十三》载单于劝降苏武时，苏武曾引佩刀自刎，只不过被卫律救了下来；据《资治通鉴·汉纪·汉纪十九》，汉宣帝曾赐来朝的呼韩

邪单于佩刀；据《资治通鉴·汉纪·汉纪三十四》，光禄勋郭宪在劝谏光武帝刘秀不要亲征时曾激动之下拔佩刀斩断车靷。这证明了刀的礼仪性兵器地位，另如《资治通鉴·汉纪·汉纪三十三》中记载东汉初年名将耿弇曾在与张步的交战中被箭射中大腿，但他"以佩刀截之"，这是汉军用刀的典例。

大名鼎鼎的环首刀，又被称为环柄刀、环刀，长85～115cm左右，宽约3cm，刃脊皆平直，刀柄与刀身相连，刀柄末尾为椭圆环状，是两汉先进的兵器制造业的代表性武器。1974年在山东省临沂市苍山县出土了一把东汉环首刀，据刀上所刻铭文，曾被折叠锻打多达三十次，技艺之繁琐正好体现了汉代兵器制造业水平之高和环首刀质量之好、战斗力之强。

值得一提的是，汉军武器，尤其是刀的精良，离不开汉代冶铁业的大发展。据《汉书·地理志》，汉武帝时期，国家曾设立铁官（官营冶铁管理机构）四十八处，《后汉书·郡国志》又记载东汉时期新设立了八处铁官。这一时期，冶铁业不但规模庞大，而且受益于坩埚炼铁法等新式炼铁技术的产生与水排（水力鼓风机）等新设备的发明，铁器质量直线上升，汉代铁器成为与丝绸、玉器等特产并列的丝绸之路中国主要出口产品之一，甚至得到了贵霜帝国、波斯帝国等西方帝国的青睐，采购汉产钢铁铸造兵器的波斯帝国，甚至还曾得意地向死对头罗马帝国挑衅，扬言要用中国的钢铁教训罗马军队。

至于前文说到的长兵器，有一些改造后也可以作为短兵器用。如铤就是一种短矛。另外，据《三国志·典韦传》，曹操麾下的猛将典韦，好用双戟和长刀，军中还流传着"帐下壮士有典君，提一双戟八十斤"的歌谣，而《三国志·吴主传》和《太平御览·兵部》引《吴书》证实同一时期的孙权和甘宁也使用双戟。

除此之外，汉代的匕首作为一种武器也在战场上出现过，有可能和现代的用法一样，是两汉军人的贴身近防兵器。贾谊在《治安策》中说的"匕首已陷其匈矣"只能证明匕首作为一种武器的广泛性，《汉书·李陵传》载汉军士兵"持尺刀"，这种尺刀就可以理解为一种匕首。王莽在败亡前也曾持"虞帝匕首"自卫，只不过该匕首并非军用武器罢了。

最后是一种防御性的短兵器——盾牌。鸿门宴上，樊哙闯入宴会掩护刘邦时，所持的武器就是剑和盾。《汉旧仪》中提到，"持盾披甲"是士兵的标配之一；《太平御览·兵部》引《吴书》讲了一个小故事，凌统怨恨甘宁杀了他的父亲凌操，于是想在吕蒙家中的宴会上借舞刀杀了甘宁，甘宁舞戟回击，吕蒙则起身"操刀持盾"把两人分开；《资治通鉴·汉纪·汉纪十三》中记载，李陵被匈奴包围后，令士兵"前行持戟、盾，后行持弓、弩"。这些记载说明，无论是一般士兵还是将领，都有必要且的确使用过盾这种防御性武器，而且盾在汉军战术中还有相当重要的地位。

鸿门宴中，樊哙入帐时曾被项羽的卫士阻拦，但樊哙"侧其盾以撞，卫士仆地"，这和一般认知一样——盾也可以以撞击的方式攻击。

另外，在实战中，盾还有隐蔽的作用。据《太平御览·兵部》引《英雄记》，袁绍与公孙瓒交战时，曾派麴义领八百士兵为先锋迎战。麴义利用公孙瓒轻敌情绪，把士兵隐蔽在盾牌下，待公孙瓒的骑兵进入包围圈后用袁绍配备给他的一千张弩齐射，大败公孙瓒。

最后谈谈弓和弩两种中远程攻击武器。汉弓有铜饰，有玉饰，名称杂多，形制和先秦时期变化不大，不过技术上更为先进，具体表现为复合弓为主流，单体弓为辅助兵器。汉弓所用箭簇初为铜簇，武帝时逐渐改用铁簇，铜簇未退出使用但使用量大大降低，这实际上是铁兵器在汉代逐渐取代铜兵器的大背景下在箭簇发展史上的表现。在秦始皇兵马俑中出土的箭簇绝大多数为铜制，其中又以三棱状铜镞为主，铁镞仅占极少的一点点。但在于汉武帝年间去世的中山靖王刘胜的墓中，铁箭镞多达371枚，铜镞仅不到百枚，而在汉初汝阴侯夏侯灶墓中，铁镞有26件，铜镞仅仅9件。

《吴越春秋·勾践阴谋外传》曰"弩生于弓"。弩是春秋时期诸侯交战时，因不能用弓箭克制对方才发明出来的一种在弓的基础上改良的远程兵器。汉弩多为铜弩，使用范围广，在四川、山东、安徽和朝鲜均有出土。如据《汉书·李陵传》，李陵曾"发连弩射单于"；《太平御览·兵部》引华峤撰《汉后书》则记载"陈愍王宠射，善弩。其秘法以天覆地载，参连为奇"。李陵和陈愍王用的这种弩，就是起源于战国时期的连弩，其特点是可连发数箭，具有较高的持续攻击能力。1993年出土于江苏省连云港市东海县温泉镇尹湾汉墓的《武库永始四年兵车器集簿》中还记载了"连弩车""武刚强弩车"等可移动弩机。

前文提到，汉代一些军舰上开有"弩窗矛穴"，也就是说水军甚至还可以在水面上使用弩和矛。换言之，上文对汉军主要兵器的划分，水军以战舰为主，陆军以单兵武器为主，但实际上大多数轻兵器其实是水陆通用的，如弩、矛、弓等。

这一节介绍的所有兵器——各式战舰、戟、矛、戈、斧钺、刀、剑、盾、弓、弩，是笔者选取的两汉时期官军装备的一些主要兵器。总的来说，两汉军队的兵器种类比前朝更为丰富，一些兵器的材质、性能也更优良。这其中固然有时代进步、生产力解放的因素，但两汉频繁征战，尤其是面对匈奴这一百年强敌，也是促使汉军兵器发展的一大外因。在这些内外因素共同作用下，跨越四百年的汉王朝为我们后人留下了极为丰富的兵器史、军事史资料，留下了一份宝贵的物质和精神财富。

第四节

皇帝被包围，汉朝人用骑兵雪耻

汉朝建立之后，即便是在汉武帝之前国家休养生息的几十年当中，汉代一直在加强骑兵部队的建设。史书中对于西汉初年汉军骑兵的整体规模缺少比较准确的记载，但是结合当时的国家经济状况和白登之围前后的历史来看，汉军骑兵规模应该不大。

据《战国策》的《楚策一》《赵策二》《魏策一》《韩策一》《燕策一》等篇章记载，战国时期，东方六国的骑兵数量在数千至一万人上下不等。具体而言，魏国有骑兵五千，燕国有六千，赵国、韩国和楚国均为万人，齐国没有特别突出于其他各国的骑兵需求，因此齐军骑兵的数量很有可能也在这个区间以内，上不过万人，下也有数千。根据《战国策》的记载（部分内容得到《史记》的印证）来看，去汉不远的战国时期各诸侯国的军队仍然以步兵为主力，骑兵规模相对较小。

汉朝建立后，社会破败，经济凋敝。据《汉书·食货志》，皇帝的马车找不到四匹颜色相同的马，一部分王侯将相甚至不得不乘牛车出行。这种极端缺马的困境和秦朝灭亡以来持续数年的战乱有关，而由此也可以推测，当时的汉王朝应该无力承担大规模骑兵建设的资源和资源成本，所以汉军也是比较缺马的。

当然，光是皇帝和将相缺马，只能间接判断汉军也缺马。汉朝军队到底缺不缺马，还需要一些更直接的证据，现在我们再来看楚汉战争和西汉初年汉军战史。

公元前204年，韩信和张耳率军攻打赵国的井陉，与赵王歇、

成安君陈馀交战。据《史记·淮阴侯列传》，汉军此次出动数万人马，并派出两千骑兵用于奇袭赵军；赵国则集中二十万大军在井陉布防。从战役过程来看，韩信的战术是以主力背水拒敌，引诱赵军出击，骑兵再迅速攻占赵军后方阵地。

汉军背水列阵时曾遭到赵军嘲笑，而赵军丝毫没有对汉军的兵种构成有所怀疑。从赵军的反应来看，此时存在两种可能性，一是背水汉军仍然有一部分是骑兵，不是异常的纯步兵方阵，二是由于此时战场的主力仍然是步兵，所以赵军不会对汉军阵中几乎没有骑兵而产生怀疑。如果是后一种可能，那就说明，那两千充当奇兵的骑兵，是汉军的所有骑兵或至少是大部分骑兵——数万大军，居然只有区区两千骑兵，这个比例足以说明汉军的确缺马。

不过，没有史料明确表明这两千人是汉军所有骑兵，这一结论只是我们根据赵军反应的推测而已，单用它来表明汉军缺马，显然还不够严谨。

更何况，如果背水列阵的汉军不是纯步兵方阵，而是杂有部分骑兵，那尽管从"奇兵"的角度看汉军应该多部署一些骑兵用于奇袭，但数万汉军究竟有多少骑兵实际上就不得而知了。

所以我们再来看另外两场战役。据《史记·高祖本纪》，公元前203年，汉高祖刘邦派卢绾和哥哥刘贾率兵两万进攻项羽，其中只有数百骑兵；又据《史记·匈奴列传》，公元前200年，刘邦御驾亲征，率军北上征讨匈奴，并平定韩王信的叛乱。此战汉军共计三十二万人，"多步兵"，后来刘邦在白登山被冒顿单于包围，匈奴出动了"精兵四十万骑"，骑兵数量甚至超过了汉军总数。不仅如此，为了炫耀武力，冒顿在匈奴骑兵阵列西部摆满白马骑兵，东部骑兵则皆骑青骃马，北部骑兵皆骑乌骊马，南部骑兵则皆骑骍马。整支军队威风凛凛，气势逼人。

古人记载数字，有时候的确会夸大，但即便上述数字有所夸大，也可以印证以下三点：首先，步兵是早期汉军的绝对主力；其次，汉军骑兵规模较小，数量上远不如匈奴骑兵；最后，之所以没有庞大的骑兵部队，最主要的原因就是缺马，不像匈奴那样仅用相同毛色的马就可以摆成偌大一个军阵。和皇帝将相缺马的记载相对照，不难得出西汉初年汉军缺马、缺骑兵的结论。

或许有读者会疑惑，既然汉军缺马，为什么在项羽从垓下突围，刘邦令灌婴率军追击时，一口气出动了五千骑兵呢？

这一点不难解释。据《史记·灌婴列传》，刘邦在彭城之战中被项羽打得丢盔弃甲，一路逃到荥阳，后来项羽又率骑兵追来，于是刘邦"择军中可为骑将者"，统率骑兵迎击。换句话说，这支大规模的专门的骑兵部队，是刘邦在彭城之战战败后，痛定思痛，特别组建的，其统帅就是"善骑者"灌婴。这支部队虽然以骑兵为主力，但不具有普遍性。而且即便是看绝对数量，五千骑兵恐怕也不及白登之围中匈奴骑兵的零头，和数十万步兵比起来更是显得太少，和汉军缺马的结论并不矛盾。

白登之围后，汉军骑兵的规模在不断壮大。据《汉书·匈奴传》，公元前177年，文帝派丞相灌婴率"边吏车骑"八万五千人进攻匈奴右贤王。这支远征军虽然包含战车和文职吏员，但骑兵数量肯定也不止千人，而且他们都是边境驻军，说明这支大部队还不包括内地军队；又据《汉书·文帝纪》，公元前166年，文帝任命郎中令张武为车骑将军，率领十万骑兵驻扎在渭水北岸。

另外，《汉书·匈奴传》还记载，文帝时"赫然发愤"，"亲鞍御马""驰射上林""讲习战阵"，所训练的虽然不止是骑兵科目，但也说明了文帝对包括骑兵建设在内的国防建设的重视。按照《汉书·匈奴传》的解释，汉文帝发愤图强的原因在于汉不但要承受和亲的屈辱，拿了好处的匈奴还时不时违反和约，侵犯边境。其实，

翻开史书，白登之围解后，我们会发现，汉匈之间虽无大规模战事，但边境冲突仍然存在。笔者这里随手摘取史书上的几段记载：

匈奴寇狄道，攻阿阳……匈奴寇狄道，略二千余人。——《汉书·高后纪》

匈奴入居北地、河南为寇……匈奴寇边，杀北地都尉卬。——《汉书·文帝纪》

匈奴入燕……匈奴入雁门，至武泉，入上郡，取苑马。吏卒战死者二千人……匈奴入雁门，太守冯敬与战死。——《汉书·景帝纪》

史书描述战争时所用的"入""寇"一类字眼，可以翻译为"进攻"或"入侵"。在白登之围之后、汉武帝登基之前，汉匈数次爆发边境冲突，其中还有都尉、太守一类的地方高级文武官员战死，这就是《汉书·匈奴传》所说的"匈奴寇盗不为衰止"。

在现实所迫这一确切的因素之外，汉文帝重视国防，尤其是保持对骑兵的投资，和秦末以来祖辈的战场经验或许也不无关系。我们知道，刘邦最晚在彭城之战后就开始重视骑兵，曾统率汉军精骑与项羽交战的骑兵名将灌婴就一直活到汉文帝四年才去世，其间经历了倒戈拥立文帝、出击匈奴等事件，文帝在位时尚未凋零的高祖一代的功臣，就很有可能会对文帝的国防政策产生影响。

另外，虽然西汉第一代军功功臣灌婴对文帝是否产生了影响不得而知，但确实有其他大臣提到过骑兵建设。如据《汉书·贾谊传》和《汉书·晁错传》，贾谊、晁错都向汉文帝提出了以夷制夷的骑兵建设方针。只不过贾谊的建议是设置属国，利用投降归附的匈奴骑兵对抗匈奴骑兵，晁错则提出以义渠等骑术与匈奴不相上下的民族向汉廷提供骑兵，作为一线作战部队来对抗匈奴。而且晁错基于对以战车和步兵配合胡人骑兵作战必要性的认识，提出了马复令，鼓励百姓养马，以准备打造骑兵部队的首要物质基础——战马。

显然，相较而言，晁错的建议比贾谊的建议更具有可行性。一方面，义渠在秦国持续百年的军事打击下已然走向没落，其众归附汉廷也是既定事实，控制、使用起来更为方便，而匈奴正处于极盛期，汉是相对弱势的一方，虽然也有归降的匈奴人，但要招降或俘虏足够的匈奴人难度很大，更不可能单纯依靠匈奴这一个民族（实际上汉军中的少数民族军人不只来自匈奴，还有义渠、百越等部）；另一方面晁错的建议更详细，还专门指出了车、骑、步协同作战，发挥不同兵种、不同民族的优势，更具有实际参考价值。

汉景帝即位后，继续加强骑兵建设，尤其是重视马匹的畜养工作。景帝养马的场所有两处，一是边境各处马场，二是皇家林苑，负责养马的官吏和奴婢多达数万人。据《艺文类聚·职官部》引《汉仪注》，景帝在帝国北方的养马场内，一共养了三十万匹马。这些马必然会占据大量的财政开支，不过对历经数代休养生息，因而国力雄厚、几无战事的汉王朝来说，这笔钱至少在一定时期内还是可以承担的。

所以说，汉武帝之前，汉军骑兵由少到多，由弱变强，是一个持续的过程，是汉高祖、汉文帝、汉景帝、灌婴、贾谊、晁错等人接力式奋发的结果，每一代人都以不同的方式致力于建设那支在未来打遍大漠的强悍骑兵。这就是文帝在位时期，汉军可以动辄出动万人级别的骑兵部队，而不需要动用内地大部队的原因。从这次出征也能看出来，较高祖时期，此时汉军的军备水平已经大大提高了。

汉武帝即位，标志着汉开始在汉匈关系中寻求主动，尤其是要以多年发展的军事力量打击兵骄将傲的匈奴，一雪前耻。

和汉高祖时期"多步兵"的尴尬不同，这个时候的汉军，已经拥有一支数量和质量都堪称上乘的骑兵部队。不仅如此，武帝后

来还组建了越骑、胡骑等精锐禁卫骑兵。就具体战例而言，汉武帝时期的汉军可以以较高的频率，出动千骑至数万骑的骑兵，而骑兵规模的扩大大大提高了汉军的机动性，使汉军有了主动出击、深入大漠的能力。

例如，据《资治通鉴·汉纪·汉纪十四》，公元前96年，汉武帝发七科进攻匈奴，贰师将军李广利率六万骑兵、七万步兵出朔方，强弩都尉路博德率一万余人（兵种未知，应该都是步兵）与李广利会师，游击将军韩说率三万步兵出五原，因杅将军公孙敖率一万骑兵、三万步兵出雁门。路博德麾下的部队数量不明，史书记载为"万余"，具体兵力这里我们粗略统计为一万五千人，那么三路汉军合计二十一万五千人，其中骑兵七万、步兵十四万五千，骑兵人数高达总兵力的三分之一；又据《汉书·霍去病传》和《史记·匈奴列传》，在对匈作战中，霍去病、张骞、李广等将领麾下骑兵动辄数千或数万，有时候甚至只率骑兵出征（因为骑兵机动性强，有利于长途奔袭）。

武帝时期汉军骑兵的战斗力不容小觑，汉骑即便是面对游牧民族匈奴的骑兵也不落下风。《汉书·霍去病传》中关于汉匈两军在公元前121年的大战可以让我们一窥汉骑战斗力：公元前121年春天，骠骑将军霍去病率一万多名骑兵出陇西进攻匈奴，斩首八千九百六十人，杀匈奴折兰王、卢侯王二王，俘虏浑邪王子和相国、都尉，俘获休屠王祭天金人。同年夏，霍去病又和合骑侯公孙敖率领数万骑兵再次出击，斩首匈奴三万余人，尽管另一条战线上由李广和博望侯张骞率领的一万四千名骑兵遭遇败绩，但表现也颇有亮点。

当时，匈奴左贤王率领数万骑兵包围了李广率领的四千名前锋骑兵，双方激战两天，匈奴也没能消灭李广这股孤军。而汉军虽然损失过半，却打出了近乎一比一的伤亡比，一直坚持到张骞的援军到达。

汉朝韬光养晦数十年培养出来的骑兵，其价值在汉匈战争中得到了充分体现。从数量上看，由于汉军在数次战争中可以接连出动万人规模的骑兵，有时候会有较大的伤亡（比如霍去病在公元前121年春的战役中损失了十分之七的骑兵，也就是说伤亡人数超过七千人，李广在同年夏天又损失了两千人，因此这一年汉军骑兵伤亡人数至少在一万人左右），所以无论是骑兵总数，还是仅仅是边境骑兵总数，规模都是非常可观的。从战斗力上说，李广的四千骑兵力敌匈奴数万骑兵，还能坚持两天而不溃败，其战斗力、组织力和官兵心理素质可见一斑。

而且我们要知道，和之前相比，汉武帝的战马来源渠道更加广泛，因为他可以靠战场俘获和外国进贡获得大量马匹。例如，据《史记·大宛列传》和《汉书·西域传》，公元前104年，贰师将军李广利征讨大宛，至次年无功而还，武帝一怒之下禁止李广利的军队退入玉门关。公元前102年，在武帝的坚持下，李广利再次率军出征，大败大宛军队，包围大宛都城贵山，围困四十多天后，大宛贵族杀死国王毋寡向汉军谢罪，请求停战。于是汉军决定停止进攻，立亲汉贵族昧蔡为王，大宛则允许汉军任意挑选良马。据记载，汉军这次一共选走了良马数十匹，中等以下公马母马三千多匹，且要求大宛以后每年都要向汉进贡两匹天马。需要注意的是，这几千匹马，有可能是一部分交给皇帝和政府部门使用，一部分装备军队，但更有可能是用来饲养或育种——毕竟这可以改善马种，是最长远的方案，而为了提高马种改良效果，汉武帝还派人引入马爱吃的苜蓿，改善马食用的草料。

至此，汉朝军队彻底完成了从步兵为主到兵种平衡，尤其是有充足骑兵的转变。不过，据《汉书·西域传》，汉武帝末年，由于常年征战，马匹损失严重，财政压力巨大，所以不得不"禁苛暴，止擅赋（这些'擅赋'中相当一部分就是为了养骑兵），力农本，修马复令（说明又缺马了），以补缺，毋乏武备而已。郡国二千石各上进畜马方略补边状（再次强调国家缺马），与计对"。

前面提过，贾谊、晁错曾有使用匈奴、义渠等少数民族骑兵的设想，这个设想因为汉在汉匈关系中的弱势而不太现实。那么，现在汉变强大了，这种设想有没有可能实现？

答案是：有，而且的确实现了。

东汉建立后，国家百废待兴，光武帝罢免了大量马场，于是汉廷附属民族的骑兵开始作为骑兵主力出现在汉军当中。例如，据《后汉书·窦宪列传》，公元89年，窦宪率军进攻北匈奴，南匈奴出动三万余名骑兵助战；又据《后汉书·乌桓鲜卑列传》，公元126年，鲜卑入侵代郡，代郡太守李超战死，汉遂于第二年以一万多名南匈奴步骑兵击破鲜卑。

是否大量使用附属民族的骑兵是东汉和西汉在骑兵来源上的主要差异。当然，这么做是有必要的，因为自西汉中期以来，属国骑兵力量大大增强（比如《资治通鉴·汉纪·汉纪二十三》记载张掖属国有一万名精锐骑兵），尤其是匈奴的分裂和南匈奴的归附，既为汉军提供了大量骑兵，又相对减小了汉王朝实际国防压力，使之不必保持大量骑兵和军队，这也符合东汉精简军队的国防规划。

因此，虽说汉族骑兵在东汉少了很多，但游牧民族的衰落和归附，为东汉提供了足够多和足够强的骑兵，再也不会有汉高祖军中尽是步兵，对着敌军骑兵望洋兴叹的尴尬局面了。

第五节

汉朝管理军队钱袋子有办法

在聊汉代军事财政管理体系之前，我们首先应该明确对各支出项目进行归类。一般情况下，军事财政的支出有两种划分方法：一种是按时间划分，一种是按用途划分。

时间划分法可分为和平时期和战争时期两个时间段，或以战争之外的某个乃至多个标志性事件（如皇帝登基或驾崩、皇太后开始或结束摄政、两国签署某一协定等）划分为前中后期。这种方法相较而言简单粗暴，缺陷也比较明显，而且不同时间段之间支出界限模糊。例如，军功支出是一项比较明确的战时支出，但国防工程支出却不分战时与和平时期：和平时期需要建造城墙、烽火台、兵营、马厩等设施，战时一线部队可能也会有加固城墙、修建要塞、搭建拒马和哨塔的行动，因此国防工程支出一类的花费战时支出与和平时期支出界限不明显，不能很好地体现并区分不同时期的军事财政收支。

另一种方法是按用途划分。按用途划分的好处是囊括了所有时期可能的支出，而且各支出项目的花费界限比时间划分法更加明晰，出现重复计算的可能性较小。

所以，本节就采取用途划分法作为财政支出项目归类方法。按照这种方法，汉代军事财政可以划分为武器装备、国防工程、日常养兵、后勤运输、军功赏赐、归降赏赐和抚恤善后等七个方面。

武器装备既包括刀枪剑弩，也包括骑兵的战马，这些总共分为生产费用、保养费用和战马饲养费用。汉代武器种类繁多，据汉末

刘熙所著《释名·释兵》，汉代仅矛的分类就包括猇、仇矛、夷矛、殳矛、九尺矛等数种不同类型，加上汉军尤其是西汉军队规模庞大，因此生产保养费用是一笔巨大开支。以《汉书·韩延寿传》为例，韩延寿担任东郡太守时，治饰车辆甲士的费用就超过三百万钱，而制作与保管器物的三工官一年耗费高达五千万。

国防工程包括拒马、哨塔、城墙、马厩等具有军事性质的工程建设，而日常养兵主要是指官兵俸禄和衣食。除去私带衣食的特例，汉代军队中的大多数官兵都要仰仗官府供给衣食，这对官府财政而言是一个不小的压力。例如，根据居延出土汉简记载，西汉时一个士兵一年的衣物开支约为1700钱，食物开支则为2214钱，也就是说，西汉和平时期养一个士兵一年花费约4000钱。

而两汉时期，尤其是汉武帝时期，汉军真正意义上做到了四方征战：北方和西北方进击匈奴，兵指西域，东方征讨卫氏朝鲜，向南和东南方向先后吞并东瓯、闽越和南越，西南方向则与被汉朝统称为"西南夷"的各少数民族时战时和。战争中，汉军动辄出动数万乃至数十万大军（当然，其中必然有夸大的地方，也有后勤等非战斗人员），笔者试摘录几例：

汉使四将军各万骑击胡关市下。——《史记·匈奴列传》

令罪人及江淮以南楼船十万师往讨之。——《史记·南越列传》

贰师将军李广利将三万骑击匈奴右贤王于祁连天山。——《史记·李将军列传》

其明年春，汉遣卫青将六将军十余万人出朔方高阙。——《汉书·匈奴传》

其后，卫青岁以数万骑出击匈奴，遂取河南地，筑朔方。——《汉书·食货志》

当然，汉军历次出征人数，史书难免夸大，且数万大军也并非都是战斗人员。但结合汉朝人口、国土和国防压力来看，动辄数万人马还是比较合理的。而不论军功、抚恤等费用，武装这么多的士兵，按一人一年4000钱衣食费计算（即便是从罪人、商贾等群体中临时征召的士兵，战时衣食花费也必不可少），就是一个天文数字，更不要说中高级军官的衣食费肯定是要高于普通士兵的衣食费的。

后勤运输，指将衣食、武器等运送到所需要的地方。由于兵员数量多、路途遥远，因此这项开支也不是一笔小钱，而且无论和平时期还是战时均需要维持。

汉代和秦代一样奖励军功，而且军功开支相当庞大。例如，据《史记·平准书》，公元前123年，卫青率军出击匈奴，斩首一万九千人，武帝一口气赏赐了有功者二十余万斤黄金。不过，军功赏赐有可能会出现贪功冒领的现象。如据《汉书·车千秋传》，虎牙将军、富民侯田顺攻打匈奴时因私自增加俘虏人数冒功而获罪自杀，封国被除；另据《史记·张释之冯唐列传》，冯唐在为魏尚鸣不平时说，云中太守魏尚曾在击退入侵的匈奴后报告杀伤敌军数字时仅仅多报了六颗人头就被削职查办（所以有了苏轼在《江城子·密州出猎》中"何日遣冯唐"的感慨）。这种谎报军功的行为无疑加重了朝廷军费负担。

归降赏赐主要是针对归顺依附的少数民族。如据《后汉书·南匈奴列传》，公元49年，汉光武帝一次性赏给归降汉廷的南匈奴二万五千斛粮食和三万六千头牛羊，各项赏赐"动辄亿万"。对此，汉和帝年间的司徒袁安就曾说：

> 且汉故事（指东汉初年光武帝等皇帝赏赐归降势力的历史），供给南单于费直岁一亿九十余万，西域岁七千四百八十万。

从军事战略角度看，汉王朝这种行为一方面起到了以和平手段分化瓦解敌人的作用，另一方面也可以看作是在建立类雇佣兵和藩属国的外藩，用以靖边和助战，因此也应当视为军事费用。

抚恤善后花费则主要是用来补偿阵亡将士家属的。这笔钱是比较明显的战时开支，而且也是汉国家财政的沉重负担。

最后，据朱德贵在《汉代商业和财政经济论稿》中的统计，汉代一场战争最多会耗资数百亿，最低也有十余亿钱。如据《太平御览·治道部》引东汉桓谭所著《新论》，正值孝宣中兴之时的汉宣帝时期，全国一年总收入（赋税收入和少府收入总和）仅为120多亿。可见，一些规模较大、历时较久的战争，财政损耗甚至有可能超过全国一年以上的财政收入。军费支出给国家带来的压力还是很大的。

另外还需要注意以军费为名的其他款项。据《后汉书·宦者列传》，汉灵帝年间，"刺史、二千石及茂才孝廉迁除"，都要缴纳一笔名为"助军修宫钱"的款项。名义上这笔钱的用途是"助军"和"修宫"，但实际上，缴纳这笔钱的人需要"先至西园谐价"，也就是说助军修宫钱实际上是纳入灵帝的私人金库——西园。至于到底用来助军、修宫还是用作其他，就不是"助军修宫"几个字可以简单说明的了。

庞大的军费开支，必然需要一套严密的制度加以实施和监督。汉代财政部门的最高长官叫大司农，据《汉书·食货志》，汉军出征费用皆仰仗大司农调拨，地方郡县有时也会承担一部分。在中央，大司农有大司农中丞（大司农丞）、部丞等属官协助工作，地方上还有均输令、平准令等财政系统官员负责地方财政事务。这些人共同组成了汉代从中央到地方的财政机构，其职责就包括对军费支出的管理。

同时，先秦时期有一种具有临时军事财政管理部门性质的战时机构称作幕府（也有写作"莫府"的，此即日本历史上"幕府"一词的由来）。幕府是军队主将的官署，由主将及其幕僚组成，由于"市租皆输入幕府"，因此它也有战时军费临时管理机构的职能。而据《史记·廉颇蔺相如列传》，最晚战国时期已经有幕府这一部门。《史记·李将军列传》中的"大将军使长史急责广之幕府对簿"、《史记·冯唐列传》中"上功莫府"、《汉书·杜周传》中"征诣大将军莫府"等记载表明，汉代沿用了这一制度。作为一线军事指挥部门，行军之必需的军事财政由其管理也在意料之中，合情合理。

除行政管理部门外，汉代还建立了专门的财政监督制度。最重要的一种当属上计制度，即由县或郡将本辖区的行政、财政、治安等信息整理上报给郡或中央。其中，财政信息就包括财政收入、人口、物价等经济数据。

除了上计之外，汉代还有一套继承、发展自秦朝的会计制度。据居延汉简，汉代有专门的财务账簿，详细记录包括收入、支出、官兵还债等经济行为。朝廷最后还会设置专员专门核查财务或临时派人进行检查，类似于今天的"审计"。

这些措施在当时发挥着监督财政状况的作用，为减少国家财产浪费和皇帝、大司农等人调拨足额军费提供了保障。同时，统治者通过严刑峻法来严惩盗用军费等犯罪行为。如据《汉书·公孙贺传》，皇后卫子夫的侄子、丞相公孙贺之子公孙敬声因盗用保卫长安的卫戍部队北军的军费而被捕入狱；又据《史记·建元以来侯者年表》，上谷郡守、众利侯郝贤也曾因贪污戍卒财务而被削爵免职。

汉代虽然有管理、使用、审核、立法等方面较为完备的军事财政制度，但军费入不敷出的情况并不少见。这一方面是由于军费开支本身就很庞大，另一方面则是因为战争频繁，相较于日常开支的额外战时支出猛增。尤其是在汉武帝即位后，汉朝的对外政策扩

张性剧增。汉军对宿敌匈奴的大规模反攻，动辄出动数万甚至数十万大军，同时，汉还在四面八方对南越、东越、闽越、卫氏朝鲜、西南夷等地方政权和民族用兵，兵锋一度进入今天的朝鲜半岛北部和越南北部。

所以，在一场场大规模战争面前，国家财政常常不堪重负。如据《汉书·汲郑传》所言：

> 夫匈奴攻当路塞，绝和亲，中国兴兵诛之，死伤者不可胜计，而费以巨万百数。

另如：

> 臣窃以往者羌军言之，暴师曾未一年，兵出不逾千里，费四十余万万；大司农财尽，乃以少府禁钱续之。夫一隅为不善，费尚如此，况于劳师远攻，亡士毋功乎！——《汉书·贾捐之传》

> 其明年，骠骑仍再出击胡，获首四万。其秋，浑邪王率数万之众来降，于是汉发车二万乘迎之。既至，受赏，赐及有功之士。是岁费凡百余巨万。——《史记·平准书》

对此，汉代皇帝主要实行了三个开源措施：

将部分皇室收入转归到大司农手下，作为国家收入。据史书记载，汉武帝、汉宣帝都曾将部分皇室财产或皇室税务征收对象划归国库或国家财政部门。《史记·平准书》载汉武帝时把盐铁税收从少府划归大司农，而《汉书·宣帝纪》和《汉书·贾捐之传》则记载武帝的曾孙宣帝不但用皇室收入为昭帝建陵墓（本来这笔钱应由国库出），还出钱帮助大司农缓解军费压力，用以征讨叛乱羌人。

这里补充说明一句，大司农只是国家财政部门负责人，皇室收入归少府、水衡都尉等官员管理。

卖官鬻爵。如据《后汉书·灵帝纪》和《后汉书·宦者列传》，想要当官的人和想要升迁调动的官员，均需缴纳一笔"助军修宫钱"。只不过如前文所说，这种做法或许不仅仅是为了筹措军费。

从平民（尤其是商人）和王侯手里归拢财富。具体方法有三个：一是课税，二是借贷，三是直接夺取财产。

前两个课税、借贷好理解，第三个夺财是怎么回事？派军队抢钱吗？

所谓"夺财"，当然不是用军队明目张胆地抢钱，而是制定一系列政策打击商人、勒索王侯。

据《史记·平准书》，汉初，汉高祖刘邦曾颁布过不允许商人穿丝绸、坐车的法令，而且还要实施课重税的抑商政策。不过后来社会经济逐渐恢复，国家对商人的打击力度也有所减轻。但到了汉武帝时期，国家战事频繁，国库压力骤增，商人不但不愿意轻易借钱给国家用兵，还千方百计隐瞒财产或发国难财，武帝于是先后制定征收财产税的算缗令和告发隐瞒财产商人的告缗令，从中增加税收、没收违法隐瞒财产商人一半财产（另一半奖给举报人），从中补充军费。

另一方面，武帝要求王侯贡赋必须放在白鹿皮（皮币）上上交，"然后得行"。但白鹿皮只有皇家林苑有，因此武帝又借此机会狠狠敲诈了王侯们一笔。成为皇帝从王公贵族手中夺财的经典案例。

综合汉代军事财政政策，可以看出当时军事财政始终受到国家经济和政治大背景的影响。

幕府虽然有军费管理职能，但军费大头仍然在大司农手上，而大司农是全国各项财政（除皇室财政）最高长官，因此军事财政始终依附于国家财政，无论是征收、管理还是监督环节，几乎没有专门负责军事财政的中高级官员。

汉武帝时推动的抑制商人、打击王侯的政策，虽然也有缓解军费紧张的作用，但这既不是武帝唯一目的，也不是这些政策的唯一作用。这一系列政策对汉代政治生态和社会环境而言，还有集权中央、推动农业发展、遏制经商风气等积极意义。

汉朝的趣味经济学

经济是什么？说得高深一点，经济基础决定上层建筑，它既是经济形式，也是经济结构；说得通俗一点，经济就是钱，就是财富，就是怎么生产财富、分配财富、利用财富的学问，核心离不开一个或抽象或具象的"钱"字。

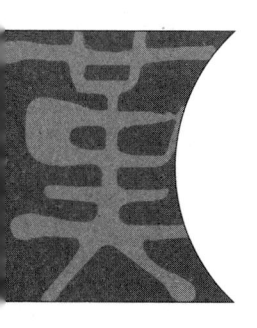

与政治制度的变迁和军事技术的革命不同，本节所呈现的，是汉王朝经济视域下的另一面。

第一节

汉朝的经济"民主"——是谁选择了重农抑商？

就总体情况而言，在以农业为基本经济形式的古代中国，商人的社会地位和法律地位大多数时候都低于农民。正是由于二者在政策上的差别性待遇，才产生了"重农抑商"这个词。站在古人角度看，知识分子们给统治者罗列了相当多重农抑商的理由，比如务农使农民更方便管理，更安定省心：

民农则朴，朴则易用，易用则边境安，主位尊。——《吕氏春秋·上农》

再比如务农可以防止农民贫困，进而防止他们变得奸邪云云：

民贫，则奸邪生。贫生于不足，不足生于不农，不农则不地著，不地著则离乡轻家，民如鸟兽。——晁错《论贵粟疏》

无论是出于什么原因，重农抑商在相当长的一段时间内占据上层社会舆论主流，历朝历代的统治者不论是考虑到一般因素还是眼前的某些急切原因，也倾向于重农抑商。就汉代来看，据《史记·平准书》，西汉建立之初，汉高祖就下令禁止商人穿丝绸衣服，禁止商人乘车，并对其课以重税。汉惠帝和吕后虽然"复弛商贾之律"，但却仍然不许商人子孙担任官吏。

这一时期对商人严厉打击，主要是因为在天下经历数年战乱之后，为了促进恢复农业生产，遏制商人势力的坐大，防止商人利用"民失作而大饥馑"的局面套取社会财富（更重要的是的确有投机商人这么做了），或许可以理解。但那之后商人的财力和实际地位虽有提高，但一方面缺少法律、制度的保障，另一方面朝廷大臣也极力阻止社会弃农经商的趋势，强调帝国在价值观和政策上重农的必要性。

据《汉书·食货志》，汉文帝时，贾谊、晁错先后上书请求重视农民生计，呼吁国家促进农业生产；又据《史记·大宛列传》，公元前102年，汉武帝发"七科"组成远征军，出击大宛。所谓"七科"，就是指七种有罪或社会地位低下的人，其中就包括名列第四的商人、第五的有市籍者、第六的父母有市籍者和第七的爷爷奶奶有市籍者，这里面的"市籍"就是指商人户籍。换言之，总共七科，有四科指向的都是商人。

东汉建立后，国家延续了盐铁官营政策，实际上就是同商人争利。从社会思想上看，西汉的贾谊、晁错，东汉的桓谭（曾建议光武帝抑商，因为他认为重农抑商是"强国之道"）、王烈（公孙度想让王烈做官，做他的长史，但王烈经商"自秽"，拒绝做官），都表明了社会上层和下层普遍存在轻商乃至抑商思想。

可以这么认为，重农抑商是价值观上的"政治正确"，从封建王朝的统治根基来看也的确有一定的必要性。但是，纯粹的重农抑商，或者说希望通过重农抑商的思想或政策抑制商业的发展，即便能取得一时的成功，长久来看也极有可能走向失败。

我们先来看汉代商人的身份构成。从经商方式讲，商人分为贩运商人和列入市籍、坐地贩卖商品的商人（也就是"行商坐贾"），这些人一般是平民出身。除平民外，地主也可能兼有商人身份，一种是非权力阶层的非身份性地主，一种是处于权力阶层占据统治地位的身份性地主，也就是地主中的平民和地主中的贵族、官僚等统治阶层。

美国心理学家罗伯特·杰维斯在《国际政治中的知觉与错误知

觉》一书中指出，在现实中的政治博弈和国际政治心理学中，存在一种名为"统一性知觉"的错误，也就是把对象的行为视为团结一致、令行禁止的，而忽略了对象内部的分歧和冲突。笔者认为，放在历史学研究中，"统一性知觉"可以解释为认为某个对象整体的利益和对象内部每一个个体的利益一致的错误。没错，商业的发展会冲击封建王朝的统治根基，最终颠覆其统治，重农抑商也是历史上一个持续时间相当长的经济政策指导思想，但这并不是说地主阶级和统治阶层内部没有重商的倾向和行为，一些人兼有商人、地主乃至王公大臣的身份也并不新鲜，意即所谓的商人—地主—官僚三位一体，这才有了我们所说的非身份性地主和身份性地主，即便有人以商人身份进入官僚系统，也不是不可能。

非身份性地主，名字流传下来的概率比身份性地主低，尤其是比那些在某一方面特别突出的地主的名字流传下来的概率低，很多非身份性地主都是作为群像出现在史书当中的。例如司马迁在《史记·货殖列传》中提到"以末（指商业）致财，用本（指农业）守之"，实力最强者财倾一郡，次者倾一县，再次倾乡里的那类商人。

身份性地主，其具体的个人信息我们就比较清楚了。比如说，汉武帝在位期间所重用的桑弘羊就属于身份性地主。桑弘羊是商人出身，《史记·平准书》和《汉书·食货志》中说他是洛阳商人的儿子，后来当上了汉昭帝的辅政大臣，一路做到了御史大夫；《汉书·杨恽传》则记载，丞相安平侯杨敞的弟弟、司马迁外孙平通侯杨恽也经商逐利。到了东汉，贵族官僚经商更加屡见不鲜，连汉灵帝刘宏、济南安王刘康（光武帝的儿子）等皇帝、诸侯王都开始经商。汉代的重农抑商政策虽然不能说完全没有效果，但至少这一思想没有得到坚持，有关政策落实得很不彻底，作用也十分不理想。

我们知道，在理想环境中，商业比农业赚钱，排除人性中的逐利性之外，到底是什么原因导致重农抑商政策出现这么多？我们知道，原始社会就已经出现了交易行为，而且因为生产的局限性和交流范围的扩大，商品交易是必然会出现的。到商朝时，因为商业繁荣，以至于后来从事相关行业的人都被冠以商朝国号，称为"商人"。因为有商业，所以才有商人，而商人要争取社会地位，那么至少必须要有创造社会财富的能力，商业就必须要繁荣。

一言以蔽之，商业繁荣，商人的地位不一定高，但商人的地位要提高，商业就必须繁荣。

商业要发展，要繁荣，就需要一个和平的大环境，这个环境才能为商人提供稳定的市场。而要使自己的产品进入市场，商人就需要完善的基础设施支持，尤其是交通。换言之，汉代具有上述三个因素：大一统带来的总体和平，大一统带来的庞大的消费市场，以及相对完善的道路交通设施。前两个不用多说，再简单提一下第三个就好。其实历史上的大帝国，无论出于什么原因，都十分重视交通道路的建设，比如说，不光是中国，在亚洲大陆另一端的波斯帝国，其境内也建立了四通八达、纵横交错的交通网。

从具体措施看，秦汉两代修建的有直道、驰道、灵渠、米仓道、"西夷西"等道路；从总的效果来看，据《史记·淮南衡山列传》，富商巨贾周游天下，有"道无不通"级别的交通基础设施保障；张衡在《西京赋》中所说的"商旅联槅，隐隐展展"则展现出了一片繁盛的市场局面，为我们侧面展示了陆上交通的发达。这是行商得以周游天下的物质基础。

其次，汉代歧视商人，不是对商人进行绝对的打压。前面我们说过，《史记·平准书》中记载，惠帝和吕后"复弛商贾之律"，放松了对商人的管制，但是仍然不许商人子孙为官，这是一种歧视。但如果我们从另一个角度来看，就会发现，这个"弛"，是相对西汉初年汉高祖"困辱"商人的做法来说的。和农民相比，这是一种歧视，但和以前的法律相比，这又是一种惠商政策，在一定程度上

放松了对商人的高压统治。

相比起西汉，东汉对商人的抑制又更轻一些。从统治阶层的角度看，这一方面表现在皇帝个人的所作所为上，例如，据《后汉书·桓谭列传》，汉光武帝刘秀即位后，大司空宋弘向光武帝引荐了桓谭，桓谭因此出任议郎给事中。后来，桓谭上书说，强国之道，就是要重农抑商，先帝们就是这么做的，现在天下商人过于强势，国家必须要"抑末利"，结果光武帝根本没采纳他的建议；另据《后汉书·孝灵帝纪》，公元181年，汉灵帝在后宫"列肆"，因此体验市肆生活。另一方面，这又表现在皇帝下发的正式诏令上，例如，据《后汉书·孝和孝殇帝纪》，公元88年，汉和帝下诏罢盐铁之禁，废除了汉武帝以来延续百年的盐铁官营政策。

另外，前面举了王烈的例子，提到即便到了东汉，人们还是把商业看作一种上不了台面的职业。但和西汉舆论界相比，东汉其实已经有了很大的进步，虽然仍然有歧视商业的思想，不过也有了更多不同的声音。王符在《潜夫论·交际》中说过一句话："富贵则人争附之，此势之常趣也；贫贱则人争去之，此理之固也"，这和苏秦当年感叹的"富贵则亲戚畏惧之，贫贱则轻易之"（司马迁《史记·苏秦列传》）有异曲同工之妙，既说明了人的逐利性，也说明东汉亦有人和传统思想"唱反调"，毫不避讳经商逐利。

东汉放松抑商政策的原因，除顺应商业发展和商人势力增强的趋势外，还在于东汉是一个由地主豪强支持而建立起来的政权，这和西汉有明显的区别。很多官僚乃至皇帝背后所代表的某地地主豪强，同时兼有商人身份，就连开国皇帝光武帝的外公樊重都是个"好货殖"之人。因此，兼有商人身份的地主豪强，其利益自然会得到国家的保护。

正像"以末致财，用本守之"那样，商人们经商赚钱后，往往会购买土地保存财富，对土地的迷信和狂热从而演变为常说的土地兼并。土地兼并的根源在于土地私有制，而自春秋战国以来，土地私有制已经成为一种大的趋势，汉代也不例外。土地私有制导致土地商品化，这种诱惑驱使人们赚钱买地，由此也刺激了商业的发展。这是一个整体趋势。

保证帝国统一、稳定的理想以及这一理想的实现，连同土地私有制、变化的思想观念、为利益集团输送利益的需要和皇帝个人爱好交织在一起，使商业的繁荣即使站在古人而非今人的立场上也显得不可避免。还有比较关键的一点，如前所说，统治阶层和统治阶级内部是存在利益分歧的，所以一些身份性地主——桑弘羊、杨恽、樊重、刘康等人——不可能严格落实抑商政策。他们也会投身到经商热潮中去，或至少与商人结成利益共同体，无形中壮大了商人势力，促进了商贸活动的繁荣，从而提高了商人的社会地位。

读者看到这里可能会有疑惑：为什么这节开头说汉代如何抑商，但后面又接着说商人社会地位的提高呢？为什么还会说国家对商人打击力度的减弱呢？

这里需要说明的是，汉代对商业的打击和对农业的重视是客观存在的历史事实，商人社会地位的提高和国家对商人打击力度的减弱也是事实，彼此之间并不矛盾。

首先，打击力度是有阶段性的，总体而言西汉的力度大于东汉，东汉的抑商力度减轻了很多，但这并不是说东汉不存在对商人的打击和轻视。比如，东汉建立后，始于汉武帝时期的盐铁官营制度仍然延续了60多年，直到公元88年才被废除；再如前面多次提到的王烈，他以经商"自秽"的方式拒绝为官后，"乃免"，的确就没有当官了，在那些邀请他做官或关注此事的舆论的人看来，经商的确"秽"，更准确地说，商人仍然受到歧视，商人身份仍然于仕途有碍；最后，社会舆论对商人的轻蔑仍然存在。如据《后汉书·崔寔列传》，崔寔父亲死后，崔寔为他举办葬礼花光了钱（汉

代流行厚葬），于是转去经商，结果却是"时人多以此讥之"。所以，打击力度变小了，但这种贬低、歧视、遏制仍然存在，或者反过来说，虽然存在歧视，但如前所述，国家对商人的打击力度在后来是不断减弱了的。

第二，商人地位的提高，是相对提高，这种提高体现在商人之间的对比和不同历史时期的对比。终汉之世，至少在官方意识形态中，意即至少在表面上，商人从来没有获得真正意义上的平等地位。汉朝至清朝横跨两千多年的历史，重农抑商在大多数时候居于主流地位。

商业的产生具有必然性，绝不会因为国家机器的打击而走向灭亡。但转变立场想一想，作为古代统治者，作为一个皇帝，即便我们认识到"抑商不现实"，难道就真的会放弃打击商人吗？

第二节

人在西汉，怎么交税

西汉的赋税种类，可以分为五个大类，即田租、刍稿税（或写作"刍藁"和"刍稾"，本节统一写作"刍稿"）、人头税、徭役和其他杂税。

西汉田租，也叫田赋，是国家按照土地总收获量的一定比例，向土地所有者所占有的土地的出产物征收的一种赋税。西汉建立在秦末农民战争和楚汉战争的废墟之上，司马迁在《史记·平准书》中记载说，建国之初的西汉王朝"作业剧而财匮"，老弱生活艰苦，社会经济一片凋敝。在此背景下，据《通典·食货四》，汉高祖刘邦实行"什五而税一"的轻税政策，但中途曾废，直到公元前194年汉惠帝刘盈即位后，才重新开始"十五税一"。公元前168年，汉文帝下诏免除全国一半的租税，即三十税一，第二年又"除田之租税"，但都属于临时性措施。公元前148年，汉景帝再次将田租税率定为三十税一，自此终西汉之世未再变动。

征税时"以律占租"，即按照民众自己申报并由官府记录在册的土地规模、品质、人口多少征收，如果虚假申报，会受到"罚金二斤"和"没入所不自占物及贾钱县官"（也就是没收未申报的财产）的处罚。结合《盐铁论·未通》"以顷亩出税"一句来看，土地数量可能是西汉征收田租的主要参照标准。

不过，尽管三十税一是一个比较低的税率，但汉代农民的赋税压力仍然很大。据《盐铁论·未通》记载，汉代田租是根据土地数年产量的平均数来征收，看上去税率低，而且丰年粮食有所

盈余时农民的确不必担心税收，但一到了凶年粮食歉收时，这个税率就显得很沉重了，加上其他赋税带来的压力，百姓免不了"饥寒"。另据《汉书·食货志》，王莽登基后也指出，西汉虽然实行三十税一的税率，但也有更赋等影响农业生产的赋税，加之地方豪强地主侵占土地，导致税率实际上高达"十税五"。而早在王莽之前，赋税过于沉重的问题就引起了统治阶层的注意，晁错就曾在《论贵粟疏》中提到农民土地数量少、收成少，又要服徭役，无论怎样辛勤耕作都只能勉强过活，稍遇天灾人祸就不得不卖田宅子孙以避难。

诚然，农民的赋税压力是田租和徭役等赋税共同造成的，但西汉独特的田租征收方式和土地兼并问题，已经足以让农民承受沉重负担，底层人民的生活远不像"三十税一"看起来那样轻松惬意。当然，西汉王朝也采取了诸如屯田、赐田、减租等补贴和挽救措施，也确实取得了一定的成效，但终究未能从根源上解决问题。

刍指草料，稿指秸秆，刍稿既可以喂养牲畜，也可以用作建筑材料，战时还可以填充敌军挖掘的堑壕，刍稿税就是征收刍稿以作此类用途的一种赋税。据《国语·鲁语》，早在春秋时期，国家就征收"稷禾、秉刍、缶米"；又据《淮南子·氾论训》，秦时也有刍稿税，《通典·食货十》记载秦军与匈奴交战时，刍稿就是运至前线的后勤物资之一；再据《汉书·萧何传》，萧何请求汉高祖鼓励农民从事农业生产，不要征收"为兽食"的稿，但汉高祖认为萧何是收受商人贿赂，"为请吾苑"，由二人的这一番对话来看，西汉建立后，汉高祖是在继续征收刍稿税，"为兽食"，喂养皇家园苑饲养的野兽是目的之一。

根据1973年在湖北省荆州市江陵县凤凰山出土的凤凰山10号汉墓简牍记载，刍分户刍和田刍，分别按户和田亩征收。张家山汉简中的《二年律令》记载称"入顷刍稿,顷入刍三石",但是上郡土地贫瘠,"顷入二石",可见刍稿税的征收还得要考虑土地品质。同时,《二年律令》记载,如果不按所应纳税额纳税,或杂以陈年刍稿,会被处以罚金四两的处罚。由于刍稿带有军用物资的性质,关乎战马质量,从而影响军队战斗力,因此国家对刍稿税的重视程度不亚于田租,处罚力度也不小。但是,或许是由于汉初大规模战事不多,又或许是因为地方政府和驻军对刍稿也有一定的需求,所以《二年律令》规定县府在征收完刍稿税后,可以留一部分以"足其县用"。

同样,可能因为战事较少,汉初的统治阶层又提倡节俭,所以对刍稿这种建筑材料和军用物资需求比较少,因此《二年律令》另外还规定一石刍折算为十五钱,一石稿折算为五钱,要求民众以钱代物缴纳刍稿税。如果刍稿价格高过这一标准,就以平价计算纳税。

最后,和田租一样,西汉刍稿税早在汉初就有倾向富人的迹象。根据凤凰山汉简,平里的户刍为二十七石,田刍四石三斗七升,稿上的户刍和田刍分别为十三石和一石六斗六升。显然,户刍的征收额大于田刍,即对田少的普通农民按户征收的户刍,征收额与对田多的地主征收的户刍相同,从而导致农民的实际刍稿税压力要远大于富有的地主豪强。

西汉的人头税分为算赋和口钱(也叫口赋)。据《历代兵制·西汉》和《通典·食货四》,西汉算赋继承自秦朝,始征收于公元前203年,以十五岁至五十六岁的成年人为征收对象,每人纳一算,合一百二十钱,但商人和奴婢"倍算"。征收算赋的目的在于"治库兵车马",也就是用作军费。不过一百二十钱只是汉高祖规定的税率,此后西汉算赋具体纳税额和征税对象时常改变。

据《通典·食货四》,汉惠帝时继先秦越国对大龄未嫁女征税

的法令，对十五岁以上、三十岁以下未嫁女性征五算。汉文帝时算赋减为一算四十钱，原因可能是为了恢复生产，减轻民众压力，同时文帝时也鲜有大规模战事，国防开支相对要少一些。汉武帝时，统治者的骄奢淫逸和频繁的大规模征战导致"财匮"，武帝遂将算赋恢复至每算一百二十钱，不过后来又在公元前140年下诏免除八十岁老人的算赋。据《汉书·宣帝纪》，公元前52年，汉宣帝以出现祥瑞为名大赦天下，同时将算赋减至每算九十钱。另据《通典·食货四》，公元前31年，汉成帝"减天下赋钱算四十"，"本算百二十钱，今减四十为八十"，说明公元前52年至公元前31年之间，西汉还更改过至少一次算赋纳税额，至公元前31年成帝再次更改算赋纳税额前夕的算赋为一算一百二十钱。

需要注意的是，免除或倍增算赋，虽然是统治者随心所欲的行为，但其中也蕴含了一定的治国理念，即通过倍增商人算赋来"困辱之"，倍增奴婢算赋以打击蓄奴行为，减免老人算赋表示尊老的价值取向，对大龄未嫁女征收高达五算的重赋也有促进人口增加、提振生产的目的在里面。

人头税下的另一个税种口钱，从已知史料来看，其征收对象表面上看似乎有一定的矛盾。据《汉书·贡禹传》，口钱的征收起源于汉武帝四方征战，于是"重赋于民"，民众生子后，自其三岁起就要缴纳口钱，重税之下甚至出现了"生子辄杀"的极端现象，于是贡禹请求汉元帝提高口钱起征点，由三岁改为七岁，至二十岁方可不再缴纳口钱；另据《水经注·卷三十八》引《零陵先贤传》，东汉末年的口钱甚至自子一岁起就开始征收。两相印证，口钱是对未成年人征收的人头税当是无疑。

但是，凤凰山10号汉墓出土简牍中却记载，市阳里和郑里二月缴纳吏奉和传送两种税目的算数分别是112和72，此二者可以肯定是包括了成年人的，可问题在于口钱的征收，算数也是112和

72，即此处官府同样在向成年人征收口钱，和史书记载相矛盾。

其实这一矛盾并不是没有合理解释，《汉书·高帝纪》：

> 令诸侯王、通侯常以十月朝献，即郡各以其口数率，人岁六十三钱，以给献费。

另据《通典·食货四》，汉武帝即位之初，董仲舒曾上书说当下徭役三十倍沉重于古代，"田租、口赋、盐铁之利"二十倍沉重于古代。董仲舒以口赋称之，且时间为武帝即位之初。按照贡禹的说法，向未成年人征收口钱的原因是"征伐四夷"，时间当在汉武帝中后期。结合《汉书·贡禹传》《零陵先贤传》等史书的记载，误记的可能性不大，即所谓口钱的确是西汉中期之后向未成年人征收的人头税。最后再考虑"以其口数率"，笔者认为，汉武帝大规模"征伐四夷"之前和之后的口钱，征收对象应该是不同的，简而言之，两个"口钱"不是一回事。"征伐四夷"导致国家"财匮"后为弥补国库空虚而征收的口钱，的确是向未成年人征收的，而这之前的口钱，很有可能是算赋的别称。

只有这样，才能解释董仲舒为什么没有提及"算赋"，为什么贡禹和东汉末年时人所面对的口钱是以未成年人为征收对象。

徭役实际上是一种力役税，以百姓人力为征收对象。《孟子·尽心》提到彼时有"力役之征"，即百姓有为国家充当劳动力的义务。西汉男子必须为国家服一定时间的徭役。据《通典·食货四》，秦孝公用商鞅之法，民众要为郡县服役一个月，称为"更卒"，但董仲舒时西汉规定"一岁屯戍，一岁力役，三十倍于古"；《历代兵制·秦》也记载西汉和东汉仿效秦朝，要求民众先作为更卒为郡县服役一月，然后去首都当"正卒"一年，最后再去边境当一年"戍卒"。

民众服徭役的起始年龄史料记载不同，《历代兵制·秦》记载称是二十三岁，居延汉简中又有"大昌不更李恽年十六""昭武骑士……年十四"等记载，由此来看，规定的徭役起始年龄应该有过变化。

汉乐府诗有一首《十五从军征》，说"十五从军征，八十始得归"。由于管理不善、服役路途遥远等原因，有的时候民众服役时间并非理想化的两年，实际时间是远远超过两年的。

最后，如果条件允许，民众可以设法避免服役。一种方法是以钱代役，这笔钱称为"过更""更赋"。据《汉书·翟方进传》，翟方进曾奏请增加过更在内的赋税；又据《通典·食货四》，公元前77年，汉昭帝下令免除公元前78年之前民众拖欠的更赋。所以，民众不是自己私下雇人代役，而是把更赋交给官府，"官以给戍者"，也就是官府再出钱请人代役。

另一种方法，就是向国家缴纳一定的粮食（"入粟"）。入粟不但可以免役，还可以获得相应爵位以及相关特权。例如，据考证，凤凰山10号汉墓的墓主张偃就是一个靠入粟四千石获得五大夫爵位的地主；而晁错在《论贵粟疏》中，提出民众通过"入粟"所受爵位在五大夫以上的，可以"复一人耳"。正是因为对爵位免役有限制，所以一些低爵位的人也不能逃过徭役。前文提到的十六岁的居延戍卒李恽就是不更爵位，由于这是个低爵位，所以他仍然要去居延服役当戍卒。

但是，普通民众大多没有财力缴纳更赋或粮食来免役，一般情况下只能丢下家庭前往郡县、首都或边境服役。不过他们还是有一线希望的，运气好的话，可能会碰到赐复，也就是皇帝特许不用服徭役。

最后，就是汉代名目众多的杂税，包括算缗钱、车船税、财产税、关税、市税、山林湖泽税等等，笔者这里仅简谈一下算缗钱、车船税和关税。

一是算缗钱和车船税。据《汉书·武帝纪》和《资治通鉴·汉纪·汉纪十一》，算缗钱始征于公元前119年，以商人为征收对象，要求商人按照每二千钱的财产缴纳一百二十钱税缴纳算缗钱，车船税则始于公元前129年。武帝这一举措目的有二，一是打击日渐膨胀的商人势力，二是扩大税源，为自己穷兵黩武和骄奢淫逸买单，某种程度上也算是对西汉立国以来贱商思想的继承。

与算缗相对，武帝又出台了告缗令。告缗令的产生，源于之前尽管国家先后对商人征收车船税和算缗钱，但仍有不少不法商人瞒报财产，偷税漏税。于是，公元前115年，汉武帝发布告缗令，鼓励民众告发瞒报财产的商人，凡告发者可以得到商人财产的一半作为奖励。商人势力由此大受打击。

第二个关税，一个是国际关税，指对从国外进入汉境的货物征税，二是国内关税，即由设在内地的关卡对在内地跨境流通的货物征税。关税起源于先秦，在战国时已经是国家重要税源，据《战国策·魏策三》，魏国、韩国在边境收取关税，两国共享税收，"足以富国"。

另据《史记·货殖列传》和《汉书·文帝纪》，西汉建立后，为促进经济恢复，国家虽然对商人收取重税，但对商人经商这一行为却很少限制，先是汉高祖"开关梁，弛山泽之禁"，以促使富商大贾足迹遍天下，货物大范围流通。之后汉文帝又"通关梁"，"除关无用传"，张晏注所谓"传"，就是一种凭信，"若今过所"，结合如淳和颜师古的注，又可知传是一种符，在关口合二为一即可过关。"除关无用传"简化了出入关隘的手续，实际上也是在促进人口和货物流通。但同时，也会惩治借此资敌的人。

据《汉书·景帝纪》，七国之乱后，公元前153年，汉景帝又要求人员持传过关；又据《汉书·武帝纪》和《汉书·窦婴传》，武帝即位后再次"除关"，不过，公元前101年，汉武帝因开支剧增，令弘农都尉治武关，再征关税。可以看出，关税虽然不像算缗钱一样是一种临时性税目，但也并非常设，而是时设时废。

第三节

迫不得已还是杞人忧天？
西汉人民骨子里一脉相承的种地癖

屯田是指国家为了解决粮食问题，尤其保障军用粮草的充足性，命令士兵、农民、商人或囚犯，在某一历史时期内，固定在一定的地区开垦、耕种土地，并向国家上缴田租的一种政策或制度，有军屯、民屯和商屯三种不同类型。由于屯田往往兼有军事、经济、民生等多重意义，所以两汉统治者非常重视屯田问题，其中尤以战事频繁的西汉为甚。但需要注意的是，现在，屯田的准确定义如何，以及具体到某一详细案例时对该案例是否属于屯田，目前尚有争议。

以汉文帝徙民实边为例，刘汉东、李祖德等学者将其归为屯田，而且是民屯，是屯田之始，但杨际平、刘光华等学者持反对意见，认为徙民实边不能单靠且耕且战归为屯田，它实际上既非民屯，也非军屯，不属于屯田。当然，对政策性质的分析，实际上也是学者之间关于屯田标准的分歧。

这一节的主题是简单介绍屯田的来历，详细介绍西汉屯田，因此为行文方便，笔者在这里暂时不论以上争论，以最低、最宽泛的标准定义屯田，也就是"国家为了解决粮食问题，尤其是为了保障军用粮草的充足性，命令士兵、农民、商人或囚犯，在某一历史时期内，固定在一定的地区开垦、耕种土地，并向国家上缴田租的一种政策或制度"。

汉代屯田始于汉武帝，此后断断续续延续至东汉末年曹操屯田。

曹操开启的这一轮屯田，始于公元196年，直到曹魏灭亡都未终止。东汉灭亡后，屯田从三国两晋南北朝、隋唐五代、宋元明清一直延续到民国和新中国，都在不同程度上得到沿用。

先来说说"徙民实边"，这个词出自《汉书·晁错传》：

> 以陛下（指汉文帝）之时，徙民实边，使远方亡屯戍之事，塞下之民父子相保，亡系虏之患，利施后世，名称圣明，其与秦之行怨民，相去远矣。

这个"徙民实边"，就是把内地民众迁往边境定居，"充实"边境。晁错此处是在向汉文帝建议，把民众迁到边境屯田，可以大大提高行政和劳作效率，也可以使本地居民作为士兵参加战争时，因亲人在旁而奋勇作战。

据《汉书·晁错传》，公元前169年，晁错上书汉文帝，首次提出移民屯边，汉文帝采纳了他的建议，将犯人、奴婢和农民徙往与匈奴接壤的北方边境。其实在汉文帝正式下诏徙民前，晁错已经多次提出相关建议，主要原因在于匈奴屡屡犯边，长期在边境保持一支规模庞大且脱离生产的职业边防军会给国家财政造成巨大压力。因此晁错认为，徙民实边有助于缓解国家财政压力，接受了军事训练的边境移民会为了保护自己的产业而战斗，这些移民就相当于一支比之前在这里"屯戍"的正规边防军成本更低且战斗意志更有保障的民兵部队。

也就是说，文帝这次徙民实边，目的不在于屯田，而在于组建边防民兵。这一政策不是为保障军用粮草服务，而是为了在巩固边防的同时降低边防成本。二者虽然同属军事决策，但指向不同：屯田是解决后勤问题，也可以视为一种经济政策，文帝徙民实边是解决边防问题，军事色彩更浓厚、更纯粹。

汉武帝取得对匈奴的军事胜利后，西汉王朝来自北方的威胁骤降，武帝时期的两次徙民实边的军事色彩比文帝时期更加淡薄。据《史记·主父偃列传》，武帝在公元前127年主持的徙民实边正是采纳主父偃的建议，徙民的目的在于帮助中央加强对边境的控制，为日后设立新行政单位（朔方郡）打基础，可以说是郡县制在边疆的推行或者郡县制的进一步巩固。

公元前120年的另一次大移民，准确地讲只能叫"徙民"，没有"实边"的考虑，因为这次移民转移的是山东水灾灾民，而且除西北边境外，南方也有灾民安置地，这实际上是政府的一次赈灾活动，而非"实边"或者"屯田"：首先，汉代南方没有屯田；其次，徙民的主要目的是实边，不是扩大生产、收获更多的粮食，即便这次赈灾发挥了一部分屯田的作用，但只是客观、间接的作用，而不是主观、直接的作用。

根据史实、上述标准和与其他屯田实施情况的对比，文帝、武帝年间的三次徙民实边，显然不属于屯田。

西汉屯田实际上开始于汉武帝，这和武帝年间汉军四方征战有关。现今所谓的"轮台罪己诏"，出自《汉书·西域传》，其中有多处提到民众生活艰难，国防开支或潜在开支巨大，如"欲益民赋三十助边用，是重困老弱孤独也"（说明民众生活压力很大，益赋进一步加重其压力）、"士自载不足以竟师"（说明军粮不足，汉军远征的后勤保障有困难）、"赢者道死数千人"（后勤问题已经严重到有体弱的士兵活活饿死）。

武帝的反省并非虚言，《汉书·食货志》就记载称国家"财匮"，朝廷财政一度紧张到连士兵的俸禄都发不起，而两汉是我国历史上的自然灾害高发期，汉武帝在位期间又恰好是两汉时期的自然灾害高发期之一。武帝之后的昭、宣二朝有"昭宣中兴"的美誉（也叫"孝宣中兴"），其实所谓"中兴"的措辞，也侧面反映出武帝晚年西汉国力日衰、社会危机加剧的现实。天灾人祸下，国家财政匮乏，

无论是出于巩固统治还是抵御外敌，补充国防开支都是重中之重。

于是，公元前 119 年，也就是武帝第二次徙民实边的第二年，匈奴在汉军的接连打击下"远遁"，其势力被彻底驱逐出邻近汉地的漠南地区。随后，武帝派五六万官吏和士兵向朔方以西蚕食匈奴旧地，建造水利工程，设置屯田机构，委任负责屯田的文武官员，为农业生产做准备，这正是西汉屯田之始。而据《史记·平准书》，公元前 112 年，武帝设置张掖郡、酒泉郡，并在上郡、朔方、西河和河西设置田官，派驻六十万士兵屯田，这个数字是西汉屯田人数的最高值。

西汉的军屯分为两种，一种是临时性军屯，屯田主体是执行某次任务的军队，目的也多为满足此次任务需要，另一种是长期性军屯，屯田主体是戍卒。例如，据《资治通鉴·汉纪·汉纪十八》，公元前 61 年，名将赵充国平定羌人叛乱后，曾留下一万零二百八十一名步兵防备可能再叛乱的羌人，命令他们屯田则是为了节约粮食开支，这种就是临时性军屯；而大名鼎鼎的居延屯田，就是长期性军屯，居延边塞设有居延都尉和肩水都尉进行管理。上一段提到的两次屯田也属于这种长期性军屯。

前面举的赵充国屯田例子，因其驻屯步兵的目的是防范羌人，且人数多达一万，因此他们的统帅很有可能是一名高级军官甚至是将军。另外，居延屯区有烽燧等防卫工事，居延的建设也始于汉征大宛之战；另外，居延汉简中有"将军器记"字样，但居延未设将军，所以这个"将军"应该不是基于官职的正式、准确称呼，历史学家陈直认为"将军"可能是指曾任伏波将军，后主持居延屯区建设的路博德，《武经总要》也记载遮虏障就是路博德建造的，所以笔者认为这种可能性很大，但不是唯一的可能。这里的"将军"也可能是对后来的某位居延都尉或肩水都尉的尊称，类似于《史记·陈涉世家》中"将军身披坚执锐"一句，三老、豪杰对陈涉冠以"将军"尊称。无论如何，这些都反映了居延屯区的军事性质。

所以，由于屯田是出于军事目的实施的政策，因此一般而言，屯区也是一个具备作战能力甚至是进攻能力的军事据点，驻屯区最高官员可能是都尉一类的高级军官甚至将军。

这里顺带提一下出镜率很高的"都尉"这个词。在古代官职中，都尉可能是文职，也可能是武职。文职都尉，如掌乐府的协律都尉、掌御驾的奉车都尉；武职都尉，如守备关隘的关都尉。不过这种划分只能分个大概，有的都尉职责同时涵盖文武两个方面，比如居延都尉既要负责屯区生产，也是屯区军事指挥官；有的都尉虽是文职，但也会执行军事任务，比如汉昭帝就曾派掌上林苑的水衡都尉吕辟胡率兵镇压西南夷叛乱。

不过归根结底，屯区虽然是军事据点，但主要指向后勤，所以它虽然具备作战能力，但主要职责是生产。和一般驻军不同，屯区驻军的职责划分很能体现他们的生产职能。例如，居延汉简中提到了很多不同的"卒"，如戍田卒、河渠卒、鄣卒、守谷卒、燧卒、省卒，还有骑兵（简文多记为"骑士"），其中骑兵是主要作战力量，其他卒大都负责生产和警戒守备一类的任务。

补充一句，燧卒就是驻守烽燧，也就是烽火台的士兵。每座烽火台内的燧卒不多，其长官叫"燧长"，有的出土简文又将燧卒称为"亭卒"，燧长称为"亭长"。

"河渠卒""守谷卒"等划分见于居延这种长期性屯区，至于临时性屯区是否有这种划分，没有明确的记载，只能凭屯田任务来推测，即便是临时性屯区应该也有田卒、河渠卒一类的划分，但他们应该都是从一线战斗人员中临时挑出来的。考虑到内地野战军不一定会建造烽火台，所以侦察、警戒的任务应该是由专门的斥候负责，不大可能像边境屯区一样特别设置什么燧卒、燧长。

都尉不直接管理卒，有专门直接管理卒的官员。以居延都尉为例，居延都尉下有四个被称为"塞"的军事单元，每塞最高长官是一名候官，候官之下有两名塞尉，塞尉下有若干候长，每名候长之下又有若干个燧，再往下就是前面说到的燧长和燧卒，烽火台中的燧长多为本地人或邻近地区人，服役时间较长。

候官是都尉之下屯区级别最高的武官，候官之外、都尉之下就是文职官员聚集的田官。其实，史书在一些屯田活动中所说的田官（如"通渠置田官"），是指管理屯田的机构，就像汉代把负责冶铁的机构叫"铁官"、官办手工业机构叫"工官"一样。田官的层级划分和候官类似，长官农令，与候官级别相当。但现有考古资料尚不完备，只知道田卒之上有和燧长级别相关的（农）亭长，但亭长之上是否有候长一类的官员还不清楚。

除田官、候官及下属士卒外，还有一些层级不清的部门，如会计、骑兵等。

屯区在行政归属上存在一定的矛盾。屯区长官的上级一般是地方军政长官——郡守，即都尉接受郡守领导，如居延都尉的上级就是张掖太守，张掖太守手下除居延都尉外，还有农都尉。出土简文有"秋射二千石以令赐劳名籍及令"的记载，就是说这是份二千石官员奖励秋射成绩优秀者的名单。秋射就是对屯区士兵的考核，二千石官员包括郡守、都尉等人，也可以说明郡和屯区之间的上下级关系。另外，毕竟从边防角度说，屯区和边郡都是边防单位，存在上下级关系也是正常合理的。

矛盾的地方在于，屯区都尉既是太守的直属下级，又可能受中央的监督管理。据《汉书·叙传》，上河农都尉班况在数次政绩评比中名列第一，因此得到大司农举荐，调到中央政府担任左曹越骑校尉。这说明农都尉至少在某些方面受大司农的直接管理。虽然没有史料记载，但根据班况晋职这一事件推测，政绩不佳的都尉应该会受到大司农的关注甚至惩罚。这种安排在职责划分上显然是存在一些矛盾的。

简单总结一下。从时间上来说，文帝和武帝的三次徙民实边不算屯田，西汉屯田应当始于公元前 119 年；从层级上讲，西汉屯区位于北方边境，接受边郡领导，长官多称都尉。都尉的上级是郡守，至少在政绩考核和职务调动方面受到中央的大司农监督管理。从职责上看，都尉之下有军事和农业生产两套班子，体现的是屯区的"经济＋军事（边防）"职能。和一般驻军不同，屯区驻军的兵种划分经济色彩浓厚，但也配属有进攻性部队（骑兵）。另据《资治通鉴·汉纪·汉纪十三》，公元前 99 年，名将李广之孙李陵率军出击匈奴，其中曾"出遮虏障（也就是居延屯区）"。现在看来，李陵所部至少曾在居延驻扎、补给。我们不妨想象一下，居延驻军会不会曾给予李陵提供向导甚至小股援军呢？毕竟我们知道，屯区是存在作战部队的。

最后，我们知道，李陵这次出击以失败告终。在被数倍于己的敌军包围后，这支仅仅五千人马的汉军孤军既无法突围，也没有等来援军，最终，主帅李陵向匈奴投降。但据《资治通鉴·汉纪·汉纪十三》记载，有四百多名麾下残兵"脱至塞"。可见屯区还有接应、收拢己方败军的作用，或者可能是职责。

西汉屯田的作用，或许比我们想象的大得多，这里必须提到可能很多读者容易忽视的一点。除生产与储备粮食、防范外敌、为远征军提供补给基地、接应败退友军外，屯区还促进了科技、文化的传播。

前文说过，屯区是一个军事据点。但如果淡化"军事"二字，单就"据点"一词而言，我们可以把屯区视为汉王朝在当地的一个存在，通过行政管理、书信和人员往返，甚至包括战争等方式，屯区和内地建立起联系。而屯区又是汉王朝向外瞭望的眼睛，是离外

国最近的控制区。如据《汉书·西域传》，西汉在西域的轮台、渠犁等地驻有数百名田卒，由护使校尉管理，其职责就是为出使外国的汉使提供补给；新疆出土的汉简还有边境贩马的记载，关内的部分马匹，就是通过边境屯区输入的。汉使出使国外、外国使者访汉、贸易的展开、技术的传播，都会经过屯区这一边境据点，从而使屯区具备了传播科技文化的作用，成为促进科技文化传播的载体。

第四节　抑制兼并的真相

中国历史上的大一统王朝，无一不是以战争方式实现更迭。而统一战争的范围，又分为全国性和区域性两种。前者如汉高祖刘邦、明太祖朱元璋，一方面在他们所处的时代，天下群雄并起，战火燃遍九州，逐鹿势力眼花缭乱，另一方面他们出身卑微，也只有靠武力赚取第一桶金，每一块地盘都是实实在在打出来的，所以战场几乎遍布全中国。后者如晋武帝司马炎、隋文帝杨坚，他们虽然也是靠战争完成统一，但自身起点较高，基本盘是通过已经取得权势、早已部分侵蚀皇权的家族血统或自身政治手腕获取的，登基之初就拥有半壁江山，所以统一战争只是区域性的。相比起晋灭吴、隋灭陈两场战争，晋代魏、隋代周都是和平过渡，原曹魏和北周国境受战火袭扰较小，多是间接性的影响。

但统一战争无论是以哪一种方式完成的，其直接波及范围至少包括中国局部地区。战争降临时，交战区受战争影响，往往会出现劳动力锐减、居民流离失所、土地荒芜等一系列现象，非交战区（通常是进攻方的本土和战败方因放弃抵抗而鲜有战事的国土）的动荡虽然较小，但也面临因己方士兵伤亡而导致劳动力减少等问题。一言以蔽之，统一战争的展开，对社会经济而言相当于一场大洗牌，最直接的影响就是无主土地的增多和人地比例升高，一部分原本受到战败政权庇护或者本身就是战败政权一部分的地主也会"一朝回到解放前"。

这种情况下，人地关系会得到极大缓解（但没有改变土地私有制的大环境），甚至从某种程度上讲，战争暂时解决了此前可能存

在的土地兼并问题。随着大一统的实现，新王朝虽然可能会经历内外战争，但一般而言，在相当一段时间内，社会总体上处于和平状态，所以既得利益集团从统一之初就会不断膨胀。在自然灾害、苛政重税、地主阶级和商人"以末守之"的思想观念、经商的高利润，还有皇帝的赏赐、地主的贪婪一类的主观行为等诸多因素的共同作用下，土地兼并又会卷土重来。

那个时候的情景，正如董仲舒所说，"富者田连阡陌，贫者无立锥之地"，土地高度集中于地主阶级，农民要么依附于地主，充实地主的实力、侵蚀国家的财政收入和劳动力来源，要么离乡流浪，成为社会不稳定因素，还可能因国家对其进行赈济（但这没有从根本上解决问题，何况财政可能并不乐观）而拖累财政状况。即便没有成为地主的农民找到工作——一般是经商——对以农业经济立国的古代王朝也并非好事一桩。

所以说，中国古代的土地兼并是一个自然而然的过程，绝不因暂时的缓解而不再发生。而它一旦发生，短期来看有利于部分地主阶级，但长期来看危及的是包括王朝上层统治者在内整个地主阶级的根本利益。所以，古代的一些思想家、政治家虽然不能像今人一样察觉到封建土地私有制下土地兼并的必然，但却能发现这一现象的加剧趋势和它的危害，因此力求通过立法、劝农等方式抑制土地兼并，使社会回归到一个理想、稳定的状态。

上述历史过程，汉代自然也不例外。

据《汉书·食货志》，西汉建立后，天下"死者过半"，民生凋敝，甚至出现了人吃人的现象：

> 汉兴，接秦之敝，诸侯并起，民失作业而大饥馑。凡米石五千，人相食，死者过半。高祖乃令民得卖子，就食蜀、汉。

汉高祖刘邦于是采取轻徭薄赋的政策，减轻民众负担，并削减皇室和官僚机构开支。至汉惠帝、吕后时期，经济开始复苏。到汉文帝即位时，社会日趋稳定，但总体而言国力尚未完全恢复，而就在这个汉王朝休养生息的关键时期，一种令人不安的情况出现了。

公元前178年，贾谊向汉文帝上《论积贮疏》，提醒汉文帝注意社会上弃农经商的趋势，呼吁国家为保证粮食储备必须尽快督促农民重新回归土地；公元前168年，晁错又向汉文帝上《论贵粟疏》，指出当今农民"畜积未及"，一个有百亩田地的五口自耕农之家，一年到头仍入不敷出，于是他请求汉文帝采取措施保护农业、抑制商业。

这两份上书证明，国家农业危机已经出现端倪，一些有识之士也隐隐察觉到了这一点。西汉建立后，人口迅速增加。根据许倬云、李剑农、劳干等学者统计，西汉公元前2世纪的19个侯国的人口年增长率均为正数，除颍阴侯国和平阳侯国外，其他侯国人口增长率均突破1%，最高者接近3%。

但还有一点需要注意的是，两汉时期是我国历史上的一个自然灾害高发期。据林兴龙统计，西汉时期灾害率为98.3%，东汉时期灾害率则为99%，许倬云在《汉代农业》一书中提到，东汉发生了16次流民现象，但只有4次起因是饥荒或自然灾害，东汉时有一部分人到处流浪已经司空见惯，而西汉记载了起因的流民事件，也多与自然灾害有关。

从上述各位学者的统计数据中可以得出两个结论：第一，从表面数据看，汉初人口增长、自然灾害的高发和流民现象是同时存在的，而且三者之间存在逻辑上的关联，即自然灾害是造成流民现象的主要原因之一，而人口增长必然会使这个问题更加突出；第二，流民在东汉社会成为一种司空见惯的现象，这说明造成流民现象的诸多因素发挥的作用在东汉更强。尽管东汉的自然灾害发生率远超西汉，但从许倬云的统计来看，自然灾害和流民现象之间虽然存在

关联，但这种关联不是绝对的，即东汉流民现象的普遍性和自然灾害有关，但不能完全归结于自然灾害，自然灾害甚至可能不是导致流民现象加剧的关键因素。

自然灾害是人类无法解决的，政府的赈灾措施不能从根本上解决问题，也不是这一节的重点。我们要看的是，其他造成流民的主要原因，尤其是那些在东汉反映得更加突出的原因。

先来看董仲舒给汉武帝的一份上书。

《汉书·食货志》中直言武帝时就存在"并兼"现象，同时据其记载，董仲舒曾上书武帝，讲述了商鞅变法以来，天下"富者田连阡陌，贫者无立锥之地"的极端情景，赋税徭役也十分沉重，更关键的是他在说完这些之后说的六个字：

汉兴，循而未改。

换言之，土地兼并的存在，以及由它导致的贫富分化，最晚到董仲舒所处的年代仍然没有变化。

赋税徭役还是那么沉重，压制了民众的生产积极性。

《汉书·食货志》接着记载道，大约一百年后，即公元前7年，汉哀帝刘欣即位，辅政的儒生师丹立即请求皇帝下诏解决"豪富吏民訾数巨万，而贫弱俞困"的问题，恢复"未有兼并之害"的社会状态，他的建议得到了丞相孔光、大司空何武的支持，孔何二人在之后的讨论中专门提出限田的请求。只不过哀帝性格懦弱，又宠幸男宠董贤，丁氏、傅氏两家外戚势力亦极大，因这些既得利益者百般阻挠，哀帝被迫下诏宣布关于解决"兼并之害"的讨论"且须后"。

根据马乘风的统计，自西汉末年（公元2年）至东汉中期（公元146年），人均拥有土地量只有十多亩，这还没有考虑到土地和人口分布不均、土地肥沃程度不同导致产出率各异的情况。高官、巨贾往往斥巨资购买肥沃、高价的土地，皇帝有时也以土地赐予大臣。例如，据《汉书·张禹传》记载，汉成帝时期的丞相张禹就有泾水、渭水灌溉的极其肥沃的土地四百顷；又据《后汉书·阴兴列传》，宣帝时一个叫阴子方的人有七百多亩土地。也就是说，实际上，没有特权且占总人口绝大多数普通人的人均拥有土地量，可能不到十亩。

这也难怪晁错会在《论贵粟疏》中说有的农民耕作一年还要举债度日，最后不得不"卖田宅、鬻子孙以偿债"。

西汉的土地兼并严重到了如此地步，那么东汉的情况是什么样呢？土地兼并在东汉比西汉更加严重吗？

对后一个问题而言，答案是：的确更加严重。这和东汉建国史有着密切的联系。

和东汉不同，西汉初年的功臣，出身以没落贵族（如张良）、低级官吏（如萧何）、底层平民（如樊哙、韩信）为主，很多人都是凭反秦战争、楚汉战争的军功实现了阶层跃升，所以他们组成的政治集团日后被称为"军功集团"。

但东汉初年追随光武帝刘秀的功臣，却不像西汉初年的功臣那样出身贫寒，他们的背后往往代表着整个宗族势力。这些地方宗族势力，也就是所谓的"豪强"。西汉建立后，因为豪强兼并土地、吸纳人口、组建私人武装（部曲），扰乱小农经济秩序，危及王朝统治基础，成为和中央分庭抗礼的小"政府"，因此汉高祖、汉武帝等历代皇帝都极力打压地方豪强势力。

在西汉初年和中期国家力量的打击下，豪强势力处于衰弱状态。汉元帝至王莽时期，国家也没有停止打击豪强。但自汉元帝起，打击措施就变了味儿。在此之前，徙陵是皇帝们常用的遏制豪强势力的手段。所谓徙陵，就是把地方豪强迁徙到都城长安附近的陵园，

把他们和自己的"领地"割裂，并置于皇帝的眼皮底下监视。但《汉书·元帝纪》记载，公元前 40 年，汉元帝以"人怀思慕之心，家有不安之意"为由废除了徙陵。

汉元帝是受儒家文化影响比较大的一位皇帝，而儒家正好倡导安土重迁，这次的诏书会不会和元帝所受的儒家教育有关？笔者认为有这种可能性，但不是主要原因。第一，两汉皇帝发布诏书时，喜欢在诏书中引用经典，这主观上是皇帝旨意的理论来源或者说是借口，客观上反映出这一时期皇帝或政府青睐的治国思想，元帝诏书中所引用的经典是《诗经·大雅·民劳》的"民亦劳止，汔可小康。惠此中国，以绥四方"，表现出这一时期元帝本人或当权集团对儒家思想的偏好，具体来说，这一诏令的颁布可能也是受到先儒的"教诲"；第二，尽管如此，我们可以看出，这一诏令的核心思想是不使民过分劳累，而经典的引用服务于具体政策，政策则服务于现实，汉元帝，包括后来的成帝、哀帝，都提到天下安定，不要有动摇之心。

徙陵主要针对的是豪强，要动摇也是动摇豪强的心思，可元、成、哀三代均力图安抚豪族，说明什么？

说明豪强势力已经强大到皇帝不敢轻易动这一整体的利益了，尽管任意一股单独的豪强势力还难以和皇权抗衡。

王莽篡权后，反莽战争、争霸战争，均可见豪强的身影，如第五伦、樊宏、隗嚣、冯鲂等等。豪强或自保，或逐鹿，一些不愿臣服于强大势力的豪强被消灭，但总体上豪强势力得到了保护和巩固。就光武帝刘秀本人而言，他背后主要是南阳豪强集团，云台二十八将中就有十一人来自南阳；纵观东汉皇后，从光武帝到桓帝一百四十多年间，十一位皇后有九位出自阴、马、窦、梁、邓五大家族，汉灵帝的宋皇后背景虽不比五大家族显赫，但宋氏也是非常人可比的豪强。所以说，东汉本身就是建立在豪强社会上的一个政权。而这一切，源头最晚可上溯至西汉元帝时期。

据《后汉书·樊宏列传》，光武帝的外公樊重有土地"三百余顷"；《后汉书·郑太列传》载郑太有田四百顷；东汉末年的仲长统还在《理乱》一文中说"豪人之室，连栋数百，膏田满野，奴婢千群，徒附万计"。需要补充的是，这一节只谈土地兼并，所以对豪强（尤其是东汉豪强）的其他经济行为，如组织手工业生产等，不作细谈。但是，庄园经济在东汉得到了大发展是不能忽略的，随之发展的还有地主私有的部曲。豪强兼并土地，发展庄园经济，招募私兵，为了发展庄园经济，养活部曲、奴婢、佃农等群体，又要继续兼并土地。那种但凡有部曲的人，多半是个大地主，或者是得到了大地主的支持，毕竟平民不可能组建听命于自己的军队，而皇帝的"部曲"，那是朝廷正规军。简而言之，除了史书记载的兼并实例（主要是兼并的结果）外，我们看东汉庄园经济的发展，两汉三国高层间的政治斗争，还有两汉三国的战争史、经济史，也可以从一些现象中侧面发现东汉土地兼并的严重性。毕竟托西汉和王莽的"福"，东汉的豪强影响力比起之前只大不小。

问题是，怎么打击土地兼并？最最关键的是，在不革命的前提下（毕竟皇帝自己就是最大的地主），皇帝要怎么处理热衷于土地兼并的地主豪强？

第一招。很简单，很直接，那就是限田，具体地说就是把每个人合法占有的土地面积限制在某一个指标之内。限田是汉代最早提出并实行的打击土地兼并的政策之一。倡议者包括西汉的董仲舒、孔光、何武，东汉的荀悦等一大批政治和学术精英，但他们的这一想法有一个缺陷：皇帝不给力，政策等于零。皇帝是限田政策的一个影响因素。如《汉书·食货志》，师丹、孔光、何武等人提出限制王侯公卿土地顷数和奴婢数量后，因哀帝面临的阻力太大，最终未能真正实施。当然，皇帝的个人抉择是所有政策都会面临的难题。只是哀帝时外戚势力比较强大，此前一直受到打压的豪强又正在蓄

势崛起，所以哀帝即位之初的这次限田之议比较具有代表性。

这之后就是王莽的那套手段，也就是土地国有化、恢复井田制。王莽登基后迅速着手将土地国有化，在全国范围内推行古代的井田制，试图以强制性的行政手段实现"耕者有其田"。但这种倒行逆施的复古政策最后也以失败告终。不过这种平均主义思想在历史上一直很有市场，一千八百多年后的太平天国正是在这种思想的引导下，制定了《天朝田亩制度》。

第二招，尽管数次限田均告失败，但这件事不可能就此落下帷幕。对此，汉哀帝、王莽之前和之后的两位皇帝——汉武帝刘彻和汉光武帝刘秀，选择倚重国家暴力机关解决问题：对于反抗激烈的豪强，直接出动军队予以消灭。

汉武帝用来打击豪强势力的官吏，主要是监察官员，比如复置的御史、刺史等等，其中有一群人被称为"酷吏"。所谓酷吏不是官职，而是指"武健严酷"的官吏，他们的"工作对象"既包括地方豪强，也有其他官员。比如著名的酷吏张汤，曾任御史大夫，是武帝时期有名的酷吏，和另一位酷吏赵禹并列被誉为"定令"之臣：

> 定令则赵禹、张汤。——《汉书·公孙弘卜式儿宽传》

据《汉书·张汤传》，他从小就表现出在司法方面的天赋。小时候，张汤家有只老鼠偷了肉，他那当长安丞的父亲一怒之下鞭打了张汤。张汤气不过，于是设法把老鼠从洞里熏了出来，找到了剩下的肉，并在抓住老鼠后对其进行了一番"审判"，最终处死：

> 劾鼠掠治，传爰书，讯鞠论报，并取鼠与肉，具狱磔堂下。

看见张汤像个老狱吏似的"审判"老鼠，张父大为吃惊，于是开始刻意培养他在律法方面的才能。张汤日后也不负众望，作为酷吏"大放光彩"，帮助武帝推行了"中家以上大抵破"的告缗令，打压地方势力；另据《通典·职官》记载，武帝设置的刺史一职有六项职责，第一项就是打击"田宅逾制""以强凌弱"的地方豪强，限制他们兼并土地。

第三招，如果豪强意图反抗，那么官府就会采取更强硬的手段。如据《后汉书·酷吏列传》，光武帝派往阳平县的县令李章，面对"起坞壁，缮甲兵"的地方豪强赵纲，先是设下鸿门宴将之擒杀，又派兵攻破赵纲所建工事，将其余部一举消灭。

第四招，豪强居于地方，归根结底是民间势力，是对中央权威和对地方控制能力的分裂。所以皇帝和官府，自然要防止豪强渗透进地方政府，尤其是要防止他们自己走上仕途后为自己的产业保驾护航。所以还有一种打击豪强的措施在于削减官吏人数，控制地方政府的力量。以东汉为例，光武帝、明帝、章帝、安帝都曾裁撤冗官，削减郡国数量。据《后汉书·光武帝纪》，光武帝登基仅仅几年后，就废除了郡国都尉，只有地方上发生严重动乱时，郡国才可以临时设置都尉，率军征讨。这些举措有两层含义：第一，削弱地方豪强对官僚系统和地方军队的影响力；第二，即便出现最坏的情况，也能在最大程度上保证豪强所掌控的官僚系统和地方军队比起中央处于弱势地位。

地方军队被削弱，的确防范了豪强势力的渗透，但却使朝廷在地方上的力量面临不足，地方往往没有能力独自应对外敌入侵和内部动乱。不过，看看东汉末年群雄割据、献帝沦为傀儡的历史，就知道光武帝刘秀的担心也不是没有道理。站在这一角度来说，光武帝冒如此大的风险也要削减地方官吏和军人数量，足见豪强势力的强大。

第五招是徙陵，前文对它的含义和历史已经说过。

第六招也很有普遍性，其足迹可见于整个两汉王朝，而且往往和限田并举——是的，就是我们前面捎带提过的限制豪强对奴婢的

控制。这种措施的表现方式有两种，一种是直接限制奴婢数量，一种是提高奴婢的地位，比如恢复其人身自由。前者如孔光等人提出的"请侯王奴婢二百人，列侯、公主百人，关内侯、吏、民三十人"；后种方法的代表人物有如王莽和汉光武帝。

需要注意的是，所谓"奴婢"，是男"奴"、女"婢"的合称，因此奴婢实际上是一个数量和范围相当大的劳动力群体。解放奴婢，实际上是打击豪强对人口的占有，进而把奴婢这一劳动力由豪强收归政府或者说皇帝。豪强没有足够的劳动力，其独立能力会因经济基础受损、部曲兵源枯竭而受到破坏；相反，皇帝控制了劳动力，就保障了自由农家庭的存在，充实了小农经济，进一步加强对社会秩序和经济秩序的掌控。因此对奴婢的争夺也可以看作是对小农经济的保护、对豪强兼并能力的削弱和对豪强兼并结果的否定。

最后就是降罪。正所谓欲加之罪，何患无辞？此处不再多说了。

事实上，抑制土地兼并和打击豪强是存在联系的，即打击豪强有利于抑制土地兼并。但打击豪强不是抑制土地兼并的唯一手段。诸如劝农（比如奖励工作出色的农民）、赐爵、赐田（通常是把皇室林苑开放给农民，或赐予农民一块土地）、移民（把人口稠密地区的农民迁移到人口稀疏的地区去）都是两汉采取过的措施。只不过打击豪强虽然没有解决根本问题，但这些措施比直接打击豪强相对间接，这些措施比较简单，读者看字面意思就可以理解，这里就不展开叙述了。

土地兼并的根本原因是什么？很简单，土地私有制。但需要说明，这不是唯一的原因，不是说解决了土地私有制问题，就不存在土地兼并，典型的例子就是王莽。土地兼并的原因很多，不解决根本问题就不可能彻底解决土地兼并，只解决根本问题也不可能彻底解决土地兼并。只有选择一个合适的时机，同时解决所有造成土地兼并的因素，才能彻底将土地兼并消灭。

那什么时候是"合适的时机"呢？

这个问题只有生产力才能回答，汉武帝、汉哀帝、王莽、汉光武帝等大人物，都不可能凭一己之力创造这个时机，毕竟他们生在一个不可能发现这个时机，也就不可能顺应它来解决土地兼并问题的时代。

第五节

造钱如流水——老王穷得只剩钱了

西汉末年和新莽时期，王莽先后于公元 7 年、9 年、10 年和 13 年改革货币。然而，频繁的货币改革既没有稳定汉末以来逐渐崩溃的社会经济，也没有像王莽预想的那样发挥"辅刘延期"一类的政治影响（王莽在代汉后曾说自己用了很多办法延续刘氏统治，考虑到其第一次货币改革就发生在汉末，因此这次改革有可能至少在表面上有延续汉祚的政治愿景在里面），徒然加剧了社会动荡，激化了社会矛盾，只留下了一堆"农、商失业，食、货俱废""愁苦死者什六七"的烂摊子。

王莽并非无能之辈，那他为什么要一而再、再而三地改革货币，甚至在上一轮货币改革引发的社会经济危机尚未结束时就启动下一轮改革呢？

这里需要明确一点，那就是，王莽的货币改革，是他主导的汉末新莽经济改革的一部分，进一步往大了说，是他攫取乃至最终篡夺汉室大权的过程中不断推行的经济、政治、意识形态改革的一部分。因此要讨论王莽改革货币的原因，首先就要把这个问题放到这一历史时期的改革大背景或经济改革大背景之下去看待。

于是，首先，这个问题应该问，王莽为什么在汉末至新莽时期掀起一场声势浩大的经济改革呢？

原因在于，此时的西汉王朝，由于皇权衰微、豪强崛起、社会动荡不安，经济状况已经恶化到不得不进行改革的地步了。

中国封建社会长久以来就存在一个老大难问题——土地兼并。

土地兼并会引发自耕农破产，从而导致流民剧增，社会动荡，使王朝统治根基遭到破坏。但严重的土地兼并是中国封建王朝的周期性危机，西汉也不例外。早在汉文帝时期，贾谊、晁错等人就已经注意到了帝国潜在的农业危机，并提出了一系列重农政策以振兴农业。汉文帝在位期间多次下诏减免农民赋税，实际上就是统治者清醒认识到这一潜在危机后采取的应对措施之一。

但是，人口和土地的矛盾在西汉时期随着人口增长率的显著提升而愈加尖锐，较低的土地人均占有量、豪强富户对大量优质土地的占有以及农业生产的低效率都不可能通过统治者颁布几条诏令、开放几块皇室园囿就能得到有效解决。随着土地问题越来越严重，哀帝、平帝时，人们开始注意到土地分配不均和农业危机之间的密切关系。据《汉书·食货志》，以师丹为代表的自西汉中期以来逐渐步入政坛的儒生们也正是在西汉中后期土地问题日趋严重的情况下，开始幻想起了恢复古老而又不切实际的王田制。

是的，表面上看，减轻农民赋税、打击工商业等措施，的确有利于农业劳动力回流，但这也增加了工商业的从业风险，无形中强化了司马迁在《史记·货殖列传》里说的人们头脑中那种"以末致财，用本守之"的观念。钱会贬值，但土地不会，从某种意义上说，拿钱投资土地，并借助财力进一步扩大手中持有的土地规模，是一项只赚不赔的买卖，盈利性相当高而风险又较低。商人们赚到钱后迫不及待地"用本守之"，从而加剧了土地兼并。

尽管西汉皇帝们不断通过赐田、开放皇家园囿等方式保证耕者有其田，但这种治标不治本的方法只会随着土地兼并的继续导致皇室土地枯竭从而失去作用。相较而言，迁移民众似乎是一个比较好的办法，即将人口稠密地区的居民迁往人口稀少的边疆等地。但是，诸如汉宣帝等皇帝在使用迁移手段缓和人地矛盾时，还通过同样的手段打击豪强富户，这就相当于将人口稠密地区正在上演的土地危机扩展至包括原人口稀少地区在内的全国范围之内。

换言之，奖励"力田"（一种由朝廷从全国农民中选拔优秀者作为榜样并加以鼓励的制度）、减免赋税、赐田、迁移等手段都无法从根源上解决汉末土地兼并愈发严重的问题。

王莽或许真的痴迷于先秦王田制，或许他用时人的思维已经想不出别的办法，总之，将全国土地收归国有，禁止买卖，乍一看的确是比"力田"、减税、赐田、迁移更有效的手段。

站在王莽的主观立场上，王田制改革（和其货币改革合为王莽经济改革的主要部分）的受益者是中下层农民，打击的是豪强富户、官僚地主。但问题在于，后者的财富不仅仅是土地。

好了，这一下，问题可以回归到标题上来了，也就是王莽为什么进行货币改革，而且为什么进行多达四次货币改革。

原因就在于宣帝晚年以来逐渐走向没落的西汉王朝本身。

秦汉史大家林剑鸣在《秦汉史》第十一章《西汉王朝的衰落》中如是评价彼时的社会：

> 西汉王朝的历史，自宣帝以后就如夕阳西下，顷刻间失去耀眼的光辉，而走向衰落。这个阶段包括汉元帝（前48年至前3年）、成帝（前32年至前7年）、哀帝（前6年至前1年）、平帝（公元1年至5年）和孺子婴（公元6年至8年）共五十余年的历史。这时期地主阶级对广大劳动人民的剥削进一步加深，政治愈来愈黑暗、腐朽，使阶级矛盾逐渐激化，西汉政治危机四伏。尽管统治阶级中不少人提出解救社会危机的各种药方，但日落西山前的一抹晚霞毕竟无法使大地重光。各种处方终于不能使垂危的西汉政权恢复青春，西汉"兴盛"的时代从此一去不返，但却给后人留下许多值得深思的教训。

据《汉书·于定国传》，汉元帝即位伊始，关东地区即因连年灾害（结合《汉书·元帝纪》和《汉书·食货志》可知主要是水灾和饥荒）导致大量流离失所的民众涌入关西。又惊又怒的汉元帝在群臣面前怒斥吏治乱象，督促百官履行职责。但天灾人祸却仍然不断冲击着老去的汉王朝。例如，不算其他内容，仅从《汉书·元帝纪》中记载的元帝诏书内容来看，有相当一部分都提及各类灾害，元帝犹如一位损管队员，不停地对千疮百孔的汉王朝进行补救。笔者这里仅摘取初元和永光年间的相关诏书：

间者阴阳不调，黎民饥寒，无以保治。——《初元元年九月诏》

灾异并臻，连年不息……天惟降灾，震惊朕师。——《初元二年三月诏》

岁比灾害，民有菜色，惨怛于心。——《初元二年六月诏》

乃者火灾降于孝武园馆，朕战栗恐惧。——《初元三年四月诏》

间者阴阳错谬，风雨不时。——《初元三年六月诏》

间者连年不收，四方咸困。元元之民，劳于耕耘，又亡于成功，困于饥馑，亡以相救。——《永光二年六月诏》

乃者己丑地动，中冬雨水，大雾，盗贼并起。——《永光三年十一月诏》

朕承至尊之重，不能烛理百姓，娄遭凶咎。加以边境不安，师旅在外，赋敛转输，元元骚动，穷困亡聊，犯法抵罪。——《永光四年二月诏》

民心未得……缘奸作邪，侵削细民。——《永光四年六月诏》

当然，汉代是我国历史上的一个灾害高发期，如果仅仅是频繁天灾，其引起的社会矛盾不至于到元帝时期才总爆发，元帝时西汉王朝的统治愈发危急的原因亦远不止于此。据《汉书·元帝纪》，公元前40年，汉元帝以迁民守陵致使血亲分离、民众思乡不安为由，废除了这一政策。然而这一政策本身是西汉王朝打击地方豪强的主要政策，目的在于通过将地方豪强置于中央监视控制之下从而防止他们在地方坐大。元帝这一举措致使本来被国家强行延缓进程的土地兼并加速展开，地主豪强愈益蛮横强势，间接使延续至新莽时期的社会危机加剧。与此同时，"纲纪失序"，吏治日趋腐败，而据《汉书·刑法志》，元帝、成帝均指出今世法令严苛，有司却无力改变现状：

> 有司无仲山父将明之材，不能因时广宣主恩，建立明制。为一代之法，而徒钩摭微细，毛举数事，以塞诏而已。是以大议不立，遂以至今。议者或曰，法难数变，此庸人不达，疑塞治道，圣智之所常患者也。故略举汉兴以来，法令稍定而合古便今者。

　　当然，官员平庸，其实在很大程度上反映出皇帝的政治魄力、管理能力和选人用人的能力。尽管历史走向并非个人所能主导，但元帝以降的西汉最后几位皇帝，又何尝不是"不达"诏令的庸人呢？

　　在以上因素的综合作用下，阶级矛盾愈发尖锐，具体表现为史书载为"盗贼""贼"等的起义军频繁举事。

　　天灾人祸和中央控制力下降破坏了正常的社会生产，物资奇缺且成本上升，导致通货膨胀日趋严重。与此同时，兼并更多土地、聚集更多劳动力的地主吃得脑满肠肥，导致国家劳动力和税收流失，地主控制了更多的人口（劳动力和兵源）和财富。而地方豪强的强势，实际上就是中央的弱势。

所以，先不论有效与否、现实与否，王莽必须采取措施，而王田制就是王莽选择的表面上看能遏制土地买卖的手段，其根本目的在于削弱地方豪强，稳定社会秩序，增强皇权。而通货紧缩时代豪强们的另一财富——货币也就必然会进入王莽的打击范围。

先来看看王莽四次货币都改了些什么，这些内容主要记载于《汉书》的《王莽传》和《食货志》两部分。

第一次改革是在公元7年，此时在位的是西汉末代皇帝孺子婴，实际掌权者是王莽。当时，西汉流通的货币主要是五铢钱（"铢"是重量单位），王莽下令在五铢钱之外新发行每枚值50的大泉（重12铢）、每枚值500的契刀和每枚值5000的错刀，并宣布黄金停止流通，所有黄金持有者必须在一年内把黄金换成其他流通货币（每一斤黄金兑换两枚错刀）。

第二次改革是在废黜孺子婴，建立新朝之后。公元9年，王莽宣布五铢钱、契刀和错刀停止流通，改为发行每枚值1、重1铢的小泉，与大泉一起流通。

需要注意，这里"钱""泉"二字相通，小泉就是小钱，大泉就是大钱。

第三次改革是在公元10年，距离上一次改革仅仅1年而已。这次改革极为复杂，王莽将货币分为五物、六名和二十八品。五物指金、银、铜、龟和贝五种铸币材料，六名指的是黄金、银货、龟币、贝币、布和泉六种货币，二十八品是对货币币值的规定，这就更为复杂了。根据王莽政令，二十八品分别为：

泉货六品：小泉每枚径六分，重一铢，值一；幺泉每枚径七分，重三铢，值十；幼泉每枚径八分，重五铢，值二十；中泉径九分，重七铢，值三十；壮泉径一寸，值九铢，值四十；加上公元7年发行的大泉，合为六品。

黄金一品：重一斤，值一万。

银货二品：普通银八两为一流，值一千；朱提银每流八两，值一千五百八十。

龟宝四品：元龟一尺两寸，值二千一百六十；公龟九寸，值五百；侯龟七寸以上，值三百；子龟五寸以上，值一百。

贝货五品：大贝四寸八分以上，值二百一十六；壮贝三寸六分以上，值五十；幺贝二寸四分以上，值三十；小贝一寸二分以上，值十；贝不到两寸，值三。

布货十品：小布长一寸五分，重十五铢，值一百，之后的幺、幼、厚、差、中、壮、弟、次、大九种布，每一种比前一种长一分、重一铢，所值加一百。最高的大布长二寸四分，重一两，值一千。

这套货币制度被王莽称为"宝货制"。宝货制存在三个缺点：第一，品种繁杂，流通极为不便；第二，进制混乱，毫无规律；第三，贝等币材的使用增大了货币造假的风险。就在这次可行性和可靠性存疑的改革进行后的第三年，也就是公元 13 年，王莽第四次，也是最后一次改革了货币制度。

公元 13 年，王莽下诏废除大、小泉，改用重五铢、每枚值一的货泉和重二十五铢、值二十五货泉的货布两种新币。

如果真的是像他自己说的那样为民着想，意在"用便而民乐"，那他就不会在"百姓愦乱，其货不行。民私以五铢钱市买"的情况下"患之"，并以诏令和刑罚坚持改革。至于延续汉朝国祚或者是后来的消除刘氏在货币形制上遗留的统治痕迹，亦远非整个四次改革的首要目的。实际上，他既不是想缓和通货紧缩（或者说这不是主要原因），也不是想"民乐"，而是要做一件可以巩固西汉中期以来不断衰弱的皇权和中央威望的事——打击豪强。

前面提到，民间的货币大多集中在豪强手中，尤其是汉宣帝时的反货币政策增强了豪强手中这些货币的购买力，从而导致了诸如流民增加、中央统治基础受损、地方势力坐大一类的问题。因此，要打击豪强，就要击垮他们的经济实力，说得简单粗暴一点，就是掠夺豪强的财富。

怎么掠夺呢？首先不可能指望豪强巨贾主动上交财富；其次明目张胆地派兵抢夺也是不可能的，毕竟地主阶级的政权就指望地主阶级维持，这么做会得罪一批人、背叛一批人，最后农民起义军还没来得及攻入长安，叛乱的地主武装就会换一个代言人。因此，货币改革，是最有效的一招。

王莽的货币改革通过两个途径掠夺豪强财富：

第一，列侯以下不得持有黄金，这些人手中的黄金必须在一年内兑换成新发行的货币。

第二，继续发行新货币，并以不合理的进制进行兑换。例如，王莽第二次改革时禁止五铢钱流通，同时规定百姓用五十枚五铢钱兑换一枚十二铢的大泉，也就是说这项不等价的兑换相差超过二十倍，王莽赚得盆满钵满。

表面上看（甚至不能把这种违反经济规律的行为称为"理论上"），这些措施先是从豪强手中掠夺黄金，又从他们那里抢走铜钱，加上大量货币的发行解决了通货紧缩问题，也让百姓不再受货币形制太少，使用不便之苦。事实上，王莽不但没有解决这些问题，还滋生了更多的新问题。通货膨胀、假币泛滥（龟、贝的重新流通）、民间财富流失、难以适应频繁改革的社会经济等等，狠狠打了王莽一耳光，即便是他多次下诏强调严惩经济犯罪也无济于事，最终导致国家陷入无尽的混乱：

> 于是农商失业，食货俱废，民人至涕泣于市道。及坐卖

买田宅、奴婢，铸钱，自诸侯、卿、大夫至于庶民，抵罪者不可胜数……百姓不从，但行小大钱二品而已。盗铸钱者不可禁，乃重其法，一家铸钱，五家坐之，没入为奴婢。吏民出入，持布钱以副符传，不持者，厨传勿舍，关津苛留。公卿皆持以入宫殿门，欲以重而行之。——《汉书·王莽传》

莽以私铸钱死，及非沮宝货投四裔，犯法者多，不可胜行，乃更轻其法；私铸作泉布者，与妻子没入为官奴婢；吏及比伍，知而不举告，与同罪；非沮宝货，民罚作一岁，吏免官。犯者俞众，及五人相坐皆没入，郡国槛车铁锁，传送长安钟官，愁苦死者什六七。——《汉书·食货志》

很显然，这场改革失败了。

公元14年，也就是第四次货币改革结束后的第二年，王莽宣布废除宝货制，标志着他正式承认了自己货币改革的失败。但这已经不重要了，因为此时的天下如同一个火药桶，大量本应被汉朝承受的社会矛盾不断积聚，即将在王莽的新王朝统治时期爆发。

钱越来越多，新王朝余下的寿命却越来越短。

王莽没几年逍遥日子了。

第六节

怀抱钱堆，身向地狱

钱多是一种烦恼吗？

如果这个钱是指个人手上的财产，那钱多一定不是一件坏事。但如果"钱"是指流通货币量呢？

对这个问题，历时四百年的汉王朝有发言权，毕竟，盛极一时的大汉，就是在钱堆儿里灭亡的。这种情况，就是我们耳熟能详的"通货膨胀"。

通货膨胀，是指一个经济体的物价总体水平，在一定的时期内持续上涨。"总体"和"持续"是判断通货膨胀的主要指标，个别商品物价上涨、物价总体水平短期上涨或物价水平上涨幅度较小，都不属于通货膨胀的范畴。

在我国历史上相当长的一段时期内，历代封建王朝由于缺少科学的经济学理论，因此常常难以避免也难以抑制通货膨胀——汉代就是这样一个典例，更具体地说，汉王朝是一个生于通货膨胀、亡于通货膨胀的政权。

西汉"接秦之弊"，建立之初就迎来了一场属于历史遗留问题的通货膨胀。据《史记·平准书》和《汉书·食货志》，西汉初年，经济凋敝、百废待兴，而"秦钱重难用"，于是汉高祖刘邦进行了西汉建立以来第一次货币改革。

"秦钱重难用"，是指秦朝钱币半两（既是货币名也是货币重量）面额过大、重量过重，不便于民众开展经济活动，因此也不利于恢

复社会经济水平，就连汉高祖本人对此都深以为然。于是，他命令民众开始铸造一种名为"荚钱"的钱币。三国时期的如淳在注解《汉书》时说，荚钱之所以叫"荚钱"，正是因为它"如榆荚"。

汉高祖下令铸造的这种荚钱，重量比秦半两轻，而且由于国家把铸币权下放给民众，导致荚钱数量剧增，迅速充斥市场，商人趁机囤货居奇，物价随之飞升。据《史记·平准书》，彼时米价就涨至每石万钱，一匹马标价高达百金。

从经济学的角度讲，货币主义学派把通货膨胀视为一种货币现象，认为货币过多导致总需求超过总供给，从而导致物价上涨。但也有观点主张通货膨胀源于总供给的变化，即物价上涨的根源在于产品成本的上升。根据对通货膨胀产生原因的不同认识，前一种情况称为"需求拉上型通货膨胀"，后一种叫做"成本推动型通货膨胀"。理论上讲，两种观点对通货膨胀的原因解释截然不同，但实际上在现实中，通货膨胀往往是在多种原因的交叉影响下产生的。

就秦末汉初的这次通货膨胀而言，其产生根源有两个，一是农产品和牲畜的短缺，这造成了产品生产成本上涨，也就是俗话说的"物以稀为贵"；二是汉高祖废秦半两，发行荚钱，同时把铸币权下放至民间，导致重量更轻的荚钱泛滥，货币流通量激增。

货币价值取决于重量是以金属铸币为主要货币的古代中国对货币价值的基本认识，因此，古代政府常有以轻币取代重币的货币改革举措。但由于忽视货币数量对通货膨胀的影响，所以这类改革经常导致物价上涨，引发严重的通货膨胀。不过需要注意的是，即便是大钱也往往容易引发通货膨胀。这是因为，一方面，大钱面额过大，不便交易，另一方面，很多时候官府发行的大钱实际价值远低于名义价值。与之类似，无论铸造大钱还是小钱，总有以劣质金属掺于铸币金属的情况。更不要说在此之外，前朝钱币常常在王朝更迭后仍然流通，而国家有的时候又允许民众自行铸造钱币，官府即便收回铸币权，封建王朝相对孱弱的国家能力也难以保证每次国家禁止民间盗铸的法令都能得到严格执行。综上，由于货币实际价值低于名义价值，且货币流通量（包括正常发行货币、劣币、前朝旧币和民众自铸币）居高不下，通货膨胀因而爆发。

这种情况屡见不鲜。例如，据《资治通鉴·宋纪·宋纪十》，宋孝武帝刘骏即位后，铸造"形式薄小，轮廓不成"的劣质货币孝建四铢，而民间不但盗铸，还进一步杂以铅、锡等廉价金属，甚至"翦凿古钱"。这一通折腾下来，货币数量飙升，新币实际价值本来又比较低，于是"物价踊贵"；又如据《旧唐书·食货志》和《旧唐书·第五琦传》，公元759年，宰相第五琦主导的货币改革铸造一当五十的重轮乾元重宝，结果"米斗至七千，饿死者相枕于道"，以至于唐肃宗不得不下诏承认正是国家发行新钱和民间盗铸才导致"物价益起，人心不安"，朝野都将罪责归于第五琦，后者随即被肃宗外放，贬为忠州长史。

当然，此类现象在汉代也不少见。汉初通胀是一例，后文提到的也是这样。

说回汉初这次通货膨胀。据《汉书·食货志》，汉高祖之后，"（荚）钱益多而轻"，于是汉文帝为荚钱增重，定为四铢，但仍然没有把铸币权收回中央，而是"除盗铸钱令，使民放铸"；另据《史记·平准书》，其时连文帝宠臣邓通都在自铸钱币，史称"邓氏钱"（或称"邓通钱"，见《华阳国志·蜀志》）。不仅如此，由于中央没有掌握铸币权，连分封在各地的诸侯王都在铸币敛财（这也是文帝不敢贸然收回铸币权的原因之一）。例如，《史记·吴王濞列传》记载，后来发动七王之乱的吴王刘濞，倚仗吴国境内的豫章郡铜山，从天下征召、庇护逃亡者采矿铸币，煮海水为盐，使吴国具备了强大的经济实力，为刘濞日后谋反埋下了隐患。

和平时期，这个问题相对而言还不算致命。一来西汉初年的统

治者致力于休养生息，积蓄国力，并没有过分干涉社会运转；二来王朝初年，社会矛盾还不尖锐，相对清明的政治和尚不严重的土地兼并等问题使统治阶层和被统治阶层之间、统治阶级和被统治阶级之间还有共存的空间；三是自汉高祖至汉景帝，西汉王朝虽然在内部和外部进行了一些战争，但一方面这些战争规模不大、持续时间不长，破坏性相对有限——例如汉匈之间一系列的边境冲突，影响仅限于帝国北部边境而已，景帝年间声势浩大的七王之乱，仅历时数月就失败，不至于让国家伤筋动骨，不会引起严重后果——另一方面，少有的大规模战争基本得到和平解决，例如公元前200年因韩王信叛乱引发的汉匈之战，最终以高祖妥协告终。白登之围中，汉军士气低落，且多为步兵，匈奴兵锋正盛，骑兵规模大且精锐，一旦这场包围以主力决战的方式解决，庞大而处于劣势的汉军野战兵团极有可能在这场会战中遭到重创，甚至有全军覆没的危险，而这必然在新生的汉帝国境内引发一连串连锁反应，导致汉朝与匈奴、汉廷中央与地方反抗武装战端再起。这样一来，无疑会引发新一轮的物资短缺与通货膨胀。

因此，尽管通货膨胀问题始终在不同程度上存在，始终没有得到很好的治理，但草创的汉王朝仍然为生产力的恢复创造了不错的环境，为汉武帝四方出击奠定了良好的物质基础。

可问题就出在汉武帝这里，而正是汉武帝进行了一场比起之前历任皇帝较为精准的改革，才在相当程度上缓和了通货膨胀问题。

汉武帝四处挑起战火，导致了这样两个问题：一是征召大量劳动力奔赴战场，影响了正常的社会生产；二是士兵的俸禄和赏赐、军马的饲养、兵器的生产和维护、粮草的运转、作战工事的修建等等，都需要投入大量资金。前者提高了产品成本，加剧了通货膨胀，而后者促使汉武帝进行了一场货币改革，即在他登基后短暂铸三铢钱后发行"法重四铢"的半两钱。但是，半两钱实际上没有脱离西汉前中期围绕轻币荚钱进行货币改革的范畴，未能从根本上解决问题。而且由于古代政府治理效能有限，对经济犯罪的管控虽然不是毫无成效，但也难以营造健康正常的货币环境。这样一来，实际上通货膨胀继续存在，同时国家财政不堪重负，"县官大空"。于是，公元前119年，汉武帝"令县官销半两钱，更铸三铢钱"，同时发行大额虚值的皮币和白金敛财以充实国库：

> 乃以白鹿皮方尺，缘以藻缋，为皮币，直四十万。王侯宗室朝觐聘享，必以皮币荐璧，然后得行。又造银锡为白金。以为填用莫如龙，地用莫如马，人用莫如龟，故白金三品：其一曰重八两，圜之，其文龙，名曰"白选"，直三千；二曰以重差小，方之，其文马，直五百；三曰复小，撱之，其文龟，直三百。

问题是，三铢钱"轻，易奸诈"，皮币白金面值大、铸造成本低，结果"盗铸诸金钱罪皆死，而吏民之犯者不可胜数"。在此背景下，汉武帝不得不于公元前118年再度改革币制，发行五铢钱，并严令不得擅自破坏、更改钱币。但发行白金和五铢钱后的五年内，朝廷对触犯相关法律者的大规模赦免，导致"天下大氐无虑皆铸金钱矣"，《史记·汲黯列传》也说发行五铢钱后，"民多盗铸钱"，其中楚地的非法铸币现象尤为严重。由于"民多奸铸，钱多轻"，在公卿百官的劝谏下，武帝于公元前115年进行了第五次币制改革，这也是武帝在位期间最后一次针对货币面额进行的改革：

> 公卿请令京师铸官赤仄，一当五，赋官用非赤仄不得行。白金稍贱，民弗宝用，县官以令禁之，无益，岁余终废不行。

但这次画蛇添足的改革仅仅历时两年，就因专供缴纳赋税的赤仄钱"不便"而废止。至此为止，汉武帝已经进行了五次货币改革，每次改革实质上都是重复高祖以来确立的改秦半两为荚钱的针对货币面额和重量进行改革的模式。在这期间，铸币权在绝大多数时候都并未被集中在中央手中,因此郡国、官员、民众的铸币行为影响了流通货币的数量和质量,从而干扰了货币实际购买力,打乱了国家规范货币、整顿经济行为的布局。赤仄钱停止流通后,武帝终于意识到了铸币权的重要性,因此他在废止赤仄钱时,迅速"悉禁郡国毋铸钱,专令上林三官铸",而且只有上林三官铸钱才可流通,避免了以前那种"吴、邓氏钱布天下"的情形。

除此之外,据王泰初考证,武帝年间还发行过一度被认为是冥钱的"青铜质,面文'五铢'。除钱体特小外,形制与三官钱同"的小五铢钱作为五铢钱的辅币,但具体发行年份不得而知,只确定最晚不过武帝时期。

自武帝收回铸币权后,中央对铸币权的控制虽然也曾面临挑战,但总的来说,社会经济还是稳定了相当长一段时间。可是,元帝即位后,一度中兴的汉王朝开始明显地走下坡路。元帝、成帝、哀帝既无能力亦无魄力解决通胀问题以及更大的社会危机和统治危机。在经历了青云直上和哀帝时期的短暂受挫后,王莽从南阳王者归来,并着手改革币制。

可是,王莽发行了大量实际价值远低于名义价值的大额货币,并借此掠夺民财,最终使通货膨胀问题被低效腐败的行政系统、尖锐的土地矛盾(利益集团集中财富)和大规模且持久的对外战争无限放大,合力推倒了几乎完全脱胎于西汉的新王朝。

自汉元帝时期起,王氏家族开始不断渗入西汉朝廷,一步一步地攫取汉帝大权。所以西汉很幸运,本来应该由它面对的足以使王朝覆灭的通货膨胀(王莽的货币改革始于公元7年,此时是居摄二年,西汉虽实亡但名仍存)最终由篡位而建的新莽承受了。但汉王朝最终没有逃过一劫——两百多年后的东汉末年,汉王朝最终迎来一场把它推进坟墓的通货膨胀。

公元 189 年，西北名将董卓受大将军何进的征召，率军进京勤王，在北芒山救下了逃亡的汉少帝刘辩和陈留王刘协。据《太平御览·皇王部》引《献帝春秋》，董卓救下汉帝一行后，群臣告诉他"有诏退兵"，没想到董卓迅速翻脸，拒绝退兵，并率军"入城"。另据《三国志·吕布传》，当时受何进征召的人，除了董卓外，还有并州刺史丁原，而吕布此时是丁原帐下的主簿。董卓因吕布是丁原亲信，于是引诱吕布杀掉丁原，献上其头颅，董卓随后任命吕布为骑都尉，顺势吞并丁原所部，控制了整个洛阳，一时间权倾朝野。

就在董卓专权的第二年，讨董关东联军成立，兵锋直指洛阳。据《后汉书·董卓列传》，董卓为避联军锋芒，决定把都城迁到离自己起家的凉州更近的长安。其间，董卓大量毁坏五铢钱，铸造小钱，并搜集洛阳等地的铜人、钟虡、飞廉、铜马等金属物品铸币。董卓新发行的货币被后世称为"董卓小钱""董卓五铢"，史书称这种小钱"无轮郭文章，不便人用"，发行量大，但做工极其粗糙。由于劣质小钱大量发行，一时间洛阳钱贱物贵，物价飙升，"谷石数万""谷一斛五十万，豆、麦二十万"（不同史书对具体物价有不同的记载，这里采用的是《后汉书·董卓列传》的记载）。由于物价奇高，社会生产又受到战乱和暴政破坏，爆发了严重饥荒，"民相食啖"，关东联军组织者之一曹操就在《蒿里行》里，描述当时的场景是"白骨露于野，千里无鸡鸣"。

更糟的是，尽管此时东汉中央政府在全国的权威性正在降低，地方独立性越来越强，但董卓小钱还是流出东汉京畿，向不受董卓控制的全国其他地区蔓延。1978 年，四川省内江市威远县黄荆沟出土了 145 枚董卓小钱；1991 年，河北省唐山市玉田县旧城鼓楼南街路东建楼挖地槽时，也挖出了包括董卓小钱和其他汉代古币在内的一批古钱币。这证明董卓小钱的流通范围，并不局限于关西地区。

董卓败亡之后，乃至东汉灭亡之后，由董卓小钱引发的这一轮

通货膨胀也没有完全被消除。据《零陵先贤传》和《资治通鉴·汉纪·汉纪五十九》，刘备入主巴蜀后，"军用不足"，于是听从谋士刘巴的建议，"铸直百钱"，发行大钱应对物价上涨。数月之后，刘备"府库充实"，从而有了据四川以图大业的资本。

发行大钱，是东汉末年和三国时期的政权，也是历朝历代面对通货膨胀时常常采用的措施。就拿刘备来说，他发行大钱固然有"军用不足"的客观因素在里面，这一招也的确暂时应付了通货膨胀，解了刘备集团燃眉之急。但是，一方面，实际价值远低于名义价值的大钱实际上是夺富于民，另一方面，这不能解决通货膨胀，只会进一步恶化经济秩序。

但是，或许是由于汉末三国军事斗争激烈，无暇顾及其他，或是由于统治者根本没有意识到这个问题，东汉灭亡后，蜀汉、东吴等国依然在发行大钱（如 2005 年江苏省南京市江宁区上坊吴墓出土的东吴大钱"太平百钱"等）。

公元 220 年，汉献帝刘协禅位于魏王曹丕，立国四百年的汉王朝轰然倒塌。但汉亡并没有终结通货膨胀，正所谓"兴，百姓苦；亡，百姓苦"，汉王朝挥一挥衣袖，告别了江山，数以千万计的庶民却还要继续遭受战乱和物价飞升的折磨。

风俗民情
——换一个角度看汉朝

第四章

如果说有什么最能体现一个时代的精神面貌，那社会生活史一定榜上有名。汉朝是一个有异于人们一般认知的王朝，尽管这在很大程度上是由它离我们相对较远的时间距离决定的，但对汉朝风俗民情的研究理解，的确能在很大程度上打破我们对"古代"的一些刻板印象：

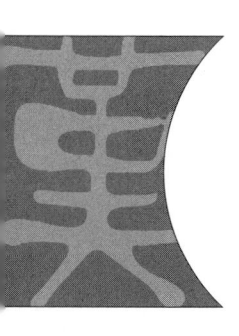

比如说，汉朝人的贞节观其实并没有我们想象的那么牢固；和现代相似，他们对足球其实也相当狂热，等等，本章将会带领读者，打破时空限制，去认识一个全新的汉朝。

第一节

汉朝奢靡之风下的婚俗——
你娶得起媳妇吗？

综合《史记·司马相如列传》《史记·曹相国世家》《史记·夏侯婴列传》《汉书·卫青传》和《孔雀东南飞》等典籍文献对相关历史与文学人物婚姻状况的记载整理，卓文君是一名寡妇，平阳公主曾两度守寡，刘兰芝则是离异之人，但卓文君后来嫁给了司马相如，平阳公主在汉武帝的撮合下嫁给了卫青，刘家则在刘兰芝离婚后，先后收到县令和太守的提亲，刘兰芝的家人也对刘兰芝拒绝提亲颇有微词，极力鼓动她接受提亲。这是汉代对女子再嫁持宽容态度的有力证据，这一点在本章第二节《〈孔雀东南飞〉背后的婚姻观》将会专门提到。

不过那一节讨论的是，在重视贞节的历史环境下，身为具有一定社会地位的朝廷官员，为什么会向有过婚姻史的刘兰芝提亲。侧重点在于思想观念与社会现实之间的关系。这一节通过讲述汉代婚丧嫁娶的一些特点，为读者带来丰富、多元的汉代社会生活面貌。

"古代"其实是一个相当宽泛的概念，尤其是对中国这样一个历史悠久、国土广袤、民族众多的国家而言，文化多元性其实才是历史常态。或许有的时候受电视剧或者历史上某一时期某一事例的影响，会让我们形成对于古人的某种刻板观念，但我们需要清楚的是，即便是主流的、官方的思想观念，也难免会有不同的声音。就汉代婚姻来说，如果我们仅仅根据一些古代文人对贞节观的鼓吹来认识它的话，就很可能会得出汉人甚至古代人婚姻观念保守的结论。但实际上，汉代的婚姻观念虽然也有保守之处（这是不可避免的），但并非没有一丝开放的思想观念，有的观念放在古代，甚至可以用"先进""超前"来形容。

对女子再嫁的宽容不再赘述。除此之外，汉代婚姻的开放观念还体现在女子具有一定的择偶自主权。在前文举到的例子中，出身优渥的卓文君是顶着父亲的反对压力主动选择了家徒四壁的司马相如，对此，尽管卓王孙一度"大怒""闻而耻之"，但最终在卓文君的坚持和旁人劝说之下，认可了这段婚姻；《孔雀东南飞》中，刘兰芝的家人也曾因刘兰芝拒绝县令和太守的提亲而气愤，但终究没有强迫她重新开启一段姻缘。除上引各例外，史书中对此的记载并不少见，如据《后汉书·逸民列传》，孟女时年三十而不嫁，最终父母听从她的意见，把她嫁给了"高节"的梁鸿。

当然，男性再娶也不少见，毕竟男性再娶正妻（非指纳妾）自古以来在伦理上受到的约束要弱得多。就皇帝来说，两汉立过多位皇后的皇帝，包括汉武帝、汉宣帝、汉桓帝、汉灵帝、汉献帝等人，王公大臣再娶自然也不少见，朱博、薛宣、李陵、刘表、曹操等皆是如此。

从《孔雀东南飞》中可以看出，即便刘兰芝是被焦仲卿母亲休回娘家，但被休只是让刘母"不图子自归""阿母大悲摧"，刘兰芝虽"进退无颜仪"，但也能答以"儿实无罪过"。结合上下文来看，刘兰芝被休，她自己脸上无光，刘母也深感失望，但这远谈不上是一种耻辱，刘家可以很快进入新的生活。结合史料而言，刘兰芝和刘母的反应正好印证了之前的结论，即汉代女性在婚姻中有一定的独立自主地位，离异虽令人失望，但并不是不可接受、不容原谅的原则性问题。

进一步讲，此处是焦母休掉刘兰芝，但就历史上而言，汉代女性在某些情况下，甚至可以主动提出离婚改嫁。例如据《汉书·苏武传》记载，李陵劝降被困在匈奴境内的苏武时，曾说苏武年轻的

妻子早已改嫁，民国学者杨树达把这一事例归为"夫久出不归而改嫁"。李陵试图以此劝降苏武，说明苏妻改嫁一事最早也发生在苏武出使之后、受困难归之前，苏武显然没有时间主动休掉妻子，史书上下文也足以证明此一离婚事件是苏妻主动为之。即便这是李陵的谎言，也能够通过选择这一谎言证明，女性主动离异再嫁的事例并不少见，不至于令人诧异费解。另如《后汉书·列女传》，因为女婿许升德行奇差，许的岳父于是打算让女儿吕荣改嫁，但是被吕荣拒绝。这段记载透露出两个信息：第一，女性有主动离婚的权利；第二，女性有自主决定自己婚姻而不一定非要顺从长辈意愿的权利；第三，改嫁在汉代并不是什么大不了的事情。

不过，这毕竟是古代，董仲舒和白虎观会议诸儒等官方意识形态的缔造者早就强调阳尊阴卑，君、父、夫尊而臣、子、妻卑，这种自主择偶权有是有，也很纯粹，但并不全面，更不可能得到社会共识的保护，或许算不上特例、偶然，但也不是普遍现象。所以我们看当时的一些道德观念，强调"妇者，服也，服于家事，事人者也""妇者，服也，以礼屈服也"（这两句话均出自《白虎通义》），还得到了皇帝的认可与支持。

至于具体的事例也常见于史书，比如《后汉书·贾复列传》中汉光武帝与贾复为各自尚未出世的儿女定亲，实际上同时剥夺了男方（这种情况也不少见）和女方自主择偶的权利；另由《汉书·王莽传》可知，两方联姻，有的时候可能丝毫没有提及女方意见，甚至还会略去男方意见，直接强制结为夫妻。但是这种情况也可能是由其他因素（如政治因素）造成的，不完全是婚姻问题。

据《史记·陈丞相世家》，陈平早年身无长物，不事生产，到了结婚的年龄没有人愿意把女儿嫁给他，唯独乡里富人张负上门表示愿意把孙女嫁给他，并给了他一笔丰厚的嫁妆；再据《汉书·高帝纪》，与县令友善的吕公善于相面，因刘邦有富贵之相，故而把女儿嫁给他。在这两个事例中，陈平、刘邦的地位和财力都要低于张负、吕公，所反映的是汉代婚姻关系中夫妻地位不匹配，妻子或娘家经济、社会地位更高而丈夫社会地位更低的现象。

现代有人认为，吕公是到沛县避仇，即便和县令交好，也必须通过与地头蛇联姻来稳定生活。而刘邦作为亭长，也算是基层干部，就是吕公选择的地头蛇，意即刘吕两家联姻，实际上是低配版的政治联姻。

但是，笔者对这一观念不敢苟同。毕竟从《汉书·高帝纪》的记载来看，在沛县县令款待吕公的宴会上，有不少豪杰参加，其中很多人都带来了千钱以上的贺礼。而刘邦在宴会上表现轻慢，萧何也说他"多大言，少成事"，善于吹牛，却干不了什么实事，表现并不突出，从后来刘邦押送犯人，犯人却大量逃跑的事情来看，他的业务能力也不强（实际上刘邦是一个善于看人用人，却不善于亲临一线做事的管理型天才，他自己也这么认为）。更何况，即便是在县级政府以下，亭长也算不得什么职权重大的官吏，无论从财力、地位还是口碑看，吕公虽然有和刘邦"政治联姻"的动机和可能性，但这种可能性并不大。按常理来说，即便吕公是外来避难人员，但他有县令庇护，即便要讨好地头蛇，刘邦一个小小亭长也入不了他的法眼。

宴会结束后，吕公妻子私下斥责吕公不该与刘邦结亲，吕公则回答以"非尔女子所知"。这一回答避讳亲人，不便多说，为吕公的动机蒙上了神秘色彩，因此笔者更加倾向于吕公公开的结亲动机就是他的真实动机，即通过相面认为刘邦的确有富贵相。换言之，在这场婚姻的主要促成者吕公看来，刘邦娶自己的女儿，不是刘邦攀高枝，而是自己攀高枝，是自己投资了一支潜力股，本质上仍然带有门当户对的色彩。当然，相面本属迷信，吕公能够以此相中刘邦，也确实有莫大的运气。只不过至少在吕公本人看来，他的动机

就是由相面得来的。

但我们也要知道，《汉书》中充满了神化刘邦的附会传说，吕公结亲难免不是被神化的真实历史事件。我们再来看可靠性更高的陈平结亲一事（毕竟史家神化皇帝的很多，但很少为大臣编造故事）。根据史书的说法，陈平是以相貌得到张负的青睐的，而且张负认为他不可能长期贫贱。这仍然不是一桩门当户对的婚姻。而且比起有编制的刘邦，陈平的条件更差，可张负还是看上了他不会"长贫贱"这一点，相当于也投资了个潜力股。

说了这么多，只是想告诉各位读者，即便在笔者举出的这两个看似不看门户的婚姻实例中，其实也是看潜在翻身概率的，而在前面举的那几个女子自主择偶的例子当中，女子则是自我婚姻绝对的主导。相比起女子多少有的那一点点择偶自主权，汉代婚姻虽有不看门户的特例，但总体而言不多，在门户观念上其实更加保守、坚定。

就皇室而言，据《汉书·外戚传》，汉朝规定至少列侯才能迎娶公主，而在《汉书·卫青传》中，为平阳公主择新夫的标准也是"列侯谁贤者"。据《史记·吕太后本纪》和《汉书·燕荆吴传》，赵幽王刘友、赵恭王刘恢、城阳景王刘章和燕敬王刘泽四位诸侯王都娶了吕氏家族的女子，如此高的联姻概率显然是出于政治目的和门户思想。

至于东汉时期，世家大姓更趋强势，反映在皇室—勋贵联姻上就是东汉皇帝们的皇后大都具有显赫的背景。例如，光武帝至桓帝时期共有11位皇后，出自阴、马、梁、邓、窦五大家族的就占了9个。这11人当中，以汉安帝的阎皇后出身最为卑微，可阎皇后的爷爷阎章是汉明帝年间的尚书、步兵校尉，父亲阎畅受封北宜春侯，仍然属于阶层不低的仕宦世家，居数家之下、万家之上的地位。

往下至官僚士大夫阶层，这些人之间也常常互相联姻。例如，据《汉书·杨敞传》，赤泉敬侯杨敞娶了司马迁的女儿，《汉书·董贤传》记载称董家想和中郎将萧咸结亲，《后汉书·皇后纪》则记载东汉名将马援成了汉明帝的老丈人。另外，《后汉书·胡广列传》记载胡广和中常侍丁肃联姻，虽然从史书记载来看丁肃是个因清廉正直而受人称赞的宦官，但这段士大夫与宦官的联姻仍然受到人们的讥笑。因此，即便是在统治阶层内部也是有婚姻鄙视链的，这其中暗含的是难以抹去的门当户对的婚姻观。

当然，门当户对，尤其是统治阶层门当户对，算得上是人类婚姻史上的传统，汉代自然不能免俗。不过反过来看，虽然我们可以找出大量门当户对的事例，但也有诸如杨文方（东汉人，尚书郎杨涣之子，官至汉中太守，杨涣当初看中文方之妻的才气才为他提亲，其婚姻见载于《华阳国志·阳姬传》）等不以门户为准则的婚姻，多少撕开了门当户对的封条。

但是，说到这里，我们还是要把陈平拿出来继续说说。前面我们说过，陈平家境贫寒，张负无论看上了他的潜力还是急于嫁出孙女，现实的他都不可能拿得出来一份丰厚的彩礼，但张负显然认定了他这个孙女婿，单给他一大笔嫁妆不要彩礼也要让他娶自己的孙女。只不过，陈平其实算个幸运儿，碰上了愿意接受自己的张负，不然以汉代重婚重葬的风俗，男方娶亲聘礼昂贵，场面奢华，若把陈平换成别人，那这个人或许真的只能靠官府赞助结婚了（官府会出资帮结不起婚的人结婚）。

汉代婚仪遵循六礼，分别是：

（一）纳采，指男方上门提亲，女方答应婚事后男方就开始备礼求婚；

（二）问名，指男方询问女方姓名和生辰八字；

（三）纳吉，也就是男方根据所得女方的个人信息占卜；

（四）纳征，指男方送上备好的聘礼；

（五）请期，指男方决定结婚日期并报请女方同意；

（六）亲迎，指男方迎亲，女方送嫁妆。

六个步骤，几乎每个步骤都要花钱。例如，据《汉书·王莽传》，大臣依照往例认为聘后需黄金两万斤，王莽称帝立杜皇后时，聘黄金三万斤；又据《杂事秘辛》，汉桓帝迎娶梁皇后时，纳采之礼为黄金二万斤、马十二匹和大量首饰礼器；《汉书·西域传》则记载，乌孙在汉"必先内聘"的要求下，以马千匹聘汉公主；最后据《汉书·外戚传》，汉平帝迎娶王皇后场面极大，大司徒马宫、大司空甄丰、左将军孙建、右将军甄邯、宗正刘宏、执金吾尹赏等数十名中央政府高级文武官员参与了问名、亲迎等活动。

另外，据《初学记·草部》等典籍记载，纳采之礼，还包括大量如酒、肉、鱼、米、丝、漆等物品，均有谒文、赞文，婚礼也配有谒文、赞文。对皇室和士大夫官僚而言这是一笔不小的经济开销，对没什么文化的小老百姓而言，如果要凑齐这些东西，谒文、赞文也是他们自己写不了的，要么根本没有，如果有，那必然只能出钱请人代写，又多了一笔负担。

这还不算完。从《汉书·田蚡传》和《汉书·宣帝纪》的记载看，男方会举行宴会款待来贺宾客，而且后来这种奢靡之风一度严重到需要皇帝亲自下诏禁止民众以酒食庆贺嫁娶之事。

汉代婚姻的最后两大风俗，就是妾媵和早婚。前者是指随女方（妻）出嫁的姊妹、奴婢等女性，西汉末年宗室学者刘向在《列女传》中说"聘则为妻，奔则为妾"，聘就是走了六礼流程"聘"来正妻，"奔"则属于随嫁，只能为妾。不过考虑到平民百姓的实际生活水平，有能力娶妾者并不多。

和门当户对的观念一样,妾媵也是延续自先秦的传统,《史记·秦本纪》里有"以为秦缪公夫人媵于秦",《国语·鲁语》中有"其母戒其妾",《史记·楚世家》载"以宫中善歌者为之媵",杜牧则在《阿房宫赋》中说,秦人把六国"妃嫔媵嫱"掳至咸阳,"媵嫱"就是六国国王结婚时王后带来的姊妹奴婢。所以汉朝实际上是沿袭了这一传统。

　　至于早婚,史料中记载的具体事例有张嫣十一岁成为汉惠帝皇后、汉平帝十三岁娶王莽之女、汉桓帝十六岁立权臣梁冀的女儿为皇后等。不过,有两则非常重要的记载,比这些具体事例更能证明汉代早婚较为普遍,一是《汉书·惠帝纪》中,向十五岁以上、三十岁以下的未婚女子征收算赋（为了增加人口,恢复生产）,二是东汉思想家王充在其著作《论衡·齐世篇》中指出周时男三十而娶,女二十而嫁,但"今不奉行也"。结合史料,显然,"不奉行"后的男女出嫁年龄,是要远低于三十岁和二十岁的。

第二节

《孔雀东南飞》背后的婚姻观

贞节，是指古代道德观念中对女子不失身、不改嫁、专于丈夫一人的行为要求。这一观念在先秦时期就已经存在，例如《周易·恒卦·象传》中讲道"妇人贞吉，从一而终也"，《诗经·鄘风·柏舟》则有"之死矢靡它"的论述。

秦汉之际，贞节观在一定程度上得到统治者和文人的肯定与宣传。例如，据《史记·货殖列传》，秦朝就曾厚待过一个叫清的巴地"贞妇"（巴寡妇清），还专门为她修了一座"怀清台"；秦始皇巡游天下时，还不忘在会稽刻石上痛斥"有子而嫁，倍死不贞"的现象。

汉朝也不例外。汉宣帝、平帝、安帝、顺帝、桓帝都曾赏赐、表扬贞妇。另外，据《汉书·循吏传》，汉宣帝还曾下诏表彰颍川太守黄霸的出色政绩，其中有一项就是"百姓向化，孝子弟悌贞妇顺孙日以众多"，也就是说百姓得到了很好的教化，孝子贞妇的数量越来越多了；而《后汉书·百官志》讲到乡三老掌教化时，说他们其中有一条职责就是表彰"贞女义妇"。《华阳国志·先贤士女总赞》更是把地方官视辖区内贞妇事迹为政绩的模样记述得无比生动形象：

（谢）姬，南安人，武阳仪成妻也。成死，以己年壮无子，将葬，乃预作殡殓具、毒药，须夫棺入墓，拊棺吞药而死，遂同葬。县以表郡，郡言州，州上尚书。天子咨嗟，下诏书：每大赦，赐家帛四匹、蜀谷二石。

这段话讲的就是，一个叫仪成的丈夫死后，他的妻子谢姬自杀殉情。当时丈夫仪成死后，谢姬感到自己年龄大了又没有儿子，于是在丈夫将要下葬时，谢姬给自己准备好了棺材和毒药，等丈夫棺椁入墓就吞下毒药自杀了。得知谢姬事迹后，县、郡、州接连上报，最终报至天子处，天子"咨嗟"。

据此，在今人的认知中，古人似乎的确很重视妇女贞节，或许也和上述史料，以及一些当代艺术作品有关。但是，如果读者对一首被选入中学教材的叙事长诗有印象的话，或许就会对笔者在第一、二段列举的史料发出质疑：为什么这首诗的内容，和上述史料如此不符呢？

这首诗就是——《孔雀东南飞》，一首打破我们对古代贞节观固定认知的乐府诗。

笔者是读高中的时候学的这首诗，当时对诗中县令、太守先后向离过婚的刘兰芝求婚这一情节很困惑，后来才发现很多人和笔者一样，都不能理解诗中人物的贞节观为什么如此薄弱。

那么，在贞节观已经得到统治者和知识分子认可的汉朝，贵为太守、县令的人，为什么会向离异女子提亲呢？不少皇帝都奖励过贞妇，难道太守和县令不要政绩了吗？

要弄清这个问题，我们首先要重新审视《孔雀东南飞》中出场的几个人物及其言行。

太守、县令自不多言。但是就贞节观来说，除太守和县令外，焦仲卿、媒人以及刘兰芝母亲和哥哥的表现都有一点"奇怪"：焦仲卿得知太守和县令曾去刘兰芝家提亲后，第一反应不是愤怒，而是"贺卿得高迁"，内心更多的是痛苦和这句话中或许存在对刘兰芝的真心祝福，之所以说不是讽刺，是因为这与诗意完全不符合；媒人则毫不顾忌刘兰芝似乎应当对焦仲卿奉守的贞节，欣然同意为

太守和县令说媒；刘兰芝的母亲对提亲的态度先后是"汝可去应之""幸可广问讯"和"老姥岂敢言"；刘兰芝的哥哥则说的是"作计何不量"和"其往欲何云"。换言之，这些人无一不希望或鼓励刘兰芝再嫁，起码不反对，丝毫没有提到所谓的贞节，总之都希望尽快让刘兰芝嫁出去：

> 还家十余日，县令遣媒来。云有第三郎，窈窕世无双。年始十八九，便言多令才。阿母谓阿女："汝可去应之。"……媒人去数日，寻遣丞请还，说有兰家女，承籍有宦官。云有第五郎，娇逸未有婚。遣丞为媒人，主簿通语言。直说太守家，有此令郎君，既欲结大义，故遣来贵门。……阿兄得闻之，怅然心中烦。举言谓阿妹："作计何不量！先嫁得府吏，后嫁得郎君。否泰如天地，足以荣汝身。不嫁义郎体，其往欲何云？"

从他们的言辞我们只能得出一个结论，那就是太守和县令并非异类，他们的提亲不是为世俗不容的异端行为。

这段分析以及这个结论看似废话连篇，但其实非常重要。因为正是这段对原文的分析证明了当时妇女再嫁的高度可能性，说明是一种正常情况，我们才可以在下文对汉代贞节观、婚姻观进行基于史料和合理推测的讨论。如果无法证明或没有证明太守、县令之外的人对刘兰芝再嫁没有基于贞节观的反对，那么我们就不能排除太守和县令行为异常的可能性，也就难以对前文提出的问题进行基于一般性原则的探讨。

也就是说，现在我们可以言之凿凿地说《孔雀东南飞》里的世界和我们想象中或者对其认知不充分的古代世界完全不一样，出场的所有人，凡是用言行表明了婚姻观的人，都认可妇女再嫁，甚至是认可刘兰芝这样出身卑微的妇女再嫁——毕竟众所周知，封建王朝统治者宣扬的不少道德观念，对下层人民的约束往往比对上层王公贵族的约束强得多。

让我们重新回到史料，因为史书中记述的现实世界，毕竟比文学作品更能直接表露出与我们在本节开头引用的史料存在的矛盾。

首先来看统治阶层：《史记·外戚世家》记载，楚汉战争时，魏王豹被汉军击败后，其妃薄姬因为长得漂亮，就被刘邦收编入后宫，后来的汉文帝刘恒就是薄姬为刘邦生下的皇子。如果说薄姬入宫有刘邦占有战利品的意味，婚姻色彩相对较淡的话，那其他皇帝、皇亲、勋贵的行为就更能凸显与贞节观的矛盾了。例如，据《史记·曹相国世家》和《汉书·夏侯婴传》，汉武帝的姐姐平阳公主先嫁给了平阳侯曹时（或称"曹寿"），还给他生了个儿子叫曹襄，曹时死后平阳公主又嫁给了夏侯颇，最终改嫁卫青；汉武帝的母亲先是嫁给金王孙，后来又嫁给了皇太子刘启，而刘启无论是当太子时还是当皇帝时都没有嫌弃过妻子二婚；《后汉书·黄允列传》记载司徒袁隗曾想招有妇之夫黄允为女婿，只是后来黄允妻子（实际上是前妻，黄允为了这门亲事和妻子离婚了）抖出黄允"隐匿秽恶十五事"，给黄允把婚事搅黄了，名声搞臭了；《三国志·魏书·后妃传》中则记述了曹丕在曹操平定冀州后迎娶袁绍儿媳妇、袁熙之妻甄宓的一段历史，有传言还认为，曹植的《洛神赋》，就是为甄宓所写。

其次，平民当中，离婚再嫁的情况也不少见。如据《史记·陈丞相世家》，当时还是平头老百姓的陈平就娶了"五嫁而夫辄死"的张负孙女；《史记·司马相如列传》也记载说卓文君是个寡妇，但后来仍然和司马相如谱写了一段爱情佳话；而《汉书·朱买臣传》则记载，朱买臣贫贱时，他的妻子离他而去，朱买臣除了口头许诺、挽留外再无其他手段阻止婚姻破裂，只能任由妻子离去，不久后朱妻再婚。

当一个观念既得到宣扬，又未能得到遵守的时候，我们只能得

出一个结论，那就是这种观念在人们的心中并不牢固，无论是有一点点不牢固还是十分不牢固，无论这种观念在何种程度上被打破，总之关键词不是程度副词，而是"不牢固"这三个字。

从整个中国古代史的角度说，汉朝才刚刚脱离先秦，中间只不过隔了一个国祚十数年的秦朝而已，所以一来贞节观只是一种理想化的婚姻观，还没有为全社会普遍认可、严格遵守；二来，中国历史早期开放的婚姻风俗仍然流行于部分地区，相对新颖、奇特的"之死矢靡它"的贞节观要取代旧风俗并非一蹴而就的事。

其实，不要看皇帝、文人们多么宣传贞节观，实际上就连皇室内部，也保留了肯定女子地位的一些风俗，而这正是基于"女子顺夫，本天地之义也"思想的贞节观要推广开来必须面对的障碍。

清代史学家赵翼就指出"汉时，皇子未封者多以母姓为称"，像卫子夫的儿子刘据被史书称为卫太子，例如《史记·卫将军骠骑列传》记载刘据杀掉光禄勋韩说时说：

（韩说）为光禄勋，掘蛊太子宫，卫太子杀之。

另外还有一例，就是刘据和史良娣生的儿子刘进，也被称为史皇孙，如《汉书·武五子传》记载：

元鼎四年，（刘据）纳史良娣，产子男进，号曰史皇孙。

不过需要注意的是，这应该只是一种不成文的传统，未封皇子采用母姓，不是皇帝与妃子自由商讨的结果，和我国《民法典》中"自然人享有姓名权"的自由权利并不相同。

另外，前面引用的黄允妻子的案例，连同赵翼的总结，我们可以发现，两汉时妇女有着较高的社会地位，并非是男性绝对的附属品。要知道，就算在《孔雀东南飞》中，希望刘兰芝嫁出去的刘家人，在表达自己意见的同时，也充分尊重了刘兰芝的意见，直到刘兰芝

同意后,媒人才回报给太守说这门亲事谈成了:

> 阿母白媒人:"贫贱有此女,始适还家门。不堪吏人妇,岂合令郎君?幸可广问讯,不得便相许。"……阿母谢媒人:"女子先有誓,老姥岂敢言!"……兰芝仰头答:"理实如兄言。谢家事夫婿,中道还兄门。处分适兄意,那得自任专!虽与府吏要,渠会永无缘。登即相许和,便可作婚姻。"媒人下床去。诺诺复尔尔。还部白府君:"下官奉使命,言谈大有缘。"

在这种思想影响下,汉朝对女子再嫁并无太多社会杂音,男性再娶同理——例如,黄允没能娶到袁隗的女儿,并非因为他是二婚,而是因为"隐匿秽恶十五事"被前妻曝光,拿咱们现在的话说,就是黄允"以俊才知名""绝人之才,足成伟器"的人设因生活作风问题崩塌。

人可二婚的观念,还和一件事有关——汉代妇女要承担赋税力役,经济压力大,独自一人难以持家,但同时又有一定的经济地位。经济地位实际上是妇女权利的核心保障之一,20世纪苏联和新中国解放妇女运动中赋予妇女工作机会从而提高其经济地位和社会话语权就是改革的重要内容。汉代往后,据《隋书·食货志》,直到隋炀帝登基后,天下人口日益增多,财政充盈,国家才"除妇人及奴婢、部曲之课",免除了妇女的赋税力役。如果没有可以依靠的男性或家族扶持,仅靠自食其力和皇帝偶尔少得可怜的赏赐是很难维持生活的(毕竟不说女性,即便是整个社会中巴寡妇清、卓文君那种家境殷实的人也是占少数)。对寡妇、离异女子来说,再嫁在经济上是十分有利的。

对男性而言,由于汉代贞节观淡薄,因此娶二婚女子甚至张负孙女那样的五婚女子,站在经济角度也是合理的。例如,陈平娶张氏后,张家给了陈平大量经济帮扶,陈平因此实现财富自由,交友范围也越来越广。史书没有说张负有没有其他孙辈,如果他只有这

么一个孙女的话，那么等张负和他的子女去世后，依照汉朝法律，女子继承权虽排在男子之后，但也是有继承权的——换言之，陈平还有可能会得到张家的偌大遗产。这对男子来说自然划算。

即便没有遗产，妻子的到来也为脆弱的小农家庭提供了更多的帮助和保障（当然，这种保障是双向的）。例如，据《汉书·朱买臣传》，朱买臣早年"家贫，好读书，不治产业"，只能卖柴谋生，他的妻子也常常背着薪柴跟着他，并且对此颇有怨言：

妻羞之，求去。

对朱买臣这种不事生产，没有收入或者收入较少，仅能勉强糊口的读书人而言，生活贫苦、谋生手段单一导致他们在功成名就之前往往无比贫寒，因此如果没有贤妻的陪伴与支持，实际上难以度日。

还需要注意的一点就是，婚姻有三个作用：一是感情的寄托与支撑，二是有助于满足性需求，三是繁衍后代，继承血脉。第三种自不待言。第一种，如卓文君那句"愿得一人心，白头不相离"，乐府诗《上邪》中的"山无陵，天地合，乃敢与君绝"，汉宣帝"故剑情深"的典故，以及汉光武帝感叹的"仕宦当作执金吾，娶妻当得阴丽华"；至于第二种情况，就像马王堆简帛中《天下至道谈》中记载的那样：

翾乐之要，务在持久。苟能持久，女乃大喜，亲之弟兄，爱之父母。

最后，相比起极端鼓励贞妇的明清两代，汉代的贞节观更加温和、宽容，也是时人再婚风气盛行的原因之一。例如，明清两代的《列女传》，贞节者分别为48人和300人，节烈者分别为100人和400人，贤明、忠勇等其他烈女品质受到忽视，入选"烈女"的人数占总人数的比例仅仅分别为9.8%和30%，远低于东汉的68%。另一组统计数据则显示，明朝有记载的节妇高达 27000 余人，清朝在雍正之前就已经有 9400 多名节妇。这些人自然是以狭义的节妇，也就是守贞的节妇为主。明清贞节观念之根深蒂固，风气之流行，由此可见一斑。

而且，历史上最早的《列女传》——也就是西汉末年刘向所著的《列女传》当中，即便是所谓的《贞顺传》《节义传》，所宣传事例也包括如楚昭王夫人贞姜这种有重诚重信品质者，人情味更浓，具有更包容更多元的道德内涵。

如此来看，就可以理解《孔雀东南飞》中，为什么没有人对刘兰芝"不守节"的行为提出质疑了：或许在刘母、刘兄、媒人和太守县令看来，再婚根本不是什么大不了的事。

第三节 圣贤书之外也有出路

汉代的教育体系，分为普通教育和职业教育两部分，其中普通教育是汉代培养治国理政人才的主要途径，因此体系建设也比职业教育更为完备。

西汉立国之初，国家尚未建立完备的学校教育制度，承担培养人才、传播文化、发展学术等职责的主要是私学。同时，这一时期奉行无为而治的黄老思想居于汉王朝核心治国理念的地位，虽然也有儒者从仕，但规模、地位、作用远不能和后世相比。

据《汉书·董仲舒传》和《汉书·武帝纪》，汉武帝策问董仲舒时，后者曾提出对"诸不在六艺之书、孔子之术"的非儒家学者要"绝其道"，剥夺他们做官的机会，并提出由国家设立太学以发掘和培养人才。这是董仲舒儒学独尊思想最直白的一次表露，也是儒学成为汉代官方意识形态的前奏。公元前136年，汉武帝整合文帝、景帝时的博士，统一设置五经（指《诗》《书》《礼》《易》《春秋》五经）博士，负责教授儒家经典。从思想史的角度看，五经博士是对儒学独尊的反映，反映的是汉代核心治国理念由道家转向儒家的历史进程；但是，从教育史的角度来看，日趋完备的官学建设为我们揭示了汉代普通教育最主要的教材——儒家经典。

据《汉书·武帝纪》，公元前124年，汉武帝采纳丞相公孙弘等人的建议，为博士设博士弟子，使博士正式成为学官，越来越多的人开始踏入学习儒家学说的发展路径，这一举措同时也标志着太学的建立。由于博士在汉代最高学府——太学教学，所以博士弟子也叫太学弟子。

儒学独尊既是为了解决汉王朝的现实问题，也是对儒者利益和理想的满足，儒学教育同样是为这两个目标服务的。董仲舒在《春秋繁露·玉杯》中指出了儒家经典教育对培养符合相应要求人才的作用：《诗经》《尚书》负责"序其志"，《礼记》《乐经》的作用在于"纯其美"，《易经》和《春秋》则要"明其知（智）"。另据《汉书·匡衡传》，匡衡认为六经可以使人建立正确的价值观，同时进一步指出，《论语》和《孝经》是圣人言行的要点所在，应当深入学习。

那么，为什么没有博士讲《论语》和《孝经》呢？这一点我们需要先从私学的书馆说起。私学也叫小学、书馆、书舍，根据《汉书·艺文志》和《太平御览·封建部》所引《鲁国先贤志》的记载，私学教师在当时被称为"书师"。私学启蒙教学的教育目的一为识字，二为书法，三为学习算术明理。东汉学者王充就在《论衡·自纪》中回忆说，自己八岁起去书馆读书，有的学生字写得太丑还会受到惩罚。

启蒙教育完成后，学生稍大一些就会开始学经书。从史书记载来看，《论语》和《孝经》很可能类似我们今天高中的语数外，是学生的必修课，因此才没有专门设立《论语》博士和《孝经》博士。

在《论衡·自纪》中，王充回忆说，自己"手书既成"，也就是练好字后，就开始学习《论语》和《尚书》；另据《后汉书·范升列传》，少为孤儿、寄居别家的范升九岁时就通晓《论语》和《孝经》，长大了才开始学《易经》和《老子》，并开始"教授后生"，从范升的家庭状况和年龄来看，《论语》和《孝经》很可能是他从民间书师那里学来的；又据《太平御览·人事部》引《邴原别传》，汉末三国的邴原少时丧父，"家贫早孤"，得到书舍书师帮助才学完了《论语》《孝经》，值得注意的是此处书师称呼他为"童子"，说明邴原学习《论语》《孝经》时的年龄不会很大；再据《太平御览·人事部》引《东观汉记》，有一个叫徐子盛的人通晓《春秋》，曾在乡里为数百学生教授，汉明帝年间的博士承宫就是他的学生；而且《后汉书·儒林列传》记载包咸教皇太子《论语》，他的儿子包福后来也成为汉和帝的《论语》教师，《汉书·昭帝纪》中也有昭帝自言通《保傅传》《孝经》《论语》《尚书》的记载。

《太平御览·人事部》引《东观汉记》称张堪六岁在长安学习《易经》，《后汉书·张堪列传》则记为十六岁。张堪是南阳人，独自离乡前往长安受学，所学又为《易经》，因此笔者这里偏向于认为《东观汉记》记载有误，张堪如果年仅六岁，这个年龄或许不足以支持他到长安学习《易经》。

稍作整理，我们可以得到以下信息：

第一，太学中没有《论语》博士和《孝经》博士，但有《尚书》和《春秋》博士，也有专攻于此的学术精英。

第二，私学书师有教授《论语》和《孝经》的能力。

第三，有条件的话，童子在完成启蒙教育后就会开始学习《论语》和《孝经》。

第四，贵族、宗室，或至少是年幼的储君，需要学习《论语》和《孝经》。

第五，学生学习且大致掌握《论语》和《孝经》的情况并不罕见。

第六，私学教育也涉及其他经书，不过这有可能是私学没有官学那么规范的缘故。

第七，《易经》等经对学习者要求较高，或许不是入门课程。

结合以上信息，笔者认为，《论语》和《孝经》也是汉代儒家教育所用的教材，其意义已经不限于识字和练习书法，而是匡衡所说的深究圣人言行。但层次不高，应当类似于现代的公共基础课程，是学生的必修课，也是日后专攻某经学者的基本素养。

最后一点，就是《汉书·平帝纪》所载，王莽当政时期，在乡学（称为"庠"）和村落学校（称为"序"）设有《孝经》教师，由此来看，或许在汉人看来，《孝经》不是特别需要专攻的课程，而是基础的必修课，私学有能力教授，民众也有必要学习。

据《通典·职官九》，元帝时曾在郡国设五经百石卒史；又据《汉书·平帝纪》，公元3年，王莽在郡国设"学"，县、道、邑和侯国设校，校、学置经师一人，乡"庠"和聚"序"设《孝经》教师一人；《汉书·何武传》《后汉书·鲁丕列传》《后汉书·李忠列传》《后汉书·刘表列传》《三国志·杜畿传》等大量史料亦记载当地官员热心于儒学教育，哪怕是像汉末荆州刺史刘表、河东太守杜畿身处乱世也不例外。这一方面表明汉代中央和地方官学在教学理念和教材选用上是上下一体的，另一方面也说明，儒学已经完全融入汉代学术和政治生活，成为培养人才的重要手段。

这是官学的普通教育，接下来我们再来看私学的普通教育。前文简单提过，汉代私学先教识字和书法，再教《论语》《孝经》等公共课程和《春秋》《尚书》等专业课程。后者的教材我们已经大致明了，这里再说前者除《论语》《孝经》等之外还使用什么教材。

据《汉书·艺文志》，西汉初年，民间书师把《仓颉篇》《爰历篇》和《博学篇》合为六十字为一章、共计五十五章的《仓颉篇》。原《仓颉篇》等三篇，是秦朝李斯、赵高和胡毋敬以西周史官用以识字教学的《史籀篇》为蓝本撰写的新字书，三篇汇编而成的《仓颉篇》就是汉初主要的识字教材。但是因为民间书师水平有限，把《仓颉篇》很多古字都读错了，所以汉宣帝又征召能纠正读音的齐人来纠正读音。

《仓颉篇》之后，司马相如有《凡将篇》，元帝时黄门令史游著有"仿《凡将》作"的《急就篇》（也叫《急就章》），成帝时将作大匠李长撰有《元尚篇》，后两者在所选用的字上和《仓颉篇》有相当的重叠。先仕西汉、后仕新莽的扬雄曾作《训纂篇》作为《仓颉篇》的补充，又换掉了《仓颉篇》中重复的字。另外，据《隋书·经籍志》《旧唐书·经籍志》和《宋史·徐铉列传》，汉和帝时郎中贾鲂著有《字属篇》和《滂熹篇》，他又把《仓颉篇》《训纂篇》和自己的《滂熹篇》合为《三仓》，用隶书书写。

　　它们一方面可以作为识字、启蒙教材，另一方面就像王充小时候那样，作为书法教材使用。可惜的是，除《急就篇》外，其他篇目要么像《滂熹篇》那样完全失传（其实大多数字书都失传了），要么像《仓颉篇》那样，只能凭出土文物让我们窥得"仓颉作书，以教后嗣。幼子承诏，谨慎敬戒""高器平夷，宽慧善志。桀纣迷惑，宗幽不识"等少部分内容，考据难度要高得多。

　　可能有读者注意到，笔者上文有"它们一方面作为识字、启蒙教材"，识字好理解，那怎么启蒙的呢？

　　从《急就篇》来看，它的内容实用性比较强，涉及姓名、器物、政治常识等多个方面，整体上比较押韵，便于记忆，连成边士兵都用它来进行文化学习，居延就曾出土书有《急就篇》的简牍，这类教材的知识性和启蒙性互为表里。《急就篇》逃过佚失命运，当归功于三国时期一个叫皇象的书法家，《抱朴子·讥惑》赞他为"吴之善书"者，《急就篇》就是他的名作之一。明末清初的顾炎武在《日知录·卷二十一》中说汉魏以后的童子皆习《急就篇》，据《晋书·夏侯湛列传》，夏侯湛曾说当时连孤陋寡闻之人都在学习《急就篇》，《魏书·刘兰列传》《北齐书·李铉列传》等古人传记记载刘兰、李铉等人幼习《急就篇》，更为我们提供了《急就篇》应用于幼童早期教育的证据。

另外，从《汉书·律历志》曾大赞《九章算术》，并表示"小学是则"来看，汉代幼童可能也有《九章算术》这种培养思维逻辑能力的教材。

汉代私学风气极盛，这一方面是由于儒学是靠近功名利禄的最佳捷径，另一方面也和官学尤其是太学的门槛较高有关。但是，私学有两个问题：一是书师学术水平可能不高，毕竟汉宣帝征召齐人纠正《仓颉篇》的读音，原因就是"俗师失其读"；二是书师的学生可能很多，一些学生或许见都没见过老师，教学质量自然很不稳定。例如，据《后汉书·儒林列传》和《后汉书·马融列传》，老师那里"编牒不下万人"，弟子们不得不"以次相传"。大家虽然都是老师的弟子，但有机会得到老师面授的不多，得到真传的自然就更少了。

普通教育之外，汉代教育体系中还存在职业教育。《急就篇》中对自然万物的讲述，无疑就是那些难以入仕的普通学生的职业教育启蒙课。

职业教育也有公立学校，职业教育的公立学校一般就是官府。例如，大司农之下有七十五名学事，《续汉书·百官志》引《汉官》则称，太常、太祝令、太宰令、大予乐令等官下有数人到数十人不等的学事和守学事，就是后备官吏，东汉时成为正式吏员。这些学事、守学事，就是在大司农等官员身后实习的实习生。

另一种官办教育，就是由官员个人教授技能，大多具有临时性。据《汉书·食货志》和《太平御览·资产部》引崔寔《政论》，汉武帝任命的总结出代田法的搜粟都尉赵过，曾把他的新耕种方法和农具教授给县令等官吏以及普通农民；又据《农桑辑要·典训·先贤务农》，崔寔出任五原太守时，亦曾教农民织衣。这里，赵过、崔寔是以官方身份（搜粟都尉、五原太守）教授职业技能，但都只是临时性的，县令、农民等都不是随时在官府里跟着他们学习的实

习生，属于带有官方性质的官僚个人职业教育教学活动。

另一种职业教育就是非官方的了。一种是最常见最普通的家庭教育，例如史书中屡次提及的所谓世传"家学"，如《后汉书·党锢列传》载"昱少习家学"，这一点无需赘述。另一就是拜私人为师的情况，比如《史记·太仓公列传》载，汉初名医淳于意，师从公孙光和阳庆，学习医术。除此之外，一些人（此处特指没有入仕的人）还会著书立说，以求传于后世，教授他人，比如东汉末年著名的医学家张仲景，他著有《伤寒杂病论》，明末清初医学家张志聪赞此书称"不明本论者不可以为医"。

由是观之，汉代职业教育分为有教材和没有教材两种。有教材的职业教育，所用教材比较丰富，比如百科全书式启蒙读物《急就篇》，还有医学的《伤寒杂病论》，另外《汉书·艺文志》中记有家畜饲养方面的《相六畜》，农业方面的《神农》《野老》《宰氏》《董安国》《尹都尉》《氾胜之》《王氏》《蔡癸》，医学方面的《黄帝内经》《外经》《扁鹊内经》《白氏内经》《旁篇》等等。

没有教材的职业教育，有可能是因为教材无载或者失传，但也不排除的确完全没有教材。尽管如此，我们还是可以从中看出汉代职业教育内容的实用性和成熟性，以及体系的相对完备性。

第四节　舌尖上的大汉

俗话道"民以食为天",文人墨客不惜笔墨颂扬美食,平民百姓也在日常生活中逐渐形成了渊博的中华美食文化。就拿成语来说,人人赞美叫"脍炙人口",有付出有收获叫"种瓜得瓜",慷慨叫"解衣推食",没用叫作"酒囊饭袋",学习不求甚解则称之为"囫囵吞枣";而在现代社会,看热闹被称为"吃瓜",丈夫依靠妻子供养被骂为"吃软饭",坐牢则叫"吃牢饭"。可以说,从社会生活的角度讲,饮食文化在相当程度上主导着中华文化。而在得益于中外经济文化交流日趋频繁而引入更多域外食材的两汉时期,中国舌尖上诸多美味,自西部边关开始,向汉朝人的餐桌上蔓延。

就蔬菜水果而言,《本草纲目》和《博物志》记载,汉朝,尤其是张骞出使西域后,引入了大量域外食材,如黄瓜、胡萝卜、大蒜、葡萄、石榴、芝麻等等。发掘于20世纪七十年代末的广西贵港罗泊湾一号与二号汉墓、广西合浦九只岭汉墓、徐州北洞山汉墓等考古遗址出土的黄瓜、石榴、葡萄等作物也为典籍中汉朝始种此类作物提供了可信的证据。再加上甜瓜、竹笋、梨、枣、桃、梅、藕等中国本土蔬果,汉朝人的饮食选择比先秦要丰富得多,其食用方法自然也不会那么单调。要说这一点,我们就要再看看汉朝人吃的肉又有哪些。

相比起蔬菜瓜果的种类得益于丝绸之路的开辟而更加丰富,汉朝人食用的肉类就大多是传统肉食了,但是种类仍然不少。《汉书·地理志》记载的民间常见种类包括牛、羊、鸡、马、狗、鱼等等,

马王堆汉墓出土的肉类食物中，还包括《汉书·地理志》未提及的猪、兔、鹿、鸭、雁、鹤等一众家禽牲畜和连现代人都少见的野味。

食物的烹制，笔者先以堪称汉朝饮食文化宝藏的湖南长沙马王堆汉墓为例。此墓葬不但发掘出多达数十种蔬果、肉类、香料，还出土了大量简帛，其中有29枚记载有"羹"这一道菜。

羹，是指用谷物和菜、肉单独或混合蒸煮烂熟的糊状食物，和印度咖喱酱比较相似，是中国古代一种非常普遍也非常普通的食物。《论语·乡党》里就将"疏食菜羹"视为粗茶淡饭，《史记·张仪列传》则说"菽藿羹"这种蔬果羹只是民众的食物，而据《史记》其他篇章，王公贵族虽然不至于不食羹，但其食材更加丰富，也更加珍贵，比如郑灵公姬夷继位后楚国献上鼋羹。这一方面固然是因为贫富差距，但另一方面也有文化束缚：正所谓"民无故不食珍（指荤菜）"，实际上也限制了民众对羹的原料的选择。马王堆汉墓出土竹简中的羹，除稻米炖牛肉、大头菜炖猪肉等比较普通的羹之外，还有芋头炖鹿肉、稻米炖狗肉这类做法比较少见的羹。

值得注意的是，马王堆汉墓中还出土了一陶罐"马酱"。至于马酱究竟为何物，如今大致有三种观点：即马肉说、酸汤说和药物说。但无论马酱是否是马肉，马毋庸置疑是汉朝人餐桌上美食之一，而且马在中国历史上一直都是主要肉食来源之一，诸如《史记·秦本纪》所载"吾闻食善马肉不饮酒，伤人"、《晏子春秋》载"鬻马肉于市"证实马确实自古以来就有食用的用处，汉朝人畜马也就可以理解了。

值得注意的是，就《史记·孝武本纪》中汉武帝所说的"食马肝死耳"和《史记·儒林列传》载景帝之言"食肉不食马肝，不为不知味"来看，结合汉墓并未出土过马肝实物，可以推测认为马肝在汉朝人眼中很可能和河豚在现代人眼中的地位相似，即为一种人间至味但却有食用风险，以至于通常认为它不能吃。李时珍在《本草纲目·兽部》中记载老鼠屎可以"解马肝毒",这也为我们推断汉朝人认为马肝美味但有毒提供了侧面参考。

汉朝人对马肉爱恨兼有,马肉也颇受欢迎,但现代社会由于饲养成本高、出肉率较低等原因,马肉总的来说不如猪、牛、羊、鸡、鸭、鹅等一般禽畜的肉常见,对我们现代人来说无疑是一种遗憾。

在我国饮食史上,除重视对外交往、开辟丝绸之路、引入大量域外食材外,汉朝还有另一层历史地位,那就是引入的调味品推动了新菜品的诞生,大大丰富了汉朝人乃至后人的烹饪手段。以张骞自西域引入的芝麻,也就是当时所谓"胡麻"为例。西汉晚期《氾胜之书》记载芝麻的种植要点是"相去一尺",东汉《四民月令》则说"二月可种胡麻",而据《太平御览·饮食部》引《续汉书·五行志》,汉灵帝就很喜欢吃"胡饭",实际上就是芝麻饭。就连《释名·释饮食》都收录了芝麻在制作烧饼时的用途,也就是"胡麻著上",值得一提的是,当代的下塘烧饼,其诞生传说所托的名人,正是东汉末年的曹操。

另据《三国志·满宠传》,满宠在孙权率十万大军围攻合肥时紧急募兵,"折松为炬,灌以麻油";再如据《晋书·王濬传》,晋军攻吴时曾制作火炬,"灌以麻油",用于烧毁吴军用以拦江的铁锁。从汉朝人对芝麻的种植心得,以及魏晋初年麻油的易得程度和军队对其使用的熟练程度,笔者认为我们有理由推测,不但芝麻,就连麻油在彼时的日常生活中都已经广泛使用。

汉代食物的烹制手法,以煮、烫、炖、烤、煎、蒸、炸、腌、泡等为主。前文所说的马王堆汉墓中的芋头炖鹿肉、稻米炖狗肉,以及汉灵帝喜欢吃的芝麻饭,就是以蒸、煮、炖为主要烹制手法的饭菜。烧烤,除烤胡饼外,洛阳博物馆收藏的汉代陶制烤炉上还有铁签串上的十只蝉,徐州画像石汉代庖厨图、洛阳烧沟61号西汉墓、甘肃嘉峪关东汉墓壁画则生动地展现了汉朝人烤肉的场景。《史

记·项羽本纪》记载项羽在鸿门宴上赐予樊哙"生彘肩",由此来看鸿门宴的肉菜很可能就包括烤或煎肉。其他的,如腌、泡等的历史,和煮、炖一样源远流长,虽然 2005 年浙江龙游西汉墓出土的泡菜罐等考古证据证明汉朝人掌握了这类烹制手段,但其源头并非在汉朝,而应当是在《诗经·小雅·信南山》所吟唱"中田有庐,疆场有瓜,是剥是菹,献之皇祖",将泡菜献给"皇祖"的春秋时期。

自古以来,任何强盛的政权,无论是西方制定罗马法的罗马共和国、允许被征服民族自治的波斯帝国,还是东方开辟丝路的汉朝、任用大量少数民族和外籍人员为官的唐朝,无不是以海纳百川的姿态面对世界。中国的饮食文化并不是由汉朝独一家构建,但汉朝人开放包容的社会风气,以及由此带来的饮食革命,无疑开启了中国饮食文化的新纪元,为中国与域外地区饮食文化的交流奠定了积极的基调。

第五节 汉朝人也踢足球

现代足球的雏形,在史书中多被称为"蹴鞠""蹵鞠"或"蹋鞠",其源头最早可追溯到战国时期。《战国策·齐策一》记载,苏秦前往齐国都城临淄游说齐宣王与赵国合纵时,就见到过临淄城的百姓"踏鞠"的景象;《西京杂记》和汉末刘向所著《别录》则都记载道,西汉初年太上皇刘太公在宫中闷闷不乐,原因就是皇宫里没有当年"斗鸡蹴鞠"的伙伴了。可见蹴鞠最晚在战国时期就非常流行了,北至山东,南至江苏,都有蹴鞠的身影。

《太平御览·兵部》引《刘向别传》提到一般认为蹴鞠有两个起源,即黄帝时期和战国时期。考虑到黄帝时期太过遥远,彼时的史料记载充满神话色彩,因此结合《战国策》和《别录》《西京杂记》,蹴鞠最晚起源于战国时期是比较有可能的。

至两汉时期,蹴鞠作为一种娱乐活动,在各个社会阶层中都越来越受到欢迎,其最直接的表现就是两汉时期关于蹴鞠的文献记载和考古资料的数量比起整个先秦明显增多。整个两汉,明确记载为蹴鞠爱好者的皇帝有两人。一个是汉武帝,《汉书·枚皋传》记载枚皋随汉武帝游历三辅时,"弋猎射驭狗马蹴鞠刻镂"曾引起武帝兴趣,使其"有感";另一个则是汉成帝,《太平广记·博戏》引《小说》和《太平御览·服章部》引《西京杂记》均记载汉成帝爱好蹴鞠,但却被大臣以踢球易疲,无益于皇帝龙体阻止。

在此之前,史书中没有国君爱好蹴鞠的记载,但到两汉时期,身居社会金字塔顶端的皇帝都对蹴鞠产生了浓厚兴趣,其下的王公大臣、平民百姓自不待言。据《汉书·东方朔传》，武帝时董偃受宠，于是"狗马蹴鞠剑客辐凑董氏"，董偃也会陪着武帝游戏玩乐，观赏斗鸡、蹴鞠；另据《后汉书·梁统列传》，东汉中期权臣梁冀，少年时也非常喜欢蹴鞠；再如据《太平御览·工艺部》引《魏略》，东汉末年人孔桂因善于蹴鞠而得曹操喜爱，又引《弹棋经序》言汉武帝曾经十分喜欢一个善于蹴鞠的西域俘虏。

视线下移，我们会发现，在民风剽悍尚武的汉朝，身体对抗激烈的蹴鞠在平民阶层中非常火爆。如前引《别录》，刘太公年轻时就常常和朋友玩蹴鞠，同时还记载有关于蹴鞠的一部名为《蹴鞠二十五篇》的书，这一记载在《汉书·艺文志》中也得到了印证；再如据《盐铁论·国疾》中贤良提到，"穷巷蹋鞠"是当时老百姓日常娱乐活动之一；《史记·扁鹊仓公列传》还记载了西汉初年一个蹴鞠的狂热粉丝：这个叫项处的球迷被汉初名医淳于意诊断为牡疝，淳于意告诫他切不可过劳过累，结果项处看完病转身就去踢球，最终导致病情恶化，当天即死；《太平御览·工艺部》引《会稽典录》更是记载，东汉末年"家以蹴鞠为学"，大有今天借民间力量展开足球青训的意味。南阳汉画像、河南方城汉墓画像石、河南登封少室石阙中也有诸多蹴鞠画像。"足球"的火爆程度由此可见一斑。

据《史记·白起王翦列传》，战国末年，秦国名将王翦率领六十万大军攻楚时，前期一度待在防御工事后避战，但当他听说秦军士兵都在玩跳远投石的游戏时，便知进行战略决战的时机到了。这一段记载其实揭露了体育和军事的一层关系：体育运动既可以训练士兵体能，也是保持士气的工具。因为"一鼓作气，再而衰，三而竭"，在屡次挑战不成的楚军士气不断下降时，秦军远道而来但体能和精神状态都保持较好，没有抱怨和颓废之情，胜负一目了然。

蹴鞠也是如此。所以讨论蹴鞠的历史，就不能不谈它和军事的关系。《太平御览·工艺部》引《别录》记载，蹴鞠乃"兵势所以陈之"，是一种选拔军人、训练战士的方法，毕竟蹴鞠可以反映出一个人的体能、纪律性和服从配合意识，甚至在一定程度上演示战阵。另据《史记·卫将军骠骑列传》，汉武帝时期的名将霍去病在征讨匈奴时，仍不忘以蹴鞠练兵；西汉宗室刘歆则在《七略》中说，汉朝皇宫中闲暇无事的羽林士兵，也会半玩乐半训练地玩蹴鞠。

东汉文学家李尤曾写过一篇《蹴鞠赋》（也有记载为《鞠城赋》的。鞠城就是指蹴鞠场地，类似今天的专业足球场），这篇赋的全文如今已经失传了，不过《艺文类聚·刑法部》里保留了一小部分：

员鞠方墙，仿象阴阳，法月衡对，二六相当，建长立平，其列有常，不以亲疏，不有阿私，端心平意，莫怨其非，鞠政由然，况乎执机。

《蹴鞠赋》的残留部分为我们大致描绘了蹴鞠比赛的情形：蹴鞠用球是圆形的，球场周围是长方形围墙，对应阴阳学说的天圆地方，两端各设一个进球的"球门"。两支球队各有六人，并配有裁判并设有比赛规则。裁判要做到公平执法，不应偏私。李尤最后还感叹，蹴鞠尚且需要如此公正守规，更何况统治阶层执政治国呢？

从这一段来看，《蹴鞠赋》应该是一篇政论文，或至少在介绍蹴鞠时加入了作者对为官之道的理解（李尤曾在和帝、安帝、顺帝三朝为官）。但遗憾的是，《蹴鞠赋》虽然为我们展现的比赛准备表明彼时的蹴鞠和现代足球有不少共同之处，但它的其余内容皆已失传，具体比赛场景更是无从考证。

不过可见，无论着眼于哪一个阶层，蹴鞠在汉朝都有非常广泛的群众基础。

遗憾的是，笔者认为，这个可能性不大。

读者或许注意到了汉成帝这个球迷从蹴鞠脱粉的情形，他是在大臣的强烈要求下不再玩蹴鞠的，理由是过劳过累于龙体无益。《太

平御览·工艺部》引《弹棋经序》和《西京杂记》记载，武帝喜爱蹴鞠，但"群臣不能谏"，显然说明群臣其实想要"谏"，只是收效不大乃至会受到皇帝嫌弃厌恶而已，最后还是东方朔进献弹棋，成功吸引走武帝的注意力。武帝的五世孙成帝最后也是被弹棋吸引走注意力，接受进谏不再玩蹴鞠的。

这其实说明，虽然蹴鞠有广大的群众基础，但至少就"汉超联赛"是否能举办的决定者——皇帝来看，无论是出于短暂且不单一甚至是根本不存在的兴趣（需要注意的是，还有很多皇帝史书没有记载他们是否喜欢蹴鞠），还是出于来自文官群体的压力，蹴鞠要登大雅之堂还是有一些困难的。

除了《西京杂记》记载的"蹴鞠劳体，非至尊所宜"这个理由外，《盐铁论·国疾》还给出了另一个解释：在这里，"穷巷蹋鞠"被视为国家危急、过分奢靡的象征之一。更何况，"非至尊所宜"本来就暗含些许皇权独尊思想和对蹴鞠的歧视。有这一层桎梏，"汉超联赛"在汉朝决策层就很难得到认可。

更重要的是，无论其运营模式如何，哪怕采取一种最古老、最原始的古代商业模式，"汉超联赛"都无法脱离其"商"的本质，除非它仅仅是为皇帝本人服务的小规模观赏性活动——可是这又怎么称得上是一种超级联赛呢？在重农轻商、强调"以末致财，用本守之"的汉朝，如何能组织起庞大的"汉超联赛"？即便其运行起来，门票收入等如不用于维持联赛运转，那么联赛就是个吞金兽、无底洞，可用于联赛的话，联赛就无法从事生产，更遑论"用本守之"。这组矛盾无法解决。

第六节 汉朝流行哪些游戏？

> 汉之西都，在于雍州，实曰长安。左据丞谷、二崤之阻，表以太华、终南之山。右界褒斜、陇首之险，带以洪河、泾、渭之川。众流之隈，汧涌其西。华实之毛，则九州之上腴焉。防御之阻，则天下之奥区焉。是故横被六合，三成帝畿，周以龙兴，秦以虎视。及至大汉受命而都之也，仰寤东井之精，俯协《河图》之灵，奉春建策，留侯演成，天人合应，以发皇明，乃眷西顾，实惟作京。于是睎秦岭，睋北阜，挟酆灞，据龙首。图皇基于亿载，度宏规而大起，肇自高而终平，世增饰以崇丽，历十二之延祚，故穷奢而极侈。建金城其万雉，呀周池而成渊，披三条之广路，立十二之通门。内则街衢洞达，闾阎且千，九市开场，货别隧分，人不得顾，车不得旋，阗城溢郭，旁流百廛，红尘四合，烟云相连。于是既庶且富，娱乐无疆，都人士女，殊异乎五方，游士拟于公侯，列肆侈于姬姜。乡曲豪俊，游侠之雄，节慕原、尝，名亚春、陵，连交合众，骋骛乎其中。——班彪《两都赋》

汉朝是一个剽悍尚武的王朝，但同时也是一个追求食欲、热衷玩乐的时代。《汉朝人也踢足球》一节已经专门介绍了足球一如现代火爆，风靡汉朝上至皇帝下至平民百姓各个阶层的盛景，这一节笔者就再来和读者聊聊汉朝的其他娱乐活动，以求完整展现一个"既庶且富，娱乐无疆"的汉代流行游戏排行榜。

史书中所谓的"游戏"，大多数情况下是作为一个偏义复词呈现，即只有其中一个字的含义。

有的时候，所谓"游戏"强调"游"，如《汉书·韩安国传》和《史记·梁孝王世家》记载梁孝王"出入游戏"的行为多是与随从游览打猎，此处"游戏"偏游，在山林中游览或者说旅游；而《史记·佞幸列传》载汉文帝常常去邓通家"游戏"，这里的游戏显然偏向文帝和邓通"戏"；至于《汉书·东方朔传》中所谓的"游戏"，既包括游览北宫等宫殿园囿，也包括玩或观赏斗鸡和蹴鞠等娱乐活动，属于"游""戏"并重。现代"游戏"的内涵，无论是捉迷藏、跳房子、玩玩具，还是玩电子游戏，实际上更倾向于"戏"。

本节笔者不谈旅游、打猎这类侧重于"游"的游戏，重点和读者聊聊后两种，也就是包括"戏"的"游戏"。

这种"戏"色彩浓重的游戏，又称为"诸戏""百戏"。就史书所记载，包括斗鸡、藏钩、射覆、弹棋、围棋、水戏、马戏、歌戏、武戏、击壤、杂技、投石、投壶、叶子戏等等，下面笔者对其中几种资料较为丰富、比较热门有趣或者读者可能难以从字面理解的游戏进行介绍。

围棋，据东汉桓谭《新论·言体》，当时有的人把围棋对弈看作类似兵法的博弈，也就是"兵法之类"，西汉刘向和东汉马融均作有《围棋赋》，直至东汉末年，据《太平御览·皇王部》引《博物志》和《三国志·王粲传》，喜好玩乐的曹操和建安七子之一的王粲对围棋也有浓厚兴趣，当时甚至出现了《西京杂记》所载号称"天下第一"的围棋大师杜夫子。另外，南朝宋刘义庆还在《幽明录》中讲述了一个汉武帝垂涎与其下围棋的玉女美色，却遭唾弃生疮的神话故事，并把这个故事与武帝避暑甘泉宫联系了起来，这也侧面印证围棋在汉代是一种比较受欢迎的游戏。

此种类似兵法的博弈游戏，尤其是棋类游戏，是汉代最流行、最普遍的游戏，除蹴鞠和围棋外，还有类似跳棋的格五、类似弹弹珠的弹棋（《世说新语》记载说弹棋始自曹魏，其实是谬误）、目标在于击杀对方棋首领"枭棋"的六博（其中一种形式）等等。

藏钩，对汉武帝时期的历史比较熟悉的读者大概能猜出来是什么玩法。《三秦记》传说这个游戏始于汉昭帝的母亲钩弋夫人。结合《汉书·外戚传》和《宋书·志·符瑞上》的记载，当时有一个传说，说钩弋夫人自出生起就双手握拳，就这样一直持续了十多年，直到武帝到来后，轻轻一掰，手就松开了，里面还藏有一个玉钩，于是钩弋夫人也被称为"拳夫人"，并且大受武帝宠幸。

按照《三秦记》的说法，藏钩这个游戏就是来源于此传说，其具体玩法是把玩家分为两队，每队各有一名玩家在手里藏一个钩子之类的小物件，然后由对方来猜，以此决胜负。类似猜物的游戏还有一个"射覆"，就是用器皿盖住物品由众人猜测。另据《汉书·东方朔传》，东方朔就是玩射覆的高手，他自称学过《易》，总是能猜中武帝藏的是什么物品。

那么什么是击壤呢？击壤其实就是一种投掷游戏。所谓"壤"，据《太平御览·工艺部》引《艺经》，壤是一种前宽后窄、长约三四寸的木制器具，击壤就是"先侧一壤于地"，各三四十步以壤"敲之"，"中者为止"，也就是击中就获胜。与之玩法类似的还有投石（可以比投中，也可以比投远）和投壶。一般认为击壤源自先秦，有的古代学者甚至将其追溯至尧舜之时，有《击壤歌》传于世。值得注意的是，这一类游戏，包括投石和投壶在内，从先秦时期就开始流传了。

我们知道，汉朝是一个尚武的王朝，文官能持剑止乱，百姓亦常常以武力复仇，甚至不惜将仇家灭门，而不会得到舆论的抨击。在如此风气下，对抗激烈程度甚于足球，充满暴力美学的武术、格斗也难免成为汉朝人的娱乐活动，即所谓"武戏"。

武戏分两种，一种是赤手空拳地比赛，如据《汉书·哀帝纪》，汉哀帝不好声色，但是"览抃射武戏"，即喜欢武戏，据三国曹魏学者孟康注，所谓"抃"就是手搏，"武"就是角力。《汉书·儒林传》和《汉书·扬雄传》都有人徒手搏兽的记载，其中，《汉书·儒林传》所载辕固生有兵器，是因为汉景帝偷偷给他了，但也可以看出此场搏斗本来应该徒手进行。结合哀帝的兴趣，不难推测汉朝也有类似古罗马角斗的风俗。

另一种武戏，就是持械搏斗。《淮南子·氾论训》记有"相戏以刃"；另据《史记·淮南衡山列传》，淮南王太子刘迁自以为剑法无敌，淮南王刘安于是让善于击剑的郎中雷被"与戏"。除用刀剑外，还有以弓箭进行武戏的。比如《史记·李将军列传》就记载，李广与人在地上画画模拟军队阵列，"以射为戏"。

需要强调的是，古代体育项目和游戏中有相当一部分和军事不无关系，如前节所说的蹴鞠，再如投石，《史记·白起王翦列传》记载投石是秦军士兵在军中的游戏项目之一，《汉书·甘延寿传》也特别记载甘延寿的投石能力在一众羽林军人中超乎绝伦。而武戏中的刀剑搏斗、肉搏、射箭等和军人战斗技巧有直接关系的游戏项目自不待言，例如《史记·淮南衡山列传》就记载在武戏中击伤刘迁的剑术高手、淮南国郎中雷被，就在得罪刘迁后试图趁朝廷募兵时离开淮南国参加朝廷军队，《汉书·韩延寿传》《淮南子·泰族训》《通典·职官》引《汉旧仪》等史书均表明射箭是军队的主要训练科目，军队训练科目成为一种游戏，实际上正反映了汉代尚武的风气。

当然，仍有很多游戏，如藏钩、射覆、斗鸡、围棋等等，只是一种普通的、供人消遣的娱乐项目。它们既表现出人类追求快乐的本性和必要性，也让我们后人在浩如烟海、气氛矜重的史书典籍中，就闲暇之余的欢愉与祖先跨越时空产生共鸣，他们的形象更加生动活泼，我们与他们的距离也更近了。

第七节

谁来赈灾？怎么赈灾？汉朝都已安排好了

据《后汉书·孝献帝纪》记载，公元194年，长安发生严重饥荒。由于战乱不休，董卓当政时期又滥发劣币，全国各地出现了严重的通货膨胀，谷价暴涨至每斛五十万钱，豆麦每斛也飙升至二十万钱。史书对这民不聊生、哀鸿遍野的景象记载道：

人相食啖，白骨委积。

献帝闻讯，令侍御史侯汶动用太仓积攒的米豆，为饥民熬粥以应对灾荒。然而侯汶主持救灾数日，饥民死者人数却未下降。心生疑虑的汉献帝于是亲自调查赈灾行动，没想到侯汶在这天灾人祸之时仍然贪污救灾物资，献帝"知非实"，于是令侍中刘艾将侯汶逮捕后移交有关部门，最终将其杖责五十以示惩罚。

侍御史是个什么官？这个官职其实是御史大夫属下的监察官员，大约位于中央政府中层。一个搞监察的官，为什么会去主持赈济灾荒呢？不仅如此，据史书记载，西汉大司农郑当时、谒者汲黯，东汉冀州牧皇甫嵩、西华县令戴封，都曾主持救治过水灾、旱灾等自然灾害和饥荒。

州牧和县令作为区域最高行政长官，主持救灾并无不妥。可分管监察的侍御史、负责国家财政的大司农和负责传达通报的谒者，为什么要外行指导内行，去亲自主持救灾呢？

其实，这是因为汉朝，乃至古代中国历史上绝大部分时期的政府部门架构都存在一个问题，那就是没有专门的救灾机构，也没有专设的救灾官员。

这种救治灾荒的政策乃至制度，在中国历史上有一个专门的术语，叫做"荒政"。《周礼·地官司徒·大司徒》曾记载了十二项赈灾措施，并指出它们具有"聚万民"的政治意义和社会意义：

> 一曰散利，二曰薄征，三曰缓刑，四曰弛力，五曰舍禁，六曰去几，七曰眚礼，八曰杀哀，九曰蕃乐，十曰多昏，十有一曰索鬼神，十有二曰除盗贼。

看上去很全面对吧？但是我们看，什么发放赈灾物资啦，什么降税啦，什么加强治安啦，其实都是非常宽泛，几乎可以适用于所有灾害时期甚至适用于所有时期。爆发洪灾该如何疏洪？爆发蝗灾该如何驱蝗？灾害预防措施是什么？灾民和灾区善后措施是什么？完全没有。救灾相当依赖救灾官员的个人能力和救灾经验，缺乏系统、全面、细致的救灾方针，这其实是古代荒政不够专业化的另一层表现。

所以，及至汉朝，我们会发现，根本不可能像现代社会一样，成立诸如防汛抗旱指挥部、地震局、消防局一类的专业灾荒预防、救治与善后部门，也缺乏专业的救灾人才和人才培养、输送渠道。因此在汉代，监察官员、财政官员、传达消息的官员，都可以主持救灾。

当然，这也不能完全归罪于统治者。就拿汉王朝来说，各项权力和职责重叠交叉其实相当普遍。如据《汉书·武帝纪》，大行令（主管朝廷与属国的外交）王恢在反对同匈奴和亲后，可以立即作为将屯将军，受命率军出征；另据《史记·酷吏列传》，立有军功的会稽太守朱买臣，可以晋升为主管宗室诸侯爵位封夺的主爵都尉；而据《汉书·韩延寿传》和1974年8月在内蒙额济纳旗破城子居延甲渠侯官遗址出土的《候粟君所责寇恩事》汉简等史料记载，太守、县令、县丞等行政官员，在实践中实际上也需要承担一定的司法职能，行政权和司法权不分在汉代乃至整个古代社会都相当常见。

这对老百姓而言可不是什么好事。在现代社会，房子起火了打119，地震自救知识有地震局负责普及，洪灾旱灾立即想到会有防汛抗旱指挥部开始运作救灾。可在古代，出现灾荒，百姓就算要向官府求助，也只能去找郡县行政衙门。可太守、县令们往往要处理一大堆涉及行政、司法、军事、经济等社会方方面面的事务，怎么有足够的精力去调配足够数量和足够专业的救灾资源及时参与救灾？

　　正因如此，相比起现代有庞大的国家机器主持救灾，社会力量只居于辅助地位的情形，古代实际上非常依赖官府之外的救灾力量参与救灾。例如，据《后汉书·盖勋列传》，东汉末年名将盖勋，曾在爆发饥荒时自行拿出家中存储的粮食救济灾民，"存活者千余人"；《太平御览·宗亲部》引班固等著《东观汉记》记载，魏谭曾在饥荒中救活了早逝哥哥的儿子；《三国志·卢毓传》也记载卢毓曾在饥荒中养育"寡嫂孤兄子"；至于黄巾军起义前张角借行医招揽部众，其实也可以看作对处于疫情中的民众的救治。

　　除专业力量不足和贪污腐败两大顽疾之外，汉代荒政机制其实还存在一个问题，那就是由于当时有关阴阳五行、谶纬一类的神鬼之说盛行，所以正如《周礼》所言"索鬼神"也是一个赈灾措施。当然，我们不能排除在现代社会，一些宗教的信众出于虔诚的信仰和悲天悯人的情怀，会向各自宗教尊崇的神灵祷告祈福，以求灾害尽快过去。但是，这只是个人行为，往大了说不过是某些宗教团体的行为，可如果连官府都这么做，那未免就太过离奇了。如据《后汉书·独行列传》，戴封任西华县令时，周边地区爆发蝗灾，结果蝗虫独独不侵入西华县境内。郡里派下来负责监察县乡的督邮来到西华后，蝗灾迅速蔓延至西华境内，直到督邮离开后蝗虫才离去。后来西华爆发旱灾，戴封祈祷无果，于是自焚求雨，而在他自焚的那一刹那，大雨倾盆，一县得救：

　　　　火起而大雨暴至，于是远近叹服。

"叹服"，好一个"叹服"。

如果祈祷次次有用，长安饥民也就不会在侯汶手下活活饿死了。

同样是《后汉书·独行列传》载，戴封最初举孝廉，后来回家奔丧。居家时恰逢朝廷下诏征召人才，他才又被举荐入仕，而这封诏书是这么说的：

> 诏书求贤良方正直言之士、有至行能消灾伏异者，公卿郡守各举一人。

这种陈词其实并不少见，东汉名臣左雄也提出过这个建议：

> 宜循古法，宁静无为，以求天意，以消灾异。——《后汉书·左雄列传》

客观地讲，希望讨好上天而消除灾荒，其实并不是毫无作用。因为统治者为乞求上天怜悯，往往会采取轻徭薄赋、减少奢侈、留心民生等积极措施。但就其将人间祸福全托于上天的内在思想来说，这种靠祈祷来救灾的措施，其实相当不靠谱。就算有一些成功的例子，比如蝗虫不入西华县，也充满了虚幻缥缈的神话色彩。

但古代官府的赈灾活动也不是没有成效。郑当时治水、盖勋（以个人身份）救饥，都取得了不错的效果。而且，汉朝时候的人们，还会通过发动灾民、囚犯和军队救灾，以及以工代赈，雇用灾民参加灾后善后工作等措施来配合救灾政策。救灾措施方面其实还是比较多元、完备，只不过受限于时代，一些措施的效果存疑而已。但是总的来说，时代的车轮滚滚向前，不可能指望古人有超越时代、比肩现代社会的一些制度建设成果。就汉代而言，多元的救灾措施和救灾力量，已经足以让我们窥见那个时代充满智慧而奔波于各受灾地区之间勤劳先民的身影了。

奇妙的汉朝
——冷门文化小知识

第五章

大儒董仲舒竟是个心理学家？不瞒你说，中国心理学的起步并不比西方晚，而董仲舒对犯罪心理学、司法心理学、教育心理学其实都颇有研究。不仅如此，事实上，强调环境保护，权力阴霾下的谥号定夺，以及唐诗中风靡的汉元素。

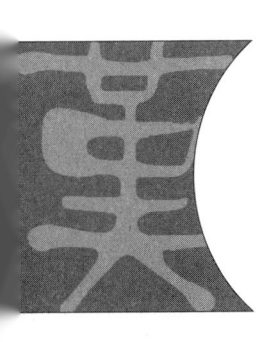

第一节

大儒董仲舒的第二职称——大汉首席心理学家

董仲舒,大家应该很熟悉,西汉思想家,初中历史教科书专门讲过的大儒。

心理学,一门社会科学和自然科学的交叉学科,彭聃龄主编的《普通心理学》将其定义为"研究心理现象的科学"。

董仲舒和心理学,二者看似无甚瓜葛。但实际上,站在中国古代心理学史的角度看,董仲舒作为一名哲学家,其实与心理学并非毫无关系。

心理学界主流观点认为,科学心理学诞生的标志,是1879年德国人威廉·冯特在莱比锡大学创立世界上第一个专门的心理学实验室。但是,这并不是说1879年之前人类在心理学领域的研究就是一片空白。科学心理学诞生之前的心理学,实际上长期依附于哲学、医学、神学等学科,因此1879年之前不是没有心理学,而是没有心理学这一门独立的学科。

由于这一节的内容属于中国心理学史或者说中国古代心理学史,因此这里暂不讨论西方心理学史。就中国古代而言,的确没有心理学这一学科,因此也无所谓古代心理学,但古人很早就对心理现象有所研究了。换言之,中国很早就诞生了心理学的萌芽,漫长的中国历史更是漫天散布着星星点点的心理学思想。

中国心理学发源于先秦哲学,历史上长期依附于以哲学为主的

其他学科。我国早期的一些思想家曾阐述过一些心理学思想，例如孟子曾说"心之官则思"，把心视为心理活动的来源，荀子的"形具而神生"观念则带有一丝唯物主义的意味。毕竟在中国古代心理学史上，最常提及者，是老子、孟子、荀子、董仲舒、韩愈等儒道人物。

心理学不是本书、本节的主题，因此中国古代心理学史先暂时介绍到这里。看到这里读者想必也明白了，董仲舒，或者说儒学，和心理学之间并非没有关系。而且需要补充的一点是，在整个西汉思想史中，董仲舒是和心理学史关联最大的学者。

董仲舒的心理学思想，较为系统的有犯罪心理学、司法心理学、教育心理学和情绪心理学四个部分，除此之外还有较为零散的几个观点。需要注意，如前所述，董仲舒的这些理论不是系统的心理学科学，之所以说有四个"较为系统"，是因为董仲舒的相关理论比较丰富、全面，笔者对其加以归纳总结，因此较为"系统"，并不是指它们是真正意义上的"心理学理论"。

犯罪心理学既是犯罪科学的分支，也是心理科学的分支，是以心理学的方法研究犯罪人与犯罪对策的一门学科。其中对犯罪人的研究既包括犯罪现象的普遍规律，也包括犯罪心理的形成机制等。董仲舒的犯罪心理学思想分为犯罪动机和预防措施两部分。其中犯罪动机有三：一为天性，二为大贫大富，三为对"性"不加教化，他提出的预防措施以性三品论和"利以养其体，义以养其心"为纲领，具体而言就是调均、限欲和教化。最后，董仲舒所说的预防和打击（"刑"）是统一的，也就是预防犯罪和打击犯罪并重。

这里我们先要说说董仲舒的性三品论。简单地说，董仲舒把人性分为"圣人之性""中民之性"和"斗筲之性"三部分，认为其决定因素是天，人天生即为圣人、中民或斗筲。其中，圣人

性善，不必加以教化；斗筲性恶，教化也无济于事，只能直接动用刑罚；只有中民之性"有善质而未能善"，值得且需要王者教化。

掌握了性三品论就可以理解犯罪动机中的天性论和教化论了——有人生下来就是恶人，所以会犯罪；有人值得教化却没有被教化，因而也会犯罪。前者就是所谓的"斗筲"，后者就是"中民"。最后，董仲舒还补充说，大富会使人骄横，大贫会使人忧心，骄横会导致暴力，忧心则会导致盗窃，而且这是"众人之情"。在这段论述中，董仲舒从社会经济的角度阐述了犯罪动机，要比他依天赋人性而得出的理论科学得多。

针对其对犯罪动机的阐述，除"斗筲"只能靠刑罚处置外，国家可以通过多种方法预防人数最多、可教化的中民犯罪，其核心理论是"利以养其体，义以养其心"，即物质利益和道德规范双管齐下。

具体而言，就是调均、限欲和教化。调均的依据是孔子提出的"不患寡而患不均"（"不患贫而患不均"是以讹传讹的说法，其原文是"不患寡而患不均，不患贫而患不安"，出自《论语·季氏》，其中"寡"指财富少，"贫"则指人口少），也就是使贫富分化保持在一个合理区间内。董仲舒把犯罪动机和社会经济结合起来是非常超前的一个理论，即便是用现代犯罪心理学理论尤其是财产犯罪心理的观点来看，这都是值得肯定的。

限欲，很好理解，就是限制欲望膨胀，贪求不满。董仲舒既反对禁欲主义，又要求对欲望加以节制，因为他认为欲望是无穷无尽的，无限发展下去的话将严重破坏社会秩序和道德风俗。但限欲不能仅仅依靠个人，还要靠国家的制度建设——更准确地说是强调等级制度，用"贵贱有等"来限制欲望膨胀。董仲舒对欲望畸形膨胀的忧虑是有道理的，但其中蕴含的严苛的等级制度，对阶层固化的鼓吹，又使他的这一理论并不完善。

最后是教化。教化分为两部分，一部分是以"仁"待己，一部分是以"义"教人，也就是"以仁安人，以义正我"。当然，和前文说的一样，需要且值得被教化的，只有中民。

与犯罪心理学紧密相关的是司法心理学。董仲舒的司法心理学思想主要是"大德小刑"和"春秋决狱"，这两个思想都带有浓厚的儒学色彩。

所谓"大德小刑"，也可以说成"德主刑辅"，其发源于先秦时期，不是董仲舒的原创，董仲舒原创的部分是把传统的"德主刑辅"同自己的阴阳学说结合起来，也就是"阳德阴刑"，把教化的地位置于暴力刑罚之上，"厚其德而减其刑"，把刑罚视为德教的补充——当然，还是排除"斗筲"，主要针对中民。

"春秋决狱"也叫"引经决狱""经义决狱"，即要求法官重点根据《春秋》等儒家经典而非国家法律来判案。《后汉书·霍谞列传》里就记载了一个"春秋决狱"的案例：

霍谞的舅舅宋光，因为非法刊印文章而被投进监狱。霍谞于是上书大将军梁商说，《春秋》里主张原情定过（还举了两个例子），今天我舅舅也是这种情况，那为什么不放了他呢？梁商看了之后还觉得很有道理，于是就真的释放了宋光。

这种引申经文来作为断案依据的行为就是"春秋决狱"，"原情定过"意思就是依思想而非行为来判断个体有罪与否，也叫"原心定罪""论心定罪"，核心思想就是"志善而违于法者免，志恶而合于法者诛"，动机足够善意就可以免于责罚，但只要动机足够坏，那怎么做都是有罪的。这种断案方式正是董仲舒所主张的。志善或恶的依据表面上是客观地依典籍评定的，但实际上全系于断案官吏的主观理解和个人好恶，因此"时有出于律之外者"，使判决在某些时候弥补法律不足的同时又使法律的权威性和公正性受到损害。

补充一句。由于司法心理学和犯罪心理学的理论有部分重叠，有较高的关联性，所以一些学者也把董仲舒的司法心理学思想归入其犯罪心理学思想，笔者这里将其剥离为二，两种分法均可。

第三部分就是教育心理学。董仲舒的教育心理学思想基于他的哲学思想，基础就是性三品论——没错，虽然不公平、不科学，但教育的主要对象还是中民。

这一部分和前文所说的犯罪心理学有一点联系，也就是说，教育也是预防犯罪的措施。除此之外，在教育内容上，董仲舒强调道德教育，旨在培养具有重义轻利等儒学道德修养的合格中民，教育内容当然无外乎三纲五常、儒家六经，尤其是董仲舒最擅长的《春秋》。相应的，他反对教授鸟兽草木等自然知识，原因是这不是圣人想说的。他所倡导的学习方法在我们今天看来纯属老生常谈、枯燥无味了，总结起来就是强勉努力、专心致志和精思要旨三点。

最后一部分是情绪心理学。董仲舒的情绪心理学思想，我国心理学界泰斗潘菽先生将其归纳为"情二端论"。所谓的"端"，就是最基本的情绪形态。人有几种和哪几种基本的情绪形态这个问题，在心理学领域说法不一，我们这里只谈董仲舒的部分。董仲舒在《春秋繁露·保位权》中提出人有好和恶两种基本的情绪形态，延续了之前《礼经》《商君书》和《韩非子》的观点。

这一个孤零零的观点能否归为董仲舒的情绪心理学观点，考虑到这一分类的主观性，笔者自己也是持怀疑、开放态度的。之所以归入，是因为笔者正好读到手边的一本华东师范大学出版社出版的《情绪心理学》，里边谈到基本情绪分类的问题，感到中国古代思想家对情绪分类的争论与近现代心理学家们的观点颇有几分相似（但董仲舒的二分法较为笼统简略），因此把董仲舒的这一观点列为他的情绪心理学思想。

上述四部分，是董仲舒的心理学思想中比较丰富（除情绪心理学外）、系统的部分，剩下还有三点不便分类，但也能归入心理学思想的零星理论。

一是人贵论，也就是对人在自然界的定位的认识，或者说是对人与其他动物的关系的认识。近代以来的一些心理学家在认识人和动物的关系时常常把二者混为一谈，即认为对其中一者适用的理论也适用于另一者，比如古典行为主义心理学的开山鼻祖约翰·华生就认为人和动物的全部行为都适用于刺激—反应范式。

而中国古代思想家所提倡的人贵论，强调人的独特性和重要性，不把人和其他动物相提并论。董仲舒对此的见解见于《春秋繁露·天地之行》：

> 圣人何其贵者，起于天，至于人而毕，毕之外，谓之物，物者，投其所贵之端，而不在其中，以此见人之超然万物之上，而最为天下贵也。

这段话的中心思想就是，所谓"物"是低贱的，人，哪怕是普通人都是高"物"一等的，所以就人这个群体而言，是全天下最尊贵的。

二是性习论，也就是研究人性的形成与发展。形成就是前文所说的天定人性，性为三品，但董仲舒也认可后天学习对塑造人性的重要性。

第三就是知行论，意即知和行的关系，董仲舒的观点则是知先于行，轻视行对知的作用。

最后需要注意一点，那就是无论董仲舒的心理学思想多么丰富，其中的某些见解多么荒谬或者超前，他的心理学思想始终没有脱离

这一时期世界各地心理学尚未成为一门独立学科的历史，因此他始终不能被称为心理学家，最多也只是对心理现象有所研究，并有一定理论成果的思想家、哲学家、儒学大师。

第二节

盛世共鸣：汉朝在唐诗中的新生

汉朝在后人眼中是个什么地位？这么说吧，中国人自古以来就喜欢把汉朝和唐朝并列，常常以"汉唐"来形容古代中国的强盛，不考虑严谨性，"汉唐"这个词有时甚至成为古代中国的代称。

首先我们要知道的是，古人一直不缺乏这种汉唐情结。例如元代的朱礼曾撰写《汉唐事笺》，专门记录汉唐之政；南宋文豪陆游在诗中把汉唐与自己所在的宋并列为"盛哉汉唐宋"；而"轶汉唐"（意思是超过汉唐）则几乎成为宋代诗人歌颂宋太祖的光辉和清代诗人赞扬大清皇威的固定句式。当然，古人吐槽时把汉唐并列的情况也有，比如《红楼梦》里贾蓉的那句"人还说脏唐臭汉"，《儒林外史》中周进斥责魏好古时也说"足下何须讲汉唐"，对此本节暂时不讨论这种现象。

现代，小说如金庸的《鹿鼎记》、陆天明的《省委书记》，历史类著作如李峰的《决战朝鲜》、岳南的《南渡北归》，以及其他各类书刊中，作者有意无意缅怀汉唐盛世的只言片语屡见不鲜：

户部尚书米思翰道："自古圣王治国，推重黄老之术。西汉天下大治，便因萧规曹随，为政在求清净无为。皇上圣明，德迈三皇，汉唐盛世也是少有其比。"——金庸《鹿鼎记》

再往远处说，中国在汉唐曾称雄世界，但曾几何时，千百年过去了，我们却被世界其他强国远远地甩在了后头，受尽了凌辱。——陆天明《省委书记》

我中华神土奇才异能之士多矣，若有一日能全民族团结

一心，何愁不能重归汉唐盛世，再显中华神威。——李峰《决战朝鲜》

但是，如果读者随意翻几首唐诗的话就会发现一个有趣的现象——除开怀古诗，唐代诗人，哪怕是生活在盛唐的诗人，总是特别喜欢在诗文中以汉代唐，一些军旅诗人甚至会把唐军比作汉军，把唐军的敌人描绘成当年汉军的敌人，以汉代唐，成为唐诗的标志性现象之一。这类诗作，笔者稍列举如下：

匈奴草黄马正肥，金山西见烟尘飞，汉家大将西出师。——岑参《走马川西行奉送封大夫出师西征》

汉家烟尘在东北，汉将辞家破残贼。——高适《燕歌行并序》

但使龙城飞将在，不教胡马度阴山。——王昌龄《出塞二首》

誓扫匈奴不顾身，五千貂锦丧胡尘。——陈陶《陇西行四首》

汉家旌帜满阴山，不遣胡儿匹马还。——戴叔伦《塞上曲二首》

汉儿尽作胡儿语，却向城头骂汉人。——司空图《河湟有感》

汉兵奋迅如霹雳，虏骑崩腾畏蒺藜。——王维《老将行》

九月匈奴杀边将，汉军全没辽水上。——张籍《征妇怨》

以上诗句，莫不是将唐朝的军队和敌人，都比作汉朝的军队和敌人。不过，上述诗歌多以征战为主题。但即便是非战争题材的诗，也有相当一部分以汉喻唐，例如：

汉皇重色思倾国，御宇多年求不得。——白居易《长恨歌》

君不闻，汉家山东二百州，千村万落生荆杞。——杜甫《兵车行》

汉地行逾远，燕山去不穷。——骆宾王《边夜有怀》

汉地行将远，胡关逐望新。——陈昭《相和歌辞·昭君词》

眼穿东日望尧云，肠断正朝梳汉发。近年如此思汉者，半为老病半埋骨。——元稹《和李校书新题乐府十二首·缚戎人》

麻衣右衽皆汉民，不省胡尘暂蓬勃。——刘景复《梦为吴泰伯作胜儿歌》

渭水自萦秦塞曲，黄山旧绕汉宫斜。——王维《奉和圣制从蓬莱向兴庆阁道中留春雨中春望之作应制》

其中，杜甫的《兵车行》虽然也是战争题材，但却是把唐朝国土比作了汉朝国土，和《边夜有怀》《相和歌辞·昭君词》更为接近。

的确，有一部分诗歌中的"汉"，或许更多的是民族概念，强调的是唐人与周边的少数民族在身份上的不同，但不可否认，唐诗中有大量的"汉"是作为"汉朝"这一含义使用。"匈奴"等词，还有《从军行》中的名句"黄沙百战穿金甲，不破楼兰终不还"里的"楼兰"，实际上也是间接地将唐自比于汉，因为实际上，据《汉书·西域传》，早在汉昭帝年间，亲近匈奴的楼兰王被汉朝使臣、平乐监傅介子杀死后，楼兰国就更名为"鄯善"了。鄯善后来被北魏灭亡。所以此时的"楼兰"，显然是王昌龄化用古代（汉朝）概念，以楼兰代指唐军的敌人。

那么，为什么唐朝诗人喜欢以汉代唐呢？如果说这种现象只存在于中晚唐的诗句中，那么还可以单独地理解为唐人对只存在于

记忆中却从来没有体验过的唐王朝往昔强盛的追忆。但事实却是，初唐诗人如骆宾王，以及李白、杜甫、王维等曾亲身经历过唐朝盛世的这些盛唐、中唐诗人，都喜欢以汉代唐。

因此，现在，我们必须正视这个问题，即整个唐朝诗歌界，均存在以汉代唐的创作风气，这一风气和唐朝衰落与否关系不大。

要究其原因，我们先来看《笑林广记》里记载的这样一个笑话：

一生赁僧房读书，每日游玩，午后归房。呼童取书来，童持《文选》，视之曰低；持《汉书》，视之曰低；又持《史记》，视之曰低。僧大诧曰："此三书熟其一，足称饱学，俱云低何也？"生曰："我要睡，取书作枕头耳。"

《笑林广记》成书于明清时期，使用的语言半白半文，很好理解。这个故事大概意思就是说，有个书生住寺庙里，让小僧人给自己拿本书。小僧人先后拿了《昭明文选》《汉书》和《史记》，书生却都嫌太低。僧人大吃一惊，这三本书精通一本就算博学了，书生为什么嫌三本的学问都太低了呢？书生方才解释说，自己是要拿书垫着脑袋，当枕头睡觉，正是此低非彼低。

这个笑话虽然是在拿书生开涮，但僧人的话也值得玩味，也就是说研透《昭明文选》《汉书》和《史记》其一的人即为博学。而且，我国古代一直都有针对某一经典著作进行研究的学问，那么有没有一门研透《汉书》就算博学的学问呢？

有！这个学问就是——汉书学。

到这里，汉和唐就联系上了。

汉书学兴起于魏晋南北朝，但"汉书学"这个词语始见于《新唐书·敬播传》，敬播是唐初史学家，唐太宗贞观年间入仕。但凡研究一个时代的文化，必定会涉及这一时期的社会环境和政治情况。当我们的视线触及唐太宗年间的史学家敬播时，离唐人重汉的社会环境宏观上的形成原因就很接近了——没错，这个原因正是以唐太宗为代表的统治者。

唐太宗对汉朝历史很感兴趣，他把《汉书》作为弘文馆学生必修科目，要求学生"《汉书》者……皆须读文精熟，言音典正"，自此"汉书学大兴"，涌现出不少精通《汉书》的学者。清代史学家赵翼就曾评论说：

《汉书》之学，亦初唐人所竞尚。

同时，唐太宗的诗文中也常有汉朝元素，如《咏风》就明显致敬乃至化用了汉高祖刘邦的《大风歌》：

大风歌（汉高祖）

大风起兮云飞扬，

威加海内兮归故乡，

安得猛士兮守四方！

咏风（唐太宗）

萧条起关塞，摇扬下蓬瀛。

拂林花乱彩，响谷鸟分声。

披云罗影散，泛水织文生。

劳歌大风曲，威加四海清。

刚才，笔者提到对唐人重汉的社会环境宏观上的形成原因时，并没有说是唐太宗个人，而是"以唐太宗为代表的统治者"。这就是说，除了唐太宗本人对汉史的喜爱，整个统治阶层的其他方面——可能是大臣，也可能太宗在其他领域的举措，也可能是初唐别的皇帝——也是影响因素。

　　这个在统治阶层当中把唐和汉连接起来的因素，就是初唐的政治理想和作为。"垂拱众流安"的唐朝为政方式并非如李白的诗中那样纯粹是"垂拱"般的道家无为，儒家的印记也相当明显。

　　例如，据《资治通鉴·唐纪·唐纪八》，唐太宗曾说，王者要至公无私，这样才能使天下服众。自己和百官的衣食来自百姓，百官也要为百姓服务。又据《贞观政要·论君道》，唐太宗认为："为君之道，必须先存百姓"。不光是唐太宗本人，他的侍臣，如魏征、詹何等人也鼓励太宗以"古义"治国。

　　换言之，唐朝强调"德礼为政教之本"，治国理念中的儒家王道理念较为浓重。帝王之下，仕宦知识分子对此也深信不疑。

　　说回汉朝。《汉书·元帝纪》中，汉宣帝的一番话已经把汉朝大多数时候的治国思想讲得很清楚了：

　　　　汉家（可见汉人也自称其国为"汉家"）自有制度，本以霸王道杂之，奈何纯任德教，用周政乎！

　　再说回唐朝。据《资治通鉴·唐纪·唐纪三十》，唐玄宗开元二十三年，也就是公元 735 年，殿中侍御史杨汪杀了嶲州都督张审素，张的两个儿子替父报仇，杀了杨汪。当时朝野舆论认为二人系为父报仇，情有可原，宰相张九龄也反对处死他们。但裴耀卿、李林甫主张依法判处死刑。唐玄宗对裴、李二人"如此坏国法"的观点深以为然，认为不能因凶手孝烈而破坏法律赦免他们，于是下敕将二人处死。张审素二子死后，民间筹款葬了他们，士人哀悼的诗文传遍了长安。这一案例说明了两个问题：第一，以德治国观念在民间和朝廷信奉者颇多；第二，以裴耀卿、李林甫为代表的一部分官吏，以及唐玄宗，并不纯粹依仗德教那一套治国。

　　换句话说，汉和唐的治国理念，都是以儒家思想为主，杂糅道、法等多家思想。两个王朝的这种王道政治氛围高度相似。

另外，汉唐之间缺少一个国祚长久、政局稳定、国力强盛又在文治武功方面颇得知识分子好感的政权分享唐人对汉王朝这一强盛前朝的向往：汉亡后，中原大地先后经历了三国、十六国和南北朝三大分裂时期，曹魏、东晋、后赵、前秦、北魏、北周和南朝虽然也曾雄霸一方，但至少在大一统这一硬性指标上明显不足以引起唐人惊羡，其他更无须多言；短暂统一的西晋和隋朝无论是国祚还是王朝形象、面貌也普遍不如汉朝。加之秦朝虽是第一个大一统的中央集权帝国，但无论是在制度还是多民族的融合趋势方面，作为继任者的汉朝的影响无疑更为深远、长久，甚至当今"汉族"的族名都直接来自汉王朝，下一个能享受汉朝这种待遇的，恰恰就是诗人们所处的唐朝（有唐人街这一类称呼）。

最后，还需要提到的是，汉朝是一个内政、文化、武功人才辈出的王朝，汉高祖、张良、萧何、韩信、汉武帝、卫青、霍去病等人都是中国历史上赫赫有名的人物，后世有不少诗词都是直接对其人及其功绩进行赞扬，或用他们来比喻、赞赏作诗对象，抑或是借肯定他们的事迹来抒发某一情感、表明某一观点，例如张九龄的《奉和圣制送尚书燕国公赴朔方》、胡曾的《咏史诗·沛宫》等。英雄辈出，也是汉朝的一个加分项，尽管人才辈出本身就在某种程度上得益于国祚长久。

因此，经历了数百年分裂的唐朝，更容易从汉朝身上找到归属感和认同感。从大环境上讲，唐人，尤其是唐代文人，他们心中有强烈的汉代情结就可以理解了。

中国自古以来的崇古传统也对唐诗的汉代情结有影响，但需要注意的是，这种影响不是唯一的，也就是说，崇古思想对唐诗造成了影响，对唐以前和以后的文学创作也同样有影响。在崇古思想下，唐诗中常见的一些汉代元素并不鲜见于其他朝代的诗歌。比如魏晋

南北朝的：

　　金风起汉曲，素月明河边。——佚名《七日夜女郎歌九首》

　　江上凄海戾，汉曲惊朔霏。——鲍照《秋夕诗》

隋诗：

　　漠南胡未空，汉将复临戎。——杨素《出塞二首》

宋诗：

　　何况一身辞汉地，驱令万里嫁胡儿。——曾巩《明妃曲二首》

　　汉地文书密，穷边岁月深。——赵崇嶓《汉地》

　　汉军十万控山河，玉帐优游暇日多。——欧阳修《送渭州王龙图》

以及元、明、清三代诗歌：

　　我问忠臣为何死，元是汉家不降士。——（元）王冕《劲草行》

　　收将汉地教耕去，捕得蕃酋命纵还。——（明）唐顺之《塞下曲赠翁东厓侍郎总制十八首》

　　发离汉地根先白，泪过秦山色变红。——（清）徐兰《归化城杂咏》

　　皇威轶汉唐，郡县分绝域。——（清）施补华《出嘉峪关作》

而最常见的"汉家"，最开始只是汉人对自己国家的自称，如东汉末年文学家蔡琰（也就是大名鼎鼎的"蔡文姬"）的《胡笳十八拍》：

东风应律兮暖气多，知是汉家天子兮布阳和。

史书中，汉朝人也经常自称汉家，比如司马迁就曾在《史记·梁孝王世家》里赞叹大汉王朝是"汉家隆盛，百姓殷富"。汉朝以降，"汉家"作为一种传统甚至套话，在其他文学作品中更是有着极高的出镜率。它们和前文说的单纯表明民族身份一样，不具有独特性。其实，今天有人以汉唐雄风比喻崛起的新中国，也是对古代盛世的记忆反映，是崇古思想在现代人身上的体现。对于崇古传统这一点不再赘述。只不过必须注意到，崇古和用典有的时候比较接近，但实际上二者并不相同，前者怀念前朝盛世的色彩要更加浓厚一些。

以汉代唐的另一种情况，就是以描写汉朝的某一事，隐晦地表达对当下李唐治下某一事件的观点，抒发某一种情感。有人将此细分为喻唐、拟唐等，但本质上都是一回事，可以用"委婉""隐晦"或"讽喻"二字概括。和上一段一样，这种情况在历史上并不少见，例如曹操就曾作《短歌行》，用春秋战国时期诸侯争霸但仍侍周王的历史表白自己虽权势熏天，但不会取代汉帝统治的想法。只是由于前文所说唐人对汉代的独爱，因此唐诗多以汉而非周来代唐。

但是，委婉表达既有可能是主动的，也有可能是被动的。被动的意思就是，因为某些原因，如法律、道德、创作传统等原因，而非自己的本意，在诗歌中用汉朝发生的事表达对唐朝发生的事的看法。

隋炀帝大业年间的进士、孔子第 31 世孙、唐初经学家、曾在秦王府侍奉唐太宗的孔颖达在《礼记正义》里曾说过："依违讽谏，不指切事情。"放在诗词创作中就是说，写诗作词的时候，对时弊的抨击、对皇帝的劝谏、对自己怀才不遇的感慨等都不能直接写出来，而要避讳，要委婉地表达，比较典型的例子就是杜甫在《登楼》中把唐代宗比作蜀后主刘禅、苏轼在《江城子·密州出猎》中暗喻自己为冯唐。因此，这种受制于类似创作规范的限制，也是诗人们

不得不被动地委婉表达感情的原因——照例，应该补上一句，唐诗常常自比于汉，同样是一般性原则下的特例。

第三节

一言九鼎？——这件事，连皇帝也言不由衷

秦朝亡于严刑峻法，基本上是汉代社会精英的共识。例如，贾谊在《过秦论》中，把秦朝灭亡的原因归纳为"仁义不施而攻守之势异也"，更早的陆贾则直言，如果秦朝"行仁义，法先圣"，那么它就不会二世而亡，刘邦也就不可能夺取天下，他基于这一论点阐述和扩展而成的《新书》，刘邦读后"未尝不称善"——可见，皇帝有好恶，但治国却不能依着性子来。

正是由于这种认识和觉悟，秦王朝在汉人的观念中不自觉地同"暴戾"联系起来，并由此产生了《史记》和《汉书》中屡次提及的那个专有名词——"暴秦"，如：

> 皇帝起丰沛，讨暴秦，诛强楚。——《史记·陆贾列传》
>
> 从百越之兵，以佐诸侯，诛暴秦，有大功，诸侯立以为王。——《汉书·高帝纪》
>
> 夫承千岁之衰周，继暴秦之余敝。——《汉书·礼乐志》
>
> 而顾与暴秦乱君竞为奢侈。——《汉书·楚元王传》
>
> 拾暴秦之敝，追亡周之鹿。——《后汉书·刘陶列传》
>
> 提干将而呵暴秦。——《后汉书·文苑列传》

这种认识自汉代代代相传，以至于"暴秦"在后人的口中几乎成了秦朝的代名词，"爱及暴秦""暴秦灭学""暴秦酷烈""暴

秦苛政""暴秦酷法"等类似记载不绝于史。

对"暴秦"认识的深刻，使秦朝推崇的法家理念在汉初失去了新政权官方意识形态候选人的资格。但实际上，汉初的统治阶层，并非没有表现出对法家思想的偏爱。就拿刘邦来说，据《史记·陆贾列传》，陆贾多次向刘邦称扬《诗经》《尚书》，刘邦则反驳称自己"居马上而得天下"，怎么可能信奉《诗经》《尚书》呢？这段记载反映出，刘邦原本偏爱的治国之道，是倾向于法家任刑重法的"居马上而得天下"之法，和陆贾推崇的以儒治国相去甚远，这种情况下陆贾才指出，刘邦"逆取"天下，但必须"以顺守之"。

法家思想到底是应该在汉初彻底被摒弃，还是在一定程度上得到保留，暂且不论。但上述记载可以证明的是，法家思想已经不可能像在秦朝那样，光明正大地作为核心治国理念存在。但这并不是说儒家在这场竞争中就已经胜券在握。

纵观中国历史，自汉武帝独尊儒术以来，儒家思想之所以能够成为历代王朝的核心治国理念，不是因为汉武帝的这项文化政策，而是因为儒家能够不断完善自身，不断向统治者证明自己的正确性和优越性，证明自己可以更好地为统治者服务。这对儒家的生存是至关重要的，不但具有现实意义和必要性，也是儒家思想自汉代起就和先秦儒学并不完全相同的关键所在。简而言之，即便秦亡于严刑峻法，如果儒学不能向汉王朝证明自己，那么它也不可能成为法家的替代品，稳居诸多治国理念的核心地位。

而就汉初史实来看，除法家外，儒家还有一个极具竞争力的对手——道家。黄老思想之所以能在汉初大行其道，同西汉社会内部因常年战乱导致的凋敝萧条，以及对外关系（主要是汉匈关系）中的相对弱势不无关系。据《汉书·食货志》，西汉建立之初，民众一度贫穷到易子而食，连皇帝出行都找不到四匹颜色相同的马，公卿将相不得不乘牛车出行。另据《汉书·刘敬传》，白登之围后，汉王朝意识到汉和匈奴在军事实力上的巨大差距，遂转而寻求和平相处。此后两国虽然不时爆发边境冲突，但并没有发生大规模的交战，总体上的和平局面一直维持到汉武帝时期。

基于此，休养生息、积蓄国力成为汉王朝的当务之急，张良"学辟谷，道引轻身"、曹参"一遵萧何约束"就是这一历史时期的鲜明写照，结合汉高祖"是何治宫室过度也"、汉文帝"中人十家之产也""常恐羞之"等史料，也可看出皇帝和百官公卿在休息调养的治国理念上达成了共识。不仅如此，据《汉书·儒林传》，儒生辕固生触怒了喜好《老子》的窦太后，窦太后遂令他与猪搏斗，《汉书·郊祀志》则记载，不喜儒术的窦太后逼死儒臣赵绾、王臧，废除了他们实行的一些带有儒家色彩的改革措施。因此，有的时候，其他学说的追随者对儒者的敌视也是阻碍儒家上位的重要因素。但不可忽略的是，出于对社会现实的考虑，就连一些儒生也不可避免地主动对道家带有认同感，如前文所说的陆贾，他就在《群书治要》中告诫高祖说：

> 道莫大于无为，行莫大于谨敬。何以言之？昔舜治天下也，弹五弦之琴，歌南风之诗，寂若无治国之意，漠若无忧天下之心，然而天下大治。周公制作礼乐，郊天地，望山川，师旅不设，刑格法悬，而四海之内，奉供来臻，越裳之君，重译来朝。故无为者乃有为也。秦始皇设刑法，为车裂之诛，筑长城以备胡越。蒙恬讨乱于外，李斯治法于内，事愈烦，下愈乱，法愈滋，奸愈纵。

> 秦非不欲治也，然失之者，举措大众、刑罚大极故也。

大意就是说，无为而治是治理国家最正确、最适合的理念，古代的圣人都是无为而治，才造就了盛世，而那个早早灭亡的"暴秦"，灭亡原因其实就是秦朝国事太繁，法律太密，军队太多，秦始皇、蒙恬、李斯，乃至整个秦王朝，都是"有为"而亡的教训。

一言以蔽之，在汉武帝独尊儒术之前，汉王朝是以黄老思想的无为而治作为核心治国理念，杂以部分儒家、法家等其他学说，人们也的确认为应当无为而治。这一时期，儒者并没有被完全排除出体制内，但也没有占据主导地位，所以此时证明自己的价值，和其他学说进行竞争，才是儒家的主要任务。

刘邦称帝后，新政权缺少规范群臣言行、体现君臣之别的礼仪制度。据《汉书·叔孙通传》，当时在宴会上，群臣饮醉争功，喝酒喝到高兴时还拔剑击柱，刘邦对这种混乱场面深感厌恶，儒者叔孙通于是抓住机会，提出为刘邦制定朝仪。

在制定程序和表现形式上，叔孙通的这套朝仪披上了儒家的外衣，制定者也是叔孙通和他从鲁地征召来的三十多名儒生，只是其中有两名儒生以"礼乐所由起，百年积德而后可兴也"拒绝参与朝仪制定。在具体内容上，朝仪"以尊卑次"，"执法不如仪者辄引去"，也就是说，这套朝仪注重尊卑秩序，而且礼仪不到位的要被御史拉走教训，这起到了"振恐肃敬"的效果，又暗含法家强调尊君卑臣的理念。朝仪制成后，刘邦非常高兴，于是拜叔孙通为奉常，其余儒生皆为郎，并赐以黄金。

这段记载有四个非常重要的信息：第一，儒家成功地向皇帝推销了自己，为汉儒上位迈出了关键的第一步；第二，法家思想的某些成分在某种程度上得到保留，但就朝仪而言，其法家因素处于儒家外壳的庇佑之下，反映出法家在汉初的尴尬地位、艰难处境；第三，承前一点，尽管汉代在很大程度上不认同秦朝的治国理念，但朝仪表明法家在汉代——或者说在历代封建王朝当中的政治生态中——仍有生存空间，法家可以也很应当作为新儒学和具体的治国政策的组成部分保留下来；第四，刘邦采纳朝仪，和叔孙通及鲁地儒生成功借此入仕，表明即便在以无为而治为主流的汉初，儒家和儒者也并非没有立足之地，相反，此二者始终没有远离国家政治生活。

当然，这只是儒学向汉代统治者证明自己价值的第一步。在此之后，陆贾强调"以顺守之"，国家应该用和暴力手段截然相反的治国方法，贾谊还认为"礼"是巩固政权、保证君王统治的重要工具，秦正是因为过于残暴而灭亡。事实上，西汉建立之后，武帝独尊儒术之前的汉代儒学史，就是一部儒者不断证明自身优越性的历史，统治者也的确给予了一些积极回应。这种趋势到汉武帝时仍然没有停止，而国内外形势的变化，为儒学独尊提供了绝佳机会。

就汉武帝个人而言，他的雄心壮志推动了汉王朝一个新纪元的开启，但这种雄心壮志也离不开物质基础的支持。据《资治通鉴·汉纪·汉纪十》，为了联合曾被匈奴驱逐到西方的大月氏共同夹击匈奴，武帝即位后不久，就派张骞出使西域。这场带有军事目的的远行，暗示汉王朝对匈奴的政策，已经开始由守转攻。

需要注意的是，"月氏"这个词的读音，学术界有两种观点，"氏"在这里音同"支"基本达成了共识，只是"月"究竟是发音同"越"还是同"肉"，仍然存在争议。这个问题笔者没有太多的研究，只是粗略读过一些持不同观点的学者的论述，个人更倾向于"越支"的读法。读者也可以根据自己的理解选择自己认为正确的读音。

回到主题上来。汉王朝采取更积极的对匈政策，既表明国家内部物质条件已给予统治者极大的雪耻信心，又进一步证明武帝需要更好地掌控全国局势。即便去掉匈奴这一外患不谈，武帝即位初期的汉王朝，黄老思想已经不再适合作为核心治国理念，潜在问题严重到即便没有匈奴这一外患，国家也很可能会面临一系列的内部危机。

西周以降，国家政治结构经历了从分封制到郡县制的转变，其间还有郡国并行制这一过渡结构。至于郡县制和郡国并行制的区

别，笔者认为主要在于两种制度下诸侯国独立性的强弱。例如西汉初年的诸侯王具有较大的行政权和军权，王国的独立性远高于郡，这个时候称之为郡国并行制并不为过；但后来诸侯国疆域缩小，诸侯王权力急剧下降，王国蜕变为与郡相当的一级行政区划，这个时候即便王国仍存，称之为郡县制更为妥当。

从经济基础的角度看，郡县制取代分封制，其实是小农经济成为国家经济基础在上层建筑上的表现。以小农经济为基础的汉王朝，自然而然地追求大一统和中央集权，宽松放任的黄老思想注定只能作为特定历史时期的过渡意识形态，帝国亟须一套能够适应经济基础的思想理论。更重要的是，奉行无为而治的黄老思想无法解决民众弃农趋商、诸侯王以下犯上的问题——尽管诸侯王势力在汉高祖和汉景帝时期两次遭受重创，但却仍然是武帝的心头之患。如据《汉书·景十三王传》和《史记·淮南衡山列传》记载，武帝在位期间，就接连有江都王刘非、淮南王刘安、衡山王刘赐三位诸侯王意图谋反；而早在汉文帝之时，贾谊就在《治安策》中指出，若不着手处理诸侯王，那么他们"必为痼疾"，他甚至还极有远见地循着日后"推恩令"内含的思考逻辑提出了解决方案：

欲天下之治安，莫若众建诸侯而少其力。

换句话说，儒学如果想成为官学，那么就必须替武帝解决中央集权的问题，必须创造出一套与现实相符的治国理念。

董仲舒之前的儒者，如叔孙通、贾谊，虽然也提出了一些可靠的理论，或有一些令人称道的实际表现，但他们之所以没有成为使儒学成功上位的"董仲舒"，既有经济凋敝、保守派当权等客观因素，也和他们自己的理论不完备、不系统有关。因此董仲舒的成功，除因为个人能力外，还因为正好赶上并抓住了历史机遇，说得直白一点，他的运气就要比叔孙通、贾谊好得多。

董仲舒的学说，涉及范围极广，宏观的包括三纲（三纲的思想精髓是他提的，但"君为臣纲，父为子纲，夫为妻纲"这三句话是后人总结的，不是董仲舒的原话）五常、君权神授等理论成果，或者说是需要践行的意识形态，具体的则包括儒者入仕、改制、废郡国庙（但是没有废成）等改革主张。

和过往儒学不同的是，董仲舒的新儒学，融入了大量阴阳五行学说。比如他在《春秋繁露·同类相动》中说，天地有阴阳之气，人也有阴阳之气，这两种阴阳之气同类，可以互相感应。此一理论就是所谓的"天人感应"，据此，《春秋繁露·必仁且智》中才说，灾害是上天的谴责，是对国君失政的警告。阴阳五行学说在汉代很有市场，是世人普遍信奉的世界观。在《汉书·董仲舒传》中，武帝在策问董仲舒时就非常重视灾异、鬼神问题。阴阳学说和儒家学说的高度融合，是早期儒学所没有发生过的。

董仲舒的新儒学，从思想史的角度看，是儒家学说对阴阳家（还有法家、道家等，暂且不论）学说的吸收糅合，从当时的角度来看，阴阳五行元素的存在进一步塑造了皇帝和皇权的神圣性、正当性，又一定程度上限制了皇帝的过分行为（多少照顾到了大臣和平民的利益），还拥有了一种更具有普世性，更有利于推广、贯彻的面貌，这无疑是董仲舒的高明之处。

这样一来，皇权独尊，君（皇帝）臣（反皇帝的势力）分明，皇帝一切强干弱枝的政策均有了理论支持，而且这一理论更具有说服力，更加全面，使皇帝对全国的控制力度骤然提高。

自此，儒学正式披上官服，成为汉帝国乃至延续两千多年的中华帝国的核心治国理念。即便它在不断完善的过程中吸收了不少其他学说的内容，并以"德主刑辅""天人感应"等治国理念的方式保留下来，但始终没有丢弃"仁""礼"等儒学既有核心概念，也没有完全放弃对其他沦为边缘学派学说的信仰，例如，据《后汉书·孝桓帝纪》，公元 165 年正月，桓帝遣中常侍左悺前往苦县祭祀道家鼻祖老子：

（桓帝延熹）八年春正月，遣中常侍左悺之苦县，祠老子。

战胜其他学派后（主要是道家），儒学的官方意识形态地位已经确立，此后再未遇到足以颠覆这一根本地位的学说，不过随着谶纬的兴起和古文经学、今文经学对立的加剧，儒学内部分歧愈加明显。单从学术角度看，百家争鸣并无不妥，但作为官方学说，儒学只有先完成内部统一，才能发挥教化百姓、钳制诸侯豪强等作用。

谶，是指预言吉凶的文字，纬，则是指儒学神学化，用鬼神之说解读儒家经典，时间上谶先于纬出现。古文经则是指用先秦文字书写的儒家经典，对应的，今文经就是以汉代文字书写的经文。谶纬、古文经学、今文经学这儒学内部的三大派系互相攻讦，争夺经典解释权，使儒学思想混乱，若继续任其发展，甚至有可能出现危及汉廷统治的风险。因此，在儒学成为汉代官方意识形态后，汉王朝召开了一次带有浓厚政治色彩的官方学术会议，以正本清源，使儒学更好地为帝国服务。站在今人的角度看，尽管这次学术会议发生的时候，儒学的正统地位已经无可动摇，但它的意义仍然十分重要——巩固儒学的正统地位，使儒学更紧密地和帝国捆绑在一起。

这次在重儒尊儒和儒学内部分歧严重的背景下召开的学术会议，地点在洛阳白虎观，现在多称为"白虎会议""白虎观会议"，主持人是东汉王朝第三位皇帝——汉章帝刘炟，包括班固、贾逵等经学家在内的"将、大夫、博士、郎官及诸儒"参加。据《后汉书·儒林列传》，章帝亲自参与这场"考详同异"的学术会议，现场裁决正误，并命令史臣著书记录。最终白虎观会议"连月乃罢"，并留下了一份类似于治国纲领的《白虎通义》。

白虎观会议对大量儒学概念和理论进行整理正义，并从官方层面将经学与谶纬结合，和董仲舒的新儒学比起来，更加富有西汉末年以来的"时代特色"，也印证了之前所说儒学在不断完善中证明自己的结论。白虎观会议之后，儒学一改作为官方意识形态的支离破碎之貌，整顿了混乱的思想秩序，以更利于朝廷统治的面貌出现在世人眼前。

例如，为顺应中央集权加强的必要性和趋势，《白虎通义·三纲六纪》提出"君臣、父子、夫妇"三纲和"诸父、兄弟、族人、诸舅、师长、朋友"六纪，既是对社会关系的规范，又通过"君为臣纲"等观念强调阳尊阴卑，父权至上，君权神圣。《白虎通义·爵》又强调皇帝"父天母地，为天之子也"，强调皇帝的神圣性和专断性，尤其是借助阐明皇帝和天的关系，证明皇帝是"符瑞所以来至者"，也就是说，皇帝由是垄断了符瑞谶纬。

这一点很重要，毕竟，前面篡位的王莽，就特别喜欢符瑞、谶纬，就是靠这套把戏神化自己，为自己篡位、施政寻找正当性的。推而广之，哪一位野心家，不喜欢证明自己是天选之人，是不可侵犯的帝胄之尊呢？

刘秀、袁术、李世民都表示很有道理。

最后，司马光在《资治通鉴·汉纪·汉纪六十》的末尾总结说，东汉末年天下大乱，可即便汉室衰微、献帝蒙尘，全天下也"以尊汉为辞"。不敢擅自称帝的曹操，遵从毛玠的建议挟天子以令诸侯就是一个典型：

> 然州郡拥兵专地者，虽互相吞噬，犹未尝不以尊汉为辞。以魏武之暴戾强伉，加有大功于天下，其蓄无君之心久矣，乃至没身不敢废汉而自立，岂其志之不欲哉？犹畏名义而自抑也。由是观之，教化安可慢，风俗安可忽哉！

官方意识形态地位确立于武帝，巩固于章帝时期的儒学，对汉

帝权威的塑造不可谓不深远，对汉王朝统治的巩固立下汗马功劳。袁术过早称帝，却缺乏儒家构建的称帝法理，实际上这也是他遭到诸侯围攻、摒弃，最终早早退出汉末逐鹿行列的一个重要原因。

  但是，无论多成功的思想政策，都不可能逆转汉室衰颓的大势。比起挟天子的曹操，贸然称帝的袁术处于法理的下风，却也暗示了汉朝大厦将倾，诸侯蜂起角逐的客观现实。更何况，将仅由尊奉汉帝传统观念维系着的东汉推入坟墓的，正是曹操一手栽培的继承人——曹丕。

第四节

大汉王朝薄纸上的万丈雄心——赋

一代有一代的代表性文学，这些文学形式往往在对应的朝代发展到其历史的最高峰，而两汉对应的就是赋。民国学者王国维在《宋元戏曲史自序》中，将汉赋与楚骚、六代骈语、唐诗、宋词、元曲并列，誉之以"后世莫能继焉者也"。赋在两汉的兴盛，绝非一种偶然现象，而是有着深厚的现实和历史基础。

汉赋篇幅较长，强调"铺采摛文，体物写志"，辞藻华丽和托物言志是它的主要特征。行文风格接近这种普遍风格的辞赋家和赋作，多属于西汉中期或之后的时代，而在汉武帝之前，汉赋的这些特点表现得不是很明显，不但辞赋家和赋作数量较少，而且风格上也没有特别倾向于"铺采摛文，体物写志"。

例如，汉文帝年间的辞赋家贾谊就是两汉早期赋家代表人物，他的赋均为骚体，内容上以咏物抒情为主。这主要是因为，汉初是汉赋的发展时期，其时代特色相对不成熟、不明显，受先秦文学影响较大，经历了汉初的发展之后，汉赋才于西汉中期开始成熟兴盛起来。

经过高、惠、吕、文、景半个多世纪的韬光养晦，至汉武帝在位时期，西汉王朝的国力已经达到全盛。对内，武帝采纳董仲舒的建议，"罢黜百家，独尊儒术"，启用年号，并通过告缗令、推恩令、附益法等措施重拳打击富商巨贾和地方诸侯王，达到了聚财于国和强化中央权威的目的；对外，汉军四方出击，征服或击败了周遭的匈奴、朝鲜、百越等势力，西域、岭南、西南夷、朝鲜半岛等地区

259

被纳入西汉版图或势力范围，帝国在政治和军事上达到了建国以来的顶峰。

大量积累的国家财富不但用于消除国内外统治威胁，还要承担统治者治国理政和奢侈享乐的需要。如据《汉书·武帝纪》，汉武帝在位期间"兴太学，修郊祀，改正朔，定历数，协音律，作诗乐，建封禅，礼百神，绍周后"，再加上这里未提及的修建宫室和林苑、搜集奇珍异兽等奢靡活动，无一不开支巨大。

即便把目光转移至下层民众，我们也会发现汉赋同样不缺生存土壤。据《汉书·食货志》，至汉武帝初年，除非遇到严重的自然灾害，不然民众家家富足，用于救济的钱粮多到腐坏。相对高水平的物质生活加上对外族的军事胜利塑造了汉人积极乐观的心态，其视野不再局限于一家一室，而是望向了时间和空间的极限——宇宙。一代文豪鲁迅在《看镜有感》一文中对汉人"不至于为异族奴隶的自信心""最健康的民族心态"的感慨，正是一种基于此的精辟准确的观察和总结。

"文学是现实生活的反映"。无论从客观环境还是主观需求来说，此时，国力极度强盛的汉王朝、纸醉金迷的统治者和自信开放的社会面貌需要一种能反映这一时期国家宏观精神状态和物质成就的文学形式，于是以铺陈辞藻、行文华丽为特点，重点描写事和物的汉赋应运而生，司马相如的《子虚赋》《上林赋》就是这一时期的代表性作品。

不过，以文学艺术作品歌颂盛世和功绩，不是汉朝独创的。先秦时就有歌颂盛世的传统，如《诗经》中的《颂》，即是歌颂祖先功绩；再如据《吕氏春秋·古乐》，皋陶曾作《夏籥》歌咏大禹。而据《文选·武帝·贤良诏》，汉武帝曾要求对策贤良就歌颂先帝伟业进行论述，汉宣帝年间的辞赋家王褒则批评称不赞扬盛世的臣子为"鄙"。显然，歌颂盛世的传统被一种好大喜功的心理进一步放大，由是强化了汉赋的这一特点。

除上述几点外，造就赋兴于汉还有人才、齐文化、周文化与方士文化等几个方面的原因。

其实，汉赋大家如司马相如，前面已经提到了。只不过在前文中他们是作为历史环境的结果出场的。但我们不能忽视的是，这些辞赋家本身也是历史环境的一部分，他们在某种程度上本身就是汉赋兴盛的表现，但站在另一个角度看，司马相如等人同时也是汉赋兴盛的原因。

两汉辞赋家数量之多，远超其他朝代，而且跨越了等级和性别的限制，但在籍贯上却是南多北少：既有枚乘、司马相如、王褒、扬雄等男性辞赋家，也有汉成帝时班婕妤（婕妤是武帝时设立的一种后妃等级称号）这样的女辞赋家，《隋书·经籍四》记载有《班婕妤集》一卷，但大都失传，她流传至今的赋只有《自悼赋》和《捣素赋》；从身份等级上看，平民（如庄忌）、诸侯王（如淮南王刘安）、皇帝（如汉武帝刘彻）均以作赋为乐。

赋作为兴起于西汉中期的文学形式，某种程度上是文学对时势的回应，但这其中也蕴含了它的另外一个作用，一个和它的全民性息息相关的作用——娱乐。据《汉书·枚乘传》，枚乘儿子枚皋"为赋颂，好嫚戏"，故而得到宠幸；《汉书·王褒传》则记载说王褒靠诵读奇文和作赋使太子"疾平复"；又据《西京杂记·卷四》，梁孝王游忘忧馆时，召文士作赋娱乐。带有娱乐性质的赋流行汉地，和前面说的外患破除、国家富强安定、民众乐观自信的心态有关，这一点不用赘述。

需要强调的是另外一点，也就是齐文化和周文化对汉赋的影响。

兴起于齐国，后在汉初成为国家内政指导思想的黄老之学，就作为一种齐文化加入了汉赋的形成过程。一方面，由于国家秉持"无

为之治"，对诸侯王和社会文化的管制较为松懈，这样一来形成了自由的创作环境，二来在中央政府"勿用辞人"风气的影响下，又为辞赋家提供了诸侯王国这一生存和发展平台，梁孝王刘武、淮南王刘安，都是喜纳门客的辞赋爱好者，这其实是战国门客之风在汉初的一种残留。具体而言，司马相如、邹阳、庄忌、枚乘、路乔如、韩安国等人曾事梁孝王，刘安"招致宾客方术之士数千人"，他本人则有赋八十二篇、王国群臣有赋四十四篇。就连吴王刘濞，都接纳过辞赋家如邹阳、枚乘。

再者，中央对诸侯王相对放任的态度，导致诸侯王国的独立性大增，无为而治的统治政策、诸侯王对王国强大的控制力，以及如分庭抗礼等诸侯王主观因素，使地方上诞生了一些"富埒天子"的王国，比如靠铸钱和煮盐致富的吴国，以及本就处于土地肥沃之地的梁国，这为诸侯王广纳宾客提供了足够的号召力和财力，也为辞赋家提供了稳定而充满素材的创作环境，为王国衰落、中央集权程度提高后的西汉中后期储备了大量辞赋人才。

另一方面，黄老之学作为国家主流思想的存在时间和汉赋早期形成阶段大致重合，其对客观世界的肯定，对"道"的认识，促使汉赋开始从抒情向"体物"转变，这也是西汉早期和中期以后的赋在风格上存在差别的原因之一。

如果要把黄老之学和汉赋的联系深究，那就不得不提到道家中鼓吹长生不老的神仙派，但这又和阴阳家思想及方术文化联系在一起。脱胎于阴阳家，此后又抛弃了阴阳家鼻祖邹衍提倡的"大道"，专修"方仙道"的方士，直至汉代仍因不老、成仙、聚宝等能力颇受皇帝喜好。方士动辄就是"神鬼"之语，辞赋家也志在"苞括宇宙，总览人物"，因此才有场面宏大者如《子虚赋》和以神仙为题材者如《大人赋》一类的赋——当然，也可以说，方士文化和汉赋之间存在一个媒介，那就是喜好方术和赋的皇帝。

以娱乐、赞颂为主的汉赋，同样具有讽谏功能，这类汉赋的代表作是枚乘的《七发》，这篇赋的主要内容是吴客和生病的楚太子之间的对话。《七发》所赞"怪异诡观"虽带有一些黄老色彩，但枚乘亦借此对统治者的奢靡行为进行了批驳，仍不失讽谏作用。

　　不过，尽管如此，总的来说，汉赋讽而不以为长，但周文化影响下的文学传统又掣肘了辞赋家的创作心理，对赋和辞赋家提出了"讽"的要求。如据《汉书·王褒传》，汉宣帝曾称"辞赋大者与古诗同义"，所谓古诗"义"，即儒家强调的讽谏，儒家经典《诗经》中就有不少的讽谏诗，主要集中在《雅》这部分，如讽谏周厉王的《民劳》《荡》和讽谏周幽王的《节南山》《雨无正》。司马迁在《史记·太史公自序》说《子虚赋》和《大人赋》辞藻华丽，可是在讽谏方面却"无为"，比如两汉之交的辞赋大家扬雄亦曾为难以赋讽谏而苦恼。

　　如何把讽谏和赋结合起来，并非本节的重点。重点是，这个问题本身就是周文化或者说深受周文化影响的儒家文化对汉赋的结构和思想进行影响，从而使辞赋家在创作时注意"讽"的表现。

第五节

首都大选——长安和洛阳是怎样脱颖而出的？

首都，古人常称之为"国都""都城""都邑""京城""京都""京邑""京师""都国""国邑"或单一个"都"字，"首都"一词则在清末民初才逐渐流行，多见于《雍正剑侠图》《孽海花》等近代小说。首都一词，是指中央政府驻在地，乃是一国统治中枢所在。选择哪一座城市为首都，是一个事关国家发展乃至生死存亡的严肃议题。历史上，先后有四座城市，共计五次成为汉王朝的首都，它们分别是西汉的洛阳、长安以及东汉的洛阳、长安、许昌。那么，汉朝人是怎么选择首都的？这四座城市为什么会成为汉王朝首都呢？

按照时间顺序，我们先从汉高祖刘邦时期看起。

公元前202年，刘邦在山东定陶汜水北岸称帝，国号汉，定都洛阳，是为汉高祖。刘邦登基后做的第一件事就是诏封吴芮为长沙王、无诸为闽越王，随后就向西定都洛阳。不久后，戍卒娄敬求见刘邦，指出都洛阳不如都长安，这一意见得到了张良的支持。

据《资治通鉴·汉纪·汉纪三》，群臣对首都的选择有过一番辩论。此时的首都候选城市分别为洛阳和长安。支持定都洛阳的大臣给出的原因很简单：周室经营洛阳数百年，其东有成皋，西有殽山（也写作"崤山"）、渑水，依靠伊水和洛水哺育，城防坚固。除此之外，还有一个因素，那就是"群臣皆山东人"，山东是群臣根基所在，也就是说，定都崤山以东的洛阳，既可以保证首都安全，还能够满足群臣的思乡之情，并保证其势力的存在、延续和发展。刘邦为什么选择洛阳，史书没有记载，但从山东群臣说出这番意见后，刘邦没有明确反对而是咨询张良的反应来看，或许他自己都拿不出充分的定都理由，也可能是他默认了群臣的观点，至少是不反对。

定都长安的原因，就要比定都洛阳充分得多了。娄敬和张良给出的理由很多，稍加总结可归纳如下：

（1）刘邦夺取天下的方式和周室不同，所面临的天下局势也不一样；

（2）关中秦地经济发达，有"天府"美誉；

（3）秦国故地防卫条件好，进可攻退可守，洛阳的地理位置则要差一些。

我们来一个个分析这三个条件，看看为什么刘邦会同意娄敬提出的这一迁都方案。

首先，第一点，也就是汉周夺取天下的方式不同。西周对其政治中心有"成周"和"宗周"两个称呼，其中，成周指洛阳，宗周指西岐还是丰镐存在争议，这里我们可以粗略地把宗周称为西周的西都，但同时宗周也可以代指洛阳，例如《穆天子传》中有一句"自宗周瀍水以西"，其中"瀍水"就是洛阳境内的一条河。

娄敬认为，周以分封制治国，洛阳位于天下中心，交通便利，有助于诸侯朝见周天子，而且相比起西周初年，西汉初年的经济状况要差得多，社会经济尚未恢复，统治也不稳定，这种情况下不宜在位于天下中心的洛阳定都。

其次，刘邦在咨询张良的意见时，张良就指出，洛阳虽然坚固，但面积小，土地贫瘠，而且四面受敌，"非用武之国也"。相反，关中地区农业发达，面积广阔，可以据北、南、西三面而守，唯向东震慑天下。和平时期，关东地区可以向长安输送粮食，战时朝廷军队可顺黄河、渭水而下平叛，军事、经济条件较洛阳更为优越。

不得不承认，即便我们后人开启上帝视角来看，张良的观点也是非常有道理的。汉景帝时，吴王等七个诸侯王发动叛乱，河南正是主战场之一，汉军和梁国军队在这一地区同叛乱的吴楚联军展开激战，如果当初定都洛阳，那么首都必然会遭到叛军的威胁。更进一步设想，届时汉廷将面临明朝末年崇祯皇帝所面临的问题：迁都将大大打击官军士气，朝廷的脸上也挂不住，可不迁都的话，朝廷被叛军一锅端的风险近在咫尺，如何选择是一个两难的问题。

由于自然条件优越加上秦国数代君主经营，关中经济也要比饱受战乱摧残的中原地区好得多。据《左传·僖公十三年》《史记·货殖列传》《汉书·东方朔传》《汉书·司马相如传》《汉书·地理志》等典籍各篇章记载，自秦至汉初，关中气候温和，土地肥沃，粮食产量高，盛产粳稻、梨粟、桑麻、竹箭、柑橘等作物，有"陆海"之称。而且，战国时期，秦国出于完善后勤以备攻伐的目的，大力发展关中和巴蜀农业，并修建了著名的水利工程——郑国渠。即便是在秦朝末年天下大乱之际，关中虽有战乱，但并非诸侯争霸和楚汉战争的主战场，受到的破坏相对较小，更便于恢复和发展社会经济。司马迁曾说关中虽然只有天下三分之一大小，但却有天下十分之六的富饶，班固也在《汉书·沟洫志》中称"衣食京师，亿万之口"，西汉定都长安后关中经济的大发展就证实了张良、娄敬观点的正确性和关中经济的巨大潜力。

第三点是从军事角度考虑的。刘邦登基时，项羽已死，新王朝的敌人主要有两个，一是北方的匈奴，二是东方的异姓诸侯王，坐镇长安，正是出于防备匈奴和诸侯王的目的。

正如张良所说，洛阳位于四战之地，极易遭到来自内部的军事威胁。面对异姓诸侯王这一主要内部威胁，坐镇长安的皇帝退可凭函谷关拒守，进可顺黄河、渭水出击，用娄敬的话说，就是扼住了诸侯王的咽喉。

同样,西汉把统治中枢放在关中这一比中原更靠近匈奴的地区,对匈奴,可以起到震慑、防范的作用,对西域,则更便于经营、控制。意大利政治思想家尼可罗·马基雅维利在其政治学名著《君主论》中提及君主亲自坐镇被征服国家的优点时论述说:

> 最好也最有效的(保有征服者与被征服者异种的占领地)办法是占领者亲自坐镇占领地,这样统治权才能稳固而持久,就像土耳其人占领希腊那样。如其不然,不论采取多少预防措施也不可能保有那一片占领地。就是因为人在现场,乱事初起即可迅雷不及掩耳加以平定,否则听到动乱的消息已经事态严重,根本来不及亡羊补牢。此外,有君主坐镇,官员不至于豪夺强取,平民也乐意就近求助于君主。这来,愿意效忠的人更有理由心生爱戴,图谋不轨的人更有理由心生畏惧。在这样的情况下,想要进犯那个占领地的外国势力势必踌躇不前,因为要丧失君主亲自坐镇的占领地,戛戛乎其难。

当然,马基雅维利所说的"君主",更多的是指中世纪小国林立的意大利境内各个城邦(如佛罗伦萨、比萨、锡耶纳等)的君主,而不是汉王朝这种疆域广阔的帝制政权的君主,但其实这里对我们理解西汉定都长安的正确性并无阻碍。对西汉而言,定都长安,可以更好地统筹对匈奴的外交和作战,提高政府在匈奴事务方面的运作效率。

除上述三点外,长安还有一点和洛阳持平,有一点是对洛阳的优势:第一,长安经周、秦两代,其首都建设也有一定规模,并不是寂寂无闻的小城;第二,据《史记·高祖本纪》,刘邦灭亡秦朝、入主关中后,曾与秦民约法三章,而秦民反应是"唯恐沛公不为秦王",也就是说刘邦本人在关中有一定的威望,是民心所向的统治者,然而他身边的大臣都是山东人,一定程度上出于维护自己的利益而反对迁都，所以定都长安也有助于削弱群臣的势力，巩固皇帝的统治。

自西汉中期起，关中地区由于人口膨胀导致人地矛盾突出，社会经济颓势渐显。西汉灭亡后，关中和长安因王莽的弊政、混乱的社会治安和战争而急剧衰落，因此长安至东汉初年时已经不是一个理想的首都了。

从之前引用的史料来看，西汉初年，关中土地肥沃、粮食充足，土地承载力强。但是，最晚在汉武帝时，关中或许已经无法自给粮食。据《史记·平准书》，汉武帝时，长安就需要其他郡县输送粮食。这一方面是因为当地出生人口增多，移民、商贾等外来人口进一步推动人口膨胀，另一方面也是因为气候变化。自西汉初年至王莽时期，雪、霜等低温现象出现频率不断提高，气候也愈发干旱。人为因素和自然因素交织在一起，即便没有汉末战乱，长安也很可能会逐渐失去它的经济优势地位。

西汉末年至东汉建立这段时间，关中在承受着日趋严重的自然灾害肆虐的同时，还进一步遭到人为的重创。譬如，据《汉书·食货志》，新莽末年，有数十万流民涌入关中，然而由于赈灾不力，高达十分之七八的灾民饿死；又据《资治通鉴·汉纪三十二》，赤眉军攻克长安后，曾有三辅的地方官员向赤眉军拥立的皇帝刘盆子进贡，结果却被士兵抢走，而且这些士兵还多次劫掠官吏和百姓。此类破坏关中基建、经济，袭扰乃至屠杀官吏、平民的事例不计其数，这是长安在东汉建立后未能再次成为汉都的重要原因。

其次，相比起西汉初年匈奴咄咄逼人，汉军只能被动挨打的局面，东汉初年的外部环境要好得多。匈奴虽然还没有被完全打垮，但汉武帝至宣帝年间的一系列军事行动已经重创匈奴的力量，更不用说南匈奴的归顺，因此东汉可以较少地考虑新都城在应对北方强势少数民族军事威胁方面的作用。

张良已经分析过洛阳相比长安的劣势，但一方面，东汉初年长安已经衰落，洛阳优势更明显，另一方面，对东汉王朝而言，抛开长安，洛阳和其他城市相比，在社会经济、城市建设、军事防御等方面是最具有首都潜力的城市。

　　就经济而言，《尚书·禹贡》曾评价洛阳所在的豫州时说当地"田中上"，而且洛阳又有洛水、伊水、瀍水等河流提供生活和生存必需的水资源，并存在一定规模的森林。商业上，据《资治通鉴·汉纪三》和《史记·货殖列传》，洛阳交通便利，商业交流覆盖齐、鲁、梁、楚等地。新莽时，王莽在都城长安和另外五个主要商业城市设立管理市场的五均司市师，洛阳就是其中之一。可见自西汉初年到新莽时期，洛阳一直是天下主要的商业城市之一。换言之，洛阳在历史上相当长的一段时间内，本身就是天下人口和经济中心之一。

　　城市建设方面，前面已经简单提到了，洛阳是西周故都，又曾短暂做过西汉都城，宫室和交通方面有较好的基础，无需赘述。

　　从地理位置和军事防御方面看，洛阳位于天下之中，的确像娄敬、张良所担忧的那样易受战乱威胁，不过换个角度想，它本身也是天下交通枢纽，朝廷军队可自洛阳出四方，控制天下，更何况东汉早期地方武装力量遭到削弱，威胁变小。同时，洛阳位于洛阳盆地中，四周多山，也不失为当初群臣劝刘邦时所说"其固亦足恃也"的城市。光武帝刘秀登基时，长安尚在更始政权手中，刘秀的东（如张步）、南（如公孙述）、西（如更始政权）、北（如卢芳）都面临威胁，河南、河北又是刘秀根据地所在，坐镇洛阳，意义和作用就和我们前面说的刘邦坐镇长安一样。

　　最后，和刘邦不顾山东群臣劝谏，坚持迁都长安不同，在实力上相对并不那么强势的刘秀因为拥护他的强大势力多出自关东，因此反而更要留在关东。而且自汉武帝"罢黜百家，独尊儒术"以来，儒学在两汉政治和社会生活中的影响迅速提高，连刘秀本人都曾在新莽时期到长安学习《尚书》。而儒生大多对洛阳有特别的感情，因为它是三代都城（夏、商、周）所在，董仲舒在《春秋繁露·三代改制质文》中专门解释说"地必待中"，所以"三代必居中国"，才能"法正"。政治集团和文化氛围的双重影响，使洛阳更得东汉集团青睐。

最后，东汉末年，董卓和曹操先后挟持汉献帝迁都至长安和许昌，其更多的是出于军事、政治因素的考虑，把皇帝乃至朝廷视为自己裹挟的人质：董卓为的是避关东反董联军锋芒，顺便把都城迁到离自己起家的凉州更近的长安，曹操则是要"挟天子以令诸侯"，把朝廷的政治中心迁到自己的统治中心——许昌。

一座城市能够成为都城，有多方面的因素。如果单看某一方面，我们可能会觉得首都不如其他某座城市，但综合经济、城建、环境、军事、政治、文化等多方面的考虑，这座城市一定是这一时期最合适的首都，长安是如此，洛阳也是如此。只是当政权衰落，为其他势力掌控时，如何选择首都，主动权就不在这个政权及其名义上的最高统治者手上了。

第六节

碧水蓝天，从汉朝开始保护

　　汉朝人的生态保护意识，既受到神秘主义文化的影响，又在某种程度上是对先秦政治文化的继承。西汉王朝建立之后，完善生态保护意识所需的文化土壤进一步发展，为生态保护提供了充分的理论依据。它们与发展社会经济的现实需要共同影响了国家和民众的生态保护意识，促使国家以法律形式保护生态，支持生态保护工作，并进一步强化了社会的生态保护意识。

　　先秦时人已经形成了一定的生态保护意识，并且认识到了生态保护与社会现实之间的联系。例如，据《孟子·梁惠王上》，孟子在向梁惠王阐述他的"仁政"思想时，提出了不耽误农业生产季节、不过分捕捞和遵照时节保护性开发山林三个执政要求，并指出这些措施和不耽误家畜繁殖、不耽误农田耕作可以保障民生。如果我们进一步品味孟子的观点，就会发现，孟子的这些建议至少在客观上还带有保证国家粮食安全的积极作用在里面。另据《左传·昭公十六年》，子产指出郑国大旱的原因在于"斩其木，其罪大矣"，正确做法是保护、繁育山林，因此剥夺了斩木祭山用以求雨的屠击、祝款和竖柎三人的官邑，这表明，时人出于某种原因，已经意识到了植物生态和气候之间的关系。而后世的生态保护意识，相当一部分都是围绕这类"四时节"思想展开的，如《淮南子·本经》对"不得其时"的批评和《二年律令·田律》中对吏民、囚犯及奴隶在万物生长的春夏时节"勿敢伐材木山林"的要求。

　　另据《史记·封禅书》，公元前219年，秦始皇东巡郡县，到达泰山时，群儒议论说，"古者封禅为蒲车"，而不会伤害山上的

土石草木，希望以此劝谏秦始皇，只不过反而招来了秦始皇的厌恶。汉朝建立之前，华夏大地上形成的这些强调保护生态的思想理论和政治文化，为汉代生态保护意识的成熟奠定了相当的文化基础。

除上引《淮南子·本经》和《二年律令·田律》中"春夏勿敢伐材木山林"一句外，汉代史料有大量关于按时节进行生产活动的记载，例如：

> 故先王之法，畋不掩群，不取麛夭。不涸泽而渔，不焚林而猎。豺未祭兽，罝罦不得布于野；獭未祭鱼，网罟不得入于水；鹰隼未挚，罗网不得张于溪谷；草木未落，斤斧不得入山林；昆虫未蛰，不得以火烧田。孕育不得杀，鷇卵不得探，鱼不长尺不得取，彘不期年不得食。——《淮南子·主术》

> 春旱求雨，令县邑以水日令民祷社稷山川，家人祀户，无伐名木，无斩山林。——《春秋繁露·求雨》

> 大小之木皆不得伐也，尽八月。——《四时月令诏条》

> 其务顺四时月令。——《汉书·成帝纪》

> 务崇宽和，敬顺时令，遵典去苛，以称朕意。——《后汉书·孝顺孝冲孝质帝纪》

> 凡供荐新味，多非其节，或郁养强孰，或穿掘萌芽，味无所至而夭折生长，岂所以顺时育物乎！传曰"非其时不食"。自今当奉祠陵庙及给御者，皆须时乃上。凡所省二十三种。——《后汉书·皇后纪》

> 进柔良，退贪残，奉时令。——《后汉书·鲁恭列传》

> 顺时奉元，怀柔百神。——《后汉书·黄琼列传》

这些记载，或是在宏观上要求顺应时节，或是对从事相关生产活动的时间进行了具体限制，抑或是要求地方不得上贡违背时节的特产，折射出汉代对先秦生态保护意识的吸收、继承。繁育山林是着眼于自然现象，"恶伤山之土木草石"是效仿古代圣贤的政治传统，但我们再读先秦和汉代文献，会发现汉人生态保护意识及其影响因素远未局限于此二者。

回看前引汉代文献，其中不乏"祷""祀""百神"等充满神秘主义色彩的字眼。这是因为生产力水平低下，古代难免会出现言及神灵鬼魅的神秘主义思想，宗教就是这一背景下的产物。上至统治阶层，下至平民百姓，一言一行无不受神秘主义思想的影响。

先看统治阶层。早在战国时期就出现了以"阴阳五行"为核心思想的阴阳家一派，司马迁在《史记·孟子荀卿列传》中称齐人邹衍是这一学派的开山鼻祖，他"深观阴阳消息而作怪迂之变"，多阴阳鬼魅之言，对阴阳巫术非常在行，所以阴阳家自诞生之初就带有浓重的神秘主义色彩。至西汉初年，阴阳家在政治和学术精英中都颇具影响力，并将其影响施加于生态保护意识，如晁错上书文帝说，"德"惠及万物，之后"阴阳调，四时节，日月光，风雨时"；据《汉书·元帝纪》，汉元帝曾于公元前47年下诏，为自己在位期间没有达到圣贤在位时"阴阳和，风雨时，日月光，星辰静"，百姓安居乐业的理想执政效果而自责。

当然，"阴阳"一词并非阴阳家专利，汉之前的诸子百家也曾提及阴阳的言论，杂家化的汉代儒学在吸收阴阳家部分理论成果后不乏"阴阳"之论 [所谓"皆被其（指'德'）泽"，就是一种掺和了阴阳家和儒家思想的政治理念]。例如《周易》就讲"阴阳合德"，以乾为阳、以坤为阴，阴阳家算是集大成者。

汉代社会信仰仍然保留有原始的自然崇拜，这一点我们并不陌生，史书纪传不乏对王侯将相祭祀天、地、山、林的记载。但如果我们把目光移到中下层社会，就会发现，这种神秘主义文化的影响范围远不止统治阶层。

例如，1991 年在陕西省咸阳市出土的东汉陈叔敬镇墓文中有"告西冢宫伯、地下二千石、仓林君、武夷王"一句；据《史记·封禅书》，汉高祖刘邦刚刚起兵时，曾在丰县枌榆社祷告，登基后又诏令丰县谨慎管理该社，还要以羊猪祭祀；又据《汉书·五行志》，公元前 34 年，兖州刺史浩赏禁止民众私自立社，并派人砍掉了山阳郡橐茅乡社的一棵大槐树，结果一夜过去，槐树复生。

已经被砍掉的槐树当然不会死而复生，这个带有志怪色彩的故事后来被收录在《搜神记》中，背后的真相要么是讹传讹，要么是乡民偷偷重新移栽了一棵槐树，并编排出了这个故事。但这个传说的存在，却透露出这样一个历史信息——汉代私社显然并不少见，以至于需要兖州刺史一类的地方大员下令禁止。

社，是汉时民间一种社会组织，兼有促进互助、祭祀等多种功能，官府立有公社，也叫官社，民间立有私社，顾炎武《日知录·卷二十二》引臣瓒注《汉书·五行志》称，"旧制二十五家为一社（也就是官社），而民或十家、五家共为田社，是私社"。1973 年出土于河南省偃师县的《侍廷里父老僤买田约束石券》中的"父老僤"，就是一种互助私社。有的社还有用以祭祀的神树。汉代私社众多，官府也曾加以限制，但却又无法禁绝。

"仓林君""祷丰枌榆社""以羊彘祠之""其夜树复立其故处"，都透露出这一时期民间对自然力量的朴素信仰，这种信仰推动了生态保护意识的进一步加强和相关法令的落实，同时也是汉代生态保护意识的文化基础之一——毕竟汉王朝的开国皇帝和绝大多数开国功臣都是布衣出身，难免会受到民间信仰的影响，并使其间接影响国家政策和意识形态，有时候这类对自然现象的解释，还会联系到现实吉凶上。例如，据《后汉书·五行志》，公元 166 年，洛阳有竹柏叶伤人，有人占卜说这说明"天子凶"；《太平御览·皇王部》引《东观汉记》的记载，把"树枝内附"和其他现象一并作为祥瑞的代表。

说到祥瑞，可能会有读者迅速想到另一个词——谶纬。

谶纬在我国有着悠久的历史，自起源至衰亡跨越的历史时期远远超过汉王朝的四百年国祚，但是，它却在两汉时期达到全盛，是汉代政治史和思想史上的一大特色。谶纬与自然崇拜的结合，增强了后者的可信度，无疑为汉王朝"顺四时月令"一类的法令的制定与贯彻落实加上了一层保险。

生态保护意识和政治思想的结合，笔者前面已经简略提到杂以阴阳家的儒家思想，并举了"皆被其泽"的例子，这种例子其实很多，比如《礼记·祭义》把"孝"和保护生态结合，说断树杀兽，"不以其时，非孝也"。此条无需再加以论证。

最后，生态保护意识，也有其现实必要性。首先自然是该思想有助于民生，具有现实功用。不但孟子如是强调，班固在《汉书·货殖传》就提到生态繁荣实际上也是在"蓄足功用"，体现了对动植物的食用价值和经济价值的思考。

另外，王公贵族对自然环境的破坏，也使一些重视生态保护的有识之士发出了保护生态的呼吁。这种人为的破坏，一方面是来自统治者的贪婪奢侈，另一方面则来源于社会风俗。

《盐铁论·散不足》批评宫室之奢侈，将其作为"树木之蠹"；另据《汉书·贡禹传》，贡禹在给汉元帝的上书中认为，正是因为国家对自然资源开采无度，才造成了气候的变化和民众的饥寒。他批评道：

又言古者不以金钱为币，专意于农，故一夫不耕，必有受其饥者。今汉家铸钱，及诸铁官皆置吏卒徒，攻山取铜铁，一岁功十万人已上,中农食七人,是七十万人常受其饥也。凿地数百丈,销阴气之精,地臧空虚,不能含气出云,斩伐林木亡有时禁,水旱之灾未必不由此也。

另外,汉代有厚葬之风。据《晋书·索綝传》,索綝指出,汉代皇帝即位一年就开始建造陵墓,天下贡赋的三分之一都要"供山林";《汉书·成帝纪》《后汉书·光武帝纪》《后汉书·明帝纪》《后汉书·章帝纪》《后汉书·和帝纪》和《后汉书·安帝纪》等皇帝本纪均记载,汉代厚葬之风甚至要皇帝亲自下令遏止。正是因为汉尚厚葬,所以后世盗墓贼都颇为"青睐"汉墓,以至于盗汉墓的太多,坊间都流传着汉墓"十室九空"的说法。

东汉王符在《潜夫论·浮侈》中就批评贵戚为求厚葬,大肆破坏山林,"伐斫连月然后讫",感叹"此之费功伤农,可为痛心"。

其实梳理下来,我们会发现,汉代生态保护意识中相当多的措施和思想,以及它们背后的动因,实际上是有紧密联系的,这是因为历史学各分支不是单一的、割裂的,经济史、风俗史、思想史、政治史都在不同程度上相互联系。而且,无论是哪一个朝代,在整个中国历史长河中也都不是独立存在的,汉朝既可能受到前朝影响,也会在同一方面或其他方面影响后世。比如说,贡禹给汉元帝的上书,从民生视角批评了过度开发的弊端,同时又因"凿地数百丈,销阴气之精,地臧空虚,不能含气出云"而带有了神秘色彩——我们可以从不同的角度进行解读、归纳,但又怎么能把它们彻底剥离开呢?

第七节 是谥号，也是政治

谥号是什么？简单地说，它就是我国古代对死者且往往是王公大臣一类的死者进行一个功过评价、盖棺定论的文字载体，刘向对谥号有一个言简意赅的总结：

谥者，行之迹也。号者，功之表也。——《逸周书·谥法解》

以唐朝为分界点，在这之前，谥号的确定（史书中一般表述为"谥""赐谥""追谥"等）还比较讲究，字数不多，评价功过的作用倒还有一些，所以我们常常把唐朝之前的皇帝称为"××帝"，这个"帝"就是以谥号为称呼的一个标志，例如汉光武帝谥号为"光武"，全称为"光武皇帝"，魏明帝、晋惠帝、隋文帝的谥号分别为"明""惠""文"。唐朝之后，人臣的谥号还算正常，皇帝的谥号却变得又臭又长，沦为拍马屁的工具，例如唐玄宗的谥号是：

至道大圣大明孝皇帝——《旧唐书·玄宗本纪》

再如清高宗乾隆皇帝更夸张，他的谥号为：

法天隆运至诚先觉体元立极敷文奋武孝慈神圣纯皇帝。——《清史稿·高宗本纪》

所以，唐朝之后的皇帝，平时大多以庙号称呼为"××宗"，如唐高宗、唐武宗、唐庄宗、宋仁宗、宋宁宗、元英宗、明孝宗、清穆宗等等。只不过明清帝王大多一帝一谥，仅有明英宗和清太宗改过一次年号（改年号的正式说法叫"改元"，清穆宗的"祺祥"年号未实行即被废止，不算入内，一般也称他为"同治帝"），所以明清皇帝的年号有时候又可以用来代指他们本人，例如永乐、隆庆、崇祯、康熙、乾隆、宣统等等。

言归正传。在两汉时期，皇帝的谥号还没有那么泛滥，庙号的给予也比较严格，同时由于年号制度初创，西汉初年几位皇帝没有年号，之后的皇帝又频繁改元，所以后世往往以谥号称呼他们。

但是，谥号真的就那么准确么？在第一章第八节中，我们已经说过"孝"只是礼仪性的谥号，"灵"则有理但不太全面，有失偏颇。这一节笔者想通过另一个人物的谥号，带领读者们看看谥号背后的政争与虚伪。

这个人物就是刘据，汉武帝和卫皇后的儿子，谥号"戾"，史称"戾太子"。

戾太子刘据死后，偌大的汉王朝在长达数年的时间里都没有册立新的太子，但这并不代表汉武帝心中没有合适的继承人。公元前88年，武帝逼死了皇子刘弗陵的母亲钩弋夫人，对外释放了强烈的政治信号。钩弋夫人的儿子刘弗陵极受武帝疼爱，武帝甚至还为他早早下达了"类我"的定性，意欲立为太子：

> 钩弋子年五六岁，壮大多智，上常言"类我"，又感其生与众异，甚奇爱之，心欲立焉。——《汉书·外戚传》

"类我"，"类我"，又是"类我"。于是，一切顺理成章。

公元前87年，武帝弥留之际选择刘弗陵作为自己的继承人，并为他选择了四位辅政大臣。武帝去世后，四位辅政大臣，大司马大将军霍光、御史大夫桑弘羊、车骑将军金日䃅和左将军上官桀按武帝遗诏，拥立刘弗陵即位。公元前86年，金日䃅在昭帝即位后不久即病逝；公元前80年，桑弘羊和上官桀因卷入燕王刘旦谋反案被诛。至此，四位辅政大臣只剩下霍光一人。公元前74年6月5日，汉昭帝驾崩，由于他没有儿子，在霍光的支持下，群臣立昌邑王刘贺为帝，史称海昏侯或汉废帝。

然而刘贺行事荒淫无度，颇似庸主（这一点现代学者其实颇有质疑），于是霍光上书皇太后将其废为海昏侯。刘贺被废黜之后，群臣在寻找新君时，才找到了刘据遗孙刘病已（后改名刘询）。

据《汉书·宣帝纪》，霍光在上书太后请求立宣帝时，曾说过这么一番话：

孝武皇帝曾孙病已……可以嗣孝昭皇帝后，奉承祖宗，子万姓。

霍光这句话已经明确指出，宣帝即位，是嗣叔祖汉昭帝之后，名义上是昭帝的直系后代，认昭帝为祖宗。所以作为皇帝，在给"叔祖"刘据上谥号时，自然不可能以直系亲属的亲情冒着大风险为他上美谥。

这里的风险，就是上恶谥的第二个原因——刘据，并不是毫无罪责的。刘据被诬陷是真，巫蛊咒帝是假，但是，这和矫诏、暴动却是两码事。无论是假借武帝名义，还是发动武装暴动，都是铁板钉钉的事实，很难说他无违忠孝。无论是作为武帝、昭帝的直系继承人，还是皇帝，都不可能为刘据的暴动翻案。

因此，为他上恶谥，实际上不一定是否认刘据其人的可怜，而是否认他的所作所为。无论汉宣帝出于什么原因为刘据上美谥，都容易引起另一番解读，从而动摇汉朝统治的思想基础。无论是皇帝、群臣还是百姓，恐怕都很难接受一个按封建道德来看不忠不孝的人得到美谥，即便他身上有天大的冤情。

那为什么不折中一下，为刘据上那些没有明显厌恶或赞赏情感的平谥呢？不是还有表同情的谥号吗？

巧妙地避开造反问题，直接以谥号展现同情，委婉地表达肯定，

不是不可行，但是却存在另一个问题——三朝元老霍光（如果加上海昏侯一朝就是四朝）。

　　武帝直至行将就木之际都非常信任出身卫氏外戚集团的霍光，甚至让他当上了大司马大将军、辅政大臣，并位列四位辅政大臣之首。由此可见，霍光在巫蛊之祸中很可能始终站在武帝一方，或者因为霍光作为霍去病的弟弟，无论是官职还是血缘都只是卫氏集团的边缘人物，但在立场和对刘据的态度上经受住了考验。说得更直接一点，霍光就是刘据的反对者，或至少不是同情者、支持者，是汉武帝平叛正当性的捍卫者，是朝堂上否定刘据历史的主要代表。而据《汉书·隽不疑传》，公元前82年，有男子冒称卫太子刘据，公卿、将军、中二千石和数万长安吏民围观而不能辨认，唯有时任京兆尹的隽不疑令人将假太子逮捕，并说：

　　　　诸君何患于卫太子！昔蒯聩违命出奔，辄距而不纳，《春秋》是之。卫太子得罪先帝，亡不即死，今来自诣，此罪人也。

　　这句话是什么意思？你们这些公卿哪，甭管他是不是卫太子，反正这家伙造过反，得罪过先帝孝武皇帝，把他抓起来就得了。

　　可见，隽不疑根本不在乎此人是否是真太子：如果是假的，假冒太子自是一罪，就算是真的，刘据罪当至死，又有"何患"呢？闻知隽不疑的处理方式后，"天子与大将军霍光闻而嘉之"——朝廷对刘据的态度和定性，由是可见一斑。

　　昭帝、海昏侯和宣帝朝前期，霍光的权势和地位可谓傲视群臣，如日中天。尤其是他主导废黜海昏侯、拥立宣帝的行为，说明他已经成为一股可以在一定程度上影响和制衡皇权的力量。

　　据《汉书·霍光传》和《资治通鉴·汉纪·汉纪十七》，汉宣帝即位后霍光曾表示归政于帝，但被宣帝拒绝，不过宣帝仍然非常忌惮霍光，对他大权在握一事"若芒刺在背"。霍光在汉朝政治中犹如一棵根深蒂固的大树，如果因谥号与霍光爆发矛盾，对于刚刚即位的宣帝来说是非常不理智的。更何况霍光并非无能之辈，在海昏侯退位和宣帝亲政之间他是一位合适的过渡执政者。霍光的态度或至少是他可能的态度，在很大程度上迫使宣帝自觉或被迫地为刘据上恶谥。

所以，宣帝没有必要冒着风险给刘据上美谥或平谥。

当然，我们不能排除这样一个问题，那就是宣帝和霍光之间是存在矛盾的，任何有为之君都不可能容忍一位掌握废立大权的权臣存在。从监狱中走出的宣帝毫无根基，自然就有了建立自己势力，抗衡霍光集团，巩固皇权的需求，但这一需求完全不必通过为刘据上美谥或平谥来实现。宣帝即位后，封恩人丙吉为博阳侯，拜丞相，成为负责执行政令的首脑，牵制大司马大将军霍光，就是在逐步培养自己的势力。霍光死后，公元前66年，霍家谋反案案发，霍氏一族除告发者金赏（金日磾之子、霍光的女婿）外，全部被诛杀，霍皇后亦被废，宣帝取得了对专权者霍光的胜利。但为了维护封建伦理，宣帝永远不可能真正为作为臣、子而造反的刘据平反。

其实，有一些人对"戾"谥还有另外一种解读：这种观点认为，据《左传·文公四年》"其敢干大礼以自取戾"一句，可知"戾"还有蒙受冤屈的意思，即宣帝的上谥本身就是表达同情。但不要忘了，这里是把"戾"作为谥号，其字义必须从谥法中选取。用普通名词的释义来解读专有名词，显然是一种缺乏谥号基本知识的解读。

用谥号来概括逝者的生平，本身就是不准确的。但是，"戾"虽然不能代表刘据生前宽厚温和、好交贤者的一面，不过也不能说完全偏颇。"戾"有"不思顺受"之意，如果需要理由，那么，刘据造反，不就是不顺从父亲和皇帝的行为吗？

至此，刘据的谥号正式确立了下来。在宣帝朝前期，由于霍光专权，宣帝为避免冲突，因此顺从霍光的政治立场，不敢也不能为刘据平反，甚至不能同情。霍光死后，宣帝出于维护统治秩序，为国家意识形态背书的需要，也没有改变刘据的谥号（谥号并不是不可更换的）。一个小小的"戾"字，折射出皇帝、权臣和其他臣民三方的地位和立场，这其实才是谥号最大的作用：抚慰权臣、抨击逆臣、申明立场、教化百姓。至于评价功过，应当从具体的史料中去研究判断，谁会抱着谥号钻研不放呢？

法律就像牙齿
——汉朝的"换牙史"

牙齿能咀嚼食物，助于消化，牙齿还攻击、自卫，保护主人，而蛀牙就如同扎进牙龈的一根针，使人疼到将要崩溃……可是，国家的"牙齿"是什么呢？

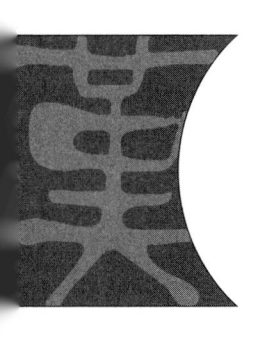

法律！

退，法律可缓解社会矛盾；进，法律可维持统治阶级的利益，镇压被统治阶级；坏的法律，往往成为社会矛盾大爆发的导火索，最好的局面也是司法不公。所以，法律能在很大程度上反映一个国家的阶级属性和统治利益——一如汉朝的法律，处处透露着皇权的专制与独尊。

第一节

汉与魏的千年官司——谁才是"科"的首发站

笔者之所以把这一节放在本章开头，是因为后面几节有相当多的地方会提到面貌特征不尽相同的汉代法律形式。由于古今法律形式的差异，如果不提前对汉代法律形式进行一个简单讲解的话，那么无疑会加大读者阅读的难度，因为它就像学了川剧的变脸似的，看起来是个既高端又隐秘的话题，实际上就隐藏在史书最显眼的那些地方，哪怕皇帝下达一封诏书，它也会在无意中蹦出来做个历史和法制的脚注。

所谓"科"，是我国古代的一种法律形式，有时候也泛指法律条文乃至法律本身，比如"作奸犯科"，意思就是为非作歹，触"犯"代表法律的"科"。对于汉代是否有科，现今存在两种截然不同的观点。例如，坚持汉代无科说的那个派别所秉持的主要理由是：

第一，他们认为汉代史料中所出现的那些"科"，比如说《后汉书·桓谭列传》"校定科比"及其注释"科谓事条，比谓类例"，还有《后汉书·陈忠列传》里的"宜纠增旧科，以防来事"等等，实际上不是说科是一种独立的法律形式，而是指其他法律形式（如律、比）之下的具体条款。

第二，《后汉书·应劭列传》记载说应劭整理汉代法律时和《晋书·刑法志》回顾汉代法制史时（《晋书·刑法志》也记载了应劭整理汉律一事），提到了被一致认定为汉代法律形式的律、令、比，唯独没有科。

第三，根据《晋书·刑法志》所载魏明帝命令司空陈群等人"删约旧科，傍才汉律，定为魏法"（类似还有刘劭《律略》记为"删旧科，采汉律为魏律"）一句认为，汉律不含"旧科"，这里的"旧科"当为曹操在东汉末年任丞相、魏公（后封魏王）时颁布的法律，而"汉律"无论是指汉代的律还是笼统的汉代法律，"旧科"如果假定为汉科，是不可能列在"汉律"这一概念之前的。而且由于曹操当政，汉室衰微，一些学者如张建国认为"理应将建安元年至东汉灭亡的这20多年算入曹魏时期"，所以曹操所颁布的"科"应当属于曹魏的立法成果。

第四，科和比实际上是一回事。和张建国等人否认汉代存在"科"不同，这一观点虽然承认了汉科的存在，但却认为当时的"科"就是指"比"，二者实际上是一回事。这种说法的倡导者主要是清末民初的梁启超。

对历史学而言，在其论证逻辑中，论证某一对象存在显然比论证其不存在更加简单。因为只要举出一个证明该对象存在的例子，那么该对象无论多寡如何，就必然是存在的，而要否定其存在，不但要举出反例，还要一一驳倒所有例子。所以，面对汉代无科论的支持者，最有力的反驳就是至少举出一个例子，并证明该例中的科是独立的法律形式，而不是其他法律形式的条款。毕竟严格地说，汉代无科论不是说汉代没有科，而是说汉代没有作为一种独立的法律形式的科。

接下来，笔者就先带领读者从最简单的点来分析汉代无科论的缺陷。

诚然，《后汉书·应劭列传》和《晋书·刑法志》等一部分文献对汉代法律进行宏观统计时没有提到科，但这是否能证明汉代不存在科？据《后汉书·应劭列传》，应劭整理汉代法律一事发生于公元196年，在这之前，也就是公元189年至公元192年，正值汉末军阀董卓当权时期，连应劭自己也在公元 196 年上呈汉献帝的奏章中承认了董卓对典籍的破坏，把他臭骂了一通的同时也侧面证明法律文献整理工作可能存在的一些问题：

> 逆臣董卓，荡覆王室，典宪焚燎，靡有孑遗，开辟以来，莫有兹酷。

《后汉书·董卓列传》则记载称，董卓在挟持汉献帝迁都长安时，纵火焚烧宫庙官府，并派吕布捣毁先帝公卿陵墓，发掘珠宝，大肆毁坏旧都洛阳，想来文献典籍很可能如应劭所说，也遭到了很严重的破坏。

公元 192 年至公元 196 年，也就是董卓被杀到应劭上书这几年间，又先后发生了董卓余党攻破长安、董部旧将李傕郭汜交恶内斗、献帝逃亡、曹操控制献帝等历史事件。那么，经过长年的战乱和破坏，尤其是董卓等人有意的对首都的劫掠，应劭是否能够集齐所有法律文献呢？仅凭应劭的整理，而忽略汉末战乱对文献传世数量和质量的破坏，从而推出汉代无科的结论，说服力显然不足。

至于《晋书·刑法志》中"删约旧科，傍采汉律"一句，的确可以看出"汉律"和"旧科"并不是一回事，且"旧科"至少不等于汉科，正是这一句记载唯二可以百分之百确定的信息。但是，实际上，这两点均无法直接证明汉朝法律无科。

假设汉代无科，那么可以得出"旧科"乃是曹魏初年颁行的魏科的结论。但"汉律"是一个释义存疑的词语：如果它是泛指汉朝法律，那么就不能确定它所包含的法律形式，自然无从得知"汉律"中是否包含意即是否存在汉科；如果"汉律"是指汉代的"律"这一单独的法律形式，那么也无法因为此句不包含汉科而否定汉科的存在——同理，难道因为"律"不包含令和比，那么汉代就没有令和比这两个法律形式了么？

假设汉代有科，且已知"旧科"不专指汉科，那么仍然无法排除"旧科"同时包含汉科和魏科的可能性，而这样一来，科位于"汉律"之前也就不矛盾了，因为这种语境下的"科"同时包含了汉朝和曹魏的立法成果，时间跨度更长，同时内容也更加新颖。当然，这也只是一种推测，一种可能性而已。

综上可见，结合《后汉书·应劭列传》和《晋书·刑法志》两部分史料，虽然无法明确证明汉代有科，但同时也无法排除汉代有科的可能性，提供的信息非常有限。作为汉代无科的证据，自然也是不充分的。

更何况，把曹操当权时期划入曹魏时期并不合理。曹操当权时期制定的新科和甲子科即便在曹魏建立后无缝衔接，直接转为魏初魏科，也不能把魏科和新科、甲子科完全等同起来，因为新科、甲子科应当算作汉科。

从政治权力归属上讲，曹操当权时皇权早已旁落，汉献帝已成傀儡，东汉王朝的确名存实亡了。但汉终究"名存"，在历史时期划分上，曹操至死仍是东汉人，东汉的灭亡时间，或者说如果汉科存在，那么汉科出现的最晚时间，应该是公元220年献帝禅位之前。这种断代划分，和献帝权力大小、地位高低无关，只和正式国号以及皇帝身份有关。

如果献帝大权旁落就等同于东汉灭亡，曹操当权时期应该划入曹魏时期，那么如何解释西汉末年的王莽、曹操之前的董卓呢？又如何解释后世的司马昭、刘裕、萧道成、朱温等最终自立为帝的权臣呢？难道在汉平帝去世之后、王莽登基称帝之前，存在一个既不叫"汉"也不叫"新"的王朝吗？难道在董卓当权时期，东汉王朝就已经因为皇权旁落而灭亡了吗？如果真是这样，那么不光是中国，恐怕世界各国的断代史研究都会出现巨大的混乱了。

衰微不等同于终结，从汉室角度讲，曹操和王莽、董卓的身份并无区别，尽管他们大权在握，但至少是名义上的臣子，仍然尊奉汉朝皇帝和国号。他们可以是隐形皇帝，但绝不是代汉自立真正意义上的皇帝。曹操颁布新科和甲子科，反而证明汉有汉科，尽管这个"汉"已是汉末，享国四百年的汉王朝离灭亡已经不远了。

更重要的是，除了新科和甲子科，汉朝并非没有其他作为一种独立的法律形式的科。据《后汉书·百官志》引《汉旧仪》，太尉之下的二十四名掾史当中，有一个"主邮驿科程事"的法曹，除此之外还有"主辞讼事"的辞曹，"主盗贼事"的贼曹，以及"主罪法事"的决曹。这几名掾史均属政法人员，相当于现代的"公检法"。其中贼曹类似高级警官，负责管理盗贼等治安事件，辞曹和决曹分别负责民事诉讼和定罪量刑。

从原文看，这些人的职责似乎有重叠，所以需要稍微剖析其中的一些差异，这对解析法曹的职务是很有帮助的。

那么，所谓法曹，到底是干什么的？

"邮驿"很好理解，就是指公文传递事项，这里可能还包括对官方驿站和传信人员的管理。"科程"，许慎《说文解字》：

　　法，刑也，平之如水。

《尚书·吕刑》则说"惟作五虐之刑曰法"，战国时魏人李悝还著有《法经》，由此可见古人对"法"的含义是有相对一致的共识的，因此"法曹"之名使我们不得不朝其政法性质这方面想。汉末刘熙在《释名·释典艺》中说：

　　科，课也。课其不如法者，罪责之也。

"如"有依照、遵守的意思，这句话就是说"科"，有惩罚犯罪之人的作用，说明最晚在东汉时期"科"字在某些语境下就已经是一种法律实务术语了。

由是观之，所谓"科程"，很可能是指法律文书有关的事务，也就是说法曹有管理、传送法律文书的职责。

刘笃才曾列出《汉书》《后汉书》《汉杂事》《潜夫论》等书中言及"科""科条""科令"的记载，共计三十余条，他也承认有的记载中"科"属事条，有的属于普通量词，但仍有部分是一种独立的法律形式，不过没有细说是哪些，笔者这里试着从中选择性讲几则明显属于独立法律形式的"科"的记载。

据《汉书·景武昭宣元成功臣表》，汉景帝不顾丞相周亚夫的反对，坚持将投降的匈奴封侯，由此"初开封赏之科"，可见科作为封赏之规范的性质。另外，史书中还有多处把"科"和"令"并列，如据《后汉书·孝和孝殇帝纪》，公元99年，汉和帝刘肇诏书中有"勿因科令"一句，《后汉书·左雄列传》和《后汉书·循吏列传》分别有"有不承科令者，正其罪法"和"为制科令"的记载，《后汉书·桓谭列传》则说"校定科比"，足见"科"的确具有论法定罪的功能。结合"科"的记载以及其出现的场合也可以看出，"科"显然不可能是令、比的一部分（或者说不是所有情况下的"科"都是令和比的一部分，"科"乃多义），是具有独立法律形式的地位的。

当然，科和比也不能混为一谈。"比"是在司法过程中附会前事（史书中常常把以前发生的事称为"故事"），也就是说它具有"产生于司法过程中"和"依托经典故事而发挥法律效力"的特点。但上段的论述已经证明，科可"制"，可由皇帝不遵守旧"约"而新创（如果后世有人仿效景帝这一行为，这才叫"比"，即附会"景帝故事"，但景帝个人所为，也就是第一次做这件事从而使它产生影响延续至后世司法行为的法律效力，不能算"比"），不符合"比"的特征。

在基本认定汉代有科的前提下，三国时期的法律形式在逻辑上就更说得通了。曹操设新科和甲子科，符合臣子在既有法律形式框架下新增法律的行为逻辑（汉代立法者的主体不一定是皇帝，也可以是官员）；蜀汉以汉朝正统自居，视曹魏为"奸凶""贼"，主张汉贼不两立，以匡扶汉室为政治理想，而据《三国志·伊籍传》，伊籍任昭文将军后，刘备曾令他与诸葛亮、法正、刘巴、李严一起制定《蜀科》，蜀汉政权的正式国号为"汉"，因此《蜀科》的制定时间显然是在刘备称帝之前。有学者把《蜀科》视为受曹操新科、甲子科影响的产物，但从前面的分析来看，从刘备和蜀汉的自我定位逻辑上看，《蜀科》受汉科影响，实为刘备对汉代法律形式的继承，或许有更大的可能。

但是，无论如何，新科和甲子科已经足以证明"科"起源于汉代，《蜀科》如果是受曹操影响的产物，那么对本节的最终结论并无影响，如果不是，那也能为我们的结论锦上添花，只是对最终结论没有什么影响罢了。

第二节

汉代变脸大师——汉朝法律

何为变脸？变脸其实就是川剧中一种通过在极短时间内多次变换角色的面部妆容，从而达到表现角色思想情感、揭示角色特征的一种戏剧特技。如果我们把汉朝法律比作一出川剧，那么其变幻多端的"脸"，无疑就是法律形式。

法律形式，具体而言是指法律文本的表现方式，比如现代的宪法和地方性法规，再如古罗马时期作为非成文法的习惯法和作为成文法的十二铜表法、公民法以及万民法。汉代法律形式主要分为科、律、令、比、品五种。其中后四种争议比较少，第一种，也就是"科"，其性质存在一定的争议。有的观点认为"科"作为一种独立的法律形式，出现在汉朝灭亡之后，有汉一代提及的"科"，大多应当解释为法律文本内的具体法条，也有观点主张"科"不但起源于汉朝，而且在汉朝时期就已经是一种独立的法律形式了，所以汉朝法律应该有五张"脸"，而不是只有律、令、比、品四张脸。

至于"科"，我们在上一节已探讨过了，本节再说其他几种形式。

谈完了科，其他的就比较简单了，都是争议比较少的。

先说律。律是汉代最基本、最主要的法律形式。汉朝建立之初，吸取秦法繁苛的教训，在增益法律方面一直比较谨慎，汉武帝之前，汉律的制定以废除旧法为主，新增的不多。但自汉武帝时期起，汉律日趋庞杂，史书称彼时文书一度摆满书阁，多到看都看不完。

《史记·太史公自序》中，司马迁曾赞颂汉武帝"内修法度"。我们很难判断司马迁是真的赞美武帝还是暗中讥讽（结合上下文应

该是真的赞美），但结合史书的其他记载，可以多少看出这个"内
侟法度"到底是怎么回事。

司马光在《资治通鉴·汉纪·汉纪十四》中批评武帝"繁刑重
敛"，年代距两汉稍近一点的《魏书·刑罚志》则拿出具体数据，
说武帝在位时"增律五十余篇"。另据《后汉书·梁统列传》，
梁统指出武帝之后的元、哀之世"人轻犯法，吏易杀人"，当然，
他本人是赞成严刑峻法的，但也比较直接地指出了过去严刑峻法的
事实和现在继续这么做的理由，只不过因三公、廷尉的反对而没有
被采纳。

此外，据《晋书·刑法志》，武帝时酷吏张汤受命作《越宫律》
二十七篇，赵禹作《朝律》（据《太平御览·刑法部》引晋初张斐《律
序》，这部法律的全称是《朝会正见律》）六篇，《汉书·酷吏传》
还记有与律性质相同的"法"，如《沈命法》等。

武帝益律，固然和特定的历史背景有关，但自武帝起汉律日趋
庞杂也是毋庸置疑的事实，上述《越宫律》《朝律》《沈命法》等
记载同时表明律是汉代最主要的法律形式。

接着要说的法律形式就是令。"令，发号也"。据《史记·秦
始皇本纪》和《资治通鉴·秦纪·秦纪二》，秦一统天下后，秦始
皇根据丞相王绾、御史大夫冯劫、廷尉李斯等人的建议，改"命"
为"制"，"令"为"诏"，自称"朕"，但没有采纳"泰皇"称号，
而是自认"德兼三皇，功过五帝"，改"王"为"皇帝"。皇帝下
达的命令被称为"制""诏"就是从这里开始的，俗称"诏令""诏
书"等。

据《太平御览·文部》引汉末蔡邕《独断》，君王的命令即为法律，
《文心雕龙·诏策》则记载汉初制定礼仪制度，把皇帝的命令分为
四种，即策书、制书、诏书和戒敕。策书用于封王拜侯，制书发布

赦命，诏书则是以文武百官为通告对象，戒敕的颁布对象则是州部。四种诏书各司其职，其发布的内容作为成文的律的补充，同样具有法律效力，这一点在汉末学者文颖对《汉书·宣帝纪》的注解中可得："天子诏所增损，不在律上者为令"。

汉代以令为法，最著名的例子就是汉宣帝颁布的被后世总结为"亲亲得相首匿"的诏书。据《汉书·宣帝纪》，公元前66年，宣帝下诏，包庇犯罪父母、丈夫和祖父母的子、妻、孙，不因此而受罚，反之罪殊死者，办案官员需请示廷尉裁决。

需要注意的是，令有可能演变为律，也就是说，汉代的律和令界限不像后世那么清晰。据《太平御览·刑法部》引三国时期曹魏学者杜预的《律序》，律是用来"正罪名"的，令的作用则是"存事制"；另据《汉书·杜周传》，廷尉、酷吏杜周曾提到"前主所是"为律，"后主所是"为令，实际上说明令是有可能演变为律的。结合汉宣帝和杜周的言行，可以看出汉令是律的补充，但绝不仅有"存事制"的功能，令的功能在后世有所变化。

另一种法律形式比的灵活性比较强，应用也很广泛。如据《汉书·刑法志》，到汉武帝时，死罪决事比有一万三千四百七十二事。颜师古指出，比就是"以例相况"。比产生于司法过程当中，是指法官以当下的案件附会经典故事，依据往例进行判决。据《汉书·文帝纪》，文帝驾崩前曾下遗诏，对自己的丧礼流程制度进行了安排，对于没有提及的，则要求百官"皆以此令比类从事"，这里所比者就是文帝遗诏中对丧礼的详细安排，同样具有法律效力，是对令的补充。

又据《后汉书·马援列传》，马援去世后受到与他有仇的虎贲中郎将梁松诬陷，汉光武帝刘秀一怒之下收回马援新息侯印绶，云阳县前县令朱勃上书为马援鸣冤，引用了《诗经》和《春秋》，但其要求被光武帝拒绝，说明比毕竟不是明确的成文法，在法律效

力方面存在缺陷。当然，法律约束不了皇帝，也实属正常，即便朱勃引用的是律、令、科，也不一定就能够使光武帝回心转意。

再举令的另一个例子。据《汉书·张释之传》，有一次，汉文帝经过渭桥时，被人惊动了车马，文帝大怒，对廷尉张释之依法判处那人罚金的决定极为不满，但张释之据理力争，坚持认为自己的处理合理合法。文帝火气平息下来后，也认可了他的做法。由此来看，不能单单根据光武帝收回马援新息侯印绶的行为认为令凌驾于一切，代表皇帝的令，有的时候也会屈服于律。其实这无关律和令的地位高低，其效力很大程度上取决于皇帝自己。

插一句，受电视剧的影响，或许有些读者以为皇帝总是自称朕。其实文帝在斥责张释之时，所用的第一人称是"我""吾"：

> 上怒曰："此人亲惊吾马，马赖和柔，令它马，固不败伤我乎？而廷尉乃当之罚金！"——《汉书·张释之传》

这个意思就是说，这个家伙敢惊扰我的马，还好我的马性情柔和，没把我摔着，这要换成其他的马，我岂不是要非得被弄伤才完？

可以看见，这个地方，汉文帝就自称为"我""吾"，并不总是文绉绉地自称为"朕"或"寡人"。

最后一种法律形式就是"品"，也有出土文物记为"品约"。《后汉书·律历志》中记有《常符漏品》，《汉书·韩延寿传》和《后汉书·孝安帝纪》分别有"嫁娶丧祭仪品"和"各有科品"的记载，《汉书·孔光传》里还提到孔光通过"故事品式"来学习制度和法令。综合以上可见，品应当是对嫁娶丧祭等相关制度的规定，同时也是一种法律形式。

另外，居延汉简中有《塞上烽火品约》和《建武五年甲渠劾侯长王褒》，后者提到王褒因"燔举不如品约，不忧边事"下狱，依律令处置。"燔"有烧的意思，从"不忧边事"的指控来看正常情况应该是忧边事，可知王褒有可能是在类似军事演习、检阅一类的军事活动中表现不佳，没有按规定燔烧某物（可能是指用来点烽火的积薪）而违法相关规定，因此被投进监狱。

从王褒下狱可见，地方上，至少军事驻屯区和中央一样，也有品、品约，违"品"则要被追究法律责任。

律、令、科、比、品五者，构成了汉代法律形式。尽管不同的法律形式存在地位高低之分，但在具体分析其法律效力时，切忌脱离那个推崇人治的司法环境。手握权力者口含天宪，其个人喜好才是法律发挥其效力的决定性因素。比如令高于律、律高于科等。笔者不否认其中一些观点，比如律高于科，但在分析各法律形式之间地位高低时，切忌脱离那个人治、专制的社会环境。汉代法律终究是为汉室服务，皇帝的个人喜好，是会直接影响到法律效力的大小的。

第三节

法律的接"地"气——立法里的兼收并蓄

"法律制度"一词，翻译自英文"Legal Systems"。单就"Legal Systems"的翻译来说，有"法制""法律制度""法律体系"等多种翻译（本节采取"法律制度"一词），不同的翻译及其背后隐含相关的不同理解，导致"法律制度"在中文中是个难以确定准确定义的多义词，但为了行文方便，这里我们对本节引用的"法制"一词定义是：包括立法制度、司法制度、执法制度以及各项法律条文在内的汉代总的法律制度体系。

一个国家的法律制度，既取决于经济基础，又和思想上层建筑——官方意识形态息息相关，此二者共同塑造了一国法制。汉代法制固然是法制史的一部分，但其实也是经济史和思想史的一部分。本节就从思想史的角度出发，为读者探析诸子百家学说共同塑造并对其有所反映的汉代法制。

秦朝的速亡给建立在秦朝废墟上的汉王朝带来了极大的震撼，为秦王朝的接班人留下了深刻的印象。据《史记·郦生陆贾列传》，当听到陆贾说秦朝若施仁义，刘邦就不会得到天下时，后者一改"骂之"的态度，令陆贾著书立说，为他阐明秦朝灭亡的道理；《汉书·刑法志》又载汉文帝"惩恶亡秦之政"。同时，通过《汉书·礼乐志》《汉书·刑法志》《汉书·晁错传》《新书·过秦上》等大量史料可见，避免重蹈暴秦之覆辙成为汉代精英的共识，大臣们也常常以此劝谏皇帝。

在此背景下，作为秦朝核心治国理念的法家思想几乎沦为人人喊打的过街老鼠，迅速失去了官方意识形态的地位，也失去了再次角逐这一地位的可能性。于是，在秦朝被法家压制的儒家、道家等学派开始在新政权中探索上位的可能，其追随者纷纷就秦之过失、新政权应当采取的治国理念、法律制度建设等问题发表观点。

社会破败、经济凋敝和政治与学术精英的进谏呐喊，使奉行清静无为的道家黄老思想成为汉初核心治国理念，其所提倡的养民保民等思想遂融入汉初法律。西汉初年数任皇帝的诏令中，常有对社会稳定的追求和对政府行为的约束。如据《汉书·食货志》记载，面对残破的社会，汉高祖刘邦下诏"约法省禁，轻田租，十五而税一"。汉文帝时，民众弃农经商成风，社会贫困加剧，于是文帝又采纳晁错的建议，"下诏赐民十二年租税之半"，第二年又免除民田租税，使文帝在位期间成为汉代租税最低的时期之一；《汉书·刑法志》也较为详细地记载了汉初统治者的法制建设思想：惠帝和吕后时"刑罚用稀"，文帝"刑罚大省"，景帝即位第一年就下诏减少笞刑行刑数，"自是笞者得全"。

需要注意的是，这里所引的刘邦的诏令，后面其实还有几句话，也就是"量吏禄，度官用，以赋于民"。这句话为什么需要单独拿出来呢？因为如果了解先秦百家争鸣那段历史的话就会知道，节俭去奢其实是墨家的主要观点之一，《墨子·节用上》中就有"去无用之费"的呼吁，只是在百家互相竞争与互相吸收借鉴的过程中，墨家的节用思想也为其他学派（如道家）吸收，《黄帝四经》中就有"节俭躬谦"一说。

所以，刘邦的这道诏令，可以理解为法律道家化的体现，也可以视为同时受到道家和墨家的影响。

上述事例中尽管没有涉及具体的法律条文，但皇帝的诏令也是汉代法律形式之一，史书所说的"诏""令"等，可以近似理解为皇帝以个人身份、凭个人意志颁布的法律。

当然，在具体的法律条文的制定和废除方面，也并非没有受到道家思想的影响。如据《汉书·刑法志》，汉高祖刘邦在位时，因三章之法不足以应对社会问题，于是萧何受命制《九章律》，这是汉初比较少见的益刑举措。但除此之外多为省刑，尤其是针对秦朝制定的一些严苛刑罚，比如《汉书·惠帝纪》载惠帝废除当年秦始皇采纳丞相李斯建议制定的挟书律，《史记·孝文本纪》又载汉文帝废除了诽谤妖言之罪和肉刑，《汉书·文帝纪》则载文帝废除钱律，允许民众铸钱之事。

在汉武帝罢黜百家、独尊儒术之前，道家思想一直是汉王朝核心治国理念，儒、法等学派，虽也活跃于汉廷，但始终不处核心地位，而是一种补充，是无为而治的基本国策的辅助。但是早在文景之时，道家思想就已经暴露出一些弊端，武帝登基后就开始急切地从治国理念和具体的施政措施两个方面打破道家无为而治的禁锢，法律儒家化开始成为汉代法制主流。

儒学如何取代道家思想，成为官方核心治国理念，在《一言九鼎？——这件事，连皇帝也言不由衷》一节中已详述，这里不再赘述。儒学成为汉代官方意识形态之后，开启了汉代法律儒家化的进程。所谓法律儒家化，就是指儒家经典的精神理念融入法律条文，"引礼入法""礼法结合"。同时，儒家经典自身也成为法官断案判决的依据，法官把案情和典例进行对比，援引儒家经典特别是《春秋》（当然也有别的，比如《礼记》）的原则和处理方式对案件进行判决，也就是所谓的"《春秋》决狱"。据《后汉书·应劭列传》，董仲舒曾著有《春秋决狱》二百三十二事，东汉末年学者应劭曾撰《春秋断狱》二百五十篇，所载均为依《春秋》断案的案例。

这里还有两个儒学对立法活动施加影响的两个具体例子：孔子在《论语·子路》中称赞"父为子隐，子为父隐"的行为，而据《汉书·宣帝纪》，汉宣帝将此扩展为子包庇父母、妻包庇丈夫、孙包庇祖父母，子、妻、孙皆不受牵连，反过来的话，如果是"殊死"（即死刑，但不是所有死刑，只是一部分足判死刑的罪责），办案官员都要上报廷尉，也就是"亲亲得相首匿"；另据《汉书·刑法志》，汉景帝、汉宣帝都曾下诏优待八十岁以上的老年罪犯，这反映的是儒家"老吾老以及人之老""老有所养"的尊老文化。当然，在这两个例子当中，法律儒家化还通过诏书的形式表现出来。

儒学对汉代法制的影响，最著名的当数司法审判当中的"《春耕》决狱"。汉代《春秋》决狱的风气首倡于董仲舒及其弟子，并得到汉武帝的支持。据《汉书·五行志》，董仲舒弟子吕步舒持斧钺审理淮南王刘安、衡山王刘赐谋反案，以《春秋》专断判决而未请示武帝，之后吕步舒就此上奏武帝时"上皆是之"。在皇帝的支持下，引用《春秋》《礼记》等儒家经典进行司法判决成为西汉一朝的风气，并继而影响了东汉王朝。《后汉书·樊鯈列传》就记载说汉明帝依《春秋》中"君亲无将，将而诛焉"，决心处死自己本不打算处死的涉嫌谋反的广陵思王刘荆，刘荆最后畏罪自杀。

无论是儒学当道还是法律儒家化，其主观目的皆在维护帝国统治，基于此，《春秋》决狱的适用范围自然是所有类型的案件。上段引用的淮南王、衡山王和广陵王两案，属于谋反案。《汉书·贾捐之传》中，贾捐之以泄密被诛（实际上是死于政治斗争，但案件表明性质仍然为泄密案），判决中就引用了出自《尚书·舜典》的"谗说殄行，震惊朕师"和出自《礼记·王制》的"顺非而泽，不听而诛"，将其处以弃市之刑；据《后汉书·酷吏列传》，阳球杀死侮辱其母的郡吏，"由是知名"而未受处罚，后来更是举为孝廉（大概率是孝）。这一谋杀案则反映的是《春秋》所谓的"子不复仇非子"的理念。

这里还需要再提一个案子。据《太平御览·刑法部》引用的董仲舒《春秋》决狱里面的一个再嫁案：甲女的丈夫在海难中溺死，但遗体尚未归葬，甲母就令女儿改嫁。有的法官认为，"甲夫死未葬，法无许嫁"，但董仲舒引《春秋》之义，认为丈夫去世且没有儿子，妇人可以再嫁，最终使甲女免于处罚。

这个案子虽然比较简单，但信息量却很大：

第一，此案表明，根据汉律，夫死未葬，妻子不得改嫁。这里有"夫死未葬"这一限制条件，因此和我们在第一章提到的汉代女子可以改嫁并不矛盾。如果违反此条，根据这里的记载，妻子会以"私为人妻"罪弃市；

第二，夫死且葬，但夫妻双方已育有男孩，妻子仍然不得改嫁；

第三，根据一般情况，夫死且葬，夫妻双方又未育有男孩，妻子可以改嫁；

第四，父母有再嫁寡妇的权利；

第五，法律儒家化，不是指法律完全蜕变为儒学代言人，双方仍然存在像"夫死未葬无嫁"和"夫死且葬可嫁"这样的矛盾。但当现行法律和儒学精神产生矛盾时，法律可能会妥协。

需要注意的是，法律是"可能"会妥协，而不是"一定"会妥协。《太平御览·刑法志》引用的这个案件当中，法律是妥协了，但它不一定是常态，更不是成文规定。

法律和儒家理念可能产生矛盾，没有问题，但究竟谁应该会妥协，其实不能仅就这一个案件下结论，因为《后汉书》中就有一个反例。

据《后汉书·马援列传》，东汉初年名将马援去世后，虎贲中郎将梁松趁机诬陷马援，汉光武帝一怒之下收回了马援的新息侯印绶。云阳县县令朱勃上书为马援辩解，并引用《春秋》"罪以功除"的记载请求皇帝重新审理马援案，但遭到光武帝拒绝。

罪以功除实际上是贵族公卿以功减免刑罚的特权，是八议制度的一部分，但此时尚未被汉律采纳，直到三国时期，魏明帝编撰《魏律》时才将八议列入法典，而马援直到东汉第三位皇帝、光武帝孙子汉章帝在位期间才被重新封侯，但爵位是忠成侯。封忠成侯而非原新息侯，是一种重新的封侯赏赐，而非恢复，非是平反、纠错，章帝对马援受冤后光武帝的处理方案的态度由是可见一斑。

　　结合这两个案子可以看出，法律儒家化是儒学影响法律制度的一个典型例子，但法律的相对独立地位并没有完全被儒学侵蚀。在皇权独尊的大背景下，无论是儒学还是法律，都是为皇权服务，法律儒家化虽然是不受皇帝个人左右的历史潮流，但仍然离不开皇权的支持，摆脱不了为皇权服务的地位。简而言之，法律和儒学发生冲突时，哪一方应该让步，相当程度上取决于皇帝自己（但不是绝对的）或案件实际情况，而不是法律或儒学本身。

　　那么，为什么说哪一方应该让步要取决于皇帝呢？这就要提到儒学对汉代法律渊源的建构了。就法制史而言，董仲舒最大的贡献并非主张《春秋》决狱，而是推出了性三品说和君权神授。前者对刑罚针对不同品性的人的不同适用范围进行了合理化阐述，后者则将天和君主串联到一起，使皇帝拥有了虽不能绝对独裁但亦可在相当程度上掌握对法律的解释权。

　　在第一章里说过，汉代儒学是杂家化的儒学，虽然保留了儒学的一些核心概念，但也已经受到了其他学派的影响，出于主观或客观的原因糅合了其他学派的部分学说。所以，除道、儒二者外，汉代法制思想中自然免不了另外两个在中国思想史上具有举足轻重地位的学说——法家学说和阴阳五行学说。

　　法家在汉代法制史中的体现比较明显，但笔者还是要较为具体地说一下。

法家思想是专制主义中央集权制度存在和运行的主要理论基础之一，很大程度上就是为该制度及其经济基础而生的。即便是重儒、恶秦的汉王朝，也不可避免地继承法家的一些学说，只不过是将其置于其他学说外衣的庇护之下，《史记·陆贾列传》中和《汉书·元帝纪》里，刘邦意欲"马上"治国和汉宣帝自言"汉家自有制度，本以霸王道杂之，奈何纯任德教，用周政乎"，所表露的就是身为皇帝的他们对法家学说天然的好感，以及对"霸王道杂之"的必要性的理解与认同。国家需要的是善于变通的儒者，而不是规行矩步、食古不化的"竖儒""腐儒""俗儒""鄙儒"。

从20世纪八十年代在张家山汉墓出土的《二年律令》来看，汉王朝并不乏严苛律令。《二年律令》包括《贼律》《盗律》《具律》《告律》《津关令》等数十种律令名称，涉及刑事、民事、军事等多个方面。以《贼律》为例，该律包含十余个犯罪种类，但具体数目因学界对部分罪种的类型认定有分歧而不同，其中，"挟毒"者不问携毒多寡，一律"弃市"。根据《中华人民共和国刑法》第348条，"非法持有鸦片一千克以上、海洛因或者甲基苯丙胺五十克以上或者其他毒品数量大的，处七年以上有期徒刑或者无期徒刑，并处罚金；非法持有鸦片二百克以上不满一千克、海洛因或者甲基苯丙胺十克以上不满五十克或者其他毒品数量较大的，处三年以下有期徒刑、拘役或者管制，并处罚金；情节严重的，处三年以上七年以下有期徒刑，并处罚金"。相比起当代法律根据非法持有毒品数量的差异进行差异化量刑，《贼律》对"挟毒"的处罚无疑要粗糙、严厉得多。

另据《汉书·刑法志》，汉武帝时期制定了大量新律，"律、令凡三百五十九章，大辟四百九条，千八百八十二事，死罪决事比万三千四百七十二事，文书盈于几阁，典者不能遍睹"。《魏书·刑罚志》载武帝"增律五十余篇"，但它也像《汉书·刑法志》一样，强调这是有"奸宄滋甚"的特殊历史环境的。

笔者认为此二例可以作为汉代法制同时具有法家色彩的论据，但考虑到时代背景和读史者的主观理解，或许还难以判定为"严刑峻法"。法家思想的核心理念之一，就是强调君臣有别、君权独尊，从这个角度我们可以获得更多的信息。

据《史记·儒林列传》，汉景帝十分厌恶儒者所谓汤武受命顺民而诛杀夏桀、商纣的说法，"言学者无言汤武受命"，此后学者都不敢再谈"受命放杀"，景帝的内在动机显然是维护皇权的合法性和神圣性，而这不仅是景帝的个人行为，也是其制度的内在要求；儒家虽然坚持德教治国，但汉代官方儒学，或者说想要被汉代统治者认可的儒学和儒者的思想观念，其实是"德刑并用，天地之常道（语出汉末荀悦《申鉴·时事》）"的儒学，其所反对的不是不用刑，而是有选择、有限度地用刑。刑是强硬的暴力手段，德是润物细无声的意识形态教化，刑在阶级社会中不可避免，汉景帝、汉宣帝、荀悦等人的言行思想皆印证了儒学和汉代法制建设均不可能抛弃法家。

最后一部分，就是略带宗教色彩的阴阳五行学说，实际上董仲舒也把它纳入了新儒学。美国法学家哈罗德·伯尔曼在《法律与宗教》一书的第二章总结道："正如没有宗教的法律会丧失它的神圣性和原动力一样，没有法律的宗教将失去其社会性和历史性。"汉代法律制度中的宗教神学要素，其实就是新儒学中有关"天""阴阳"的那一部分元素。

儒学如何吸收阴阳五行，第五章已经有所涉及，这里我们只看一些反映了这一思想融合趋势的法制内容。如据《汉书·刑法志》，班固总结汉代立法理论时曾说，圣人"必通天地之心"，要"则天象地"，五刑(指墨——以有色墨水刺字、劓——割鼻子、剕——割脚、宫——阉割和大辟——死刑这五种刑罚)是圣人依"天讨"而制作的。

303

这种托刑于天，乃至将天人格化的立法思想，的确彰显了法律的神圣性，使之带有了一定的宗教色彩。

其实，看完本节，读者可能会发现，所谓汉代法制思想，很大程度上是汉代官方意识形态在法律制度上的体现，是另一个层面的思想史。其实古今法律莫不如是，毕竟作为维系阶级统治强制性手段的法律制度，尽管不是某一个特定统治者（如皇帝）的一厢情愿，但终究是"统治阶级意志的体现"。

第四节

包庇罪犯的最佳时机——宣帝允许亲属包庇

公元前66年，汉宣帝下了一道诏书，而正是这道诏书，正式从法律上认可了一定条件下的包庇行为：

> 父子之亲，夫妇之道，天性也。虽有患祸，犹蒙死而存之。诚爱结于心，仁厚之至也，岂能违之哉！自今，子首匿父母、妻匿夫、孙匿大父母，皆勿坐。其父母匿子、夫匿妻、大父母匿孙，罪殊死，皆上廷尉以闻。——《汉书·宣帝纪》

在这份诏书中，宣帝肯定了亲子、夫妻之间的包庇行为在情感上的合理性。并规定，子女藏匿父母、妻子藏匿丈夫和孙子藏匿爷爷奶奶，均不连坐；如果身份调换，非死刑一般不追究责任，死刑则提请最高司法机构长官廷尉亲自决定是否追责。在这之前，连坐一直是汉代处罚罪犯及其亲近人员的一个重要手段。宣帝此次设立的刑罚规则，在历史上被称为"亲亲得相首匿"。

"亲亲得相首匿"是中华法系最具有代表性的司法原则之一。在探究它在汉代法律中的应用及其影响之前，我们先来对这一概念进行初步理解。

"亲亲得相首匿"作为汉代法律主要的司法原则之一首先出现于汉宣帝时期，而相关概念则可以在孔子思想中找到一丝线索。据《论语·子路》，孔子曾说过一句"父为子隐，子为父隐，直在其中矣"。"隐"有隐瞒、隐匿的意思，"父为子隐，子为父隐"的字面意思就是父子相互隐瞒罪状，也就是所谓"亲亲相隐"。"直

在其中矣",则是孔子对这一行为表达赞同,这一思想后来得到了亚圣孟子的认可。

"首匿"则意为主谋隐匿罪犯。因此整个"亲亲得相首匿"的意思就是藏匿而不告发自己犯罪的亲人。而据《汉书·霍光传》,宣帝颁布此诏的两年前,他在剿灭霍光一党时,曾连坐诛杀与霍氏相关的数千家人。根据汉宣帝这两次行为来看,触犯"亲亲得相首匿"者的确获得了制度上一定的谅解和赦免。

"亲亲得相首匿"的出现实际上是汉代法律儒家化的体现,是中华法系形成过程中的重要事件。古代中国法律在西汉建立之前就或多或少受到了儒家思想的影响。《云梦秦简》中有官府不得受理子女告父母案件的要求,这是相关思想在法律中最早的应用之一。但是,它的适用范围(在有血缘关系的人当中)仅限于子女和父母之间,对于其他亲人之间的关系没有明确规定。

而且,《云梦秦简》在这一点上并没有完全遵循孔子的思想,因为孔子明确提出"父为子隐,子为父隐",包庇是双向而非卑对尊的单向行为。这可能与主导秦朝的强调君主独尊的法家思想有关,也就是说,连双向的父子"首匿"都无法达成的秦律,只是在法家思想的基础上借鉴了儒家学说,而不是纯粹的儒家化法律。因此,秦律只能说借鉴了、存在着儒家思想,但并没有开启法律儒家化的进程。

西汉建立后,满目疮痍、民生凋敝的社会现实和白登之围的耻辱促使西汉统治阶层将主要注意力集中到恢复社会生产上,开启了为期半个世纪的韬光养晦。一般认为,这一时期汉帝国的核心治国理念是黄老思想,但其他流派的主张也得到了一定的重视和实践,最典型的例子就是刘邦打压商人这一带有明显法家和儒家色彩的政策。

"亲亲得相首匿"在汉代法律思想中的应用，实际上是汉代法律儒家化的体现和结果之一。汉宣帝开创的"亲亲得相首匿"原则，适用范围不仅包括子女和父母，还包括夫妻和爷孙，且是双向的，即卑者应包庇尊者，尊者也应当包庇卑者，后一种关系与前一种关系唯一的不同，就是后一种关系中的卑者如果应判死刑，那么是否惩罚、如何惩罚尊者，需要提请廷尉裁决。

　　汉代法律儒家化，不单单是一部法制史，而且是政治史、经济史和思想史。法律作为意识形态的具体表现之一，它的变化必然是基于国家经济状况等社会现实的变化，也是治国思想、法制思想变化的子现象之一。这是"亲亲得相首匿"在汉宣帝而非汉高祖、惠帝、吕后、文帝和景帝时期出现的一个非常关键的原因。

　　文帝、景帝在位期间，汉王朝迎来了"文景之治"，使社会更加稳定，国家实力得到较大稳固和提升。与此同时，中央和黄老思想下未受到中央太多管理和限制的地方郡国之间的矛盾愈发尖锐，代表性事件就是汉高祖对异姓诸侯王的围剿和汉景帝年间的"七王之乱"。除去臧荼、英布等异姓王和吴王刘濞等七个起兵反叛的刘姓王外，其他王国与中央的关系也并非表面上那么稳定，例如汉景帝的叔叔、齐孝王刘将闾就和七国叛军有着说不清道不明的关系。

　　地方忠诚度的动摇严重影响了帝国秩序，奉行法不逾滋原则的汉初法律已经逐渐不适用于这个斗争日益严重的政治局势。法律需要主动出击，以更完善、更有效的姿态辅佐中央和皇权。

　　中央与地方关系的恶化只是法律必须改变的众多原因之一。经济的恢复与繁荣、战争的准备和中央集权的需要等诸多原因促使立法指导思想需要转变为更符合现状的学说。

　　在此背景下，董仲舒的新儒学极好地契合了处于社会转型期的汉武帝的需要，"罢黜百家，独尊儒术"使儒家学说一跃成为汉的

官方意识形态。至此，"亲亲得相首匿"成为汉代司法原则的道路已接近铺平。

没错，还不是"铺平"，只是"接近铺平"。"亲亲得相首匿"是儒家思想成为官方学说的结果，却不是必然结果。要让这一观念从未央宫传至天下，还需要其他条件。

汉宣帝于公元前74年即位，此时距离董仲舒提出"推明孔氏，抑黜百家"（此为《汉书·董仲舒传》原文，也就是后世常说的"罢黜百家，独尊儒术"）已经过去了60年，儒学的地位和影响力得到了较大发展，也就是说，汉宣帝正处于一个接触儒学的有利环境。据汉宣帝落难时曾抚养他的丙吉说，汉宣帝"通经术"，而"经术"一词曾在《史记·太史公自序》中出现，"追修经术"是孔子于东周礼崩乐坏时所为。汉宣帝所通的"经术"，正是儒家学说。

霍光对上官太后的奏章也能说明宣帝是一位有较佳儒学素养的皇帝。据《汉书·宣帝纪》，海昏侯被废黜后，霍光认为汉宣帝曾学习《诗》《论语》和《孝经》（以及其他一些漂亮话），可以立为皇帝，请求上官太后同意。汉宣帝的儒学素养成为继位论据，一方面印证了儒学此刻影响力之大，另一方面也证明了宣帝的儒学素养。

这只是从他人评价中窥探宣帝的儒学偏好，要想确认他亲儒的形象，还应该直接从他所作所为中去探寻。

《汉书·宣帝纪》中记载了汉宣帝的大量诏令，其中有相当一部分都表现出宣帝本人的儒学倾向与思想。例如，在公元前72年为汉武帝加庙号的诏令中，宣帝提到武帝的功绩有"仁义"和"建太学"，前者是儒家对明君圣主的要求之一，后者则是武帝为传播儒学做出的贡献；在公元前69年颁布的一则规劝宗室人才行善的诏令中，宣帝一开头就引用了"尧亲九族"的典故，而该典故出自儒家经典《尚书》的《尧典》一文；公元前 67 年，汉宣帝诏令各郡县举荐孝悌之士，并在诏书中引用了《论语·学而》中"孝弟也者，其为仁之本与"一句；在公元前 65 年的诏令中引用了《尚书》"凤皇来仪，庶尹允谐"一句。除此之外，在没有明确引用典故的诏书中，不乏与重农、重孝等儒家治国、为人要求相关的语句。

综合丙吉、霍光等人的评价以及汉宣帝本人在诏令中的言辞，可以看出，汉宣帝是一位有着相当的儒学素养和儒学偏好的皇帝。其所引用的儒家典故既有侧重于亲情的，也有侧重于治国的，表明汉宣帝在国家多个领域有意无意地践行儒学理论，这正是儒学"亲亲相隐"原则进入汉代法律思想和司法实践的另一个条件和机会。

前文说过，汉武帝之前的西汉，在治国思想上以黄老思想为主，这种无为之风经陆贾、贾谊等学者的宣传也影响了立法思想。但笔者也指出，这一时期西汉统治阶层并未"罢黜百家"，而是兼用道、法、儒等多种学说治国理政。这就为汉代法律儒家化提供了先例。

汉代法律儒家化，强调的是儒家在立法思想中的优势地位，但这之前的汉法实际上受多种立法思想影响，并非处于优势地位的儒学其实也是其中一种立法思想。如据《汉书·刑法志》，汉代医学家淳于意获罪，将受肉刑而死，其女淳于缇萦向汉文帝上书，请求文帝赦免其父，自己愿为官婢以赎罪。文帝阅淳于缇萦的上书后深受感动，遂赦免淳于意，并废除肉刑。在废除肉刑的诏书中，文帝曾引用《诗经》中"恺悌君子，民之父母"两句诗，为尚未实施教化而判刑感到怜悯。

另据《二年律令·告律》，官府不得受理子女告发父母的案件，且子女要被弃市。这种强调对尊者的保护和对卑者的忽略和前文《云梦秦简》，不算是真正意义上的儒家化法律。不过放在这里，也可以作为儒家思想影响汉法的一个例子。

《汉书·刑法志》中废除肉刑的小故事和《二年律令》的记载，是儒家思想影响汉初立法活动的两个典型，它不但证明汉初法律是多学说共同影响的结果（以道家为主），而且说明儒家思想与汉法结合在宣帝之前有先例可循，儒学素养也是先皇的重要学术素养。

　　由是观之，"亲亲得相首匿"融入汉代立法思想，并不是突然的心血来潮，也不仅仅是儒学成为官方正统学说的表现，还是有先例可循的立法传统。

　　最后，汉代的社会环境也是这一思想融入汉法不可忽略的历史背景。汉法除了儒家化之外，道德化也是它的一大特点。更准确的说，这既是道德法律化，也是法律道德化，是法律与道德的有机互动。汉代社会氛围和法律重视血亲关系，对"孝""隐""悌"等维护家庭关系的素养十分重视，这在两汉皇帝的谥号中也可窥见一二。除被废者（不包括汉献帝）之外，两汉二十三位皇帝，仅汉高帝（刘邦谥号高皇帝，庙号太祖，高祖为后人习惯性称呼）和汉光武帝的谥号中没有"孝"字，其他皇帝，甚至包括在位仅仅四个月的汉冲帝刘炳，都获得了"孝"的谥号（尽管他们的"孝"谥常常被省略）。诚如霍光所说：

　　　　汉之传谥常为孝者，以长有天下，令宗庙血食也。——《汉书·霍光传》

　　汉人对血亲关系的重视还不仅仅体现于此。据《汉书·衡山王传》，衡山王太子刘爽因告发其父而"坐王父不孝，皆弃市"。此时发生于汉武帝元狩元年，即公元前122年。这个时候汉宣帝甚至还没有出生，更遑论将"亲亲相隐"确立为一项司法原则，汉武帝无意中就已经用行动从反面为"亲亲相隐"提供了实例。

　　汉以孝治天下，对孝自然相当重视。但除此之外，悌等伦理也屡次被国家和社会强调。此种社会氛围下，汉代法律当然非常重视和尊重血亲关系，无论是立法思想还是司法实践注重其中所蕴含的血亲关系，汉文帝赦淳于意是如此，汉宣帝要求"亲亲得相首匿"也是如此。

儒学的崛起、宣帝的个人素养、传统和社会氛围是"亲亲得相首匿"这种比较完善的司法原则于公元前 66 年诞生的主要因素。

"亲亲得相首匿"对后世产生了巨大影响。尽管"首匿"就是现代社会的"包庇"，是一种犯罪行为，但在立法考量中加入对亲属关系的考虑是立法人性化的体现，也符合我国绵延至今的高度重视血亲关系的传统。我国于 2012 年修改的《刑事诉讼法》规定：

> 经人民法院通知，证人没有正当理由不出庭作证的，人民法院可以强制其到庭，但是被告人的配偶、父母、子女除外。

这一规定赋予了近亲属拒绝作证的权利，无论从传统来看还是从国际立法工作来看（英国、美国等国家也有类似的规定，但对拥有该权利的人的身份有不同的规定）都是一大进步。

"亲亲得相首匿"有落后的、不适用于现代社会的内容，但其中蕴含的人文精神并不过时，拒绝作证权和"亲亲得相首匿"就有较高的关联度，这也是这一古老的立法思想在现代社会的延续。

第五节

罪犯贵贱有别，监狱也有"天字号"

监狱是一个国家的刑罚执行机关，是司法行政系统的组成部分，也是国家暴力的载体之一。因而监狱制度在相当程度上折射出一个国家的统治阶级性质和统治思想。那么，汉代的监狱制度是什么样的呢？

要说汉代监狱，不得不先提到这样一个词："诏狱"。这个词在史书中出现频率很高，比如：

> 齐太仓令淳于公有罪当刑，诏狱逮徙系长安。——《史记·孝文本纪》

> 衡子昌为越骑校尉，醉杀人，系诏狱。——《汉书·匡衡传》

> 车骑将军安世将羽林骑收缚二百余人，皆送廷尉诏狱。——《汉书·霍光传》

> 遣侍御史裴茂讯诏狱，原轻系。——《后汉书·孝献帝纪》

> 帝怒，沛王坐系诏狱，三日乃得出。——《资治通鉴·汉纪·汉纪三十六》

汉代将皇帝发与文武百官的通告称为"诏"，是皇帝命令的一种形式，同时也是一种法律形式。所谓"诏狱"，在汉代有三个意思：一是指皇帝亲自下诏审理的案件，比如江都王刘建曾自叹"诏狱岁至"，字面意思就是每年都要应对那种皇帝亲自派人来查他的案件；二是指用来关押皇帝下诏关押的罪犯的监狱，例如东汉初年的沛王刘辅因杀害式侯刘恭而"坐系诏狱"，也就是被关押在诏狱（监狱）中；三是指审讯部门，类似于今天的公安局审讯室，比如《后汉书·桓谭列传》中记载汉哀帝傅皇后的弟弟傅喜被逮捕，但是"诏狱无所得"，也就是审讯人员在审讯部门审讯傅喜时，没从傅喜口中审出来什么东西，这里的诏狱，就是指审讯部门。

读者可能发现了，在前面我举的例子中，有一条说到车骑将军张安世率领羽林骑逮捕了两百多人，把他们"送廷尉诏狱"。那么，廷尉诏狱和诏狱之间是什么关系呢？

所谓"廷尉诏狱"，在史书中也不少见，比如：

绛侯周勃有罪，逮诣廷尉诏狱。——《汉书·文帝纪》

车骑将军安世将羽林骑收缚二百余人，皆送廷尉诏狱。——《汉书·霍光传》

臣请诏谒者召博、玄、晏诣廷尉诏狱。——《汉书·朱博传》

有司奏请槛车征诣廷尉诏狱。——《后汉书·光武十王列传》

任仁战累败，而兵士放纵，槛车征诣廷尉诏狱死。——《后汉书·西羌传》

廷尉诏狱就是指廷尉府邸内关押犯人的监狱，或者廷尉独自审理或参与审理案件的审讯部门，是诏狱的一种。汉代行政权和司法权不分，行政长官大多兼领司法权。除"掌刑辟"的廷尉外，丞相长史、御史中丞、宗正、长水校尉、大鸿胪等中央官员都有参与审讯嫌犯的记录（多人共同审讯通常称为"杂治"，如《汉书·杜周传》中记载廷尉王平、少府徐仁"杂治"一起谋反案），地方则表现为郡守、县令等行政长官同时是本郡、本县司法长官。

值得注意的是，多人共同审讯通常称为"杂治"，这是我国古代的一个司法术语，史书中相当常见，例如：

昭帝初，为宗正丞，杂治刘泽诏狱。——《汉书·楚元王传》

公卿请遣宗正、大行与沛郡杂治王。——《汉书·淮南衡山济北王传》

诏遣纳言苏威、御史大夫裴蕴杂治之。——《隋书·郎茂列传》

壬子，沂州民朱唐告前余姚县主簿李逢谋反，辞连右羽林大将军世居及河中府观察推官徐革，命御史中丞邓绾、知谏院范百禄、御史徐禧杂治之。——《宋史·神宗纪》

中书省臣言："宜捕送其所，令省、台、宣政院遣官杂治。"从之。——《元史·成宗纪》

除"廷尉"诏狱外当然还有其他诏狱，比如都船诏狱：据《汉书·王嘉传》，丞相王嘉被定罪后，廷尉将他押送至都船诏狱，《汉书·百官公卿表》则记载称都船狱设有都船令和丞，二人应当是都船狱的正副典狱长。

再如暴室诏狱：据《太平御览·皇亲部》引《续汉书》，汉献帝伏皇后谋诛曹操事泄，就被关押于暴室诏狱；《后汉书·皇后纪》记载汉桓帝的邓皇后与桓帝宠爱的郭贵人爆发矛盾，结果导致邓皇后被关押至诏狱，最终忧虑而死；《汉书·外戚传》记载，掖庭狱丞籍武曾奉汉哀帝诏，将女官曹宫之子和六名婢女关押至暴室，后来又从暴室狱带走了曹宫生下的婴儿，由此来看，至少此时的暴室狱典狱长应该是由掖庭狱典狱长，即掖庭狱丞担任。

另据《汉书·杜周传》，杜周任廷尉时，"廷尉及中都官诏狱"

逮捕了六七万人。这句话前半部分的"廷尉"即廷尉诏狱,后半部分是指中央政府下属的监狱,即中都官狱,不包括位于首都但属于首都地方政府的监狱,但首都地方监狱可能属于诏狱,比如东汉洛阳狱。

洛阳狱为诏狱,反映出一个重要信息——除中央的廷尉狱、暴室狱、掖庭狱、都船狱、若卢狱等诏狱外,地方上也存在诏狱。例如,据《后汉书·百官志》,汉光武帝即位后,废除了大量诏狱,只有廷尉和洛阳地方"有诏狱"。另据《汉书·息夫躬传》,汉哀帝曾令侍御史和廷尉逮捕息夫躬,并将后者关押在洛阳诏狱;再据《汉书·景十三王传》,汉武帝曾派人逮捕赵太子丹,将其置于魏郡诏狱,汉宣帝时,大鸿胪、丞相长史、御史丞、廷尉奉皇帝诏,杂治巨鹿诏狱。

诏狱与皇帝存在紧密联系,可以说是皇帝赋予了诏狱不同于普通监狱的特殊性质,因此诏狱既有可能是常设的,也有可能是根据需要而设置的临时性、兼容性诏狱。换言之,常设诏狱如廷尉诏狱不论,其他任何普通监狱,都有可能临时承担诏狱职责,关押、审讯和处决诏狱囚犯,但它们终究不是真正意义上的诏狱,最多带有诏狱色彩,本质上仍然是普通的监狱。

临时性,指普通监狱临时被赋予诏狱性质,奉诏官员前往该监狱审理皇帝指定的案件。例如,据《后汉书·袁安列传》,楚王刘英谋反案案发后,汉明帝刘庄拜袁安为楚郡太守,袁安上任后,第一时间前往监狱了解案情,释放了一批证据不足的嫌犯。然而,据《后汉书·独行列传》,刘英和五百多名有关官吏皆被押解往洛阳诏狱,此案是由皇帝亲自下诏审理的重大案件。但可能是因为诏狱容量有限,且其他人员罪行较轻等原因(所以廷尉诏狱里关押的一般都是位高权重的重案案犯),楚郡还留有一批相关案犯,此时楚郡地方监狱,就具有了一定的诏狱性质;另据《后

315

汉书·党锢列传》，永昌太守曹鸾因上书替党人辩护而触怒汉灵帝，汉灵帝遂下诏收押曹鸾，并将其押往槐里狱处死。槐里狱并非诏狱，但同样也会收押皇帝亲自下诏逮捕的犯人，从而临时具备了诏狱性质。

兼容性是从诏狱的职能和在押囚犯身份两个角度来说的。诏狱内可能既关押有诏狱犯人，也关押有庶狱犯人，即普通犯人。例如，据《艺文类聚·天部》和《艺文类聚·灾异部》引《东观汉记》，公元108年，洛阳大旱，邓太后至洛阳狱"省庶狱"，释放受冤囚犯；另据《后汉书·宦者列传》和《太平御览·人事部》引《汉书春秋》，单超和左悺拜访河南尹梁不疑，因为礼数不周，导致自己的兄弟被梁不疑逮捕并遣送洛阳狱。根据这两处记载，我们有理由认为，无论从洛阳狱作为地方监狱的自身职能（主管官员是河南尹的下属洛阳令，均为地方官员）还是经济性来说，肯定是会同时关押诏狱犯人和庶狱犯人的，所以洛阳狱兼为诏狱和一般的地方监狱。

诏狱之外的普通监狱，是汉代监狱的主体部分，关押对象以庶狱囚犯、牵连进诏狱的次要囚犯（比如前文所说的袁安在楚郡释放的案犯）和个别诏狱囚犯（比如永昌太守曹鸾）为主。

沈家本考证说，汉代中都官狱和位于首都的地方监狱是两个不同的监狱系统。例如，据《汉书·宣帝纪》，公元前61年，汉宣帝派兵镇压西羌叛乱，其兵员除胡越骑等职业军人外，还有"三辅、中都官弛徒刑"，即关押在三辅监狱和中都官狱的罪行较轻的囚犯；另据《太平御览·皇王部》引《汉武故事》，公元前85年，武帝茂陵被盗，霍光以守陵官员失职为由将其逮捕至长安狱审讯。

长安狱也有关押诏狱囚犯的先例。如据《汉书·贾谊传》，有人告发绛侯周勃谋反，汉文帝把他关押进长安狱。但长安狱和槐里狱、楚郡监狱一样，不属于真正意义上的诏狱。

西汉时，三辅指首都长安所在的关中地区，同时又指右扶风、左冯翊、京兆尹三位首都地方郡级官员，其中以京兆尹地位最高，统辖长安狱的长安令就是京兆尹的下属。三辅地方庶狱皆由三辅管辖，长安狱正是其中之一。

据《后汉书·班固列传》，汉明帝经人告发，逮捕了私修国史的班固，将其关押在京兆狱，同时，《史记·酷吏列传》有"掩定襄狱中重罪轻系二百余人"一句。三辅和定襄均是郡级行政单位，长安狱则属县级行政单位，这是不是说郡县二级均有自己的监狱呢？

实际上，这个问题由于史料甚少，所以很难得出一个确切的答案。沈家本列举京兆狱和定襄狱二例，证明郡级行政单位设有独立的监狱。可也有学者认为，郡可能没有独立的监狱，其逮捕的囚犯关押于县级监狱，所谓京兆狱、定襄狱实际上是指郡治所所在地的县的下属监狱。双方观点都有可取的地方，却也都缺乏足够的说服力。

1997年江苏省连云港市出土的《东海郡吏员簿》中记载东海郡不设郡属监狱，但郡治所郯县狱吏数最多，说明可能郯县监狱的规模更大，事务更多，则郡和郯县可能是共用郯县狱。这则可以证明郡有不设监狱的情况，但很难把这一结论推广到京兆狱和定襄狱上——毕竟，东海郡是否情况特殊才未设郡属监狱，尚未可知。

其次，沈家本引京兆狱和定襄狱的例子证明郡设监狱，却也无法反驳《东海郡吏员簿》中的情况。上段说过，由于史料匮乏，我们无法确定东海郡不设郡属监狱的原因，因此很难说郡不设监狱是如东海郡一样的普遍情况（那么定襄狱、京兆狱就是郡治所县狱的

别称），还是东海郡情况特殊，定襄狱和京兆狱这种郡属监狱才是常态呢？

孤例不证史，《东海郡吏员簿》只能证明存在郡不设监狱的情况，可以证明有无，却无法证明多少，不能和其他史料相呼应证明这种情况普遍与否。

《东海郡吏员簿》中记载，郡内各县监狱，除郯县狱外，其他监狱狱吏人数在0～2人（0即出土《东海郡吏员簿》没有见到该地设有监狱的记载，可能是行政区域太小，于是不专门设监狱，转而和其他县共用监狱，也有可能是漏记）之间，唯郯县狱狱吏人数多达5人。我们可以推测，郯县狱可能规模更大、事务更多，因为该狱同时关押了东海郡和郯县两个级别政府逮捕的罪犯。另外，据《汉书·赵广汉传》，赵广汉任京兆尹时，曾带领长安丞龚奢等人破获一起劫持郎官的案件（可能是由于案情重大，所以才由赵广汉亲自协调郡县两级人员破案），两名劫匪正是被赵广汉逮捕归案。

如果京兆尹没有直属监狱，那么两名劫匪自然是被送入县狱，大概率是送入长安狱，这正好丰富了我们论据。即便京兆狱为京兆尹独立所辖监狱，其实也不影响我们根据东海郡的情况提出下面这个问题：

在郡不设狱的情况下，郡所逮捕的罪犯一定会关押在郡政府所在的郡治所县吗？

还是有例外情况的！据《汉书·翟方进传》，翟义任南阳都尉时，逮捕了郡治所县宛县县令刘立，并将他押往邓县狱。翟义这么做的动机可能是考虑到刘立为宛令，在宛狱故吏较多，有碍司法公正，于是送往邓县关押。但无论如何，这一记载证明，郡逮捕罪犯后，有可能送往郡治所县狱，也可能出于避嫌等原因，送往其他县县狱。

上述均为行政和司法部门监狱设置的情况。最后我们还需要把目光移向另一个特殊的部门——军队。

汉代军队沿袭先秦制度，军中设有司法人员，负责拘押、审判乃至处决犯法军人的工作。据《汉书·杜延年传》，杜延年因通晓法律，有为吏的才能，于是"补军司空"，苏林注言："（军司空）主狱官也"。但军司空不光是军队司法军官，还有带兵进行土木作业的职责。

军正沿自先秦，同样是军中掌司法的军官，汉军亦置。据《史记·司马穰苴列传》，司马穰苴曾问军正"军法期而后至者云何"；另据《后汉书·张玄列传》，军正有"执有罪者诛之"的职责；再据《三国志·凌统传》，凌统杀死陈勤后，在围剿山贼的战斗中身先士卒，全身而还，自知有罪，于是"自拘于军正"，孙权十分欣赏他的勇猛，令他"以功赎罪"。

有学者认为军司空和军正是同一职责。史书中的确有军司空参战的记载，例如《汉书·冯奉世传》记载前将军韩增奏请任冯奉世为军司空，冯奉世后随军征讨匈奴。但是这一记载的模糊之处在于，不清楚冯奉世是作为一线战斗人员或指挥官参战，还是作为后勤、技术人员，不直接参与战斗。其他史料也没有提到军司空作为军事指挥官指挥军队作战。

相反，史书中不止一处提及军正的战斗表现：据《汉书·昭帝纪》，公元前82年，大鸿胪田广明、军正王平率军攻打益州，斩首捕虏三万余人；又据《汉书·西域传》，贰师将军李广利率军远征大宛时，军正任文率军驻扎在玉门关，负责保卫李广利的后方；再据《史记·大宛列传》，李广利进攻大宛时，军正赵始成"力战，功最多"。由上可见，军正不但可以担任一支军队的主帅，还会亲自上战场搏杀，军司空却缺乏这方面的记载，二者不太可能是同一职务。当然，这里也可以看出，和军司空一样，军正的职责并不只局限于军内执法。

居延汉简中的《建武五年甲渠劾侯长王褒》记载，侯长王褒因"燔举不如品约，不忧边事"下狱，说明在居延这种军事驻地也设有军事监狱。史书中"执""拘"等字同样隐隐表露出，即便是驻扎在外的军队，虽然不一定设有临时监狱，但也有拘押犯罪军人的部门，发挥类似监狱的作用。

第六节

汉初最大的一次法制改革推动者竟然是个小女孩

据《史记·孝文本纪》，齐国太仓令淳于意犯罪，被押解往长安。临行前，他感叹自己没有儿子，只有女儿，"有缓急非有益也"，骂她们自己祸到临头却帮不上什么忙。小女儿淳于缇萦伤感啜泣，于是跟着父亲来到长安，向汉文帝上书说：

> 妾父为吏，齐中皆称其廉平，今坐法当刑。妾伤夫死者不可复生，刑者不可复属，虽复欲改过自新，其道无由也。妾愿没入为官婢，赎父刑罪，使得自新。

这封上书的大概意思就是，齐人平时都称赞淳于公为吏清廉公正，可他今天却因犯罪将要受刑。但是死者不能复生，受肉刑的人身体不能复原，即便想要改过自新也很困难，自己对此感到很悲伤。自己愿意入为官婢，为父亲赎刑，让他改过自新。

汉文帝阅后，大为感动，于是下诏废除肉刑：

> 盖闻有虞氏之时，画衣冠异章服以为僇，而民不犯。何则？至治也。今法有肉刑三，而奸不止，其咎安在？非乃朕德薄而教不明欤？吾甚自愧。故夫驯道不纯而愚民陷焉。诗曰"恺悌君子，民之父母"。今人有过，教未施而刑加焉？或欲改行为善而道毋由也。朕甚怜之。夫刑至断支体，刻肌肤，终身不息，何其楚痛而不德也，岂称为民父母之意哉！其除肉刑。

大意就是说，文帝觉得肉刑这么残酷的刑罚都无法禁绝犯罪，主要还是因为自己德行浅陋，对臣民的教化不到位，所以很惭愧。

因此对那些犯罪的人，要给他们改过自新的机会，不然贸然施行肉刑，太过残忍，所以干脆把肉刑废掉算了。

后世把这段典故称为"缇萦救父"，《史记》《汉书》《列女传》《论衡》《资治通鉴》均有记载，内容有详有略，只不过对这件事发生的具体时间记载不一——当然，这不是本节的重点。

了解缇萦救父这个小故事之后，我们来面对第一个问题：淳于意本应遭受的肉刑，到底是怎样的一种刑罚？

肉刑，其实是对五种针对身体的刑罚统称。具体而言，五种"肉刑"分别是黥（刺面染墨）、劓（割鼻）、刖（斩足）、宫（破坏生殖器官）和大辟（泛指死刑）。《汉书·刑法志》里称肉刑为大禹所制，后为商周沿袭。据《史记·孙子吴起列传》，战国军事家孙膑曾在齐国受肉刑，被施以刖和黥；又据《韩非子·和氏》，和氏璧的发现者和氏曾被楚厉王和楚武王两度施以刖刑，左脚右脚先后被斩；另外，据1975年12月在湖北省云梦县睡虎地秦墓中发掘的竹简《法律问答》记载，盗窃金额超过六百六十钱的，要被施以黥和劓。从淳于意获罪和汉文帝废肉刑来看，西汉显然在秦朝灭亡后沿袭了这一刑罚。

从史书记载来看，文帝废除肉刑的原因有三个：一是文帝对淳于缇萦为父赎刑的请求大为感动，"怜悲其意"；二是肉刑不人道，惩罚"终身未息"；三是文帝个人性情使然，即自愿承担"奸不止"的责任，和对受刑者"甚怜"。第二个原因和第三个原因看似是一回事，其实一个是肉刑的客观后果，一个是文帝的主观感受，二者之间不但有主客观之别，还存在递进关系，即肉刑的残忍使文帝产生了"怜"的感受。

淳于缇萦的上书，实际上是作为民意的一种表现，折射出汉代民间对肉刑的极度不满。"死者不可复生，刑者不可复属"，只留下对永久性伤残的"伤"和悔过无道的无奈。据《晋书·刑法志》，东汉末年曹操当权时，以尚书令荀彧为首的百官主张恢复肉刑，但遭到少府孔融的反对。孔融提出了三个反对理由：

第一，这种古代人制定的刑罚不合时宜；

第二，肉刑太过残酷，容易让人联想到被天下人骂为"无道"的商纣王；

第三，那些受过肉刑的人，大多恶生向死，而且趋恶去善，不愿悔改，秦末赵高、汉初英布即为典例，因此肉刑并不能"止人遂为非"，起不到惩戒的效果。那些被施以肉刑的人，即便是忠心者如鬻拳、诚信者如卞和、智慧者如孙膑、受冤者如巷伯、雄才者如司马迁，在受了肉刑之后，有天大的成就也为人所不齿。

他的这番论述铿锵有力，论点结构层层递进，读来非常有意思，笔者现为读者摘录如下：

> 古者敦庬，善否区别，吏端刑清政简，一无过失，百姓有罪，皆自取之。末世陵迟，风化坏乱，政挠其俗，法害其教。故曰"上失其道，人散久矣"。而欲绳之以古刑，投之以残弃，非所谓与时消息也。纣斮朝涉之胫，天下谓为无道。夫九牧之地，千八百君，若各刖一人，是天下常有千八百纣也，求世休和，弗可得已。且被刑之人，虑不念生，志在思死，类多趋恶，莫复归正。夙沙乱齐，伊戾祸宋，赵高、英布，为世大患。不能止人遂为非也，适足绝人还为善耳。虽忠如鬻拳，信如卞和，智如孙膑，冤如巷伯，才如史迁，达如子政，一罹刀锯，没世不齿。是太甲之思庸，穆公之霸秦，陈汤之都赖，魏尚之临边，无所复施也。汉开改恶之路，凡为此也。故明德之君，远度深惟，弃短就长，不苟革其政者也。

最终，孔融的观点被朝廷采纳，于是恢复肉刑一事暂时搁置。

孔融的观点与淳于缇萦的上书两相呼应，所展现的事实就是——肉刑在世人眼中是一种影响极为恶劣、手段极为残忍的刑罚，无论是世人、受刑者家属还是受刑者本人，对肉刑都深有不满。文帝可能正是从淳于缇萦的上书中间接察觉到民心所向，或至少是直接感受到淳于缇萦的悲伤，才决定废除肉刑。

肉刑对身体造成不可修复的损伤，也是肉刑遭废的直接原因之一，这一点在文帝的诏书中已有体现。

回头来看五种肉刑，死刑直接剥夺罪犯的生命，从经济生产所需的劳动力的角度来说无疑是一种损失，斩足的刖刑虽然也会影响罪犯劳动，但受刑者并不是不能从事手工业生产一类较轻的体力活，其他三种刑罚对罪犯工作能力的影响倒的确不大。而且在出土汉简中，也的确有驱使遭受肉刑的罪犯劳动的记录。例如张家山汉简中，就记载说"黥城旦讲"，也就是说一个名叫讲的人遭受黥刑后被驱使筑城，相当于现在的劳动改造。所谓"城旦者，旦起行治城"（张岱《夜航船·兵刑部·刑法》），其实就是早早起床去筑造城池。

秦汉时期的古代中国，一直都有强制罪犯劳动的传统，而且小农经济也需要大量的劳动力进行生产。无论怎么说，劳动力多总比少强。于是有一种普遍观点认为，文帝废肉刑的另一个原因，就是通过减轻对囚犯的劳动能力的伤害，来保证生产所需的劳动力。

但是，这一结论要想成立，以下两个前提条件必须满足其中之一：国家亟需劳动力，不得不以肉刑罪犯补充，或者肉刑罪犯劳动，能够对社会生产发挥大到足以进行一场司法改革的促进作用。

前面说到，真正会影响受刑者劳动能力的肉刑，只有大辟和刖刑，其中唯有大辟是完全剥夺受刑者劳动能力。《汉书·刑法志》中说，汉文帝时"刑罚大省"，断狱仅有四百。从汉文帝本纪和后世曹丕、曹植、司马贞、苏辙、王夫之等人的评价来看，文帝本身就有"仁""俭""法宽"等在古人和今人看来都值得称道的性格特点和为政特点（这也说明"甚怜"有较大的可能性是文帝的真实感情，而非政治说辞），加之汉初的汉朝统治者和政治与学术精英对秦亡于严刑峻法的共识、对其教训的吸取和对黄老思想的推崇，文帝"刑罚大省"并不是没有可能。其次，不光是《汉书》，《晋书》《魏书》等后世史书也认可"刑罚大省，断狱四百"的记载。要说这一记载是吹捧夸大、溢言虚美，或许缺乏足够的证据，最多对"四百"的准确性难以保证，但可以确定这一时期刑事案件不多。因此，结合其他史料，这应该不是溢美之词。

这四百起案件，或者更模糊地说，数百起案件，其犯罪嫌疑人当然不可能全部都应该被施以肉刑，但即便全都如此，几百个罪犯对社会生产有多大的影响呢？区区几百名劳动力，会引发一场以扩充劳动力为原因的司法改革吗？有必要这么做吗？

这个可能性，很小很小，小到可以排除它的作用。

张家山汉简中记载了一个女子逃亡的案件：逃亡女子名符，后来改名换姓，成了大夫明的奴隶，明之后把她嫁给了隐官解。案发后，根据法律，娶逃亡者为妻应当黥为城旦，虽然解不知道符是逃亡者，但是"非有减也"，意思是仍然不能因此减轻处罚。解的"隐官"身份，说明他曾遭受肉刑，明把奴隶嫁给她，反应出肉刑之人地位卑微到其配偶甚至可能是奴隶身份。

汉代肉刑继承自先秦。以孙膑为例，据《史记·孙子吴起列传》，孙膑在魏国受到庞涓嫉妒，庞涓于是把孙膑"断其两足而黥之"，同时施以刖刑和黥刑，以达到"隐勿见"的目的，防止孙膑受宠导致自己失宠，受刑后的孙膑不得不逃往齐国。后来魏军攻赵，赵求援于齐，赏识孙膑的齐威王想要让他带兵出征，但是孙膑却以"刑余之人不可"推辞任命，威王不得不改派田忌带兵。

再如据《韩非子·内储说下六微》，有一个受刖刑的人向受到齐王款待的夷射者乞讨，却被后者骂曰"刑余之人，何事乃敢乞饮长者"，可见他们甚至都没有资格向地位高的人乞讨；另据《汉书·司马迁传》，刑余之人的耻辱"非一世也"，还会延及后代。这些记载，结合前面引用的孔融的论述，我们可以对遭受肉刑之人的处境有一个更深刻的了解：朝野对所谓刑余之人极尽歧视，他们不但在担任军职方面受到歧视，还是世人眼中奴隶一般的存在，甚至不能向"长者"乞讨。实际上这就是汉文帝所说的"终身不息，何其楚痛而不德也"，痛苦是方方面面的，而不仅仅局限于身体上的残疾带来的生理痛苦。

这些例子中，孙膑虽然后来也曾率军出征，还打出了一场漂亮的马陵之战，但从整个受刑者范围来看，他的地位和成就，显然属于特例。

另外，在汉文帝的这次改革中，群臣提出的建议中有一条是改斩右趾为弃市。弃市，也就是在闹市处死犯人，属于死刑。笔者推测，可以看出，肉刑实际上造成受刑者"社会性死亡"，把他们的地位降低得与奴隶无二，还不得不避开世事，隐入世人视野之外，甚至会导致后人受辱。而汉代民风彪悍尚武，全国上下有一种独特的不怕死文化，对死亡的恐惧程度在某些情况下远不及对自尊的重视程度。而且死刑不会直面世人嘲讽，不会连累后人，受到侮辱要少一些。所以，才会有这种减轻刑罚，却把斩右趾改为死刑，而且没有受到汉文帝反对的改革建议。

当然，也正是如此，被处死的犯人相对增多，班固才在《汉书·刑法志》中批评这次改革名义上减轻刑罚，实际上杀了更多的人。

除了对淳于缇萦的同情、对民间疾苦的察觉、对肉刑残酷的认知以及仁慈的个人性格和自责以外，汉文帝废除肉刑的另一个原因，则是对汉初黄老思想的贯彻，奉行无为而治的施政方针。西汉建立以来，直到汉武帝时期，皇帝和百官不断重申汉帝国吸取秦亡于严刑峻法的教训的必要性，约法省刑其实也是这一时期的一个大趋势，在文帝之前，高祖、惠帝和吕后，均废除了大量秦法。换言之，文帝废除肉刑，不能把视野局限于文帝在位时期。局限于文帝本人身上，而应该放入整个汉代法制史当中去，这样我们就会发现，它其实也是西汉约法省刑在文帝时期的延伸。治国思想上的变化其他章节已经有过阐述，不再赘述。

最后要提的是，后世对文帝这一改革褒贬不一，存废肉刑的议论时常兴起。清末民初法学家沈家本在《历代刑法考》中指出，班固是最先指出废肉刑之弊端的人，这里很有可能是指《汉书·刑法志》中班固对这次改革"外有刑轻之名，内实杀人""民易犯之"的批判。

据《后汉书·杜林列传》，公元38年，群臣上奏，称其时刑轻不足以治奸，请求恢复肉刑，但光禄勋杜林认为国家应当重义轻刑，而且重刑不适合汉初立国的局势，光武帝于是采纳了杜林的意见；又据《晋书·刑法志》，孔融之后，曹操又想恢复肉刑，但由于奉常王脩的反对和魏国汉之藩国地位的束缚而作罢，魏文帝即位后，朝堂上再次议论起肉刑存废问题；再据《晋书·载记第二十八》，南燕末代皇帝慕容超曾试图恢复肉刑，但最终也因"群下议多不同"，遭到大多数人的反对而没能成功；《宋书》数篇列传又记载，东晋末年，桓玄曾议论恢复肉刑，但孔琳之、郑鲜之、蔡廓等人皆强烈反对。

另一方面需要注意的是，汉文帝之后，肉刑并没有彻底退出历史舞台，仍然被皇帝或官府用作惩罚和示威的手段。例如，司马迁就曾受宫刑；据《宋史·习衎列传》，习衎在给宋太宗的上书《谏刑书》中提到当时仍有重罪犯人被"刖足钉身"；又据《宋史·赵彦俅列传》，绍兴知府赵彦俅面对冲天民怨，以"幂首刖足"的死

囚示与众人，威逼饥民散去；再如据《辽史·刑法志》，公元963年，奴隶海里因强奸而被处以了宫刑。笔者认为，这可能是因为皇帝的个人意志至少在某些时候可以凌驾于法律之上，也可能是因为肉刑在某一时期在某种程度上得到恢复但史书无载，具体原因可能是多方面的，但最终不得而知。

另外还有一些受肉刑者，不是经由官府审判获刑，而是遭私下报复、凌虐。例如，据《晋书·载记第五》，公元333年，后赵权臣石虎率兵讨伐起兵造反的石生、石朗，攻破金墉后俘虏石朗，遂对其施以肉刑后斩杀；《新唐书·宜城公主列传》记载唐中宗的女儿宜城公主割下了与驸马有染的婢女的耳朵和鼻子；再据《续资治通鉴·元纪·元纪一》，淮人黄文政兵败被俘后，遭敌先后施以劓、刖之刑。这三个例子中，除宜城公主是明确动用私刑以外，另外两例，其实都难以确定到底是战胜者对战败者的折磨，还是有军法可依，但笔者认为私刑的可能性大一些，所以先列到"私下报复、凌虐"当中来。

政策当然是可以而且经常存在争议的，既有人把汉文帝的改革赞为"千古之仁政"，也有人认为废除肉刑在当时或者在当下是不合时宜的，因此对它持否定态度，其实是属于非常正常的现象。但肉刑在后世仍然时不时地出现，又给了我们一个非常重要的启示，那就是，一项制度的存废，无论是现代还是古代（尤其是在专制色彩浓重的古代政坛），都不是永恒的。历史是动态而非静态的，这是历史学最复杂也是最吸引人的特点之一，而具体到制度存废问题，即便文帝废除了肉刑，我们也应该认识到，由于种种原因，为了维护一家专制的需要，肉刑这种严重摧残受刑者身心健康的刑罚，是不可能出于人权云云的考虑而彻底被官府废除的。

第七节　欠钱不还怎么办？来看看这份民诉指南

《民事诉讼法学教程》将"民事诉讼"定义为"人民法院根据当事人的请求，保护当事人正当权利和合法权益的审判程序制度"。汉代当然没有"民事诉讼"这一现代法律术语，但却有"狱"与"讼"之分。《周礼》中就有数处言及"狱讼"和"讼"，如：

> 凡万民之不服教而有狱讼者，与有地治者听而断之，其附于刑者，归于士。——《周礼·地官司徒·大司徒》

> 凡诸侯之狱讼，以邦典定之。——《周礼·秋官司寇·大司寇》

> 以两造禁民讼，入束矢于朝，然后听之，以两剂禁民狱，入钧金。——《周礼·秋官司寇·大司寇》

东汉末年经学大师郑玄在注解《周礼》时，把讼解释为"争财""以财货相告"，狱则是"争罪""相告以罪名"；东汉另一学者许慎在《说文》中把讼解释为"争"；据《晋书·刑法志》，司徒鲍昱撰写"嫁娶辞讼决为《法比都目》"，而对照《东观汉记》和《后汉书》可知，此"辞讼决"就是陈宠为鲍昱撰写的七卷《辞讼比》。

从以上信息中我们可以得出两个结论：第一，狱讼有别；第二，郑玄、许慎和《东观汉记》作者（这本书由班固等多人著成）的著述表明，至少汉代所说的关乎财产嫁娶的讼，大致类似于今天所说的事关公民正当权利与合法权益的民事诉讼。

不过我们需要注意的是，讼是个多义字，在有的情况下也有辩

护的意思，例如《汉书·楚元王传》和《汉书·陈汤传》中记载，阳城缪侯刘德和陈汤曾上书"讼罪"，就是指刘德为儿子进行辩护（后来刘德还因此得了个"缪"谥）和陈汤为自己进行辩护。

明白汉代怎么称呼民事诉讼，就可以看汉代民事诉讼程序了。司法权和行政权不分是秦汉司法上层建筑的主要特点，这里则表现为行政官吏兼理民事诉讼案。据《汉书·百官公卿表》，乡有三老、有秩、啬夫和游徼，其中啬夫"职听讼"。1974年8月于居延出土的《候粟君所责寇恩事》汉简中，除负责验问被告寇恩的啬夫之外，参与审理该案的官吏还有在判决书上署名的狱掾和令史，整个决讼亦由县廷主持；《后汉书·牟融列传》载牟融任丰县县令时，有"县无狱讼"的政绩，在考核中位居州郡第一。由此可见，县令及其之下的狱掾、令史、啬夫等官吏均有参与处理诉讼案的职责。

《后汉书·百官志》直言"郡国"都要负责决讼检奸，《太平御览·职官部》引《汉官解诂》称太守"决讼断辞"，刘昭注《后汉书·百官志》曾引蔡质《汉仪》提及刺史有监察太守不法行为的职责，《汉书·朱博传》则记载，吏民拦住冀州刺史朱博的车架"自言"（这个"自言"就是指提起民事诉讼，下面详谈）时，朱博就说，"欲言二千石"需要等到巡视完后再到刺史官署去。这表明，郡一级的太守和州一级的刺史，也有审理民事诉讼的职责。据《续汉书·百官志》，边郡都尉、属国都尉和内地郡守一样，"治民比郡"，居延汉简中也有都尉要求下属管理调查案件的公文，结合来看，都尉应当同样也有审理民事诉讼案的权力。

汉代民事诉讼案最高审判权归丞相，有时御史大夫也会断案。例如，据《太平御览·资产部》引《风俗通》，汉宣帝时丞相丙吉巡视陈留时，曾审理一件女儿和继母争夺遗产的案件；《太平御览·刑法部》亦引《风俗通》记载称，汉成帝、哀帝年间的大司空何武（公元前6年，汉成帝改御史大夫为大司空）审理过沛中的一起家族遗产案。另外，据《汉书·百官公卿表》，公元前118年，汉武帝在丞相之下设秩比二千石的佐官司直，"佐丞相举不法"，有可能也会协助丞相处理民事诉讼案。

因此，上至丞相、御史大夫、司直等中央官员，下至县令、狱掾、令史、啬夫等地方官吏，都有参与处理民事诉讼案的职责。大多数案件都是县令及其之下的低级官吏审理，但1971年12月在甘肃省甘谷县渭阳公社刘家坪汉墓出土的《宗正府卿刘柜奏书》中记载宗室刘槐、刘直直接向蜀郡太守提起民事诉讼，而中央亦设有宗正负责处理涉及宗室权益的民事诉讼案，这一方面表明宗正也有审理民事诉讼案的职责，另一方面则说明，部分群体（如宗室）应当是享有越级诉讼的特权。

如果决定提起诉讼，原告首先要向相应级别的官府和官员"自言"。自言是汉代民事诉讼程序的第一步，也叫"自诉"。《风俗通》所载大司空何武处理的遗产纠纷案，就是因为逝者的女儿不把逝者留给十五岁儿子的一把剑交给弟弟，所以这个男孩"诣郡，自言求剑"，出土汉简中亦有驻边士兵因为没有领到家属食物而"自言"的案件。前文所引《汉书·朱博传》中，朱博要求要投诉县丞尉者到郡里投诉，而不是向他这个刺史"自言"，由此来看，当时存在这样一种情况，即如果没有找对诉讼部门，主管官员很可能拒绝受理诉讼案件。

啬夫在民事诉讼案件中的工作不是判决，而是验问、调查、调解。其扮演的角色，在《候粟君所责寇恩事》中表现得比较明显。

粟君在向县廷起诉寇恩后，县廷把爰书和原告诉状交给被告寇恩所在乡的啬夫，要求啬夫"验问"。啬夫收到爰书和诉状后，通知被告寇恩"诣乡"，啬夫首先告知寇恩言辞不实所要承担的法律责任，然后寇恩开始讲述案情，最后啬夫把寇恩的回答和自己根据调查得出的结论与建议记录在爰书上，发还给县廷。

注意一下"告知寇恩言辞不实所要承担的法律责任"这句话。这不是啬夫临时起意说的，而是正当且必要的司法程序。《二年律令》规定"吏谨先以辨告证"，居延汉简也有"证不言请"等记载，就是要告知当事人、证人等人所要承担的法律责任和享有的权利。

收到啬夫的爰书后，县廷将之转交粟君，没有进行判决，这说明此时县廷可能是在调解双方矛盾，征求双方意见，而不是做出寇恩应当归还欠款或双方并无债务关系的判决。啬夫这里负责调查取证和调解，虽然参与了此案，但并非作为法官进行审理。

另一个调解案例出自《汉书·韩延寿传》。韩延寿出任左冯翊后，在属下的劝说下巡视辖区，在高陵遇到了一起兄弟争田的案子。这里记载说兄弟俩"自言"，有可能是指向韩延寿起诉对方，也有可能是向县令起诉，只是刚好被韩延寿撞上。无论如何，最后韩延寿介入此案，表现得十分伤心，认为骨肉争讼的原因是自己没有做好表率，教化不行，于是"移病"不办公。争田的兄弟两人大为惭愧，于是向韩延寿谢罪，并"以田相移"。这也可以看作是韩延寿出面进行纠纷调解的案例。

粟君不服啬夫的调查结果，于是上诉到太守那里，太守又令县廷"更详验问"。县廷遂进行第二次验问，得出粟君"政不直"的结论，相当于调解不成后的判决结果。但这是否是该民事诉讼案的判决结果呢？

需要注意的是，粟君是一名"候"，一名现役军官，却雇佣寇恩去给他卖鱼牟利。居延汉简中曾记载一名叫杨褒的军官派一个士兵去帮他做一笔生意，杨褒遭揭发后被"免"，罪状即"私使卒并积一日"。可见粟君的行为是被严令禁止的。所谓"政不直"，可能和债务问题无关，其实是调查过程中发现的另一起违法犯罪行为，也就是案中案。

另一种可能是，"政不直"是针对粟君诬陷寇恩而言（毕竟县廷两次调查都认为寇恩没有欠粟君钱）。所以这是县廷调解失败，粟君上诉后，县廷复审，就债务问题进行的判决。

当然，无论"政不直"是指粟君擅自牟利还是诬陷寇恩，这其中还有一个不可忽视的点——粟君上诉。从有据可考的案例来看，对初审不服的，当事人可以上诉至上级主管官员，上级主管官员再自行审理或责令下级部门复审。粟君的案子属于太守发回县廷责令重新审理。前文所说丙吉断陈留遗产纠纷案，这起案子就属于"争财数年不决"的疑难案件，需要更高一级的官员亲自审理。

判决结果出来后，下级部门要上报上级部门。大司空何武以中央大员的身份审理沛中地方的案件，这里存在两种可能：一是此案属疑难案件，所以由何武亲自审理，他最后把剑判给男孩，"议者皆服"，背后所反映的应该就是之前该案难有一个令人满意的结果和判决理由；第二种可能，就是下级部门上报给何武时，何武认为原判决结果不妥，于是亲自重审。至于县廷判决粟君"政不直"后，就上报太守，这一点倒是没有争议，也表明下级部门在判决后的确要上报。

判决结果出来后，败诉方需要自行履行相应义务，如果拒绝履行，那么官府会强行介入，督促败诉方履行义务，保护胜诉方正当权利。居延汉简就记载说有一个叫孙猛的人欠了别人一笔钱，官府判决结果出来后孙猛"服负"（"服"就是服从判决，"服负"就是承认自己欠款的判决），主动归还欠款一百二十钱。而在发生于公元前 15 年的一起案件中，被告赵宣欠了原告张宗一笔钱，由于赵宣一直拖欠不还，于是一名叫受子渊的官吏领肩水都尉之命，"从故甲渠候杨君取直"，扣除赵宣的俸钱强行支付给张宗以还债。

考虑到原告与被告身份的差异，为了保护弱势一方的人身安全，张家山汉简《二年律令》中规定，"强质"者罚金四两。强质，就

是强行以人或物为质。前面提到的粟君诉寇恩案，粟君作为一名行为不检点的军官，没有威胁寇恩的人身安全，很可能就是受到不得强质的法律的约束。

叛逆的力量
——那些奇奇怪怪的武装

第七章

汉朝只有陆军吗？第二章已经给出了答案——毕竟，曾经的汉王朝，可是坐拥东亚最强舰队。那么，只有皇帝和反抗者才能拥有军队吗？这个答案显然也是否定的——在官军之外，按照不同的标准，注注还存在多支不同性质的武装力量：

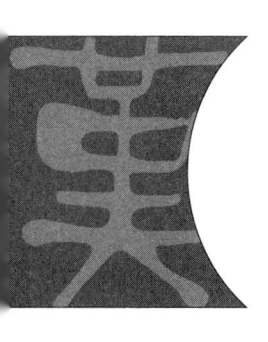

啸聚山林的叛军，驰骋大洋的海盗，神秘莫测的罗马军团，他们来源多元、性质迥异、动机奇特——那么，各位读者，挎好腰刀，背上弩箭，披上甲胄，准备和笔者一起迎战那些不属于汉王朝的汉朝武装力量吧！

第一节

古老的海边职业——那些纵横两汉的海盗

从船诞生的第一天起，海盗就出现了。何为海盗？简而言之，就是海上的强盗。可如果单纯地把海盗看作杀人越货的盗匪，那就太过片面武断了。海盗行为的性质是复杂的，站在后人的角度说，正是因为其行为的复杂性和多变性导致我们难以把包括"海盗"在内的多层身份从特定对象身上剥离开来。

海上的强盗，仅仅是针对其暴力掠夺行径而言。一方面，如果这种行为上升到破坏旧秩序、反抗王朝统治的层次，那海盗就又可以多一层义军身份，比如孙恩、卢循；另一方面，如果海盗获得官府委任状，成为身兼官职的"合法海盗"，那他们无疑就转变为了官府的一支武装力量，奉命破坏敌军交通线、袭击敌国商船和城市，甚至参与舰队决战，比如清朝的郑一嫂、张保仔和近代欧洲由国家颁发私掠许可证的私掠者，其代表人物是弗朗西斯·德雷克和亨利·摩根。

最后，海盗并不是游离于主流社会之外的边缘角色，无论是作为起义军还是官军，海盗在人类历史上并不缺乏存在感。退一万步讲，即便是作为纯粹的海上强盗，势强的海盗也不总是被人忽略，比如攻克西班牙殖民重镇吉布拉塔的法国海盗让·诺，以及屡挫官府围剿的清朝海盗郑一嫂。

不过，秦汉之际，由于中国相当一部分海岸线开发程度比较低，早期的海盗活动在数量上还是比较有限。西汉建立之前，今天自辽宁至广西的沿海地区当中，曾为春秋霸主的齐国占据的山东省得到了较好的开发，而且齐鲁大地相比起偏僻的东北和岭南，在更大程度上受到中原影响，也在更深程度上卷入了中原战乱。正是因为如此，山东诞生了中国历史据岛为王第一人——田横。

据《史记·田儋列传》，田横是齐国王室后裔，是秦末复辟齐国的首任齐王田儋从弟。在秦末争霸战争中，田儋、田荣、田广三任齐王先后败亡，田横遂在田广被韩信俘虏后自立为齐王，领导齐军同汉军作战，结果在嬴下之战中大败而逃，被迫归附占据梁地、在楚汉之间摇摆不定的彭越。公元前202年，刘邦称帝，是为汉高祖，封归附的彭越为梁王。田横担心自己被刘邦诛杀，于是带领五百多人逃入郁州山。

据海而拒官军，秦末枭雄田横似乎也是个海盗？

不尽然。的确，据海岛抗拒官军符合大多数海盗的特征，但有这个特征的就一定是海盗吗？田横逃亡后，"齐人贤者多附焉"，且刘邦仅仅是担心田横"为乱"：这一方面说明，大多数贤人是认可田横的，另一方面"担心"也只是印证田横未来有可能作乱，但当下并没有。这显然不是海上的强盗。田横等人很可能只是在岛上正常居住，并没有出海作乱，性质上更像是割据政权。

那么，为什么刘邦在登基不久、根基未稳的情况下就立刻着手处理田横问题呢？理由很简单，就是史书中"恐为乱"的字面意思。诚然，田横身边只有区区数百追随者，就算加上不断归附的齐地贤人，又能有多大的军事威胁？那些异姓诸侯王，哪一个不比田横兵多将广？但是，田横的威胁就是比诸侯王更大。

因为认同。

诸侯王势大，但至少表面上都臣服于刘邦，秉持汉帝认同。可田横是齐王后裔、秦末枭雄，无论是论血统还是论个人魅力，

都会鼓励与汉国家认同相抵触的另一种同层次认同——齐国（而非齐地）认同。齐人和齐地贤者，究竟是新兴汉王朝的臣民，还是齐国的臣民？汉王朝在他们看来是自己的国家还是外来侵略者？对刘邦而言，想要稳固统治，这个问题要想解决，就必须彻底掌控齐国，解构齐国认同，而田横无疑就是具象化的齐国认同。

这就是刘邦所恐的"乱"，不一定要田横真的起兵作乱才算"乱"。只要他作为叛军领袖哪怕就此作为游离于汉朝统治之外的齐国遗老的精神领袖去世，都有唤醒其他人齐国认同的危险，甚至会引发叛乱。

更现实一点地讲，大量齐地贤者投奔田横，实际上也是在与汉王朝争夺人才。逼死田横，并且间接逼死其最坚定、最核心的支持者，其实就是在争夺中立的乃至不那么坚定的田横支持者。

可是，诸侯王难道没有这个威胁吗？

有，当然有，但诸侯王国大多是与战国旧王国除国号外完全无关的新王国（有的连国号都没有战国渊源，如淮南国、长沙国），没有战国王室血统的诸侯王们，对国内民众的号召力远不如田横对齐人的号召力，解决田横就是在解决一个关乎汉王朝统治根基的历史遗留问题。退一步讲，田横势弱，诸侯王势强，刚刚登基的刘邦，只可以先行镇压力量有限的田横，暂时还不可以鲁莽地触动拥护刘邦登基、力量强大的异姓诸侯王的利益。

因此，田横是汉国家认同和汉王朝社会稳定的牺牲品，这既是由于他的力量太弱，也是由于他自带了齐王光环。

所以，田横必须死，至少也要被刘邦牢牢控制在手中。

田横五百士固然悲壮，但对刘邦来说，也不失为一种幸运。

最终，田横在被刘邦征召后拒降自尽，其部属亦选择自杀殉死。

但是，无论怎么看，田横也不是个海盗，最多是一位高节清风的前朝遗老。

不过，田横作为颇有地位和感召力的秦末枭雄，他逃亡海岛的行为对后世产生了非常大的影响。清初收复台湾，后据台湾抗清的郑成功，就在诗中以田横自比，自叹"茹苦间关不忍离"；清末率义军抗击侵台日军的丘逢甲，也作"岛中犹可国"缅怀田横；李白、韩愈、龚自珍等历代文人皆把田横视为英雄人物，而孙恩、卢循、汪直、郑芝龙等中国海盗史上赫赫有名的海盗无不仿效田横，据岛隔海对大陆施加影响。可以说，田横不是海盗，也不是最早据海自立者，但却成为后世海盗横行海岛的精神源头。谈汉朝海盗史，乃至中国海盗史，就不能不谈田横。

田横之后，终西汉之世，有关海盗的记载寥寥无几，直至东汉时期，中国早期的海盗活动才迎来了一个小高峰。

东汉第一个也是中国历史上第一个留名的大海盗是渤海人张伯路。据《后汉书·法雄列传》，公元109年，张伯路自称将军，纠集三千余人"冠赤帻，服绛衣"起义。起义军攻城略地，斩杀二千石官吏。但很快就被前来镇压的侍御史庞雄击破，张伯路被迫诈降，但他随后伺机再次兴风作浪。次年，他更与平原人刘文何、周文光麾下三百余人合兵，攻克平原郡厌次县，杀地方长官。随后又转入高唐，攻克城池，释放囚犯，各路起义军均尊张伯路为首，地方百姓也积极响应，一时间张伯路声势浩大，"党众浸盛"。

汉安帝闻讯，紧急调派御史中丞王宗和青州刺史法雄联手镇压张伯路。起义军在官军的打击下节节败退，连赦诏都不敢相信，最后逃亡辽东，据海岛自守。五年后，起义军因粮食匮乏而跨海进攻

山东东部的东莱，法雄率军将其击退后，逃回辽东的残部最终在当地豪强的进攻下覆灭。

海盗，是针对其破坏性而言。但从反抗官府暴政的角度看，中国历史上绝大多数海盗其实还兼有起义军的身份，张伯路就是一个典型的例子。因此除活动范围和作战风格外，这类海盗和起义军并无明显区别，二者起事原因其实也可以一并分析。这才有王夫之所说张伯路起义"并非一朝一夕之故"（《读通鉴论·宏帝殇帝附》），日后的黄巾军实际上也算是张伯路广义上的继任者。

另据《后汉书·顺帝纪》，公元前132年，海盗曾旌（《后汉书·天文志》也记载了他的事迹，记为"曾於"）杀句章、鄞、鄮三县县长，攻会稽东部都尉扬州六郡，地方官府难以阻挡，迫使各沿海县只能奉朝廷旨意布兵防卫。再据《三国志·吴书·孙破虏讨逆传》，公元172年，孙坚在钱塘江遭遇了劫掠商人财物的"海贼"胡玉。裴松之注《三国志·陈登传》引《先贤行状》载陈登任广陵太守时，就曾经收编薛州"海贼"万户。《三国志·何夔传》则记载海盗管承聚三千余人攻掠州县，被曹操击败。另外，《后汉书·董宣列传》和《三国志·武帝纪》还笼统提到当时有政府官员暗中与海盗勾结，东汉末年甚至出现了"海盗奔迸"的恶劣局面。

从史书记载来看，汉朝海盗多发生于东汉中后期，有时候和陆地上的起义军遥相呼应（如张伯路、曾旌），有的侧重于打击官府，有的则是纯粹的强盗，故其性质不能一概而论，正如前文所说，很多海盗其实是兼有强盗和起义军身份的。

最后，笔者所引的海盗事例，均为史书说明的"海盗""海贼"。另有一部分沿海地区起事武装，如"东海贼帅董宪""东海贼昌豨""渤海妖贼盖登"等人，由于所据地域特殊，所以也不排除他们像张伯路、管承那样有通过海洋行动、作战的可能，但总的来说海盗性质不显著。当然，这只是一种猜测，这里就不再赘述。

第二节

游侠的两副面孔——仗义和作恶的综合体

唐玄宗天宝三载，年号虽然已经由"开元"改为"天宝"，但开元盛世的余晖尚未完全褪去。游至齐州的李白有感于倾慕游侠的社会风气，以盛世文才特有的乐观与豪情，挥笔写下了脍炙人口的名篇《侠客行》：

> 赵客缦胡缨，吴钩霜雪明。
>
> 银鞍照白马，飒沓如流星。
>
> 十步杀一人，千里不留行。
>
> 事了拂衣去，深藏身与名。
>
> 闲过信陵饮，脱剑膝前横。
>
> 将炙啖朱亥，持觞劝侯嬴。
>
> 三杯吐然诺，五岳倒为轻。
>
> 眼花耳热后，意气素霓生。
>
> 救赵挥金槌，邯郸先震惊。
>
> 千秋二壮士，烜赫大梁城。
>
> 纵死侠骨香，不惭世上英。
>
> 谁能书阁下，白首太玄经。

这首讴歌游侠的五言诗尤以"十步杀一人，千里不留行。事了拂身去,深藏功与名"最为著名。时至今日,李白笔下的这一游侠形象深入人心,武艺高强、行侠仗义、不矜不伐乃至避世绝俗成为无数武侠小说和古装剧中侠客的基本素养。但是,文学创作虽来源于生活,可如果把它等同于真实的历史,那就大谬不然了。仅就《史记·游侠列传》来说,被司马迁大加颂扬的游侠中,就有不少人不符合"十步杀一人,千里不留行"的文学想象——因为他们要么不会武功,要么根本就不是凭借武功而受到尊敬。

那么,为什么在民风彪悍尚武的汉代,会有和武功不沾边的游侠呢?《韩非子·五蠹》不是说"侠以武犯禁"吗?汉代怎么会有不会武功的游侠呢?

要弄清这些问题,我们要先清楚汉代游侠是生活在怎样的一个社会环境里的。

一言以蔽之,汉代的社会风气,笔者认为可总结为奔放、重义、彪悍、轻死四个特点。

奔放,指汉人在情感表达上不内敛、不羞涩,不在乎情感的流露和爆发。这一点尤其表现在时人对"哭"的态度上。汉代史料有大量关于哭的记载,这至少可以证明,作为那个年代的亲历者,记载这么多的历史事件却不忘关注"哭"这一细节,说明史官对哭泣本身并不排斥,或许还带有一些同情和理解,甚至有点习以为常。

汉代男子,即便是位高权重的男性,也丝毫不避讳哭泣,这和后世多隆阿在《征人怨》中说的"男儿有泪莫轻弹"完全是两种截然不同的行为取向。汉代有汉高祖、汉武帝、汉明帝一类的君王在臣子面前不避讳落泪的:

高祖乃起舞,慷慨伤怀,泣数行下。——《史记·高祖本纪》

武帝下车泣曰:"嚄!大姊,何藏之深也!"——《史记·外戚世家》

于是为之垂涕叹息良久，曰："法令者，先帝所造也，用弟故而诬先帝之法，吾何面目入高庙乎！又下负万民。"——《汉书·东方朔传》

会毕，帝从席前伏御床，视太后镜奁中物，感动悲涕，令易脂泽装具。——《后汉书·皇后纪》

有王公大臣悲不自禁，泪如雨下的：

至于危亡失君之道，未尝不流涕为王深陈之也。——《汉书·儒林传》

贺引拜为丞相，不受印绶，顿首涕泣。——《汉书·公孙贺传》

莽稽首涕泣。——《汉书·王莽传》

哙等见上流涕。——《史记·樊哙列传》

故便收泪告绝。——《三国志·臧洪传》

中下级官吏、士兵、普通民众也常以哭泣表达情感：

广军士大夫一军皆哭。百姓闻之，知与不知，皆为垂涕。——《史记·李将军列传》

江陵父老流涕窃言曰："吾王不反矣！"——《史记·五宗世家》

吏民守阙号泣者数万人。——《汉书·赵广汉传》

敞涕泣为谢。——《后汉书·方术列传》

汉代奔放彪悍的民风，不避讳情感的外露，情到深处，男子即便在外人面前也不会不流泪涕泣。如上引京兆尹赵广汉下狱坐死时，长安数万吏民号哭，请求代赵广汉而死；李广羞愤自尽后，连不认识他的民众都为之涕泣。凡此种种，可见，这种通过哭泣表达的情感，往往蕴含着朴素的善恶观和伦理观，就以赵广汉和李广为例，前者是对良吏的拥戴，后者则是对李广的敬佩与同情。这类外露的、在很大程度上得到鼓励和肯定的行为，实际上作为一种社会共识、价值判断，成为引导游侠行为的重要文化、舆论基础。

汉代重义的风气，既是对先秦重义传统的继承，也反映出汉代以儒家学说为核心治国理念的历史事实，其在汉代社会一方面表现为民众的主观行为，另一方面则表现为官府和官方意识形态的提倡。例如，据《史记·季布列传》，濮阳周氏为获取季布的承诺，表示若季布不愿意相信他，自己愿意自尽；又据《汉书·王莽传》，王莽早年以"事母及寡嫂，养孤兄子"而备受称赞；再如据《三国志·卢毓传》，东汉末年的卢毓也是因在幽冀战乱之时侍养寡嫂和孤兄子而称赞扬。而从官方意识形态来看，儒家学说本身即提倡"义"，史书对公孙弘、凌统等人也不吝"重义"的赞美。

彪悍，可以分性情和行为两个部分。性情上，汉人极易发怒，如《史记·吴王濞列传》记载彼时尚为太子的汉景帝因下棋和吴太子发生争执，景帝一怒之下拿起棋盘砸死吴太子，再如《史记·淮南列传》《资治通鉴·汉纪·汉纪四十九》《资治通鉴·汉纪·汉纪五十六》等载，西汉淮南王刘安、东汉大司农李暠和汉末诸侯袁绍均是气愤至极而亡。

另一方面，彪悍的民风还表现为汉人不但热衷于习武，而且还常以武力解决问题。翻阅史料，我们不难发现，不少以文才闻名的汉代学者，自身或多或少都有一定的武艺。例如据《汉书·东方朔传》，东方朔上书自称"十五学击剑"，《史记·司马相如列传》和《汉书·尹翁传》也记载司马相如和尹翁都喜好击剑，尹翁的剑术甚至厉害到"人莫能当"，并以此威慑住了常在当地武装斗

345

殴的奴客。见载于《汉书·儒林传》的儒生辕固生，则在触怒了窦太后后被要求与猪搏斗时，从容用兵器将其刺死。另据《后汉书·陈蕃列传》，为了诛杀宦官，七十多岁的老臣陈蕃拿着兵器，带领八十多名太学生冲入承明门，宦官率领的士兵一时间竟然不敢上前抓捕陈蕃等持刃文人，最后不得不继续增兵，以绝对优势兵力形成数重包围圈才抓住了陈蕃等人。

用武力解决问题，尤其是复仇，不但是一种普遍现象，而且颇受舆论支持。《汉书·西域传》就记载了魏和意、任昌刺杀乌孙王（失败）和傅介子斩楼兰王两起汉朝外交官针对西域国王的斩首行动，尤其是前一起刺杀，魏和意在没有得到中央首肯的前提下，因解忧公主的片面之词就决定刺杀乌孙王，行为显得过于直接、轻率。《史记·李将军列传》记载的李敢为父复仇打伤卫青，霍去病为舅舅卫青复仇射杀李敢一事，就是彼时统治阶层内武力复仇风气盛行的例证。至于汉代民间，也对武力复仇持肯定态度，《礼记·曲礼》中所说"父之仇，弗与共戴天。兄弟之仇不反兵。交游之仇不同国"就是对当时人们复仇观念的理论表述。《三国志·庞淯传》载东汉末年女子赵娥杀死杀父仇人李寿后自首，地方长官尹嘉不惜弃官也要释放她，州郡得知后对赵娥大为赞赏，并"刊石表闾"；另据《后汉书·酷吏列传》，后来官至尚书令的阳球早年召集数十人杀死了侮辱其母的郡吏并将其全家灭门，结果"由是知名"。阳球之后又举孝廉，走上仕途，当年的这起灭门案对其政治生涯毫无负面影响。

所谓轻死，不是汉代人纯粹地蔑视死亡，而是在特定条件下，在生与死之间做出的价值取舍。

《韩非子·五蠹》强调"儒以文乱法，侠以武犯禁"。但我们可以看出，汉代的社会风气虽然也有彪悍尚武、看重行为取向的一面，不过也蕴含着对外在行为之下特定的内在价值取向的鼓励和赞扬，比如"得黄金百，不如得季布一诺"，还有公孙弘和凌统"重义"、赵娥"刺"李寿等。汉人眼中的"游侠"和韩非子眼中以武犯禁的侠是明显不同的，汉代某人言行若是符合汉人善恶观的正义之举，即便无"武"，也可能会被冠以"游侠"的名头且大加称赞。

《淮南子·说山训》中说"喜武者非侠也"，实际上也可以反过来想，侠一定要"喜武"吗？如果这样，对侠的理解未免太过偏颇。司马迁在《史记·游侠列传》里说，游侠言而有信，行事决然，不惜牺牲性命也要"赴士之困厄"，故而值得称赞，实际上已经表露出以司马迁为代表的对游侠持肯定态度的汉代人对游侠的侠义之举的关注已经超越"武"的范畴倾向。本传中第一位游侠鲁人朱家，就是一位不以"武"闻名的游侠。

朱家"用侠闻"的原因是他常常庇护逃难豪杰，且家无余财也要解他人之急，其主要事迹就是冒着"罪及三族"的风险收留被汉高祖缉捕的季布，并亲自拜访汝阴侯夏侯婴，通过后者劝说高祖宽恕了季布。其行为虽然也可以视为犯禁，但自始至终与"武"无关。《游侠列传》所载的另一位游侠剧孟，"行大类朱家"，也就是说和朱家很类似，主要是为豪杰提供庇护，平定七国之乱的名将周亚夫都对剧孟赞不绝口。对于这一类人，司马迁虽然承认他们的行为违反法律，但"私义廉洁退让"，因此值得称赞。

当然，除朱家、剧孟等不以武艺闻名者外，汉代也有很多凭借武艺行走于世的游侠。例如，据《资治通鉴·汉纪·汉纪四十九》记载，大司农李暠任司隶校尉时以旧怨杀死扶风苏谦，苏谦的儿子苏不韦决定"结客报仇"。李暠迁大司农后，苏不韦偷偷潜入李暠卧室，杀死了他的妾和儿子。从苏不韦的复仇行动来看，所谓"结客"，其目的显然是想寻机杀掉李暠，这些"客"可能就是"以武犯禁"的侠客；另据《史记·田叔列传》，"喜剑"

的田叔在赵国当郎中，公元前198年汉高祖路过赵国时侮辱赵王，赵相贯高等人于是"私相与谋弑上"。"弑"字已经表明了贯高等人报复高祖的方式，而田叔亦在其中，由此来看，贯高一行应该是看中了田叔的剑术。而班固在《汉书·游侠传》中，先是列举了"虽为侠而逡逡有退让君子之风"的樊仲子、赵王孙等游侠，之后又举反例，说仇景、赵调等人实际上是"盗跖居民间者耳"，不仅不足为道，而且只会让朱家等游侠感到羞耻。这里的"盗跖"，显然就是类似"以武犯禁"，行为违法严重到和传说中春秋时期的起义军领袖盗跖类似。

　　汉代的游侠，也不像李白笔下"事了拂衣去，深藏身与名"那样超脱世俗。朱家这类出身贫寒的游侠，都与朝廷大员保持联系，可以说服夏侯婴从而影响汉高祖的决断，更不用说其他出身富裕、交际更广、能量更大的游侠了。据《汉书·公孙贺传》，丞相公孙贺逮捕"京师大侠"朱安世后，朱安世在监狱里上书汉武帝，告发公孙贺的儿子公孙敬声与阳石公主私通，以巫术诅咒汉武帝，结果导致公孙贺父子下狱并最终死于狱中，家族也受到牵连，是巫蛊之祸爆发的导火索之一。这其实已经表明游侠有能力影响朝政。另据《汉书·游侠传》，游侠楼护、陈遵等人可以踏上仕途，兼具侠与官双重身份。除此之外，班固还记载说"闾间各有豪侠"，这种豪侠（比如萬章）实际上就是具有一定地位的地方豪杰，这些人是汉代地方重要势力。他们或勾结或欺压官吏，在地方上无视国家权力，肆意妄为，甚至拥有武装力量和防御工事，严重影响社会秩序，因此是汉代皇帝重点打击对象之一，不时以迁徙等一般手段和官府逮捕、军队镇压等暴力手段对付他们。由是观之，有相当多的游侠根本没有超脱世俗，而是在不同程度上与世俗保持联系，甚至直接插手施加影响力，引导时局。

　　正是因为游侠屡屡违反法律，对抗官府，所以即便是司马迁这样对游侠持肯定态度的人也不得不承认他们"扞当世之文罔",也就是说常有违法举动,像朱家不顾缉捕令庇护季布就是一例。因此,也有不少人对游侠总体上持否定态度。

班固在《汉书·游侠传》中引用曾子的"上失其道,民散久矣"一句,把游侠的兴盛和百姓对他们的追捧视为"上失其道"后的异常现象,甚至说即便把郭解一类的游侠"杀身亡宗",也并非不可;近代史学大家吕思勉在《秦汉史》中抨击游侠说,他们仅仅是为生活所迫才"为作奸犯科之事",认为游侠只不过是打着行侠仗义的幌子敛财。另据《后汉书·马援列传》,东汉初年名将马援虽然没有直接表露出对游侠的厌恶,但他在交趾前线作战时还不忘写信给与游侠交好的侄子马严、马敦,肯定了游侠"忧人之忧,乐人之乐"的品质,表示自己对这些游侠也"爱之重之",但是游侠毕竟常和官府发生冲突,容易引来灾祸,告诫他们可能会被人骂为"轻薄子","画虎不成反类狗者也"。

相比起司马迁、班固和吕思勉比较明确的态度,马援或许能代表第三类人——一方面肯定游侠助人为乐的品质和行为,另一方面又对家人与游侠交往带有一丝担忧和焦虑,有意无意地把游侠和官府对立起来,将之视为一种有风险的、非正途的身份选择。

最后,正如马援所说,游侠放荡不羁,时常与官府发生冲突。虽然我们知道"侠以武犯禁"是一种不准确的刻板印象,但侠屡屡"犯禁"却是不争的事实。他们在相当程度上是与官府主导的秩序相冲突的。因此国家强盛时,游侠很可能会遭到高压打击,但国家衰弱时,游侠尤其是那些有豪杰背景的豪侠,会迅速崛起、整合为强大的势力集团,要么割据自保,要么逐鹿天下,比如《后汉书·董卓列传》中早年"以健侠知名"的汉末权臣董卓。

正是由于游侠自带违反法律、反抗皇权与中央集权、兼并土地、割据自立等成为社会不稳定因素的"潜力",因此如果他们不能

像楼护这类游侠一样踏上仕途，加入统治阶层，就很容易招来强势的官府的打压。但司马迁对游侠的推崇也并非没有道理，毕竟游侠身上的助贫、扶弱、言而有信等品质，是符合汉代社会重义、轻死风气的，也是每一个阶层、每一个社会群体都会加以肯定乃至鼓励的积极品质。

第三节

谣言还是信史？
——罗马军团真的曾和汉军交战吗？

公元前 53 年，罗马共和国发兵东征，大举入侵西亚的帕提亚帝国（也就是安息帝国）。同年 5 月 6 日，罗马军队统帅马库斯·李锡尼·克拉苏率领 7 个军团在位于美索不达米亚北部的卡莱小镇与帕提亚贵族大将苏莱纳麾下的帕提亚军主力部队遭遇。决定这场战争走向的一场战略决战——卡莱战役就此爆发。

在战斗中，先发制人的罗马弓箭手，遭到射程更远的帕提亚弓箭的压制。随后，蜂拥而至的帕提亚骑兵，配合己方弓弩手，冲垮了罗马步兵的方阵。经过一天激战，罗马军团除少数人马突围外，几乎全军覆没，另有数百人被俘，克拉苏本人也兵败身亡。为了羞辱克拉苏，帕提亚人把他的头颅送回了国内，并在古希腊悲剧大师欧里庇得斯的作品《酒神女》的演出上被用作道具，充当被母亲杀死的深海之神彭透斯的头颅。

大约二十年后，汉王朝的西域都护兼骑都尉甘延寿和副校尉陈汤引兵征讨匈奴郅支单于。据《汉书·陈汤传》记载，汉军进逼郅支城下时，匈奴曾派出百余名步兵在城下摆出"夹门鱼鳞阵"，练习迎敌战术，同时派骑兵袭击汉军营地。甘、陈见状，先是指挥弓弩手击退匈奴骑兵，随后率各兵种交替掩护，向城墙处推进，击溃守军，最终一举破城。

这两场战役看似毫不相干，但千百年后却有人把它们联系到了一起：匈奴军队长于骑兵，但是像鱼鳞一样一层一层排列的夹门鱼

鳞阵却对步兵的纪律和战术素养有极高的要求，而且和罗马方阵有一定的相似之处。他们敢于在汉军围城时出城备战，似乎表明这支军队和一般的匈奴军队大不相同。于是有人猜测，匈奴手上的这支神秘军队，很有可能是在卡莱战役中突围，一路向东逃窜，最终被继续用兵的郅支单于收留下来，为己所用的罗马士兵！

汉军对阵罗马军团，彼时世界上最强大的两个文明直接的军事碰撞，竟然从关公战秦琼，变成了激动人心的现实！

那么，这种猜测，到底有多少可信度呢？

首先不得不承认，这种猜测并非空口无凭。

《汉书·陈汤传》里所提到的那个"夹门鱼鳞阵"，仅从字面上看，和罗马方阵的确有一定的相似之处；另外，甘肃省金昌市也确实有一座带有罗马风格的骊靬古城，印证了罗马人曾在此处定居的传闻；同时，西北大学文化遗产学院前院长段清波生前曾提出波斯帝国、马其顿帝国的政治、经济、文化在秦统一时对秦始皇的改革产生了深远影响，似乎也暗示着中西方交流远没有我们想象的那么简单。

最后，即便是饱受诟病的罗马士兵的年龄问题也不难解释：尽管汉破郅支之战距卡莱战役已过去了约二十年，但如果真有这么一支罗马军队逃到西域，那么即便在此时老年甚至壮年的罗马士兵已经死亡或过于年迈，少年兵、青年兵却可以成为这支孤军的中流砥柱。

那这是不是说，所谓消失在东方的罗马军团，就是郅支单于手上这支部队呢？

我们首先来看《汉书》中对夹门鱼鳞阵的记载：

步兵百余人夹门鱼鳞阵，讲习用兵。

没错！对这个新奇的阵法，古人仅仅记载了它的名字（甚至连名字都可能是汉军自己取的，而不是匈奴人的原名）和规模，我们也只能从阵名中大概推测，组成它的士兵是如鱼鳞一般一列一列地排列。

表面上看它确实和罗马方阵很像，但之所以相似，只是因为夹门鱼鳞阵恰好符合罗马方阵部分特征。詹姆斯·布雷斯特德在《地中海的衰落》中曾这样描述比罗马方阵更古老的希腊方阵：

希腊士兵方阵被分成了前、中、后三个部分，每个部分又被分割成更小的单位（支队）。前部和中部的小方阵中，纵列6人，横排20人。

单以"鱼鳞"作比，希腊方阵也并非不符合条件，更何况，罗马方阵和希腊方阵本身就有一定的传承关系，所以若凭信息量少得可怜的"夹门鱼鳞阵"五个字来看，匈奴的这些步兵也不是不可能是希腊人或希腊化的其他民族。

对，他们的身份，远不局限于"罗马人"和"希腊人"。

经过英国历史学家彼得·弗兰克潘整理提出，亚历山大大帝东征推动了自西亚至南亚的希腊化进程，今天的阿富汗、印度、塔吉克斯坦等国从语言到经济无不受到古希腊的影响。希腊文明的触角一直延伸至中亚，则匈奴也很有可能会受到影响，匈奴军队或者匈奴的盟友甚至是雇佣兵使用希腊步兵战术的景象为什么不可能出现呢？

话说回来，这终归只是笔者的猜测，笔者想借此说明的是，即便夹门鱼鳞阵真的是古代西方的某种方阵，也很难判定士兵的民族。

认为夹门鱼鳞阵的使用者是罗马士兵的观点还有一个问题，那就是，即便是突围的克拉苏残部，绝对数量也不少。注意一下卡莱

战役的地点就会发现，卡莱所在的两河流域位于帕提亚帝国西部，远离帝国中心，向东突围相当于打穿整个帕提亚帝国，并一路向东击败中亚的一系列政权且不在中亚立足以进行长期休整，最终由于战败或投降而被匈奴收服。这个故事不但充满了浓浓的冒险小说气味，带有一丝"罗马士兵不远万里专程来为匈奴效力"的巧合，而且也不符合正常逻辑思维：

为什么罗马军团不向西突围逃回罗马境内（的确有卡莱败军西逃成功）？为什么他们穿过帕提亚帝国中东部的广袤领土能不被发现或一路顺利击败截击的帕提亚军队？为什么他们不在中亚立足？诸多问题使这个故事显得蹩脚笨拙，仿佛从一开始就设计好让这些罗马士兵为遥远中国的匈奴单于服务。当然，由于没有足够的证据证伪，又始终存在无法避免的巧合，笔者认为罗马士兵出于某种原因（比如安全）而执意逃向远离帕提亚本土的东亚地区的可能性并非没有，但可能仅限于少量罗马士兵。而且这种观点本身也缺乏自证能力，所以它的正确性几乎可以忽略。

最后来说一说骊靬古城。

根据《汉书》对汉军破城过程的描述，匈奴那些出城主动进攻的部队，很可能在汉军的一波反击中全军覆没了。摆出夹门鱼鳞阵的百余名步兵没有对汉军造成多大威胁，他们即便没有在汉军的反击中覆灭，成功退入城内，也不可能在汉军"四周围城"的情况下逃脱。汉军破城后，"凡斩阏氏、太子、名王以下千五百一十八级，生房百四十五人，降房千余人，赋予城郭诸国所发十五王"。也就是说，城中所有俘虏（自然包括军人）全部被汉军送给了其西域附庸国，并没有带回汉王朝境内。而骊靬古城所在的永昌县，早在汉武帝时期就被霍去病收归汉廷之下。且不论骊靬古城和罗马文明到底有什么联系，仅就当年所谓东方的罗马军团而言，二者之间存在关联的可能性不大。

至于段清波教授的观点，其实也只能作为丝绸之路开辟前中西交流史的参考。汉破郅支之时，丝绸之路早已开辟，也不能说明沿着丝绸之路来到匈奴的这支外国军队就一定是罗马军队。更何况，前文已经说过，由于史料奇缺，这支军队的身份其实相当神秘，夹门鱼鳞阵为他们增添了来自国外的可能性，但难说他们就一定不是来自匈奴或某个西域民族的土著士兵。

重新梳理一遍这个故事可以发现，它只存在极其微弱的理论上的可能，作为历史学观点所必需的以史料和考古为主的证据链其实非常脆弱，需要大量巧合才能勉强自圆其说：

巧合一：一支罗马军队向东突围，平安或至少相当一部分人平安逃出帕提亚帝国，这期间要么没有遇到帕提亚军队，要么突破了以逸待劳的帕提亚军队的阻截；

巧合二：他们没有被帕提亚和匈奴势力范围之间的任何政权发现，或即便被发现也能用某种方式（显然只能是武力）逃过追剿；

巧合三：这期间没有任何一个政权愿意庇护他们，或他们在风餐露宿的情况下，因为没有前途和目标的征程而拒绝被庇护，抑或在武力征服当地统治者后拒绝留下来；

巧合四：在不愿意留在西亚、中亚的前提下，愿意留在东亚，为郅支单于服役，或被郅支单于击败后没有被杀而是活了下来，为郅支单于服役；

巧合五：出色的战斗力被郅支单于认可（不然也不会出城迎击汉军），但其战术方法却没有在匈奴军队推广或改进，以至于汉军逼近时只有百余名士兵可以出城列阵；

巧合六：没有任何一个汉军军人发现并报告这些罗马士兵和匈奴的差异，或虽然发现、报告但并未被史官记录下来。

足足六个巧合，全部达到，才能说明摆出夹门鱼鳞阵的士兵，的确是罗马士兵。

请记住奥卡姆剃刀原理：前提条件越少的假设，越有可能是事情的真相。我们没有必要去揣测这些巧合全部为真，从而得出匈奴郅支单于手下的这支军队，就是克拉苏麾下的罗马军团的结论。

即便历史的真相是，这支军队就是在卡莱战役中东逃的罗马军团士兵，我们后人能用以佐证这一"史实"的证据，也实在是少得可怜。即便是最值得推敲的夹门鱼鳞阵，也仅仅是孤证罢了。正所谓孤例不证，一个阵法又能说明什么呢？

没有证据的历史学，就好像是没有证据的结案报告。这种历史学研究者就如同靠刑讯逼供编造案件的警察，是极为不称职的，也是不可能最终破案的——这个"案子"甚至有可能自始至终就不存在。

但从另一个角度看，史书中所谓夹门鱼鳞阵者，仅此一处而已，即便不能说其他匈奴部落或西域国家没有，但在他们的军队中肯定也是非常少见。笔者认为，这有可能是郅支单于豢养的一支性质、作用、战斗力特殊的军队，其民族自然无从证实，可能是郅支单于自行招募的，也有可能的确是受希腊文化影响的外族佣兵或援兵。无论如何，所谓消失在东方的罗马军团，更像是一个营销的噱头，而非正经的历史事实。

遗憾的是，由于史料太少，这支使用夹门鱼鳞阵的独特军队究竟来自何方，是何民族，在匈奴内部的身份、地位如何，恐怕终会是历史长河中一粒被人忽视的河沙，永远没有答案了。

第四节

军阀如鱼得水——部曲

部曲，原是军队的一种编制，有的时候又可以作为军队的代称，但更多地指非朝廷节制的私人武装。本节除特别说明外，对部曲采用最后一种定义。

部曲完全或实际上游离于官府之外，而且在职能和认同上带有强烈的私人色彩，与同时代体制内的皇帝亲兵和官府配属的文武官员警卫部队有显著区别（但官员也可以在官府配置的警卫部队之外建立私人武装），反而与盛行于先秦时期的私徒属、门客等阶层非常相似，这些阶层及其体现的主客关系、思想观念，正是部曲的主要源头。部曲的名称，则来源于古代一种地方基层政权，比如《庄子·胠箧》所谓的"治邑屋州闾乡曲"。

部曲的存在与壮大，同国家能力、经济形式密切相关。中央对地方的控制力越弱，政府对民间势力的压制越松，军阀诸侯的势力越强，贫富差距越大，庄园经济越盛行，就越有利于豪强勋贵和地方军阀豢养部曲。

以《汉书》《后汉书》《三国志》三部史书为例。讲述西汉历史的《汉书》中提及的部曲大多指军队编制或军队本身，如《汉书·赵充国传》记载赵充国留一万步兵屯田，其部署"部曲相保"。

而在《后汉书》和《三国志》当中，尤其是二者关于东汉末年的记载当中，虽然也有指代军队编制和军队的"部曲"，但指私人武装的用法却明显增多，例如《后汉书·刘虞列传》载受命讨伐乌桓的公孙瓒，仗着军力强大，"纵任部曲"；《三国志·董卓传》

载汉末外戚何进、何苗兄弟死于政变，何氏遭诛后，他们的部曲"无所属"，于是归顺了董卓，这里这支部曲只认人而不凭官职听从调遣，显而易见是何进、何苗的私人武装，而不是由他们所担任的官职在职务上应该统领的军队；再如据《三国志·杜袭传》，将军许攸（不是袁绍帐下的那位后来投奔了曹操的谋士许攸）"拥部曲"，故而不归附并且轻慢曹操；《三国志·霍峻传》还记载霍峻的哥哥霍笃生前召集了由乡里民众数百人组成的部曲，可能是拥兵自立，也有可能是用于自卫，因为荆州牧刘表没有直接掌控这支小部队，而是命令霍峻在霍笃死后继续统领他们，相当于变相承认了他们的地头蛇性质。

最后，除明确记为"部曲"者外，史书如《后汉书·酷吏列传》还说到赵地、魏地的豪强往往聚众为患，其中清河大姓赵纲在县界"起坞壁，缮甲兵，为在所害"，后来他赴宴面见新任县令李章时，随从多达百余人；《后汉书·冯异列传》也记载三辅郡县大姓豪强各拥兵众；再如据《三国志·任峻传》，任峻在曹操起兵后归附曹操，麾下就有宗族、宾客、家兵数百人。

相关记载比比皆是。即便只看部众明确记为"部曲"者都数不胜数，更遑论那些史官没有明确言及，但事实上也算是部曲的武装。《后汉书》和《三国志》的记载更为丰富，实际上折射出即便西汉和东汉都曾经在王朝末年经历乱世，但封建庄园经济更发达、人身依附关系日趋加深、地方豪强更加势强的东汉，无疑更适合成为封疆大吏和野心家坐拥部曲、瓜分汉室江山的温床。

庄园经济发达、人身依附关系加深的东汉，其豪强部曲的兵源无疑包括依附于地主的农民和仆人，一如西欧的骑士侍从于骑士，平时作为仆人和学徒侍奉主人，战时则转变为随从士兵。但是，部曲兵源仅限于此吗？

显然不是，前文引用的霍峻就是另一种情况——由宗族提供兵源。只不过宗族可能提供士兵，但族人本身却是部曲的领导团体成员。

两汉重孝，强调血缘，宗族势力自西汉中期起就不断发展壮大，史书中多表述为"豪强""世家""大姓""大族"。或是出于自卫，或是出于对抗官府乃至起兵逐鹿等政治目的，日渐强势的宗族势力成为两汉部曲的主要组织者和参与者之一。霍峻接替霍笃掌握乡里部曲、任峻"别收宗族及宾客家兵数百人"就是典例。不过最有名的例子当属汉末一统北方的枭雄曹操，他的麾下有众多曹姓将领，这些人中有相当一部分是曹操起兵之初就开始追随他的，如率千余人归附曹操的曹仁、在兵败后把坐骑让给曹操而自己在旁步行护卫的曹洪、改名换姓辗转千里前来投奔的曹休等人。这些人投奔曹操后，一般会被任命为负任蒙劳的高级军官，表现出宗族在部曲组织、指挥、管控上的重要作用。

从某种程度上说，所谓"私人武装"的"私"，在此时已不再局限于"我"与"他"意义上的"私"，还带有"我族"与"他族"意义上范围更大的"私"。诸如曹仁这样的曹姓军官，已不再是曹操纯粹的下属，而是曹操军事集团的股东之一，虽然地位比曹操更低，但与其他无血缘关系的外姓将领终归不同。

其他的，比如洛阳何氏、江东孙氏、凉州马氏等，亦无一不是以宗族而非仅仅是族内某个个体来控制部曲。所以实际上部曲除带有强烈的私属性质外，有时还带有强烈的宗族色彩：前者使部曲与皇帝的统治及其用于统治的暴力机关（官军）相抵触，后者又将这种矛盾进一步放大。因此归根到底，部曲不是纯粹的民间自卫军，其天然与公权力主导的社会秩序不容，其一弱则另一必强，其一强则另一必弱，这也是部曲多盛行于乱世，而官府（如李章剿赵纲、刘表令霍峻掌管霍笃部曲）一有机会就会打击部曲背后的豪强世族，至少也要严加管制的原因。

但是，这是不是说，部曲就和官府完全对立呢？

笔者想举两个例子对军阀部曲与官府的关系加以说明：

第一个例子出自《后汉书·公孙瓒列传》：东汉末年，对于当时北方大患乌桓，公孙瓒志在军事进剿，刘虞则想要以恩信将他们招降，双方由此发生分歧。公元 191 年，青州、徐州的黄巾军三十余万人进军渤海，想要与另一支起义军黑山军会合。公孙瓒迅速率领两万人马前去截击黄巾军，历经两战歼灭黄巾数万人，俘虏七万人和大量车辆、甲胄、财物，声威大振，由此被汉献帝拜为奋武将军，同时封为蓟侯。

第二个则出自《后汉书·滕抚列传》：阴陵人徐凤、马勉在汉顺帝末年发动起义，滕抚率军击破义军，斩杀马勉、范容、周生等义军首领后，徐凤率领残部攻烧东城县。于是下邳人谢安响应朝廷号召，募集人马，率他的宗族亲人伏击徐凤，将之斩杀，谢安最终被封为平乡侯，邑三千户。

值得注意的是，在公孙瓒奉命讨伐乌桓期间，还发生了他"纵任部曲"的事件。公孙瓒和刘虞的传记也都对两人分别作为北方边境汉廷的"鹰派"和"鸽派"主要人物产生矛盾有所记载。毫无疑问，公孙瓒用来讨伐乌桓的军队，至少有一部分是忠于他个人的部曲，不然也就不会有"纵任部曲"的事件发生了。这些人当中，又有一部分就是大名鼎鼎的白马义从。而这些部曲不但肯定参与了"扫灭乌桓"的战争，并且有可能作为公孙瓒带去截击青州、徐州黄巾军的"步骑二万人"的一部分，参与了对黄巾军、黑山军的作战。下一个例子之中的谢安，作为平民（大概率也是一位当地豪强），以宗亲为兵，亲自设伏，歼灭了"寇郡县"的徐凤，并因功封侯。

这说明部曲还有另一个作用——自卫乃至配合官府作战，维持而非破坏既有秩序。据《后汉书·朱俊列传》，东汉末年交趾郡

"群贼并起"，官府无力压制，于是官府就下令招募私人"家兵"镇压群贼。在西北前线对羌族的作战中，汉军也屡有败绩，可见汉末官军已经不足以独立应对各地蜂起的乱军，公孙瓒、谢安自行募集部曲不算，还要官府亲自下令主动从部曲中募兵配合官军。这一过程中会诞生多少大小军头不必多言，汉廷军事力量的崩坏也可见一斑。而正是这种腐朽进一步推动了群雄割据的汉末乱局。不过从阶级史观的角度看，这其实也证明，无论是东汉王朝还是起兵的豪强世族，无不同属地主阶级。既为当前与未来的利益，也是为了自己的阶级，官军与部曲，并非绝对不能相容。

第五节

廉价的帝号，揭露了"天子"的本质

天子为什么是天子？当我们一层层剥开先祖、上帝、谶纬等粉饰话语后，不难发现，仅创立新的王朝而言，成为天子只有唯一一个要求：

> 天子，兵强马壮者当为之，宁有种耶！——《旧五代史·安重荣传》

仔细想想，这句话是不是和陈涉的"王侯将相宁有种乎"非常相似？只不过这句话的传播度比较低，却也更加直白露骨，同时少了一份豪迈和勇敢，多了一丝自得和目中无人，充满了戾气。事实上，说这句话的人，是五代十国早期历仕后唐、后晋的大将安重荣，一个支持石敬瑭叛唐建晋，后来又因反对朝廷对契丹过分纵容而起兵反叛的贰臣。从他口中说出这句话，结合五代十国那个混乱的时代，倒也不足为奇。

不过话说回来。无论历代统治者如何宣扬祥瑞谶纬，如何煽弄君权神授，如何鼓吹法理正统，都无法避免必须直接以武力或至少以武力为后盾开创新王朝的事实。正是因为所有人对这个道理都心知肚明，所以千百年以来，自朝堂至田野，皇位总是会使无数野心家趋之若鹜，对那可望不可即的最高权力虎视眈眈，毕竟"独制于天下而无所制"的诱惑实在是太大了。

若逢乱世，逐鹿天下的牛鬼蛇神自然更多。且不论刘邦这种白手起家的开国皇帝，即便是曹操这样出身旧体制的官僚，可以借助部分体制力量起家的（事实上的）王朝开创者，也免不了一番东征西讨，这实际上就是对旧秩序的一个破坏过程。正是因为旧秩序趋于崩溃，新秩序尚未建立，所以才会出现大量陷入权力真空或本地主导势力控制力薄弱的地区，刺激更多野心家参与逐鹿。如果算上官逼民反的起义军，那参与其中的军事集团就更多了。

只不过大多数人非但掀不起什么浪花，还会徒做他人的嫁妆；即便偶有势大者，除少数幸运儿外，大多都会被历史证明为昙花一现。就以东汉末年北方边境的一次叛乱为例：据《后汉书·刘虞列传》，公元 187 年，中山国国相张纯、泰山太守张举联合盘踞东汉疆域北方的乌桓部众反叛，攻掠幽冀，先后杀死护乌桓校尉箕稠、右北平太守刘政、辽东太守阳终等一众北境高级官员，汇聚起十余万人马。势力壮大后，张举自称天子，张纯称"弥天将军安定王"，正式建立政权，并致书郡县，试图拉拢。

面对叛军，朝廷迅速派遣幽州牧刘虞、中郎将孟益、骑都尉公孙瓒等人带兵镇压，历时两年将其一举铲除。之后，汉灵帝论功行赏，拜刘虞为太尉，拜公孙瓒为"降虏校尉，封都亭侯，复兼领属国长史"。此战之后，汉末枭雄公孙瓒踏着张纯、张举的尸体向权力之巅又迈进了一步。可即便公孙瓒现在如何意气风发，他最终却也在袁绍的接连打击下走向末路，最终在易京城引火自焚，令人感慨世事云谲波诡，变幻无常：

> 绍设伏，瓒遂大败，复还保中小城。自计必无全，乃悉缢其姊妹妻子，然后引火自焚。绍兵趣登台斩之。——《后汉书·公孙瓒列传》

同时需要注意的是，据《三国志·先主传》，汉灵帝年间，刘备曾率领从属人员跟随一个叫邹靖的校尉征讨黄巾军，立有军功，战后趁着这黄巾之乱捞了个安喜县尉。《典略》注曰刘备在这之前曾随军在张纯、张举之乱中和叛军交战。此战官军全面溃败，刘备受伤后装死才逃过一劫。那么，我们不妨大胆猜测，刘备会不

会也是二张之乱的受益者呢？据《英雄记·公孙瓒》记载，刘备讨黄巾时跟随的破虏校尉邹靖，曾在陷入敌军包围时为公孙瓒所救。公孙瓒和刘备又同为汉末大儒兼名将卢植的学生，二人之间有一些交情。那么，刘备率领的"属"有没有可能不只包括自己亲自招募组织起来的民兵，还包括作为低级军官率领的部分正规军呢？毕竟从刘备、公孙瓒和邹靖三人的经历来看，刘备是很可能通过公孙瓒和邹靖认识的，他也并非不可能在征讨黄巾之前就因二张之乱前的勇武名声和二张之乱中的从军经历，而在二张之乱平息后甚至平息前就短暂留在公孙瓒帐下，直至率军随邹靖镇压黄巾军。

当然，这只是一种猜测，合理但却缺乏直接证据。不过张纯、张举做了刘虞、公孙瓒的背景板，公孙瓒最后又成为袁绍功业簿上的亮眼履历却是不争的事实。

再如据《后汉书·天文志》，公元172年11月，会稽人许昭（《三国志·吴书》记为许昌，可能是陈寿避晋文帝司马昭讳才给他改了名，《资治通鉴·汉纪》又称之为"许生"，原因未知）聚众起事，自称大将军，攻掠郡县。《三国志·吴书》记载他自称"阳明皇帝"，所以他有可能是先称大将军、后来才称帝。许昭"众以万数"，麾下有数万人马，结果在扬州刺史臧旻、丹阳太守陈夤、会稽郡司马孙坚等人的围剿下覆灭。而据《三国志·孙破虏讨逆传》记载，战后，臧旻为孙坚请功，灵帝于是"诏书除坚盐渎丞，数岁徙盱眙丞，又徙下邳丞"。

从盐渎县丞开始，孙坚一连当了三个县丞，升迁缓慢而无望。要是一直这么按部就班地干下去，孙坚这辈子或许顶多是个县令或者太守。但时势往往造就英雄，他的机会很快就来了。

许昭之乱十几年后，也就是公元184年，黄巾之乱爆发，车骑将军皇甫嵩、中郎将朱儁带兵镇压。其中，朱儁请求灵帝以孙坚为其佐军司马，这很可能就是因为孙坚在镇压许昭时表现出了出色的军事才能。更重要的是，孙坚借此机会召集千余人，从无所事事的下邳丞任上奔赴前线，一路高升，后来还在长沙太守任上屡战屡胜，收获了区星、周朝、郭石等一众"军功"，肃清境内乱军，获封乌程侯。

不过，张纯、张举、许昌，哪怕是区星，起码也是坐拥万余至十万余人马的较为强大的地方武装，可有的起事者的事迹就很令人喷饭了。他们的名头一个比一个响亮，可细细看来，地位可能还不如大一点的小区的业委会。

据《后汉书·孝灵帝纪》《后汉书·刘焉列传》和《三国志·刘二牧传》等史料，公元188年，益州人马相、赵祗不堪官府压迫，于是自称黄巾（可能是因为黄巾军势大，想攀高枝壮声势，就好比李鬼自称李逵），于绵竹纠集"疲役之民"起义，杀死绵竹县令李升、巴郡太守赵部和益州刺史郤俭等地方官，横行巴、蜀和犍为三郡，部众从数千人扩充至十余万人。马相本人后来还自称天子，声势浩大。

按理讲，马相部众十几万人，"破坏三郡"，虽不算是一方诸侯，但也是有相当影响力的地头蛇了，至少也该引起地方高级官员的重视。结果令人大跌眼镜的是，州从事贾龙仅仅带领几百个士兵，加上募集的新兵，凑了一千多人，和马相激战数日便将其击破，后者仓皇逃走，从此销声匿迹。

史书记载，马相"寇巴郡"，"击蜀郡、犍为。旬月之间，破坏三郡"。由此来看，这支起义军是有相当破坏性的，十余万人马中应该还是有不少战斗人员，后勤和随军家属等非战斗人员的数量占比不是太多，毕竟战斗人员数量太少也不可能横行三郡。但只是仅仅"破坏三郡"，似乎表明其缺乏稳固的根据地，没有长期的规划，所以他们能够横行三郡或许不是因为起义军战斗力多强，而是猝不及防的地方官军战斗力太弱，这应该才是贾龙以区区一千

名临时拼凑起来的杂牌部队就能击溃马相所部的主要原因。另外，史书提到贾龙击败马相的这场战役时，用了"破走"这个词来形容战败后的起义军，所以起义军应该是战败、逃走，溜掉了一大部分。因此笔者推测，这肯定不是一场歼灭战（一千多人也做不到歼灭数万数十万人），而是一场击溃战，贾龙的杂牌军再弱，好歹也有装备精良的正规军的底子，起义军前锋被以逸待劳的官军击败后，后方的士兵望风而降、争相逃命，导致起义军溃败，应该是一个比较正常的结局。

当然，马相的表现虽不如张举、张纯之徒那么"强劲"，也没有得到孙坚等历史大人物的镇压从而为自己的事迹"增光添彩"。但他好歹比上不足比下有余。在义军叛党蜂起、将军天子遍地的东汉末年，比马相更令人无语的大有人在。

这个人叫阙宣，出生于汉末名城下邳。下邳可不简单，它在东汉末年见证了多个重要的历史事件，包括孙坚任下邳丞、袁术破下邳击败张飞、曹操水淹下邳生擒吕布等等。下邳这么风光，主要是因为东汉末年的下邳，是徐州刺史部所在地。

公元193年，阙宣纠集数千人起兵——这点人，放在今天可能就是一个大型小区的居民和物业人员总数。当然，马相起兵时也只有数千人，但关键是马相此后扩充至十多万人，阙宣的人数却没有记载——考虑到他起兵后不久就被时任徐州牧陶谦杀死，这可能暗示他手上的兵自始至终都只有区区几千个卒子，来不及扩兵。

可即便是这样一个人，居然也称帝了：

下邳阙宣自称"天子"。——《后汉书·陶谦列传》

但阙宣为陶谦所杀，那陶谦就是在平定反贼了吗？

谦始与合从，后遂杀之而并其众。——《后汉书·陶谦列传》

没错，身为朝廷命官，陶谦本应出兵镇压阙宣，可他居然和阙宣"合从"。如果阙宣是马相、赵祗之辈，陶谦是李升、赵部、邵俭之流，那陶谦恐怕就会迅速出兵镇压阙宣，保住乌纱，也力图保住身家性命。可他不但没有这么做，还和阙宣"合从"，那这只能说明，阙宣并不反官府，那他祸害的是谁呢？

至于他杀掉阙宣后兼并了他的部队，在历史上倒不算稀奇。官府或是希望借此平定匪患，或是想要扩充实力，招安匪徒流寇并不少见，前者最有名的例子就是晚清朝廷招安了广东海盗郑一嫂，后者的代表性事例也不少，比如民国军阀张作霖，麾下就有大量改编的土匪武装。

话又说回来，陶谦的真实形象其实和《三国演义》中艺术化的那副模样大相径庭。据《后汉书·陶谦列传》，徐州本来"百姓殷盛，谷实甚丰，流民多归之"，结果陶谦上任后放逐忠直，亲任小人，"刑政不理"，最终导致徐州渐渐变得动乱不堪起来。

前面说过，下邳是徐州刺史部所在地，陶谦是前任徐州刺史、现任徐州牧，下邳可谓是其核心腹地，经营多年。此地出现乱军，陶谦不但没有迅速消除隐患，还要留其坐大，与之合从，说陶谦是昏政都多少有点不够。所以就有人据此推测阙宣可能是陶谦搜刮民财的白手套。这并非没有道理——毕竟，陶谦杀了阙宣不假，吞并了他的部曲和物资也是事实，谁说改编流寇，就是单纯的军事扩张？

东汉末年，群雄逐鹿，汉献帝在曹操手里还有挟之以令诸侯的价值，但"天子""皇帝"称号在彼时却成为最不值钱的称号，连只有区区数千部众，连个像样地盘都没有的人也敢自称天子，诚如安重荣所说，天子只是"兵强马壮者为之"。至于兵是否强，马是否壮，那就先称了帝，再去战场上试一试吧！

附录　大事年表

年代	简要大事
公元前 206 年 (汉太祖高皇帝元年)	十月，秦王子婴向汉军投降，秦朝灭亡。 十一月，刘邦约法三章。项羽入关坑杀秦军二十万降卒。 十二月，鸿门宴。 正月，项羽尊楚怀王为义帝。项羽自立为西楚霸王。 二月，项羽分封诸王，刘邦获封汉王。 八月，刘邦出兵入秦。 九月，刘邦击灭雍王章邯、塞王司马欣和翟王董翳。
公元前 205 年 (高帝二年)	十月，项羽杀义帝。 十一月，刘邦立韩国太尉、韩襄王之孙信为韩王。 三月，魏王豹向汉军投降；汉军攻克河内，俘虏殷王卬。 四月，田横立田广为齐王；项羽在彭城战役中大败刘邦，魏王豹反叛。 六月，刘邦立王子刘盈为王太子。 九月，汉军俘虏魏王豹。
公元前 204 年 (高帝三年)	十月，韩信、张耳在井陉之战中击败赵军主力。 四月，楚汉荥阳之战爆发。项羽谋士范增病死。 六月，项羽击败彭越后回师攻破荥阳。

(续表)

年代	简要大事
公元前 203 年 (高帝四年)	十月,汉军攻破成皋,成皋守将、楚国大司马曹咎自刎。
公元前 202 年 (高帝五年)	十二月,楚汉垓下之战,项羽自刎。 正月,刘邦定都洛阳。 二月,刘邦于山东定陶汜水之阳登基称帝,是为汉高帝(或称"汉高祖",此乃讹传)。 五月,田横自刎。高帝接受娄敬(后更名刘敬)建议,决定迁都长安。 七月,燕王臧荼反。 九月,汉军俘虏臧荼,高帝改立卢绾为燕王。
公元前 201 年 (高帝六年)	十月,废楚王韩信为淮阴侯。叔孙通定朝仪。 五月,尊刘太公为太上皇。 九月,韩王信投降匈奴。
公元前 200 年 (高帝七年)	十月,白登之围。叔孙通定朝仪。 二月,高帝令萧何治未央宫,正式迁都长安。
公元前 199 年 (高帝八年)	九月,刘敬建议高帝遣鲁元公主与匈奴和亲,遭吕后阻拦,未果。
公元前 198 年 (高帝九年)	十二月,赵相贯高意图对高帝不利,事泄被捕,被高帝赦免后自杀。
公元前 197 年 (高帝十年)	五月,太上皇驾崩。 九月,陈豨谋反,自立为代王。

(续表)

年代	简要大事
公元前 196 年 (高帝十一年)	正月，韩信反，失败，被吕后设计杀死，夷灭三族。 三月，高帝杀梁王彭越，夷其三族。 五月，封赵佗为南越王。陆贾作《新语》。 七月，淮南王英布反。
公元前 195 年 (高帝十二年)	十月，高帝击败英布叛军。番阳人杀英布。 二月，燕王卢绾反。 四月，高帝驾崩。卢绾逃至匈奴。 五月，皇太子刘盈即位，是为汉惠帝。
公元前 194 年 (孝惠皇帝元年)	十二月，吕后毒杀赵王刘恢，以戚夫人制"人彘"。
公元前 193 年 (惠帝二年)	七月，萧何去世，曹参出任相国。
公元前 192 年 (惠帝三年)	五月，封驺摇为东海王。
公元前 191 年 (惠帝四年)	十月，立皇后张氏。
公元前 190 年 (惠帝五年)	八月，曹参去世。
公元前 189 年 (惠帝六年)	十月，王陵出任右丞相，陈平任左丞相。
公元前 188 年 (惠帝七年)	八月，惠帝驾崩。 九月，刘某即位，是为西汉前少帝，吕后临朝听政。

(续表)

年代	简要大事
公元前 187 年 (高皇后元年)	十一月，王陵改任太傅。 四月，鲁元公主去世。
公元前 186 年 (高皇后二年)	略。
公元前 185 年 (高皇后三年)	略。
公元前 184 年 (高皇后四年)	四月，吕后杀前少帝。 五月，吕后立恒山王刘弘为帝，是为后少帝。
公元前 183 年 (高皇后五年)	略。
公元前 182 年 (高皇后六年)	略。
公元前 181 年 (高皇后七年)	正月，吕后杀赵王刘友。
公元前 180 年 (高皇后八年)	七月，吕后去世。 九月，陈平等平定诸吕之乱，诛杀吕氏族人。 后九月，代王刘恒即位，是为汉文帝。
公元前 179 年 (汉太宗孝文皇帝元年)	十一月，陈平出任左丞相，周勃任右丞相，灌婴任太尉。 正月，立皇子刘启为皇太子。 三月，立皇后窦氏。
公元前 178 年 (文帝二年)	十月，陈平去世。

(续表)

年代	简要大事
公元前 177 年（文帝三年）	十二月，免除周勃相位，任灌婴为丞相，废太尉。 八月，济北王刘兴居叛乱失败，自杀。
公元前 176 年（文帝四年）	十二月，灌婴去世。
公元前 175 年（文帝五年）	略。
公元前 174 年（文帝六年）	十月，淮南王刘长反。 十一月，刘长自杀。 是岁，冒顿单于去世，老上单于即位。
公元前 173 年（文帝七年）	略。
公元前 172 年（文帝八年）	略。
公元前 171 年（文帝九年）	略。
公元前 170 年（文帝十年）	略。
公元前 169 年（文帝十一年）	六月，晁错上《言兵事疏》。文帝下诏募民徙塞下。
公元前 168 年（文帝十二年）	三月，晁错上《论贵粟疏》。
公元前 167 年（文帝十三年）	六月，文帝下诏除田之租税。

(续表)

年代	简要大事
公元前 166 年（文帝十四年）	略。
公元前 165 年（文帝十五年）	略。
公元前 164 年（文帝十六年）	九月，文帝更十七年为元年。
公元前 163 年（文帝后元年）	三月，惠帝皇后张氏去世。
公元前 162 年（文帝后二年）	略。
公元前 161 年（文帝后三年）	是岁，老上单于去世，军臣单于继位。
公元前 160 年（文帝后四年）	略。
公元前 159 年（文帝后五年）	略。
公元前 158 年（文帝后六年）	略。
公元前 157 年（文帝后七年）	六月，文帝驾崩。皇太子刘启即位，是为汉景帝。
公元前 156 年（孝景皇帝元年）	五月，复收民田半租，三十而税一。
公元前 155 年（景帝二年）	八月，内史晁错任御史大夫。
公元前 154 年（景帝三年）	正月，七王之乱爆发。景帝杀晁错。 三月，汉军平定七王之乱。

(续表)

年代	简要大事
公元前 153 年 (景帝四年)	四月,立刘荣为皇太子,刘彻为胶东王。
公元前 152 年 (景帝五年)	略。
公元前 151 年 (景帝六年)	九月,废皇后薄氏。
公元前 150 年 (景帝七年)	十一月,废皇太子刘荣为临江王。 四月,立皇后王氏。立胶东王刘彻为皇太子。
公元前 149 年 (景帝中元年)	略。
公元前 148 年 (景帝二年)	略。
公元前 147 年 (景帝三年)	略。
公元前 146 年 (景帝四年)	略。
公元前 145 年 (景帝五年)	略。
公元前 144 年 (景帝六年)	六月,匈奴寇边,李广率小部队设计逼退匈奴大军。
公元前 143 年 (景帝后元年)	略。
公元前 142 年 (景帝二年)	三月,匈奴攻打雁门,太守冯敬战死。

(续表)

年代	简要大事
公元前 141 年（景帝三年）	正月，景帝驾崩。皇太子刘彻即位，是为汉武帝。
公元前 140 年（汉世宗孝武皇帝建元元年）	十月，武帝诏举贤良，董仲舒应对，得武帝肯定，出任江都相，严助任中大夫。 二月，颁行三铢钱。
公元前 139 年（武帝建元二年）	三月，武帝迎卫子夫入宫。
公元前 138 年（武帝建元三年）	七月，闽越攻东瓯，武帝遣兵救援，闽越军撤退。 是岁，张骞出使西域。
公元前 137 年（武帝建元四年）	是岁，南越武王赵佗死，赵胡即位，是为文王。
公元前 136 年（武帝建元五年）	是岁，颁行半两钱。
公元前 135 年（武帝建元六年）	八月，闽越攻南越，武帝发兵牵制闽越，闽越王弟弟馀善杀国王示好。武帝立馀善为东越王。
公元前 134 年（武帝元光元年）	略。
公元前 133 年（武帝元光二年）	六月，汉匈马邑之战。
公元前 132 年（武帝元光三年）	五月，武帝令汲黯、郑当时主持治洪。
公元前 131 年（武帝元光四年）	略。
公元前 130 年（武帝元光五年）	是岁，武帝以酷吏张汤任太中大夫，与酷吏赵禹共同制定法律，自此法律愈发严苛。

(续表)

年代	简要大事
公元前 129 年 (武帝元光六年)	是岁,武帝遣车骑将军卫青出上谷,骑将军公孙敖出代,轻车将军公孙贺出云中,骁骑将军李广出雁门,各率一万骑兵,合击匈奴。卫青攻至龙城,俘虏七百人;公孙敖战败,损失七千人马;公孙贺无所得;李广兵败被俘后设计逃脱。
公元前 128 年 (武帝元朔元年)	三月,立卫夫人(卫子夫)为皇后。 是岁,匈奴寇边,杀辽西太守,击败韩安国,武帝以李广为右北平太守,震慑匈奴,使之数年不敢侵犯右北平。
公元前 127 年 (武帝元朔二年)	是岁,立朔方郡。
公元前 126 年 (武帝元朔三年)	冬,军臣单于死,军臣单于弟弟左谷蠡王伊稚斜自立为单于,击破军臣单于皇太子于单。于单逃亡,后投降汉朝。 四月,武帝封匈奴太子于单为涉安侯,数月后于单去世。匈奴数万人寇边,杀代郡太守。 是岁,张骞返回长安。
公元前 125 年 (武帝元朔四年)	略。
公元前 124 年 (武帝元朔五年)	十一月,公孙弘任丞相,封平津侯。丞相封侯的政治传统自此时开始。 是岁,武帝遣车骑将军卫青率三万骑出高阙,卫尉苏建为游击将军,左内史李沮为强弩将军,太仆公孙贺为骑将军,代相李蔡为轻车将军,皆领属车骑将军,出朔方;大行李息、岸头侯张次公为将军,出右北平。汉军共计十余万人,合击匈奴。右贤王以为汉军因距离遥远,无法抵达自己这里,于是喝酒、大醉。汉军奔袭六七百里,夜至,包围右贤王。右贤王趁着夜色带领数百人逃走。

(续表)

年代	简要大事
公元前 123 年 (武帝元朔六年)	二月，卫青率合骑侯中将军公孙敖、太仆右将军公孙贺、翕侯前将军赵信、卫尉右将军苏建、郎中令后将军李广等六将军十万骑出定襄，斩首三千级。 四月，卫青再率六将军攻匈奴，俘斩数万人。票姚校尉霍去病俘斩匈奴吏卒二千人。
公元前 122 年 (武帝元狩元年)	十一月，淮南王刘安、衡山王刘赐谋反，失败自杀，牵连数万人。 四月，立皇子刘据为皇太子，时年七岁。
公元前 121 年 (武帝元狩二年)	三月，霍去病为骠骑将军，率万骑出陇西，攻匈奴。杀匈奴折兰王、卢侯王两王，俘虏浑邪王子和相国、都尉。 夏，霍去病再与合骑侯公孙敖率数万骑出北地，卫尉张骞、郎中令李广出右北平。霍去病俘单桓王、酋涂王，及相国、都尉以下二千五百人，杀三万零二百人，俘虏小王七十余人；李广遭左贤王包围，在张骞救援下得全。 秋，浑邪王向汉投降。休屠王皇太子日䃅和母亲、弟弟被汉廷官府收押，送去养马。日䃅获武帝喜爱，武帝以休屠用金人祭天的习俗，赐其姓氏"金"。
公元前 120 年 (武帝元狩三年)	略。
公元前 119 年 (武帝元狩四年)	冬，汉廷改铸三铢钱。东郭咸阳和孔仅任大农丞，领盐铁事，推行算缗和车船税。 春，霍去病封狼居胥山。 夏，前将军李广攻匈奴无功而返，羞愤自刎。

(续表)

年代	简要大事
公元前 118 年 (武帝元狩五年)	三月，丞相李蔡自杀。颁行五铢钱。 四月，庄青翟任丞相。
公元前 117 年 (武帝元狩六年)	十月，武帝下缗钱令。 九月，霍去病去世。
公元前 116 年 (武帝元鼎元年)	略。
公元前 115 年 (武帝元鼎二年)	十一月，张汤自杀。 是岁，孔仅任大农令，桑弘羊任大农中丞，提出均输法。
公元前 114 年 (武帝元鼎三年)	是岁，匈奴伊稚斜单于死，子乌维单于立。
公元前 113 年 (武帝元鼎四年)	二月，中山靖王刘胜去世。
公元前 112 年 (武帝元鼎五年)	三月，南越反。 秋，武帝遣伏波将军路博德出桂阳，下湟水；楼船将军杨仆出豫章，下浈水；归义越侯严为戈船将军，出零陵，下离水；甲为下濑将军，下苍梧；都率领由囚犯组成的军队，江、淮以南楼船十万人。越驰义侯遗别将巴、蜀二地囚犯，征发夜郎军队，下牂柯江。诸军会师番禺。 是岁，西羌十万人反，并与匈奴勾结。匈奴入寇，杀五原太守。
公元前 111 年 (武帝元鼎六年)	是岁，汉灭南越。
公元前 110 年 (武帝元封元年)	四月，武帝封禅泰山。

(续表)

年代	简要大事
公元前 109 年 (武帝元封二年)	春，卫氏朝鲜攻杀汉辽东都尉涉何。武帝募天下死刑犯攻朝鲜。 秋，以杨仆、荀彘为将攻朝鲜。
公元前 108 年 (武帝元封三年)	十二月，汉军破车师国，楼兰王投降。 夏，卫氏朝鲜灭亡，汉于朝鲜设乐浪郡、玄菟郡、真番郡、临屯郡四郡。
公元前 107 年 (武帝元封四年)	略。
公元前 106 年 (武帝元封五年)	三月，卫青去世。
公元前 105 年 (武帝元封六年)	是岁，匈奴乌维单于死，子乌师庐立。乌师庐年少，故号称"儿单于"。
公元前 104 年 (武帝太初元年)	五月，制《太初历》，以正月为岁首。 八月，贰师将军李广利征发属国六千骑兵和郡国恶少数万人，攻大宛。
公元前 103 年 (武帝太初二年)	五月，李广利征大宛失败，退至敦煌，武帝大怒，严禁李军进城。 秋，浞野侯浚稽将军赵破奴率二万余骑攻匈奴，遭匈奴八万骑包围，全军覆没，赵破奴被俘。
公元前 102 年 (武帝太初三年)	四月，匈奴儿单于死，子年少，遂立右贤王呴犁湖为单于。 是岁，武帝发罪犯、逃亡者、赘婿、商人和父母与祖父母有市籍者攻大宛。汉军破大宛，并俘杀袭击汉军偏师的郁成王。
公元前 101 年 (武帝太初四年)	是岁，匈奴呴犁湖单于死，立弟弟左大都尉且鞮侯为单于。

(续表)

年代	简要大事
公元前 100 年 （武帝天汉元年）	三月，苏武出使匈奴。 五月，赵破奴从匈奴处逃回。
公元前 99 年 （武帝天汉二年）	五月，贰师将军李广利率三万骑出酒泉，于天山与匈奴右贤王交战，斩首万余人，后遭匈奴包围，汉军大部队随率先突围的假司马赵充国逃出包围圈。 是岁，李陵投降匈奴。
公元前 98 年 （武帝天汉三年）	略。
公元前 97 年 （武帝天汉四年）	正月，武帝遣贰师将军李广利率骑兵六万、步兵七万出朔方，强弩都尉路博德率万余人与李广利会师，游击将军韩说率步兵三万出五原，因杅将军公孙敖率骑兵一万、步兵三万出雁门，兵分三路攻匈奴。李广利与单于于余吾水上交战十余日，无所得。公孙敖与匈奴左贤王交战，战况不利，汉军撤退。
公元前 96 年 （武帝太始元年）	是岁，匈奴且鞮侯单于死，留下两个儿子，长子为左贤王，次子为左大将。先即位的左大将主动禅位与左贤王，是为狐鹿姑单于。
公元前 95 年 （武帝太始二年）	略。
公元前 94 年 （武帝太始三年）	略。
公元前 93 年 （武帝太始四年）	略。
公元前 92 年 （武帝征和元年）	是岁，太仆公孙敬声贪污伏法，其父公孙贺逮捕遭到通缉的游侠朱安世为公孙敬声赎罪。朱安世于狱中告发公孙敬声与阳石公主私通，并以巫术人偶诅咒武帝。

(续表)

年代	简要大事
公元前91年 （武帝征和二年）	正月，武帝逮捕公孙贺，公孙贺父子死狱中，家人遭族诛。 四月，武帝女诸邑公主、阳石公主和卫青长子也因巫蛊事被处死。 七月，皇太子刘据杀江充，发动武装暴动，与丞相刘屈氂于长安激战五日，兵败逃亡自杀。
公元前90年 （武帝征和三年）	三月，李广利率七万人出五原，商丘成率二万人出西河，马通率四万骑出酒泉，合击匈奴。 五月，匈奴与汉军几度对峙，双方互无胜负。匈奴右大都尉与卫律率五千骑追击李广利率领的汉军，双方在夫羊句山峡交战，匈奴败走，汉军乘胜追击至范夫人城。 六月，李广利被围，投降匈奴。 九月，武帝族灭江充。
公元前89年 （武帝征和四年）	八月，匈奴处死李广利。
公元前88年 （武帝后元元年）	七月，燕王刘旦请求入宫宿卫武帝，遭拒，燕国使者被杀。
公元前87年 （武帝后元二年）	二月，武帝驾崩。皇太子刘弗陵即位，是为汉昭帝。武帝遗诏霍光、金日磾、上官桀、桑弘羊共为辅政大臣。
公元前86年 （孝昭皇帝始元元年）	夏，益州夷反，水衡都尉吕辟胡率兵破之。 九月，金日磾去世。
公元前85年 （昭帝始元二年）	略。
公元前84年 （昭帝始元三年）	略。

(续表)

年代	简要大事
公元前83年（昭帝始元四年）	三月，立皇后上官氏。
公元前82年（昭帝始元五年）	正月，有男子自称卫太子，吏民数万人围观，公卿将军无可奈何，京兆尹隽不疑将之逮捕，查明系冒充，遂腰斩之。
公元前81年（昭帝始元六年）	二月，盐铁之论开启。苏武被匈奴扣押十九年坚贞不屈，最终被释归国。
公元前80年（昭帝元凤元年）	八月，上官桀、燕王刘旦等人谋反，事泄，或被诛，或自杀。 是岁，匈奴入寇，汉军还击，斩杀、俘虏九千人，并俘虏匈奴瓯脱王。
公元前79年（昭帝元凤二年）	略。
公元前78年（昭帝元凤三年）	正月，匈奴寇边，汉军协同属国军队还击，属国义渠王斩杀匈奴犁汗王，获封犁汗王。 冬，乌桓反。度辽将军范明友率二万骑出辽东，逼退匈奴，击破乌桓。
公元前77年（昭帝元凤四年）	四月，傅介子杀亲匈奴楼兰王安，立尉屠耆为楼兰王，改楼兰为鄯善。
公元前76年（昭帝元凤五年）	略。
公元前75年（昭帝元凤六年）	夏，乌桓反，昭帝遣度辽将军范明友迎击。
公元前74年（昭帝元平元年）	四月，昭帝驾崩，霍光等立昌邑王刘贺为帝。帝狂纵骄奢，不遵礼法，在位二十七日被废。90 七月，霍光等立武帝长孙刘询为帝，是为汉宣帝。

(续表)

年代	简要大事
公元前 73 年（汉中宗孝宣皇帝本始元年）	六月，上卫太子刘据谥号为"戾"。
公元前 72 年（宣帝本始二年）	略。
公元前 71 年（宣帝本始三年）	正月，霍光夫人显毒杀许皇后。汉五将军攻匈奴。
公元前 70 年（宣帝本始四年）	三月，立霍光女为皇后。 五月，广川王刘去虐杀王师与姬妾十余人，废，后自杀。
公元前 69 年（宣帝地节元年）	略。
公元前 68 年（宣帝地节二年）	三月，霍光去世。 是岁，匈奴壶衍鞮单于死，弟弟左贤王立为虚闾权渠单于。
公元前 67 年（宣帝地节三年）	四月，立皇子刘奭为皇太子。霍显、霍后屡次试图毒杀皇太子，均失败。
公元前 66 年（宣帝地节四年）	是岁，诛霍氏。
公元前 65 年（宣帝元康元年）	略。
公元前 64 年（宣帝元康二年）	正月，立王婕妤为皇后。
公元前 63 年（宣帝元康三年）	三月，封原昌邑王、废帝刘贺为海昏侯。
公元前 62 年（宣帝元康四年）	略。

(续表)

年代	简要大事
公元前61年 (宣帝神爵元年)	三月,西羌反。 四月,宣帝遣赵充国率兵攻西羌。
公元前60年 (宣帝神爵二年)	五月,赵充国班师,此战斩羌军七千六百人、降三万一千二百人,羌军溺死、饿死者五六千人,逃亡四千人。 是岁,匈奴虚闾权渠单于死,右贤王即位为握衍朐鞮单于。
公元前59年 (宣帝神爵三年)	略。
公元前58年 (宣帝神爵四年)	五月,匈奴单于遣弟弟呼留若王胜之来朝。 是岁,匈奴姑夕王等立呼韩邪单于,发兵四万攻握衍朐鞮单于,握衍朐鞮单于兵败自杀。冬,都隆奇等立屠耆单于,发兵数万攻呼韩邪单于,呼韩邪单于败走。
公元前57年 (宣帝五凤元年)	秋,呼揭王自立为呼揭单于,右奥鞬王自立为车犁单于,乌藉都尉自立为乌藉单于。匈奴呼韩邪单于、屠耆单于、呼揭单于、车犁单于、乌藉单于五单于并立。屠耆单于击败车犁单于、乌藉单于,后二者投奔呼韩邪单于,去单于尊号。
公元前56年 (宣帝五凤二年)	八月,都隆奇与屠耆单于少子右谷蠡王逃亡至汉朝。 十一月,呼韩邪单于归降汉朝。屠耆单于从弟休旬王自立为闰振单于,呼韩邪单于兄左贤王自立为郅支骨都侯单于。
公元前55年 (宣帝五凤三年)	略

(续表)

年代	简要大事
公元前 54 年（宣帝五凤四年）	春，匈奴单于称臣。 是岁，闰振单于攻郅支单于，兵败被杀。郅支单于攻呼韩邪单于，呼韩邪单于败走。
公元前 53 年（宣帝甘露元年）	是岁，呼韩邪单于、郅支单于皆遣子入汉侍奉大汉皇帝。
公元前 52 年（宣帝甘露二年）	正月，珠厓郡反。 四月，宣帝遣护军都尉张禄率兵镇压珠厓。
公元前 51 年（宣帝甘露三年）	五月，宣帝诏诸儒讲五经异同，宣帝亲自裁决，并立梁丘《易》、大小夏侯《尚书》《穀梁春秋》博士。 是岁，王政君入侍皇太子，生子刘骜。
公元前 50 年（宣帝甘露四年）	是岁，匈奴呼韩邪单于、郅支单于皆遣使，汉朝对呼韩邪单于使者礼遇有加。
公元前 49 年（宣帝黄龙元年）	二月，匈奴郅支单于攻呼韩邪单于。屠耆单于弟自立为伊利目单于，旋即被郅支单于攻杀。 十二月，宣帝驾崩，皇太子刘奭即位，是为汉元帝。
公元前 48 年（孝元皇帝初元元年）	三月，立皇后王氏，封皇后父亲王禁为阳平侯。
公元前 47 年（元帝初元二年）	略。
公元前 46 年（元帝初元三年）	略。
公元前 45 年（元帝初元四年）	略。

(续表)

年代	简要大事
公元前 44 年 (元帝初元五年)	六月，匈奴郅支单于扣押汉朝使者，后杀新到使者卫司马谷吉，因惶恐而逃。
公元前 43 年 (元帝永光元年)	略。
公元前 42 年 (元帝永光二年)	略。
公元前 41 年 (元帝永光三年)	略。
公元前 40 年 (元帝永光四年)	略。
公元前 39 年 (元帝永光五年)	略。
公元前 38 年 (元帝建昭元年)	略。
公元前 37 年 (元帝建昭二年)	略。
公元前 36 年 (元帝建昭三年)	冬，元帝遣西域都护兼骑都尉甘延寿与副校尉陈汤攻匈奴，斩郅支单于于康居。
公元前 35 年 (元帝建昭四年)	略。
公元前 34 年 (元帝建昭五年)	是岁，呼韩邪单于闻知汉军斩杀郅支单于，既喜又惧，上书请求入朝觐见。
公元前 33 年 (元帝竟宁元年)	正月，昭君出塞，嫁与呼韩邪单于，呼韩邪单于为其上尊号为宁胡阏氏。王昭君生一子名伊屠智牙师，为右日逐王。 五月，元帝驾崩，皇太子刘骜即位，是为汉成帝。

(续表)

年代	简要大事
公元前32年（孝成皇帝建始元年）	三月，王崇封安成侯，王谭、王商、王立、王根、王逢时封关内侯。
公元前31年（成帝建始二年）	三月，立皇后许氏。 夏，呼韩邪单于死，雕陶莫皋立，是为复株累若鞮单于。
公元前30年（成帝建始三年）	略。
公元前29年（成帝建始四年）	略。
公元前28年（成帝河平元年）	略。
公元前27年（成帝河平二年）	六月，封王谭为平阿侯，王商为成都侯，王立为红阳侯，王根为曲阳侯，王逢时为高平侯。五人同日封侯，因此时人将之称为"五侯"。
公元前26年（成帝河平三年）	八月，刘向著《洪范五行传论》，讽谏成帝王氏一族权势太重，无所得。
公元前25年（成帝河平四年）	四月，丞相、乐昌侯王商去世，谥号"戾"。
公元前24年（成帝阳朔元年）	略。
公元前23年（成帝阳朔二年）	略。

（续表）

年代	简要大事
公元前 22 年 （成帝阳朔三年）	六月，颍川铁官徒申屠圣等一百八十人杀官吏起义，盗取府库兵器，自称将军，转战九郡，旋即遭镇压。 八月，大司马、大将军王凤去世，临终推荐王音。 九月，王音任大司马、车骑将军。
公元前 21 年 （成帝阳朔四年）	略。
公元前 20 年 （成帝鸿嘉元年）	是岁，匈奴复株累单于死，弟且糜胥立，是为搜谐若鞮单于。
公元前 19 年 （成帝鸿嘉二年）	略。
公元前 18 年 （成帝鸿嘉三年）	十一月，成帝废许后。
公元前 17 年 （成帝鸿嘉四年）	略。
公元前 16 年 （成帝永始元年）	六月，立皇后赵氏。
公元前 15 年 （成帝永始二年）	正月，大司马、车骑将军王音去世。 三月，成都侯王商任大司马、卫将军。
公元前 14 年 （成帝永始三年）	十一月，尉氏男子樊并等十三人反，杀陈留太守，自称将军，旋即被镇压。 十二月，山阳铁官徒苏令等二百二十八人杀官吏起义，盗取府库兵器，自称将军，转战十九郡，杀东郡太守、汝南都尉等，旋即遭镇压。

(续表)

年代	简要大事
公元前 13 年（成帝永始四年）	十一月，卫将军王商因病免职。
公元前 12 年（成帝元延元年）	正月，王商复任大司马、卫将军。 十二月，王商任大将军，旋即去世。因红阳侯王立不遵法度，遭废，成帝以光禄勋、曲阳侯王根任大司马、骠骑将军。匈奴搜谐单于死，弟弟且莫车立，是为车牙若鞮单于。
公元前 11 年（成帝元延二年）	略。
公元前 10 年（成帝元延三年）	略。
公元前 9 年（成帝元延四年）	略。
公元前 8 年（成帝绥和元年）	八月，匈奴车牙单于死，弟弟囊知牙斯立，是为乌珠留若鞮单于。 十月，王根因病免职，推荐王莽代替自己，王莽遂任大司马。 十二月，罢刺史，置州牧。
公元前 7 年（成帝绥和二年）	三月，成帝驾崩。 四月，皇太子刘欣即位，是为汉哀帝。
公元前 6 年（孝哀皇帝建平元年）	正月，以傅喜为大司马，封高武侯。
公元前 5 年（哀帝建平二年）	正月，哀帝将大司马傅喜免职。 四月，以阳安侯丁明为大司马、卫将军。 六月，哀帝改建平二年为太初元年，自号"陈圣太平刘皇帝"。 八月，废除改元。

(续表)

年代	简要大事
公元前 4 年（哀帝建平三年）	略。
公元前 3 年（哀帝建平四年）	二月，侍中、驸马都尉董贤得哀帝宠幸，出则参乘，入则伴随左右，赏赐大量金钱，震动朝廷。
公元前 2 年（哀帝元寿元年）	正月，封孔乡侯傅晏为大司马、卫将军，阳安侯丁明为大司马、骠骑将军。 四月，丞相王嘉下狱死。 九月，哀帝将丁明免职。 十二月，以侍中、驸马都尉董贤为大司马、卫将军。
公元前 1 年（哀帝元寿二年）	正月，匈奴单于及乌孙大昆弥伊秩靡皆来朝，汉朝颇以为荣。当时西域五十国，自译长至将、相、侯、王，佩戴汉朝印绶者，共计三百七十六人。 六月，哀帝驾崩。王莽入宫，逼死董贤。太皇太后王氏任王莽为大司马。 七月，王莽等立中山王刘箕子入宫。 八月，王莽废黜、逼死成帝与哀帝皇后。 九月，刘箕子即位，是为汉平帝。
公元 1 年（孝平皇帝元始元年）	二月，大司马、新都侯王莽拜太傅，封安汉公。
公元 2 年（平帝元始二年）	春，平帝更名为刘衎。
公元 3 年（平帝元始三年）	略。

(续表)

年代	简要大事
公元4年（平帝元始四年）	二月，立皇后王氏。
公元5年（平帝元始五年）	五月，平帝为王莽加九锡。 十二月，平帝驾崩，王莽自称"假皇帝"，居摄理政，臣民称"摄皇帝"。
公元6年（王莽居摄元年）	三月，立宣帝玄孙广戚侯刘显之子刘婴为皇太子，号曰"孺子"，时年2岁。 五月，王莽称"假皇帝"。
公元7年（王莽居摄二年）	略。
公元8年（王莽居摄三年）	是岁，王莽即真天子位，定国号为"新"，西汉灭亡。
公元9年（王莽始建国元年）	正月，废孺子婴为定安公，改刘氏诸侯王号为公。 四月，徐乡侯刘快结党数千人起义，兵败身死。
公元10年（王莽始建国二年）	十一月，王莽赐诸刘氏宗族和三十二位于王莽登基有功的刘姓列侯王姓，其余刘姓官员全部罢免，汉朝在长安的宗庙全部废除。 十二月，王莽遣立国将军孙建等率十二将分道并出：五威将军苗䜣、虎贲将军王况出五原；厌难将军陈钦、震狄将军王巡出云中；振武将军王嘉、平狄将军王萌出代郡；相威将军李棽、镇远将军李翁出西河；诛貉将军杨俊、讨濊将军严尤出渔阳；奋武将军王骏、定胡将军王晏出张掖，合攻匈奴。
公元11年（王莽始建国三年）	是岁，匈奴大举入侵。

(续表)

年代	简要大事
公元12年（王莽始建国四年）	略。
公元13年（王莽始建国五年）	二月，王政君去世。与元帝合葬。西域诸国因王莽暴戾失信，不再臣服，杀西域都护但钦。 是岁，匈奴乌珠留单于去世，乌累若鞮单于立。
公元14年（王莽天凤元年）	是岁，益州夷反，杀益州大尹程隆。王莽遣平蛮将军冯茂前往镇压。
公元15年（王莽天凤二年）	五月，王莽改"匈奴"为"恭奴"，"单于"为"善于"。
公元16年（王莽天凤三年）	六月，王莽遣并州牧宋弘、游击都尉任萌等率兵攻匈奴。 七月，粤巂蛮夷任贵杀死太守枚根，自立为邛谷王。 是岁，王莽遣五威将王骏、西域都护李崇、戊己校尉郭钦出使西域，与焉耆、姑墨、封犁、危须国交战。
公元17年（王莽天凤四年）	略。
公元18年（王莽天凤五年）	是岁，扬雄去世。樊崇于莒起义，是为赤眉军，王莽遣将攻之，不胜。匈奴乌累单于死，弟弟左贤王舆立，是为呼都而尸道皋若鞮单于。
公元19年（王莽天凤六年）	春，王莽令太史推三万六千岁历纪，六年一改元。
公元20年（王莽地皇元年）	正月，因推行三万六千岁历纪，六年一改元，改元地皇。
公元21年（王莽地皇二年）	略。

(续表)

年代	简要大事
公元22年(王莽地皇三年)	四月，绿林军遭疾疫，部众分散，王常、成丹西入南郡，号称"下江兵"，王匡、王凤、马武及其支党朱鲔、张卬等北入南阳，号"新市兵"。皆自称将军。 七月，陈牧、廖湛聚众千余人，号称"平林兵"，与王匡部绿林军遥相呼应。 是岁，刘縯、刘秀起义。
公元23年(更始帝更始元年)	二月，汉宗室刘玄称帝，改元更始。 九月，黄皇室主（平帝皇后）自杀，商人杜吴杀王莽，新朝灭亡。
公元24年(更始帝更始二年)	是岁，公孙述遣弟弟公孙恢于绵竹击败更始大将柱功侯李宝、益州刺史张忠，遂称蜀王，定都成都。
公元25年(汉世祖光武皇帝建武元年)	正月，方望与安陵人弓林共立前定安公刘婴为天子，聚集数千人，盘踞临泾，更始帝遣丞相李松等人率兵破而杀之。赤眉军于弘农击败更始政权讨难将军苏茂。三月，赤眉军击败更始丞相李松，更始军队战死三万余人。四月，公孙述称帝，以成家为国号，改元龙兴。六月，刘秀于鄗南称帝，改元建武。邓禹大破更始军队，斩更始大将军樊参、刘均、河东太守杨宝等人，平定河东。赤眉军立汉宗室刘盆子为帝。九月，赤眉军破长安，更始政权灭亡，更始逃亡，诏封更始为淮阳王。十月，光武帝定都洛阳。更始帝向赤眉军投降，获封畏威侯，后改封长沙王。十二月，张卬等指使谢禄缢杀更始帝。

393

(续表)

年代	简要大事
公元26年（光武帝建武二年）	正月，光武帝封诸功臣为列侯。三月，光武帝派兵南征，击破、收服盘踞南方的更始帝诸大将。六月，立皇后郭氏，立郭氏之子刘强为皇太子。十二月，诏令被王莽除国的宗室列侯，全部复国。
公元27年（光武帝建武三年）	是岁，赤眉军帝刘盆子及丞相徐宣以下三十余人肉袒向刘秀投降，赤眉政权灭亡。李宪称帝，置百官，据九城，拥十余万人。
公元28年（光武帝建武四年）	八月，光武帝遣扬武将军马成率诛虏将军刘隆等三将军攻李宪。 九月，于舒县包围李宪。
公元29年（光武帝建武五年）	略。
公元30年（光武帝建武六年）	三月，公孙述遣田戎攻荆州，不克，光武帝决心伐蜀。 是岁，汉军破舒县，李宪兵败身亡。
公元31年（光武帝建武七年）	略。
公元32年（光武帝建武八年）	略。
公元33年（光武帝建武九年）	略。
公元34年（光武帝建武十年）	略。

(续表)

年代	简要大事
公元35年(光武帝建武十一年)	七月，光武帝率军驻扎于长安，准备进攻公孙述。成家军队与汉军交战，大败，光武帝劝降公孙述，遭拒。 十月，公孙述遣刺客刺杀汉军征蜀大将岑彭。 十二月，吴汉自夷陵率军三万溯江而上，攻公孙述。
公元36年(光武帝建武十二年)	正月，吴汉连破成家军队，光武帝再次招降公孙述，遭拒。 十一月，公孙述受伤，死，大将延岑向汉军投降，成家政权灭亡。
公元37年(光武帝建武十三年)	略。
公元38年(光武帝建武十四年)	秋，西域莎车国王贤、鄯善国王安请求归汉，光武帝以国家新定拒绝。
公元39年(光武帝建武十五年)	是岁，骠骑大将军杜茂免职，光武帝遣骑都尉张堪统率杜茂军队，于高柳大破匈奴，此后张堪驻边八年，匈奴不敢侵犯。
公元40年(光武帝建武十六年)	交趾郡征侧、征贰姐妹反，攻掠六十五城，自立为王。 是岁，颁行五铢钱。
公元41年(光武帝建武十七年)	十月，废皇后郭氏，立贵人阴氏为皇后。 是岁，汉封莎车王贤为西域都护，后改封大将军，引贤怨恨，贤仍自称西域都护，西域各国臣服。匈奴、鲜卑、赤山乌桓寇边，光武帝拜襄贲县令祭肜为辽东太守，祭肜遂屡破寇边各族。

(续表)

年代	简要大事
公元42年（光武帝建武十八年）	三月，伏波将军马援率军沿海岸线进发，大破征侧。 是岁，汉罢州牧，置刺史。
公元43年（光武帝建武十九年）	正月，马援斩征侧、征贰姐妹。 四月，马援进军清剿征氏姐妹余党，其余党望风而降。 六月，应皇太子刘强多次请求，光武帝改立刘强为东海王，立原东海王刘阳为皇太子，并为其更名为"庄"。
公元44年（光武帝建武二十年）	五月，吴汉去世。 十二月，马援请求北击匈奴、乌桓，光武帝遂令其屯驻襄国。
公元45年（光武帝建武二十一年）	八月，马援以三千骑攻乌桓，无功而返。鲜卑万余骑入侵辽东，辽东太守祭肜率数千人迎击，大破鲜卑，鲜卑自此畏惧祭肜，不敢再犯。 冬，西域车师、鄯善、焉耆等国请求汉朝派遣西域都护，保护各国不受莎车侵犯，遭拒。
公元46年（光武帝建武二十二年）	是岁，匈奴单于舆死，子左贤王乌达鞮侯立；复死，弟左贤王蒲奴立。乌桓趁匈奴积弱，出兵大破之。莎车王贤得知汉朝未派西域都护，遂击破鄯善，杀龟兹王。鄯善王安再次请求光武帝遣西域都护，否则将归附匈奴，遭拒，鄯善、车师遂归附匈奴。
公元47年（光武帝建武二十三年）	是岁，匈奴内乱。

(续表)

年代	简要大事
公元48年(光武帝建武二十四年)	正月，匈奴八部拥立日逐王比谓呼韩邪单于，归附汉朝。 十月，日逐王比自立为南单于。
公元49年(光武帝建武二十五年)	正月，南单于遣弟弟左贤王莫率兵万余人攻北单于弟弟蒲奴左贤王，生擒之，北单于颇为震撼，后撤千余里。 是岁，辽西乌桓大人郝旦等率众归附汉朝，光武帝置乌桓校尉防备乌桓。
公元50年(光武帝建武二十六年)	夏，南单于所俘虏的北单于蒲奴左贤王反叛，率三万余人北逃，自立为单于，后遭内乱，自杀。 冬，原蒲奴左贤王一部三千人欲南归，遭北单于截击，南单于派兵迎击，战败。
公元51年(光武帝建武二十七年)	五月，北匈奴遣使与汉朝和亲，遭拒。
公元52年(光武帝建武二十八年)	八月，匈奴遣使献礼，欲与汉和亲，光武帝回礼，并拒绝和亲。
公元53年(光武帝建武二十九年)	略。
公元54年(光武帝建武三十年)	略。
公元55年(光武帝建武三十一年)	略。

(续表)

年代	简要大事
公元56年（光武帝建武中元元年，"建武中元"或作"中元"）	是岁，南匈奴单于比去世，弟弟左贤王莫立，是为丘浮尤鞮单于。光武帝遣使玺、绶、衣冠、缯彩，并从此成为定制。
公元57年（光武帝建武中元二年）	二月，光武帝驾崩，皇太子刘庄即位，是为汉明帝。 是岁，南匈奴单于莫死，弟汗立，为伊伐于虑鞮单于。
公元58年（汉显宗孝明皇帝永平元年）	五月，东海王刘强去世。
公元59年（明帝永平二年）	是岁，南匈奴单于汗死，单于比之子适立，是为醢僮尸逐侯鞮单于。
公元60年（明帝永平三年）	二月，立贵人马氏为皇后，皇子刘炟为皇太子。明帝令人于南宫云台画东汉开国功臣二十八将图，是为云台二十八将，依次为邓禹、马成、吴汉、王梁、贾复、陈俊、耿弇、杜茂、寇恂、傅俊、岑彭、坚镡、冯异、王霸、朱祜、任光、祭遵、李忠、景丹、万修、盖延、邳肜、铫期、刘植、耿纯、臧宫、马武、刘隆，后又增加王常、李通、窦融、卓茂四人，马援因是皇帝姻亲，故不予列入。 是岁，莎车攻占于阗、大宛和妫塞三王国，于阗人遂杀莎车守将君德，立休莫霸为王。莎车王贤会同诸国数万军队来攻，被休莫霸击败。休莫霸趁机包围莎车，战死，于阗人遂又立休莫霸兄子广德为王，广德派弟弟仁攻莎车，莎车归还被扣押在莎车的广德之父，并与于阗和亲，于阗遂罢兵。

（续表）

年代	简要大事
公元61年（明帝永平四年）	是岁，于阗王广德会同诸国军队三万人攻莎车，诱杀莎车王贤，吞并莎车。匈奴发兵攻于阗，广德投降，匈奴遂立贤之子不居征为莎车王，旋即为广德所杀，立其弟齐黎为莎车王。
公元62年（明帝永平五年）	十一月，北匈奴寇五原。 十二月，北匈奴寇云中，被南匈奴击退。
公元63年（明帝永平六年）	是岁，南单于适死，单于莫之子苏立，是为丘除车林鞮单于；数月即死，单于适之弟长立，是为湖邪尸逐侯鞮单于。
公元64年（明帝永平七年）	二月，北匈奴寇边，请求与汉朝贸易，明帝允许。
公元65年（明帝永平八年）	略。
公元66年（明帝永平九年）	略。
公元67年（明帝永平十年）	略。
公元68年（明帝永平十一年）	略。
公元69年（明帝永平十二年）	略。
公元70年（明帝永平十三年）	略。
公元71年（明帝永平十四年）	略。

(续表)

年代	简要大事
公元72年(明帝永平十五年)	略。
公元73年(明帝永平十六年)	二月，遣太仆祭肜、度辽将军吴棠率包括南单于军队在内的一万一千骑出高阙塞，窦固、耿忠率包括卢水羌胡士兵在内的一万二千骑出酒泉塞，耿秉、秦彭率包括羌胡士兵在内万骑出张掖居延塞，骑都尉来苗、护乌桓校尉文穆含乌桓、鲜卑在内一万一千骑出平城塞，合击北匈奴。耿秉、秦彭击败匈林王，来苗、文穆、祭肜、南匈奴左贤王等人无功而返，祭肜归国后羞愤而死。班超出使西域，于鄯善国杀匈奴使者，鄯善臣服，于阗亦降，西域诸国皆归附。
公元74年(明帝永平十七年)	十一月，汉军平定车师，置西域都护与戊、己二校尉，以陈睦为西域都护，耿恭为戊校尉，关宠为己校尉。
公元75年(明帝永平十八年)	二月，北匈奴遣左鹿蠡王率二万骑攻车师，耿恭遣司马率兵三百营救，全军覆没，北匈奴遂杀车师后王，包围戊校尉驻地金蒲城，耿恭伪托神灵，逼退匈奴。 七月，匈奴复攻，与耿恭交战，匈奴再退。 八月。明帝驾崩，皇太子刘炟即位，是为汉章帝。 十一月，焉耆、龟兹攻灭西域都护陈睦，北匈奴包围己校尉关宠，车师与北匈奴包围耿恭。因明帝驾崩，救兵最初未至，后章帝令征西将军耿秉进驻酒泉，酒泉太守段彭与谒者王蒙、皇甫援率汉军与鄯善军队合计七千余人救援。

(续表)

年代	简要大事
公元76年（汉肃宗孝章皇帝建初元年）	正月，段彭击败车师，斩首三千八百余人，北匈奴撤离，车师投降，已校尉关宠战死。汉军欲撤退，范羌坚持率二千援兵救援，终救出耿恭，时耿恭部幸存二十六人。 三月，范羌所部撤至玉门，耿恭部仅仅余下十三人。
公元77年（章帝建初二年）	十二月，纳窦勋之女为贵人。
公元78年（章帝建初三年）	三月，立贵人窦氏为皇后。
公元79年（章帝建初四年）	四月，立皇子刘庆为皇太子。
公元80年（章帝建初五年）	略。
公元81年（章帝建初六年）	略。
公元82年（章帝建初七年）	六月，废皇太子刘庆为清河王，立皇子刘肇为皇太子。
公元83年（章帝建初八年、元和元年）	六月，北匈奴三木楼訾大人稽留斯等率三万余人归降汉朝。 七月，改元元和。
公元84年（章帝元和元年）	正月，北匈奴内部动荡，外有汉朝、丁零、鲜卑、南匈奴、西域诸国袭扰，先后有七十三批人南归，北匈奴大衰。南单于长死，单于汗之子宣立，是为伊屠于闾鞮单于。章帝令作《四分历》，以替代《太初历》。 二月，《四分历》开始实行。

(续表)

年代	简要大事
公元85年(章帝元和二年)	略。
公元86年(章帝元和三年)	六月，鲜卑大破北匈奴，斩优留单于。 十月，北匈奴大乱，屈兰储等五十八部、二十八万口人逃亡云中、五原、朔方、北地等地投降。 是岁，班超发于阗等国兵共二万五千人攻莎车，龟兹会同温宿、姑墨、尉头王国军队五万人救援，龟兹援军大败，莎车投降。
公元87年(章帝元和四年)	正月，章帝驾崩，皇太子刘肇即位，是为汉和帝。 三月，南匈奴单于宣死，单于长之弟屯屠何立，是为休兰尸逐侯鞮单于。
公元88年(孝和皇帝永元元年)	六月，窦宪、耿秉出朔方鸡鹿塞，南单于出满夷谷，度辽将军邓鸿出固阳塞，皆会涿邪山。汉军大破北匈奴。
公元89年(和帝永元二年)	五月，遣副校尉阎盘率二千余骑再破北匈奴，夺取伊吾，车师前王、后王臣服。月氏遣使欲与汉朝和亲，遭班超拒绝，遂遣七万大军来攻，班超设计大破之。 十月，汉军大破北匈奴，北单于仅以身免。
公元90年(和帝永元三年)	二月，遣左校尉耿夔、司马任尚出居延塞，于金微山大破北匈奴。 十月，龟兹、姑墨、温宿等国皆降。 十二月，汉朝复置西域都护、骑都尉、戊校尉与己校尉诸官。

(续表)

年代	简要大事
公元91年(和帝永元四年)	正月,大将军左校尉耿夔出使匈奴,授北单于弟弟右谷蠡王于除鞬印绶。
公元92年(和帝永元五年)	是岁,鲜卑日盛。单于屯屠何死,单于宣弟安国立。
公元93年(和帝永元六年)	七月,西域都护班超发龟兹、鄯善等八国兵七万人攻焉耆,斩焉耆王广、尉犁王泛,立焉耆左侯元孟为焉耆王。南单于师子立,降胡五六百人夜袭师子,败。匈奴十五部二十余万人反。九月,汉朝以光禄勋邓鸿、越骑校尉冯柱、行度辽将军朱徽率汉军,乌桓校尉任尚率乌桓、鲜卑军队,合计四万人攻匈奴叛军。十一月,南单于遣子率一万骑及杜崇所领四千骑,联合援军,大破叛军。
公元95年(和帝永元七年)	略。
公元96年(和帝永元八年)	二月,立贵人阴氏为皇后。
公元97年(和帝永元九年)	三月,西域长史王林击车师后王,斩之。十二月,西域都护定远侯班超遣甘英出使大秦、条支,到达安息。
公元98年(和帝永元十年)	是岁,南单于师子死,单于长之子檀立,是为万氏尸逐鞬单于。
公元99年(和帝永元十一年)	略。
公元100年(和帝永元十二年)	略。
公元101年(和帝永元十三年)	略。

(续表)

年代	简要大事
公元 102 年 (和帝永元十四年)	六月，废皇后阴氏。十月，立贵人邓氏为皇后。
公元 103 年 (和帝永元十五年)	略。
公元 104 年 (和帝永元十六年)	十一月，北匈奴遣使欲与汉朝和亲，遭拒。
公元 105 年 (和帝元兴元年)	春，高句丽王寇边。九月，辽东太守耿夔大破高句丽。十二月，和帝驾崩。皇长子刘胜患有痼疾，不立，邓后立出生仅百余天少子刘隆为帝，是为汉殇帝，邓后临朝听政。
公元 106 年 (孝殇皇帝延平元年)	正月，封刘胜为平原王。八月，殇帝崩。邓后与兄车骑将军邓骘迎清河王子刘祜入宫，拜为长安侯，后即皇帝位，是为汉安帝。
公元 107 年 (孝安皇帝永初元年)	九月，太尉徐防因灾异免职，三公逢灾异免职自徐防起成为国家人事惯例。
公元 108 年 (安帝永初二年)	十一月，先零羌部落首领滇零自称天子，劫掠三辅，后南侵益州，杀汉中太守董炳。梁慬率军大破之。
公元 109 年 (安帝永初三年)	正月，骑都尉任仁率军救援三辅，屡战不胜。 六月，南匈奴反。 七月，海盗张伯路横行海滨九郡，侍御史庞雄率军前往镇压，张伯路乞降。 九月，乌桓、鲜卑、南匈奴合兵攻五原，大破汉军。南匈奴于美稷包围中郎将耿种。 十一月，大司农何熙、中郎将庞雄、辽东太守耿夔、行度辽将军梁慬率军救援。庞雄、耿夔击破南匈奴薁鞬日逐王。

(续表)

年代	简要大事
公元110年 (安帝永初四年)	正月，梁慬、耿夔击破南匈奴单于，解耿种之围。 二月，南匈奴寇常山。 三月，汉军一万六千人攻匈奴，南匈奴单于投降。 四月，王宗、法雄与张伯路激战，官军大破义军，张伯路逃至辽东。
公元111年 (安帝永初五年)	四月，张伯路攻东莱，被青州刺史法雄击破。张伯路遂逃回辽东，辽东人李久等将之斩杀。
公元112年 (安帝永初六年)	是岁，滇零死，子零昌立。
公元113年 (安帝永初七年)	略。
公元114年 (安帝元初元年)	略。
公元115年 (安帝元初二年)	春，护羌校尉庞参招降叛乱诸羌。 四月，立贵人阎氏为皇后。阎氏性情妒忌，后宫李氏生皇子刘保，阎氏毒杀李氏。
公元116年 (安帝元初三年)	略。
公元117年 (安帝元初四年)	九月，护羌校尉任尚遣刺客刺杀零昌。
公元118年 (安帝元初五年)	十月，任尚再次遣刺客刺杀先零羌辅政大臣狼莫。羌人叛乱十余年，军费支出高达二百四十余亿钱。

(续表)

年代	简要大事
公元119年 (安帝元初六年)	略。
公元120年 (安帝永宁元年)	四月，立皇子刘保为皇太子。
公元121年 (安帝建光元年)	三月，皇太后邓氏去世。
公元122年 (安帝延光元年)	略。
公元123年 (安帝延光二年)	略。
公元124年 (安帝延光三年)	四月，南单于檀死，弟拔立，为乌稽侯尸逐鞮单于。
公元125年 (安帝延光四年)	三月，安帝驾崩。阎后与兄弟阎显、宦官江京和樊丰等人迎北乡侯刘懿为帝。 十月，刘懿去世。 十一月，孙程、王康、王国、黄龙、彭恺、孟叔、李建、王成、张贤、史泛、马国、王道、李元、杨佗、陈予、赵封、李刚、魏猛、苗光发动政变，立济阴王刘保为帝，是为汉顺帝，诛杀阎氏家族，以诸侯王礼葬刘懿。
公元126年 (孝顺皇帝永建元年)	正月，阎后去世。
公元127年 (顺帝永建二年)	六月，西域诸国皆臣服于汉朝，唯有焉耆王元孟不服，遂遣敦煌太守张朗率三千人，配合西域诸国军队四万余人，合攻焉耆，元孟投降。

(续表)

年代	简要大事
公元 128 年（顺帝永建三年）	十二月，单于拔死，弟弟休利立，是为去特若尸逐就单于。
公元 129 年（顺帝永建四年）	是岁，于阗王杀拘弥王，立其子为拘弥王，顺帝免于阗之罪。
公元 130 年（顺帝永建五年）	略。
公元 131 年（顺帝永建六年）	略。
公元 132 年（顺帝永建七年、阳嘉元年）	正月，立贵人梁氏为皇后。
公元 133 年（顺帝阳嘉二年）	略。
公元 134 年（顺帝阳嘉三年）	略。
公元 135 年（顺帝阳嘉四年）	四月，执金吾梁商出任大将军。
公元 136 年（顺帝永和元年）	略。
公元 137 年（顺帝永和二年）	略。
公元 138 年（顺帝永和三年）	略。
公元 139 年（顺帝永和四年）	略。

(续表)

年代	简要大事
公元 140 年 (顺帝永和五年)	九月，匈奴句龙王吾斯等立车纽为单于。 十二月，使匈奴中郎将张耽率汉军与乌桓兵于马邑大破匈奴，车纽乞降。
公元 141 年 (顺帝永和六年)	正月，征西将军马贤于射姑山与且冻羌交战，全军覆没。 八月，大将军梁商去世，河南尹、乘氏侯梁冀继为大将军。
公元 142 年 (顺帝汉安元年)	八月，南匈奴句龙王吾斯与薁鞬、台耆等反。
公元 143 年 (顺帝汉安二年)	六月，立南匈奴守义王兜楼储为呼兰若尸逐就单于。 十一月，使匈奴中郎将张耽遣刺客刺杀句龙王吾斯。
公元 144 年 (顺帝建康元年)	四月，立皇子刘炳为皇太子。 八月，顺帝驾崩，皇太子刘炳即位，是为汉冲帝，梁后临朝听政。
公元 145 年(孝冲皇帝永嘉元年)	正月，冲帝驾崩。梁后与大将军梁冀封渤海孝王刘鸿之子刘缵为建平侯，旋即拥立为帝，是为汉质帝。 十一月，历阳华孟自称黑帝，攻杀九江太守杨岑。滕抚破斩之。
公元 146 年(孝质皇帝本初元年)	六月，梁冀毒杀质帝，立蠡吾侯刘志为帝，是为汉桓帝。
公元 147 年(孝桓皇帝建和元年)	八月，立皇后梁氏。是岁，南单于兜楼储死，伊陵尸逐就单于车儿立。

（续表）

年代	简要大事
公元148年(孝桓皇帝建和二年)	略。
公元149年(孝桓皇帝建和三年)	略。
公元150年(桓帝和平元年)	正月，梁太后归政于桓帝。二月，梁太后去世。
公元151年(桓帝元嘉元年)	略。
公元152年(桓帝元嘉二年)	略。
公元153年(桓帝永兴元年)	略。
公元154年(桓帝永兴二年)	略。
公元155年(桓帝永寿元年)	略。
公元156年(桓帝永寿二年)	略。
公元157年(桓帝永寿三年)	略。
公元158年(桓帝延熹元年)	十二月，北中郎将张奂因南单于车儿不能治理国事，立左谷蠡王为单于，桓帝将其遣送回匈奴单于庭。
公元159年(桓帝延熹二年)	七月，梁后去世。桓帝以邓氏为贵人。 八月，桓帝诛梁氏家族。立皇后邓氏。

(续表)

年代	简要大事
公元160年（桓帝延熹三年）	略。
公元161年（桓帝延熹四年）	略。
公元162年（桓帝延熹五年）	略。
公元163年（桓帝延熹六年）	略。
公元164年（桓帝延熹七年）	略。
公元165年（桓帝延熹八年）	正月，桓帝遣中常侍左悺前往苦县祭祀老子。 十月，立贵人窦氏为皇后。
公元166年（桓帝延熹九年）	五月，桓帝亲自于濯龙宫祭祀老子。
公元167年（桓帝永康元年）	十月，尹端、董卓率军大破先零羌，董卓因功封郎中。 十二月，桓帝驾崩。窦后迎解渎亭侯刘宏入宫。
公元168年（孝灵皇帝建宁元年）	正月，刘宏登基，是为汉灵帝。
公元169年（灵帝建宁二年）	正月，灵帝迎董氏入宫。 三月，上尊号为孝仁皇后，居永乐宫，拜其兄董宠为执金吾，董宠之子董重为五官中郎将。
公元170年（灵帝建宁三年）	略。

(续表)

年代	简要大事
公元 171 年 (灵帝建宁四年)	七月，立宋贵人为皇后。
公元 172 年 (灵帝熹平元年)	十一月，会稽许昭起义，扬州刺史臧旻、丹杨太守陈寅率军前往镇压。 是岁，单于车儿死，子屠特若尸逐就单于即位。
公元 173 年 (灵帝熹平二年)	略。
公元 174 年 (灵帝熹平三年)	六月，吴郡司马孙坚募精兵千余人，征讨许昭。 十一月，臧旻、陈寅于会稽大破许昭，杀之。
公元 175 年 (灵帝熹平四年)	三月，灵帝令议郎蔡邕刻《五经》于石，立于太学门外，史称"熹平石经"。 六月，于阗王安国攻杀拘弥王，戊己校尉、西域长史各发兵辅立拘弥侍子定兴为王。
公元 176 年 (灵帝熹平五年)	略。
公元 177 年 (灵帝熹平六年)	略。
公元 178 年 (灵帝光和元年)	二月，灵帝置鸿都门学。 是岁，南匈奴屠特若尸逐就单于死，子呼征立。
公元 179 年 (灵帝光和二年)	五月，护匈奴中郎将擅杀南单于呼征，立右贤王羌渠为单于。 七月，张修下狱死。
公元 180 年 (灵帝光和三年)	十二月，立贵人何氏为皇后，皇后兄、颍川太守何进任侍中。

(续表)

年代	简要大事
公元181年 （灵帝光和四年）	是岁，王美人生皇子刘协，何后毒杀王美人。
公元182年 （灵帝光和五年）	略。
公元183年 （灵帝光和六年）	是岁，张角置三十六方，讹称"苍天已死，黄天当立，岁在甲子，天下大吉"。
公元184年 （灵帝中平元年）	正月，黄巾起义爆发。 二月，张角自称天公将军，张角弟张宝称地公将军，张宝弟张梁称人公将军。 三月，何进任大将军。 五月，左中郎将皇甫嵩、骑都尉曹操与朱骏合兵一处，大破黄巾军。
公元185年 （灵帝中平二年）	三月，崔烈以五百万钱任司徒。
公元186年 （灵帝中平三年）	略。
公元187年 （灵帝中平四年）	三月，何苗任车骑将军。 十月，孙坚任长沙太守，封乌程侯。
公元188年 （灵帝中平五年）	八月，置西园八校尉，以小黄门蹇硕为上军校尉，虎贲中郎将袁绍为中军校尉，屯骑校尉鲍鸿为下军校尉，议郎曹操为典军校尉，赵融为助军左校尉，冯芳为助军右校尉，谏议大夫夏牟为左校尉，淳于琼为右校尉，均由上军校尉蹇硕统率。

(续表)

年代	简要大事
公元189年 (灵帝中平六年)	二月，张纯、张举之乱平定。 四月，灵帝驾崩。何后立皇子刘辩为帝，改元光熹，何后临朝听政。封皇子刘协为渤海王。 七月，改封渤海王为陈留王。 八月，宦官张让等人杀何进，吴匡杀何苗，张让等挟持少帝刘辩、刘协逃离，遭董卓拦截。 九月，董卓废少帝刘辩为弘农王，立刘协为帝，是为汉献帝，董卓旋即毒杀何后。 十一月，董卓任相国。
公元190年(孝献皇帝初平元年)	正月，关东诸侯起兵讨董卓，以渤海太守袁绍为盟主。董卓毒杀弘农王。 二月，汉廷西迁长安。 三月，抵达长安。 六月，董卓颁行小钱，引发严重通货膨胀。
公元191年 (献帝初平二年)	二月，董卓任太师，地位在诸侯王之上。
公元192年 (献帝初平三年)	正月，袁绍于界桥与公孙瓒战，公孙瓒大败，冀州刺史严纲战死。 四月，王允、吕布设计杀董卓。王允录尚书事，吕布任奋威将军、假节、仪比三司，封温侯。 六月，董卓部将李傕、郭汜等攻破长安，吕布败走，王允、太仆鲁馗、大鸿胪周奂、城门校尉崔烈、越骑校尉王颀、司隶校尉黄琬死。 十二月，毛玠谏曹操挟天子以令诸侯。

(续表)

年代	简要大事
公元 193 年 (献帝初平四年)	六月，阙宣作乱，旋即为陶谦所杀。 十月，公孙瓒杀刘虞。
公元 194 年 (献帝兴平元年)	七月，长安爆发饥荒，侍御史侯汶主持救灾，贪污，献帝杖之五十。 十二月，刘璋任益州牧。陶谦死，荐刘备为徐州牧。
公元 195 年 (献帝兴平二年)	四月，立贵人伏氏为皇后。 十月，曹操任兖州牧。 是岁，南单于于扶罗死，弟呼厨泉立。
公元 196 年 (献帝建安元年)	六月，袁术击败刘备，刘备投奔吕布，吕布使刘备屯驻小沛。 七月，献帝归洛阳。曹操旋即迎献帝迁都许。袁术遣纪灵率兵三万攻刘备，吕布设辕门射戟，救下刘备。
公元 197 年 (献帝建安二年)	正月，曹操讨张绣，张绣归降，后因曹操霸占张绣寡嫂复叛，攻曹操，曹安民、典韦战死。袁术于寿春称帝，建号"仲家"。 九月，曹操征袁术，斩其部将桥蕤。
公元 198 年 (献帝建安三年)	九月，吕布中郎将高顺破小沛，刘备仅以身免。 十一月，曹操围下邳。 十二月，吕布部将侯成、宋宪、魏续等劫持陈宫、高顺向曹操投降，吕布亦投降，三人皆被杀。

(续表)

年代	简要大事
公元 199 年 (献帝建安四年)	三月，公孙瓒自焚。 六月，曹操屡破袁术，袁术病死。
公元 200 年 (献帝建安五年)	正月，董承密谋诛杀曹操，事泄，被杀。 四月，关羽杀颜良。文丑战死。 九月，曹操遣偏将军徐晃、史涣杀袁绍大将韩猛。 十月，曹操攻破乌巢，杀守将淳于琼。袁绍大败。
公元 201 年 (献帝建安六年)	略。
公元 202 年 (献帝建安七年)	五月，袁绍去世。 九月，曹操攻袁谭、袁尚，屡战屡胜。
公元 203 年 (献帝建安八年)	二月，曹操再次击败袁谭、袁尚。 八月，袁尚大破袁谭。
公元 204 年 (献帝建安九年)	九月，曹操任冀州牧。 十二月，曹操表公孙度为武威将军、永宁乡侯。是岁，公孙杜去世，其子公孙康即位，以永宁乡侯封弟弟公孙恭。
公元 205 年 (献帝建安十年)	略。
公元 206 年 (献帝建安十一年)	八月，曹操东讨海贼管承，遣乐进、李典于淳于将其击败，管承逃入海岛。

(续表)

年代	简要大事
公元 207 年 (献帝建安十二年)	三月，曹操出兵攻乌桓。 八月，曹操大破乌桓。 九月，公孙康杀袁尚、袁熙。 是岁，刘备三顾茅庐，得诸葛亮。
公元 208 年 (献帝建安十三年)	正月，孙权攻黄祖，黄祖兵败身亡。 六月，罢三公，置丞相、御史大夫。曹操任丞相。 九月，刘琮举荆州向曹操投降。徐庶投奔曹操。
公元 209 年 (献帝建安十四年)	略。
公元 210 年 (献帝建安十五年)	略。
公元 211 年 (献帝建安十六年)	正月，曹丕任五官中郎将。
公元 212 年 (献帝建安十七年)	正月，献帝诏曹操赞拜不名，入朝不趋，剑履上殿。
公元 213 年 (献帝建安十八年)	正月，曹操至濡须口，大破孙权，后撤军。 五月，曹操封魏公。
公元 214 年 (献帝建安十九年)	三月，献帝诏魏公地位在诸侯王之上。关羽留守荆州，诸葛亮、张飞、赵云溯流攻克巴东，张飞破巴郡，收降巴郡太守严颜。军师中郎将庞统战死，刘备入据成都，夺取益州。
公元 215 年 (献帝建安二十年)	正月，立贵人曹氏为皇后。 八月，孙权率军十万围合肥，遭合肥守将李典、乐进、张辽七千余人击败，偏将军陈武战死，孙权败退。

(续表)

年代	简要大事
公元 216 年（献帝建安二十一年）	五月，曹操进爵为魏王。
公元 217 年（献帝建安二十二年）	二月，曹操攻濡须口。 四月，曹操立五官中郎将曹丕为王太子。
公元 218 年（献帝建安二十三年）	略。
公元 219 年（献帝建安二十四年）	三月，曹操率军自长安出斜谷出征，逼近汉中。五月，刘备击败曹操，攻占汉中。 七月，刘备于沔阳自立为汉中王，立刘禅为王太子，封关羽为前将军、黄忠为后将军。魏王以夫人卞氏为王后。七月，左将军于禁、立义将军庞德等屯驻樊北，攻关羽。 八月，大雨，于禁等七军被淹，关羽乘大船攻之，收降于禁，俘杀庞德。 十一月，关羽退守麦城。 十二月，潘璋司马马忠于章乡俘杀关羽与关羽之子关平，平定荆州。孙权复以原益州牧刘璋为益州牧，驻秭归，刘璋不久去世。吕蒙去世。

(续表)

年代	简要大事
公元 220 年 （献帝延康元年， 魏文皇帝世祖黄初元年）	正月，曹操去世，王太子曹丕即王位，授魏太子曹丕丞相印、绶，魏王玺、绶。献帝改元延康。 七月，征南将军夏侯尚、右将军徐晃与孟达合攻刘封，上庸太守申耽叛降，刘封败走。刘备听从诸葛亮建议，赐死刘封。 十月，献帝禅位于魏王曹丕。曹丕称帝，是为魏文帝。东汉灭亡。 十一月，文帝封献帝为山阳公，行汉正朔，用天子礼乐，并封山阳公四子为列侯，纳山阳公二女为嫔。汉室诸侯王为崇德侯，列侯为关中侯。